The Library: A  History

U0022000

圖書館生滅史

Andrew Pettegree
Arthur der Weduwen

安德魯·佩蒂格里
亞瑟·德韋杜文
著

陳錦慧
譯

獻給

菲麗希緹‧布萊恩

（Felicity Bryan, 1945–2020）

目次

此刻在你眼前的是一本關於圖書館的著作，
亦即討論書籍的書。對於我們這些經常接觸書本的人，
還有什麼主題更值得閱讀？

——尤斯托斯・利普修斯（Justus Lipsius），
《圖書館論》（*De Bibliothecis*, 1602）

序
整編廢墟

一五七五年，荷蘭學者雨果・布羅提厄斯（Hugo Blotius）奉神聖羅馬帝國皇帝馬克西米連二世（Maximilian II）之命，接掌一座圖書館，那想必是他職業生涯的巔峰。只是，當布羅提厄斯抵達維也納走馬上任，迎接他的卻是蕭條破落。「這地方明顯疏於照料，破舊不堪。」他悲傷地寫道：

> 觸目所及發霉朽敗，蛀蟲與蠹魚肆虐，蜘蛛網層層疊疊。窗戶經年累月緊閉，陽光也不曾透過窗子照亮日益憔悴的書本。等窗子終於敞開，濃霧般的髒空氣一湧而出。[1]

這是隸屬宮廷的霍夫圖書館（Hofbibliothek），藏書七千三百七十九冊（布羅提厄斯的第一個任務是建立目錄）。圖書館不在皇宮裡，而是設在一座聖方濟修道院的一樓。這批被遺棄的書籍在帝王眼中顯然不再具備文化價值，這裡於是成為它們的收容所。

布羅提厄斯來到維也納時，印刷術已經問世一百多年。印刷術本身是個科技奇蹟，讓歐洲成千上萬的百姓也能體驗坐擁圖書的樂趣。然而，在這個文學文化方興未艾的時刻，這座歐洲數一數二的圖書館竟淪為蒙塵的墓塚，而這不是特例。匈牙利國王馬提亞斯・科維努斯（Matthias Corvinus, 1443-90）的圖書館聞名於世，曾經是書

籍收藏第一波黃金時期的奇觀之一，卻已經徹底毀損。科西莫・梅迪奇（Cosimo de' Medici, 1389-1464）典藏在佛羅倫斯的稀世珍本，也都流入其他收藏者手中。西班牙探險家哥倫布的兒子費爾南多・哥倫布（Fernando Colon, 1488-1539）懷抱雄心壯志，決定打造一座足以媲美傳說中的亞歷山大圖書館（library of Alexandria）的圖書館，但他的藏書最後大多散失，有些敵不過歲月摧殘，有些受到宗教法庭[2]反對，也有些慘遭西班牙國王蹂躪。

烏爾比諾公爵費德里科（Duke Federico of Urbino, 1422-82）也是個才高氣傲的書籍收藏家，據說他絕不允許印刷書玷汙他的珍貴手抄本，他的藏書最後同樣乏人照管。一六三〇年代知名圖書館學學者加布里歐・諾德（Gabriel Naudé）造訪公爵的圖書館，發現那裡「狀態糟糕至極，讀者找不到他們要的書，無奈地望書興嘆。」諾德是個事業剛起步的年輕人，也是最早為書籍收藏家撰寫指南的作家，一心想在上流社會找個伯樂，拿著優渥的待遇為他們建造圖書館（也如願以償）。[3]只是，諾德沒有告訴他的讀者，歷朝歷代的圖書館都面臨一件尷尬事實：上一代遺留下來的藏書，永遠滿足不了下一代的胃口。關於圖書館歷史，過去的研究頻頻感嘆美麗的典籍遭到惡意破壞，本書反覆再三探討的主題卻是忽視與冗餘。畢竟，代表某個世代的價值觀與關注點的書籍，未必是下一個世代心之所好。這些書籍或許有朝一日會在最料想不到的地方修復與重生，但它們現階段的命運，多半是在孤寂的閣樓或崩壞的建築裡衰朽。

我們暫時將諾德的絮叨留在義大利的昨日輝煌中，時間前進四百年來到現代。即使七千冊藏書已經不是多麼了不起的規模，我們發現圖書館仍然擺脫不了淘汰危機。如今的公共圖書館面臨諸多困境，比如預算刪減，老舊建築的維修費用不勝負荷，大眾需要全新的服務項目，對館內善本也不那麼感興趣。為這本書搜集資料時，我們直接目睹倫敦肯寧頓區（Kennington）德寧圖書館（Durning Public Library）

的掙扎，因為蘭貝斯市政府（Lambeth Council）計畫將圖書館轉為社區資源（中止撥款、交由志願者經營的官方說辭）。當地居民發起抗爭，堅決反對這項計畫，要求圖書館繼續營運。這個抗爭行動代表的是值得讚揚的利他精神，或只是對已經消失、一去不復返的時代的懷念？我們社會中的知識分子和富人理所當然地認為，公費資助藝術並推廣休閒閱讀是政府的核心功能之一。然而，公共圖書館（指公費採購圖書免費供大眾借閱）十九世紀中葉才出現，存在時間只占整個圖書館史的一小部分。如果說圖書館千百年的歷史帶給我們什麼啟示，那應該是：對大眾具有實用價值的圖書館，才有生存空間。

　　換句話說，圖書館想要生存，就得努力適應時代，正如過去的圖書館也一直適應求生。近年來法國多媒體中心（Médiathèques）建立的網絡，就是非常成功的案例，只不過，這個計畫也仰賴政府的大筆資金挹注。大學圖書館基於學生的需求，如今既是學生做功課的地點，也是社交中心。蕭穆如主教座堂（cathedral）的圖書館已經成為過去式。關於這點，圖書館其實是重拾首見於文藝復興時期的模式，那時的圖書館通常是歡欣的社交場所，陳列的除了書本，還有畫作、雕塑、錢幣和古玩珍寶。

　　從歷史的角度來看，千百年來圖書館的發展雖非一帆風順，卻也不至於一味緬懷昔日的輝煌，停滯不前。圖書館的歷史是創造與消亡的反覆循環，興衰更替成了圖書館的常態。即使是保存完善的圖書館，館藏也需要持續整合篩選，左右為難地判定哪些有繼續留存的價值，哪些又需要捨棄。圖書館通常在第一代主人手上如日中天，而後每況愈下。時日一久，濕氣、灰塵、蛀蟲和蠹魚造成的損失，遠比蓄意的摧毀更嚴重。然而，成長與衰敗是過程的一部分，復原也是。一五五六年牛津大學圖書館的藏書遭到破壞，校方於是賣掉圖書館的桌椅書櫃。[4]五十年後英國外交家湯瑪士・波德利爵士（Sir Thomas Bodley）在牛津大學創建波德利圖書館，接下來三百年一直是大學圖

書館之中的翹楚。被大火吞噬的圖書館不在少數，但隨著市場上公開流通的書籍數量逐步增加，重建之路一代比一代順暢。

看來圖書館的歷史充滿始料未及的波折與逆轉。那麼，幾乎每個世代都需要賦予圖書館全新意義。我們在這本書裡討論到的圖書館，有些純屬私人日常收藏，反映出個人喜好，但也不乏投注大量心血、打造出代表國家榮譽的紀念碑，甚至企圖實現亞歷山大圖書館的理念，典藏人類的全部知識。有些書籍收藏在富麗堂皇的宮殿裡，也有些連個家都沒有，像德西德里烏斯・伊拉斯莫斯（Desiderius Erasmus, 1466-1536）的藏書一般，追隨它們遊走四方的主人，從甲地被運到乙地。書籍本身的旅程難以預料，因為戰爭、社會動亂或雅賊等因素輾轉流浪。同樣地，圖書館的演化也是迂迴曲折。

書籍的流動

亞歷山大圖書館啟發了後代無數收藏家。它的璀璨光芒消失後，羅馬帝國也意外地為圖書館史做了無聲的貢獻。四處征戰的羅馬軍事家知道建造溝渠的重要性，卻彷彿弄不清楚圖書館功能何在。羅馬很多偉大圖書館是隨著征服者的行李車而來，希臘哲學家亞里斯多德（Aristotle, 384-322 BC）的珍貴藏書就是這樣來到羅馬。後來不少人仿效羅馬人這種對待智慧財產的粗魯手法。十九世紀初，法國作家斯湯達爾（Stendhal, 1783-1842）在拿破崙的軍隊任職，精選義大利和德國圖書館的書籍，送回法國國家圖書館。[5] 而在十七世紀的三十年戰爭[6]中，瑞典官方建立了高效率的作業流程，搜刮被占領的德國城市的圖書館館藏。那些書都被運回瑞典，其中很多目前還收藏在烏普薩拉大學（Uppsala University）的圖書館。另一方面，維也納會議（Congress of Vienna）決議法國國家圖書館必須交還拿破崙的戰利品，法國為此忿忿不平，因為返還書籍所費不貲。[7]

羅馬帝國的圖書館都隨著帝國的敗亡而湮沒，但羅馬帝國對後世

還有一項重大貢獻，那就是製作書籍的材料慢慢從紙莎草紙過渡到羊皮紙。羊皮紙以動物皮革製成，好收卷不易毀損。承載著羅馬帝國知識學問的羊皮紙，就在西方基督教世界的修道院裡安然度過接下來那一千年。這些手抄本的千年優勢創造出中世紀文化最絢麗的瑰寶，如今也是它們最終落腳的圖書館的無價珍藏。[8]到了十四世紀，歐洲上流社會領導人物以華麗書籍展現自己的文化素養，世俗社會崇尚花俏書籍，修道院負責抄寫與裝飾書稿的人於是因應市場需求全力以赴。

巴格達、大馬士革、科多瓦（Cordoba）和開羅等地的穆斯林政教領袖哈里發（caliph）也創建不少揚名回教世界的雄偉圖書館。哈里發號召最優秀的書法家來美化他們的藏書，也鼓勵學者到訪，為他們的宮殿留下生動優美的辭藻。在波斯、印度和中國，收藏精美手抄本是王公貴族熱衷的消遣，這些手抄本通常有著優美的裝飾、繁複的色彩和一流的書法。

於是，十五世紀中期約翰尼斯・古騰堡（Johannes Gutenberg）等人鑑於教會、學者和挑剔收藏家對書籍的需求量與日俱增，著手推廣機械印刷，但還有許多短處需要克服。古騰堡印刷書的玄妙技術令第一代讀者目眩神馳，但有名望的收藏家卻覺得白紙黑字的印刷書單調乏味，不足以取代他們手中那些裝飾華麗的手抄本。另外，這些數以千計的印刷書冊該如何打進歐洲各地的市場，也是早期投資者頭痛的問題。不過，這些草創時期的難題一旦解決，印刷書雖然不受以展示為目的的貴族收藏家青睞，卻讓更多人有機會收藏書籍，迎來更多潛在顧客。

另一方面，非洲、中東和東亞活躍的手抄本文化並沒有追隨歐洲大量生產的腳步，印刷術因此成了二者分道揚鑣的交叉路口。鄂圖曼帝國（1299-1923）對印刷術敬謝不敏，向帝國進獻第一本印刷版《可蘭經》的倒楣威尼斯人被冠上褻瀆罪名。中國雖然是雕板印刷的開路先鋒，卻基於技術理由不欣賞金屬製程。這些文化區域大多堅守

木刻或手抄製書，不過，他們倒是帶給西方另一件更了不起的禮物，那就是紙張。紙張的原料是碎布，造價遠低於羊皮紙，而且是印刷術的好搭檔。然而，少了印刷的複製能力，在歐洲和歐洲殖民地以外的地方，書本收藏依然是上流社會的特權。接下來那三百年裡，公私立圖書館如雨後春筍般設立，為更廣大的讀者提供服務，但這個現象主要侷限在歐洲和海外歐洲人的聚居地。

隨著識字率穩定成長，擁有書籍的人也越來越多。一開始是基於職業需求，特別是為了工作需要讀書的族群，比如商人、辦事員、律師和官員、醫師和神職人員。印刷術讓這些有理想有抱負的新興專業人士也有機會收藏書籍。很快地，他們的藏書有了一定規模（幾百冊）。在手抄本時代，只有社會地位最高的人才有這種能力。一度稀有珍貴的事物如今大量供應，原有的奢華趨於普及。在人類歷史上的每個時代，這樣的戲碼不斷重演。只是，在書籍收藏上，它通常帶來不愉快的後果。如果本地布料商也擁有三百本書，珍藏三百冊書籍的貴族恐怕很難再獲得欽羨的目光，還不如買一件雕塑品、一幅畫作或一頭獅子。馬克西米連二世把他的書打入冷宮，正是因為那些書已經不值得拿來誇耀。

印刷與權力

將近三百年的時間，這種奢華普及化的趨勢持續激起憤懣，也有更多庶民收藏家入侵文雅的書籍世界。知識的累積與對知識的掌控兩種欲望相互對抗。所謂知識的掌控，指的是運用知識來「提升」讀者。關於這點，最明顯的表現就是不贊同這些新讀者的閱讀品味，比如十六世紀對俠義傳奇的宣戰，對小說的批評，對女性讀者的閱讀品味及女性作家的創作不屑一顧。波德利爵士重建牛津圖書館的壯舉確實值得頌揚，但他也固執己見，不容許圖書館內出現「閒書與糟粕」。他指的是英語書籍，而非拉丁文作品。牛津收到外界捐贈的莎

士比亞劇作合集《第一對開本》（*First Folio*），幾十年後轉手賣出，到了一九〇五年又花大錢買回，以免這套珍貴書籍落入美國收藏家亨利・福爾格（Henry Folger）手中。[9]

　　每一個世紀過去，就有新的讀者加入書籍收藏行列，同樣的對抗重複上演，圖書館於是變成政治場域。十九世紀的新型公共圖書館該提供讀者想要的書籍，或能讓讀者更優秀、學識更豐富的書籍？這個火爆爭議持續延燒到二十世紀後半葉，具體表現在專為美國公共圖書館擬定的「建議」書單、對所有虛構作品的偏見，以及對某些文類（比如言情小說）的強烈譴責。而虛構作品之所以被容忍，只是希望它能帶領讀者轉向更有深度的文學作品（事實不然）。二十世紀前半葉，英格蘭鄉間的博姿愛書人圖書館（Boots Booklovers Library）是一處避風港，方便端莊女士享受一點不被認可的閱讀樂趣。即使到了一九六九年，倫敦哈林蓋區（Haringey）的前任圖書處長還悲傷地寫道：「公共圖書館迎合大眾對『輕』小說的喜好，無異自掘墳墓。」[10]

　　書本曾經是精英階級的通貨，它的貶值招致不滿，十五世紀的圖書館歷史因此變得錯綜複雜。王公貴族暫時收手，停止創建圖書館，公共藏書因而迎來一段苦難歲月。早期大型機構圖書館的書籍多半來自知名收藏家捐贈，比如米蘭的安博羅修圖書館（Biblioteca Ambrosiana）。各大學圖書館則是靠廣大社會人士的少量捐贈聚沙成塔。十九世紀以前的機構圖書館幾乎都沒有採購新書的預算，所以藏書量的增長只能依賴外界捐贈（即使同一種破舊教科書收到許多冊）。

　　這些藏書的命運告訴我們，圖書館的歷史並不是一帆風順。印刷術發明後那兩百年，大多數機構圖書館開始衰退。在各大學裡，隨著舊時代課程走入歷史，原有的藏書不再有用武之地。宗教改革的年代紛紛擾擾，歐洲各地圖書館分裂為基督新教與天主教兩大敵對陣營，現有的藏書遭到惱人的審查，只為清除異端書籍。英國大學圖書館的

關閉是極端又罕見的例子，其他地方的機構圖書館只是漸漸凋零。在一六○三年的哥本哈根，大學圖書館藏書只剩區區七百冊。整個荷蘭共和國境內，除了萊登大學（Leiden University），沒有一座圖書館藏書超過這個數量。當時許多教授的私人藏書是學校圖書館的三、四倍，這種角色互換是如今的我們難以想像的。[11]

事實上，十六、十七世紀大多數時間裡，推動圖書館歷史向前邁進的力量主要來自私人收藏。對於律師、醫師和教會神職人員，書本的價格不再高不可攀，工作上也需要更多書籍。到了十七世紀中葉，這些專業人士之中擁有上千冊圖書者不在少數。文藝復興時期書籍收藏家貪婪地搜刮手抄本，足跡深入偏遠的修道院和宗教機構。相較之下，專業人士卻不難取得他們需要的書籍。他們與人書信往來時，話題離不開書籍：互相借書、交換新書訊息、聊聊自己最新出版的書籍（很多收藏家兼具作家身分），或推薦朋友的作品。在這個時代，書籍之所以受重視，不只因為它們承載了知識，還因為它們是有價商品：書籍拍賣這種新興行業的出現，意味著收藏家可以放心買書。因為他們過世之後，家人還能用這些書換回接近等值的金錢。這麼一來就形成良性循環：收藏家享受到收藏樂趣，也兼顧了財產的保值。

在此之前，圖書館的歷史不成比例地聚焦世界各地的大型圖書館，特別是那些逃過歲月的摧殘、跨越時代屹立不搖的倖存者。這很容易理解：它們都是圖書館界最具魅力的龐然大物，通常是令人嘆為觀止或極具歷史價值的建築物。有誰能抗拒得了十八世紀奧地利巴洛克風格的典型建築？那可說是知識界的主教座堂。只是，這些圖書館本身與其說是學習的殿堂，不如說是宣揚理念的建築物。它們彰顯的可能是城市的榮耀或新興精英階級的價值觀（比如波士頓或紐約的公共圖書館），或傳教士散播福音的熱情（比如十七、十八世紀的耶穌會圖書館）。也有圖書館紀念個人的成功，比如因為國王的寵信穩坐高位的法國樞機主教朱爾・馬薩林（Jules Mazarin, 1602-61）和他在

巴黎建立的馬薩林圖書館。或者標示西方文化強行闖入歐洲以外地區，比如如今變成印度國家圖書館的加爾各答帝國圖書館（Imperial Library）。

在這些情況下，圖書館是權力的象徵：宣揚國家或統治階級的主張。無可避免地，當這些政權受到挑戰，圖書館這個指標性建築就是文化或知識界動盪時首當其衝的受害者。在一五二四到二五年的德國農民戰爭中，暴動分子蓄意攻擊修道院圖書館，藉此表達他們對神職領主的憎恨，因為那些領主顯然只在乎他們的珍藏和收入，無視為他們提供服務、繳納高額地租的人們。四百年後，在二十世紀和之後的戰爭中，典藏文化資產的圖書館依然危機四伏。斯里蘭卡的賈夫納公共圖書館（Jaffna Public Library）規模在當時的亞洲數一數二，也是泰米爾文化（Tamil）典籍的重要寶庫。一九八一年五月三十一日夜晚，一群僧伽羅人（Sinhalese）放火將圖書館夷為平地，成為二十世紀種族典籍破壞的重大事件。[12] 一九九二年波士尼亞的塞拉耶佛發生類似的悲傷事件，當時塞爾維亞民兵進攻塞拉耶佛，國家圖書館成了攻擊首要目標。館內一百五十萬冊書籍和手抄本在戰火中付之一炬。

現代的危機

一八〇〇年到一九一四年這段期間，歐洲人口從一億八千萬成長到四億六千萬。美國人口的成長率更是驚人，從五百萬到一億零六百萬。新增的人口主要是移民，為新興的產業經濟提供勞動力。要讓這些新公民融入社會，必須提供大量教育機會，這也刺激義務教育的推行，至少從早期教育做起。到了二十世紀初，西方社會不論男女，識字率幾乎達到百分之百。這同時激發了另一個激進概念：建立公共圖書館體系，所有人都能免費使用，滿足廣大人口的閱讀需求。

這個大膽願景的實現是漫長的歷程。在美國，人口密集的新英格蘭各州首開風氣之先。英國一八五〇年通過〈公共圖書館法案〉

（Public Libraries Act），允許地方官員在自己的城鎮或自治市設立圖書館，是關鍵的一刻。表面上看來，這件事影響深遠。到了一九一四年，整個英國總共有超過五千個圖書館負責人職位是根據一八五〇年的法案設立的，每年流通的書籍總數高達三到四千萬冊。到了一九〇三年，美國號稱擁有至少四千五百座公共圖書館，總藏書量大約五千五百萬冊。這個數字繼續成長，到了一九三三年，德國擁有超過九千座公共圖書館，而當時美國圖書館的總藏書量已經超過一億四千萬冊。[13]

這些亮眼的數字扶搖直上，隱藏在背後的卻是艱辛的歷程。在十九世紀的工業世界中，仍然有許多人忍受著貧窮和惡劣的居住環境與工作條件，不是所有人都贊成將公帑優先花費在圖書館上。以英國為例，設立地方圖書館委員會的費用需要向納稅人徵收，一開始的徵收速度通常相當緩慢。即使圖書館採收費制，設立計畫也可能在反對聲浪中夭折，而那些反對聲浪通常由大酒廠策動。如果沒有蘇格蘭裔美國鋼鐵巨頭安德魯・卡內基（Andrew Carnegie, 1835-1991）的推動，美國和英國圖書館網絡的建立會緩慢得多。圖書館發展的關鍵，依靠的不外乎個人熱情與執迷，以及全球的巨幅改變。

新建圖書館肯定是社區的驕傲，通常也坐落在市中心的一流位置。只是，啟用典禮的熱鬧過後，還有嚴肅的問題需要處理。圖書館為誰提供服務？該允許兒童入內嗎？又該如何對待那些坐在裡面翻翻報紙、把圖書館當成溫暖避風港的人？更麻煩的是，不管是在美國和英國捐建一系列市立圖書館的卡內基，或英國的〈公共圖書館法案〉，都沒有提供書籍採購經費。書籍的採購由圖書館委員會負責，而委員會的成員都是地方名人，其中大部分曾經是私人會員制圖書館（subscription library）的會員。

委員們針對圖書館的使用資格與書籍借閱制定相關規則，他們議定的規則掀起新一波文化戰爭。十九世紀印刷產業經歷了一場技術

變革，新一代讀者的閱讀材料因此大幅擴展。出版商反應迅速，特別針對新時代的識字人口推出迎合這個全新市場的書籍。這些書籍的宗旨不是提升或教導，而是娛樂。不過，即使這些描述歷險、血腥暴力或犯罪的故事（並不標榜文學價值）在傳統書籍市場引發一波驚恐，也是出版商咎由自取。因為他們與營利型流通圖書館（circulation library，最知名的是查爾斯・愛德華・穆迪〔Charles Edward Mudie, 1818-90〕的圖書館王國）沆瀣一氣，導致新書價格偏高，除了富裕的中產階級，其他人都被排除在新小說的市場外。

對於圖書館員和處在文學界上層的人，故事期刊和廉價通俗小說明顯都是可憎的書籍。只是，究竟哪些書籍應當劃歸這一類，卻是個難題。充斥黑社會罪行的底層生活故事當然差勁，然而，偵探小說卻是旋風般成為二十世紀虛構文類的璀璨明星。圖書館業的領導人只好定期發布核可書單，全力引領館員平穩度過這段混亂時期，因為讀者找不到想看的書向館方提出質疑時，承受壓力的往往是坐鎮櫃台的館員。時間的考驗會讓某些作品受到認可，比如美國作家史蒂芬・克萊恩（Stephen Crane, 1871-1900）的《紅色英勇勳章》（*The Red Badge of Courage*），這本書剛出版的時候被認為太過危險。

對新讀者的批評意外獲得許多二十世紀文學精英的認同。英國作家阿道斯・赫胥黎（Aldous Huxley）、愛爾蘭作家喬治・摩爾（George Moore）和英國小說家大衛・勞倫斯（D. H. Lawrence）異口同聲譴責下層社會的閱讀偏好。尤其是勞倫斯，他因為讀過太多德國哲學家尼采（Nietzsche）的作品，跟美裔英國詩人托馬斯・艾略特（T. S. Eliot）一樣，堅決反對平民教育：「立刻關閉所有學校……普羅大眾不該學習讀和寫。」[14]諷刺的是，勞倫斯第一次接觸到尼采作品是在克羅依登公共圖書館（Croydon Public Library），而這座圖書館熱衷為廣大讀者提供學習機會。

這批新的閱讀大眾之中，確實有人真心想接觸文學，那些批評對

圖1 對平民閱讀品味的嘲弄，是圖書館發展史上普遍存在的現象。正如英國諷刺漫畫家詹姆斯・吉爾雷（James Gillray）一八〇二年的作品《驚奇故事！》（*Tales of Wonder*）所描繪，這種嘲弄通常針對女性和她們對輕小說的喜愛。二十世紀以前的圖書館員對這類書籍多半嗤之以鼻。

他們並不公平。媒體記者兼社會評論家亨利・梅修（Henry Mayhew）觀察十九世紀中期倫敦的書報攤發現，勞工階級已經是常客。這些人偏好的主要是已經在英國文學史占有一席之地的經典著作，比如奧利佛・戈德史密斯（Oliver Goldsmith, 1728−74）、亨利・費爾丁（Henry Fielding, 1707−54）和華特・司各特（Sir Walter Scott, 1771−1832）的小說，當然少不了莎士比亞的劇作，以及亞歷山大・波普（Alexander Pope, 1688−1744）、羅伯特・伯恩斯（Robert Burns, 1759−96）和喬治・拜倫（George Gordon Byron, 1788−1824）的詩。[15]英國小說家查爾斯・狄更斯（Charles Dickens）充分掌握這個

新興市場的特性，賺進大筆財富。一段時間後，出版商也靠每冊一先令的重印公版書大發利市。

這些讀者欠缺的不是雄心壯志或思維能力，而是時間。正因如此，十九世紀縮減工時的法規才能助長圖書館的發展，戰爭或經濟蕭條期間圖書館的使用率才會升高。戰爭不可避免地斷絕其他休閒活動，不管是前線的戰士或後方的百姓，都更需要書本來打發時間。圖書館雖然總是被推上二十世紀工業戰爭的前線，戰爭確實有助於培養閱讀習慣，而閱讀習慣是圖書館生存的憑藉。

事實證明，圖書館的歷史充斥這樣的矛盾、空歡喜和培養閱讀人口的苦心孤詣。總是有人預測圖書館必然消亡，就像總是有人預測書籍必死，但我們關注的始終是它如何掙扎求生。二〇二〇年春天，一場全球疫情迫使所有圖書館閉門謝客，那份失落感具體可見。我們不需要為圖書館添加浪漫色彩，何況擁有圖書館的人並不這麼做。在時間的長河裡，圖書館主要是知識的來源和有價的資產。只有頂級豪富才有能力把圖書館當成光彩奪目的玩具，向朋友或路人炫耀，或留給後世子孫瞻仰。我們不要被這類展示型圖書館的建築外觀迷惑了雙眼，只注意到它壯觀的門面，忽略它的實質內涵：私人住宅收藏的無數圖書為書籍文化注入的生命力，絲毫不亞於機構圖書館。這個現象多半會持續下去，這點我們不難從那些毀損與磨難的年代反覆看見。也正是因為如此，在毀滅與輝煌的無限循環中，圖書館總是能夠復原：在社會上留下印記是我們的天性。只是，我們永遠無法確定我們留給未來的東西，後代子孫也會同等重視。

第一部

開端與存活

第一章
卷軸之亂

二〇〇二年十月十六日，來自世界各地的達官顯貴齊聚埃及亞歷山大港（Alexandria），出席當代最受矚目的文化盛事：新建濱海圖書館正式啟用，重現古代世界奇蹟。這座圖書館的興建耗時三十年，計畫的萌芽是因為一九七四年美國總統尼克森（Richard Nixon）造訪埃及。當時已然烏雲罩頂[1]的尼克森想參觀傳說中的亞歷山大圖書館原址，場面一度尷尬，因為沒有人知道確切地點。亞歷山大圖書館的建築物連同它數量龐大的書卷，都消失在時間的流沙裡，它的所在位置也沒能倖存。

尼克森會在兩個月後請辭下台，但埃及當地的學術界嗅到了契機。由於埃及總統卡邁爾・阿卜杜爾・納賽爾（Gamal Abdel Nasser）推動泛阿拉伯民族主義和反殖民主義，亞歷山大港的地位比不上開羅。當地學術界覺得這是大好機會，既讓亞歷山大港重登文化偶像寶座，也能在知識界嶄露頭角。他們訴求發揮古代亞歷山大圖書館教化世人的功能，爭取到聯合國教科文組織（UNESCO）的重要支持。於是各國領袖在一九九〇年簽署了決定性的〈亞斯文宣言〉（Aswan Declaration），包括歐洲各國、美國和阿拉伯世界都同意齊心協力建造一座全新圖書館，宣示「追求知識普及」的決心。沙烏地阿拉伯和波斯灣各國都允諾捐出巨資，最後拔得頭籌的是伊拉克總統薩達姆・海珊（Saddam Hussein）。海珊一口氣捐出兩千一百萬美元，為伊拉

克爭取到二○○二年圖書館落成典禮上的貴賓席位。[2]

　　亞歷山大港日漸沒落，似乎不太需要圖書館這種設施，但國際上的反應如此熱情，提出這樣的質疑好像不太禮貌。這筆高達兩億一千萬美元的經費如果用在其他地方，肯定有助於改善埃及百姓的生活。從〈亞斯文宣言〉到圖書館盛大落成之間那十二年，不難聽見外界批評這座圖書館是「穆巴拉克的新金字塔」。這座圖書館建造過程歷盡艱辛，卻是坐落在一個識字率偏低的國家，更何況這個國家在知識自由方面頗有些黑歷史。當初承諾出錢出力的國家之中，有不少選擇捐贈書籍（包括五十萬冊法文書），其中不少毫無作用，只能丟棄。亞歷山大大學賣掉大多數藏書，以便迎接各界捐贈的新書，可說是個悲哀又草率的決定。

　　啟用後那二十年，新亞歷山大圖書館的運作困難重重：採購經費不足，職員滿腹牢騷，貪腐疑雲，更別提「阿拉伯之春」革命運動[3]帶來的動亂和之後的餘波。只是，不管你覺得新亞歷山大圖書館是個不切實際的紀念物，突顯了扭曲的國際文化外交，或是一項富有遠見的計畫，頌揚了人類知識史上的獨特嘗試，它肯定點明古代亞歷山大圖書館在圖書館史的顯著角色。古代的亞歷山大圖書館既是傳說，也是歷史事實。它曾經是書籍收藏史的鮮明標誌，象徵對知識的渴望。在羅馬帝國全盛時期，羅馬城的圖書館如果毀於大火，皇帝圖密善（Domitian, 51–96）就會派抄寫員前往亞歷山大圖書館為他抄書。十六世紀西班牙書目學家費爾南多・哥倫布矢志建造一座囊括全世界所有知識的圖書館，聲稱他的靈感來自亞歷山大圖書館。[4]文藝復興時期的學術領袖跟數位時代的新巨擘一樣，屢屢師法亞歷山大圖書館。這麼看來，亞馬遜、谷歌和維基這些網站的創始人都可以自稱繼承亞歷山大圖書館的衣缽。

　　西方文明的基礎很大程度得力於希臘與羅馬提供的靈感與各方面的成就，也難怪我們往那個方向尋找圖書館建築的範本和藏書文化

的根源。某種程度上,這種期待其來有自。希臘人需要設法留存亞里斯多德時代的學術成就,羅馬人則是以他們一貫的鐵腕效率占用這份文化遺產。只是,儘管羅馬人顯然不缺重大基礎建設的資源,卻也解決不了未來兩千年肆虐書籍收藏史的問題:可靠書籍的取得,對使用者的規範,儲存知識的理想方法。最重要的是,如何建立能夠世代傳承的穩定收藏。即使最有才華的文明締造者,似乎也解決不了這些問題。希臘與羅馬帶給後世學者的啟發,讓他們看到知識如何創造力量,也看到書籍收藏的潛力。在此同時,他們也了解到,為實現這個願景付出的努力多麼容易化為泡影。

亞歷山大登場

　　最早創建圖書館的並不是希臘人。美索不達米亞(現今伊拉克所在)的亞述帝國(911 BC起)統治者收集了數量可觀的文件,全都細心地以他們特有的楔形文字刻在泥板上。這種烘烤過的黏土板十分耐久,因為它們幾乎不怕受潮也不怕失火。只是,泥板體積龐大,占用太多儲存空間,也太笨重,不容易搬移。這些楔形文字圖書館都坐落在皇宮或廟宇裡,只對有學識的工作人員和皇室成員開放,一般大眾無緣接觸。就像一份楔形文字文件末端所說:「博學之士可與博學之士分享這份文件,但不能交給不諳此道之徒。」[5]無論如何,在只有統治階級、政府官員和靈性導師識字的社會,沒有多少人會渴望接觸這些書寫文化的早期遺跡。

　　這種精英圖書館有些規模相當龐大,某些出土遺跡收藏了七、八百份文件,而亞述帝國首都尼尼微(Nineveh)的宮廷圖書館總共收藏三萬五千片泥板。西元前六一四到六一二年巴比倫人征服亞述帝國,那些圖書館無一倖存。巴比倫的圖書館則是漸進式消失:當更有效率的字母書寫系統和比泥板更方便的新媒介(羊皮紙和紙莎草紙)出現,它們就慢慢走入歷史。紙莎草被發現並製成優質書寫材料,是

新興希臘文化從口說形式過渡到書寫形式的必要條件。尼羅河三角洲遍地都是紙莎草，將它的莖幹剖開、編織成書寫紙張的技術也不難掌握。莎草紙於是變成古代社會主要的書寫材料，從埃及出口到希臘和後來的羅馬，造就了一場收集知識的非凡實驗，於是有了後來的亞歷山大圖書館。

西元前四世紀的希臘識字率不低，至少在精英階級是如此。[6]營利性的書籍交易繁榮興盛，經典文學與學校教科書不再一書難求，工作上需要用到書籍（在這個時期多半是莎草紙卷）的人輕易就能買到。古希臘喜劇作家亞里斯托芬（Aristophanes, 427–386 BC）取笑悲劇作家尤里比底斯（Euripides, 484–406 BC）是個匠人作家，「從書本裡擠出劇作」。[7]到了西元前三三八年，雅典人非常憂心市面上有太多品質不佳的劇本，於是建立官方資料庫儲存權威版本。亞里斯多德也收集了數量可觀的個人藏書（他曾經為少年時代的亞歷山大大帝講課，培養了亞歷山大大帝對閱讀與學習的喜愛）。西元前八四年羅馬的蘇拉將軍（Lucius Cornelius Sulla）攻克雅典，亞里斯多德的書籍被運往羅馬。不過，在那之前亞歷山大圖書館已經在這批重要藏書的啟發下順利創建。

在埃及北部海岸建造一座希臘城市，是亞歷山大大帝理想中的恢宏帝國的重點，可惜他在世時沒能見到這座偉大城市和圖書館的興建。亞歷山大圖書館是由托勒密王朝（Ptolemy）最初兩任帝王興建的。亞歷山大大帝過世後，他的帝國被麾下的將領瓜分，其中托勒密占據埃及，建立托勒密王國。亞歷山大圖書館最初是學術機構，數量迅速累積的文本其實是這個機構的研究資料庫。願意加入的學者享有學術界不敢奢求的福利：終身職、優渥的薪資、免稅、免費膳宿。包括數學家歐幾里德（Euclid）、地理學家斯特拉波（Strabo，約64 BC–24）和數學家阿基米德（Archimedes，約287–212 BC）等人都被這些迷人條件引誘前來。從這幾個人名我們可以斷言，托勒密人的

圖書館收藏的不只是文學經典，還有數學、地理、物理和醫學等更為嚴肅的文本。書籍收購的速度快得驚人，代理商在希臘各地穿梭，大規模採購。根據未必可信的傳說，進港船隻被迫交出船上的書籍以供謄抄，只是，很多船長必須按時啟程，等不到書籍的歸還。[8]

亞歷山大圖書館究竟聚集了多少書籍，我們無從得知。有些學者估計二十萬卷，更有人說五十萬卷。不管我們接受哪個數字，在十九世紀以前，沒有任何圖書館能超越它的規模。數量如此龐大的書籍必然需要精心整理。書卷都存放在幽深的壁龕裡，分門別類堆疊擺放。如此巨量的書冊需要更系統化的編目，因為有不少書分散在不同的書庫裡。書籍是依字母順序儲存，但可能也依文類劃分（後世公立圖書館書籍分類的主要原則）。亞歷山大圖書館的一大特色是招募一流學者擔任館員，比如昔蘭尼的卡利馬科斯（Callimachus of Cyrene，約305–240 BC）為圖書館編製第一本創作者書目總錄。只是，這本總錄也隨著眾多亞歷山大圖書館相關事物一同消失。亞歷山大圖書館免不了收藏許多複製書冊，學者們善加利用，建立重要著作的權威版本。這樣的工程會在文藝復興時期重現，因為當時人們在修道院圖書館找出許多經典著作。[9]不論是在亞歷山大圖書館或文藝復興時期，這項工作必然衍生出另一種重要文類：學術評論。

隨著羅馬大軍征服古代世界，亞歷山大學院的重要性漸漸減弱，而圖書館龐大藏書的去向，也變成漫長圖書館歷史裡的一大謎團。羅馬時代的希臘作家普魯塔克（Plutarch, 46–120）在他的著作《凱撒的一生》（*Life of Caesar*）中提到，亞歷山大圖書館的毀滅，是凱撒大帝為情人克麗奧佩脫拉（Cleopatra, 69–30 BC）奪取埃及那場戰爭的附帶悲劇。凱撒下令火攻防守亞歷山大港的埃及海軍，火勢延燒到碼頭旁的倉庫，燒毀無數書冊。這些可能是新進採購、等待編目的書籍，而非圖書館本體：因為我們已經知道，西元七九年羅馬圖書館橫遭祝融之禍，皇帝圖密善仰仗亞歷山大圖書館的藏書重建羅馬圖

書館。另一個比較可信的說法是，亞歷山大圖書館是毀於西元二七二年羅馬皇帝奧勒良（Aurelian, 214-275）攻打埃及那一戰，亞歷山大的宮殿也在同一時間變成廢墟。堅決反對教會干預政治的英國歷史學家愛德華・吉朋（Edward Gibbon, 1737-94）也提出他自己的論點，指出西元三九一年信仰基督教的羅馬皇帝狄奧多西（Theodosius, 347-395）下令摧毀異教建築物，亞歷山大圖書館遭到波及。但這個說法不妨揚棄。另一種同樣不可靠的論點表示，西元七世紀阿拉伯人占領埃及後，當時的哈里發歐馬爾（Omar，約583-644）下令銷毀圖書館的藏書。[10]

　　事實上，這些猜測都未必正確。莎草紙是儲存資訊的優質媒介，可惜有個致命缺點，那就是容易受潮。即使是細心照料，每隔一兩個世代就得重新謄抄。亞歷山大圖書館汗牛充棟的規模本身就不利保存。正如我們即將在這本書裡見到的許多圖書館，疏失帶來的威脅遠比戰爭或惡意更嚴重。

羅馬

　　羅馬對西方文明的基礎有莫大貢獻，比如道路、溝渠、郵遞服務和眾多行政制度與法規法典，我們不免期待機構圖書館的發展也會有長足進步。只是，羅馬在這方面的表現不盡如人意。龐大的帝國必然累積巨額財富，政府的施政也需要大批官僚來推動。另一方面，書籍市場交易活絡，大量藏書唾手可得。種種因素之下，政治人物、作家和哲學家都坐擁大批書籍，存放在各自的住宅裡。除了這些，羅馬並沒有可供誇耀的公共圖書館。

　　在這個階段，羅馬城最知名、最突出的圖書館是由歷任帝王建造的。首開風氣的是第一任皇帝奧古斯都（Augustus, 63 BC-14）。奧古斯都之所以興建圖書館，是根據凱撒的構想。凱撒將圖書館列入他「打造並裝點」羅馬城的計畫。他遭到刺殺後計畫胎死腹中，但從他

的措辭不難看出他收集書籍真正的用意。奧古斯都的圖書館設在阿波羅神廟裡，將希臘文與拉丁文書籍分開收藏。這種做法後來被廣泛沿用，大多數宮廷圖書館都跟奧古斯都的圖書館一樣，設在皇宮或神廟裡，很少存放在獨立的建築物中。

　　這些圖書館的設立令羅馬的詩人無比振奮，他們連聲讚揚凱撒的朋友阿西尼烏斯・波利奧（Asinius Pollio, 75 BC-4），因為他實現了凱撒的圖書館計畫。羅馬作家老普林尼（Pliny the Elder，約23-79）說，波利奧是「將人類智慧變成公共資產的第一人」。羅馬歷史學家蘇維托尼烏斯（Suetonius）呼應這個觀點，說圖書館「對公眾開放」。[11]我們必須審慎看待這些說辭，從西賽羅（Cicero, 106-43 BC）到普林尼，羅馬的作家幾乎都屬於精英階級，他們口中的「公眾」，通常指的也是精英階級。老普林尼的外甥小普林尼（Pliny the Younger, 61-113）在家鄉科摩（Comum）成立一座圖書館，個人聲譽更上一層樓。啟用典禮上安排的並不是迎合在地民眾喜好的歡樂遊戲或格鬥競賽，當時小普林尼在會議廳發表的演說也是針對特定對象。這座圖書館的主要功能是頌揚創辦人的成就，當地居民扮演的角色則是在路過時讚嘆一番，順便回想一下本地傑出子弟的輝煌成就。以後我們會看到，十九世紀美國許多慷慨的慈善家在自己的家鄉建立公共圖書館（通常以古典羅馬柱廊裝飾），也是基於類似的動機。[12]

　　不過，宮廷圖書館始終是重要的公共設施，傑出市民往往選擇在那裡聚會，欣賞詩歌朗誦。他們對於文本各有所好，因此也為優秀作家名錄的建立貢獻一份心力。最受稱道的作家有時能獲得在圖書館留下半身像的殊榮，比較不走運的作家則苦思如何將自己的傑作送進圖書館。在市面上流通的作品如果不被認可或內容尷尬，帝王往往果決迅速地查禁。奧古斯都正是這樣處理他的先祖凱撒三本不成熟作品。有個特別驚悚的案例：圖密善下令處死違禁作品的作者和書商，就連負責抄書的奴隸抄寫員也被處以十字架刑。[13]

　　比起需要借閱書籍的小眾，到宮廷圖書館出席活動的人數多得多。經常借書的人不多，主要是皇宮裡的官員、受歡迎的詩人和羅馬法定機構或統治階級的成員。圖書館的使用跟與皇家成員的接觸一樣，也是帝王施恩的重點。後來不少政治家或將領仿效這種做法，比如蘇拉，他外出征戰帶回許多珍貴書籍。羅馬共和國末期將領盧庫魯斯（Lucullus, 117-56 BC）的龐大藏書是米特拉達提戰爭（Mithridatic War）的戰利品，對羅馬城的希臘學者有莫大的吸引力。西賽羅的所有房舍都有豐富藏書，卻也喜歡到盧庫魯斯的圖書館翻閱他沒有的書籍。[14]野心勃勃的公眾人物允許訪客借閱自己的藏書，既能鞏固自己的知識分子形象，也能招納一批追隨者。政治人物或軍事將領採取這種做法，不代表他們自己喜歡看書。古羅馬哲學家塞內卡（Seneca，約1-65）認為書籍是時尚住宅的必要配件，只是，他也覺得收藏太多未經閱讀的書籍也是一大困擾。脾氣暴躁的羅馬作家薩莫薩塔的琉善（Lucian of Samosata，約120-200）說，西元二世紀很多政治人物之所以設置圖書室，只是為了討皇帝馬可・奧理略（Marcus Aurelius, 121-180）歡心，因為奧理略是知名的愛書人。[15]

傷痛的預防

　　羅馬城的書籍具有多重功能，通常與閱讀無關。儘管如此，越來越多承載學識的書籍隨著讀者圈向外擴散，進入許多私人圖書室。不只西賽羅、普林尼或希臘羅馬時代醫學權威佩加蒙的蓋倫（Galen of Pergamum, 129-216）等知名學者收藏大量書籍，赫庫蘭尼姆古城（Herculaneum）一棟私人住宅的廢墟也挖掘出豐富藏書。赫庫蘭尼姆古城是在西元七九年維蘇威火山（Vesuvius）爆發時被掩埋，考古學家在這棟占地廣闊的豪宅挖掘出一間小儲藏室，裡面藏有一千七百卷書。這些書並不是管理或資產紀錄，而是有關伊比鳩魯學派[16]的著作。[17]間接證據顯示，這批藏書的原主應該是凱撒的岳父皮索・凱索

尼努斯（Calpurnius Piso Caesoninus, 101–43 BC），他是哲學作家菲婁德穆斯（Philodemus of Gadara，約110–35 BC）的資助者，收藏不少菲婁德穆斯的著作。這棟豪宅被掩埋的時候，那些書籍大多已經存放一百年以上。存放這些書籍的房間空間不大，不適合在裡面閱讀，顯然有奴僕負責整理書籍，隨時應主人要求送到明亮的廳室。

　　設置並維持這種規模的圖書室所費不貲。書卷在羅馬市場上不難買到，但嚴謹的收藏家不信任市售書籍的正確性，寧可雇用抄寫員為他們抄寫可靠的文本。文本的取得需要動員擁有社會地位的朋友，西賽羅就是仰賴哲學家朋友阿提庫斯（Atticus，約112–32 BC）的圖書室（阿提庫斯是個交遊廣闊的貴族，與羅馬出版界關係密切）。即使可以靠朋友的力量擴充藏書，抄寫的成本仍舊十分高昂，因為受過抄寫訓練的奴隸並不多見。有能力書寫希臘與拉丁兩種文字的奴隸抄寫員，身價足夠買下一座小型圖書室。[18] 基於這個原因，姑且略過退休將領和重要宮廷圖書館的那些展示用藏書不提，比較嚴謹的藏書通常是專業人士的手筆，比如蓋倫、有律師身分的西賽羅，或像老普林尼和小普林尼這類在政治生涯中納入哲學思考的人。[19] 在這些人的生命中，書籍是不可或缺的要件。蓋倫的書籍大多存放在和平神廟（Temple of Peace），西元一九二年和平神廟發生火災，蓋倫哀傷之餘寫了一本書，我們才得以透過這本書認識他的藏書。[20] 這本書貼切地命名為《論傷痛的預防》（On the Avoidance of Grief），蓋倫在書中鉅細靡遺地敘述他如何一點一滴累積出龐大藏書。他說他曾在羅馬城許多圖書館借閱書籍，有時謄抄，有時節錄或編排。書籍編排的彈性、從其他書籍截取片段創造屬意的文本，是手抄本有別於印刷書的主要特色。印刷書送到購買者手上之前，內文的順序與性質都已經確立了。當書籍從手抄本過渡到印刷本，最令十五世紀書籍收藏家感傷的，正是喪失了書籍製作的自主權。[21]

　　有些書必須花錢買，有些是送上門的禮物。蓋倫有一部分藏書是

用他自己的大量著作（足以填滿七百卷莎草紙）換來的。十六世紀到十九世紀這段時間，熱衷收藏書籍的專業人士大多都是以這些方式取得書籍。[22]這時已經是書籍收藏的晚期，許多醫師、律師、神職人員或教授儘管財力遠比蓋倫這類人士遜色，卻也能建立頗具規模的藏書，正是因為他們積極嘗試所有取得書籍的管道，或許甚至策略性地忘記歸還向朋友借的書。

　　除了希臘文化的傳承，羅馬帝國著作的輸出也是塑造西方文明的力量。當然，前提是那些著作能保存下來。所有宮廷圖書館都沒能逃過歲月的摧殘，私人收藏當然也無法倖免。唯一的例外是赫庫蘭尼姆古城，拜那場毀滅這處濱海勝地和緊鄰的龐貝城的災難之賜，它的藏書得以留存下來。然而，儘管歷史資料匱乏，我們對羅馬人如何閱讀或存放書籍所知也極為有限，這段圖書館草創時期透露許多訊息，顯示未來兩千年圖書館在書籍收藏上即將面對的諸多困境。[23]何謂圖書館？書籍是展示品或實用工具？收藏家應該像亞歷山大圖書館一樣海納百川，或像蓋倫和西賽羅那樣有所偏重？

　　更重要的是，公共圖書館對誰公開？建立圖書館的關鍵動機是便於使用，或展現精英階級的力量？圖書館裡可以聊天交談，或應當保持安靜？是社交場所或閱讀空間？在羅馬的圖書館裡，比較常見的情況似乎是書卷另行存放，有需要時才拿到閱覽室或公開座位閱讀。當然，我們偶爾會在當代著作看到有關羅馬宮廷圖書館的運作方式，好像並沒有特別規劃閱讀豐富藏書的靜謐空間。羅馬人在索引與編目方面有重大建樹，首創以拍賣方式出售書籍。到了十七世紀，書籍拍賣會重新流行，徹底改變圖書館的建立過程。羅馬人也遭遇每個時代的收藏家都會碰到的問題，那就是如何處理多餘的書籍。究竟是保存起來，留給後世緬懷過往的時代？或乾脆丟棄，挪出空間存放新書？在莎草紙的年代，這個問題更為迫切，因為一旦疏於照料，那些書籍終究會毀壞。在紙張和羊皮紙的年代，書籍即使在架上堆個幾百年沒有

人讀，也不需要費心照料整理，紙莎草書卷的年代卻沒那麼輕鬆。即使執政者樂見書市蓬勃發展，資訊的流通又該如何控管？我們已經看到，對於市場上那些煽動或尷尬的作品，羅馬人會以果決甚至殘酷的手段清除。即使印刷術還沒發明，執政者也已經知道放任書籍流通是件危險的事。

　　羅馬人面對的問題還不只這些。儘管宮廷圖書館一派華麗，羅馬帝國卻認為私人圖書室才是正常的圖書館，也是公眾交流的主要場所。主要原因在於，獲准進入所謂公共圖書館的公眾為數不多，只限少數族群（這種現象會一直持續到十九世紀末）。比起宮廷圖書館和半神話巨獸亞歷山大圖書館，羅馬城郊區別墅和市區房舍裡的藏書，以及分散在帝國境內的私人圖書室，共同為書籍收藏的未來提供更可靠的指引。

　　最後，我們還得為羅馬書籍世界兩位無名英雄獻上敬意。其一是奴隸抄寫員，因為他們的抄寫，書籍得以保存。其二是基督教會，一開始受盡屈辱，最終是拯救了羅馬文化。西元一世紀基督教誕生後，羅馬人漸漸習慣在大型競技場觀賞基督徒被野獸撕咬。其他更多人的死亡過程沒那麼戲劇性，卻同樣痛苦。因此，羅馬知識界的成果最終竟是靠基督教信仰的韌性保存下來，實在是一大反諷。當汪達爾人（Vandal）、哥德人（Goth）和東哥德人（Ostrogoth）大肆破壞羅馬文明時，羅馬文化是在修道院這種典型的基督教機構得到終極庇護。在這些地方，西賽羅和塞內卡的著作安穩地棲身在基督教文本之間，暫時免除時間與人為劫掠造成的損害。等到文藝復興時期它們會重見天日，成為書籍收藏文化的基石。這就像無從預測的樂透大獎，有些書籍被塞進巴伐利亞的修道院，幸運留存，其他書籍則從此滅失，往後我們還會看到更多這樣的例子。當歷史的潮流捲走羅馬帝國的榮耀，等待這個最燦爛文明的知識果實的，就是這樣的命運。

第二章
庇護所

　　十四世紀中期，義大利詩人兼作家喬凡尼・薄伽丘（Giovanni Boccaccio）造訪義大利中部的卡西諾山修道院（Monte Cassino）。這間修道院坐落在亞平寧山脈一處山丘頂，在羅馬東南方約一百三十公里處。整棟複合式建築狀似軍事堡壘，以戰略性高度俯瞰羅馬拉丁谷（Latin valley），那是通往那不勒斯主要路線之一。卡西諾山修道院厚實的牆垣裡存放著珍貴寶藏：一批不同凡響的古代手抄本。對於熱愛羅馬古典著作的薄伽丘，辛苦攀登這座山丘的過程就像是美夢成真。古典文學學者伊莫拉的本維努托（Benvenuto da Imola）聽過薄伽丘親口描述這段經歷，寫道薄伽丘抵達時，「客氣地向一名修士探詢，因為他向來謙和有禮。他請對方幫個忙，打開圖書館。」

　　那名修士指著一道陡峭的樓梯，面無表情地說：「上去吧，圖書館開著。」薄伽丘開心地走上樓梯，發現那個地方收藏著如此珍貴的寶藏，卻沒有門也沒有鎖。他穿過敞開的玄關後，眼前的一切驚得他目瞪口呆。他看見窗子長出雜草，書籍和長椅蒙上厚厚的灰塵。他懷著震撼的心情翻閱一本又一本書冊，找到各式各樣的古代和外國書籍。有些書嚴重缺頁，有些整本被人切割裁剪，剩下奇形怪狀的斷簡殘篇。最後，他紅著眼眶長吁短嘆地離去，感慨傑出學者苦心孤詣的

研究成果竟落入最可鄙的惡徒手中。他走到迴廊遇見另一
名修士，問對方那些珍貴書籍為什麼被殘忍地毀損。那人
說，院裡的修士為了賺點小錢，經常剪些書頁製作詩歌集
（psalter）。[1]

如同布羅提厄斯描述他抵達霍夫圖書館的情景，關於薄伽丘造訪修
道院的描述或許不無誇大之嫌。布羅提厄斯急於強化自己整頓霍夫
圖書館的偉大功績，文藝復興時期的古典著作學者也樂於突顯中世
紀修道院的蒙昧無知，藉此襯托自己膽大創新的求知歷程。這段略嫌
刻薄的文字寫在一三七○年代，完全無視卡西諾山修道院修士們的
堅忍卓絕。當時修道院才經歷過地震的蹂躪，很多修士遭到驅逐，取
而代之的是進駐的士兵，而修士和士兵都是教宗與法蘭西和亞拉岡
（Aragon）的統治者政治博弈的棋子，目的在爭奪義大利南部的控制
權。修道院藏書之中的部分精品早在過去幾十年就被其他知名訪客帶
走，送進修道院院長、外交家和學者的私人圖書館，據說其中包括歷
史學家塔西佗（Tacitus, 56-120）和作家阿普列尤斯（Apuleius，約
124-170）的作品。

　　只要回顧卡西諾山修道院多災多難的歷史，我們就能看出很
多事。這間修道院是努西亞的本篤（Benedict of Nursia，日後會受
封聖本篤）在西元五二○年代建立的，是從羅馬帝國廢墟中興起
的眾多修士團體之一。之後那五十年裡，修道院被入侵的倫巴底
人（Lombard）夷為平地，又重新復活，第九世紀末被撒拉森人
（Saracen）摧毀。在十一到十三世紀這段復原期裡，修道院既是朝聖
地點，也是火熱的文學創作中心，累積了龐大財富。西元一二三九
年，神聖羅馬帝國皇帝腓特烈二世（Frederick II）驅逐修士，緊接著
是一連串不幸事件，卡西諾山修道院日漸衰頹，最後變成一百年後薄
伽丘到訪時的破敗模樣。[2]

在盛衰興替中，卡西諾山的修士數度聚集又失去數量無人能及的手抄本。羅馬帝國崩落後那幾百年，書本的製作與收藏主要是在修士團體裡進行。這些團體是耶穌基督的傳教士在歐洲各地成立的，他們細心地整理書面文字，在西方世界書籍傳承上扮演關鍵角色。這些傳教士建立許多靈修堡壘，通常各自獨立，提供安全的避風港，修士們在裡面反覆抄寫經典，做為虔誠的奉獻。很多修道院也抄寫羅馬古典作家的著作，對羅馬文化的保存具有重大意義。事實上，我們今天讀到的所有古典著作，幾乎都是這樣流傳下來的。

修道院既是書本的避風港，也確保了圖書館的延續。從卡西諾山的例子可以看見，這段歷程有歡欣，也有悲悽。西元四百年到一千四百年之間，儘管政治上偶有動盪，卻也不乏休養生息的繁榮期，修道院於是成了下一波入侵者眼中的肥羊，比如撒拉森人、丹麥人、撒克遜人或馬扎爾人（Magyar）。[3] 然而，堅定奉獻是修士團體固有的美德，即使面對最險惡的逆境也是一樣。修道院被毀，就換個地方重建，書本被撕毀、焚燒或丟棄，就重新製作。所以卡西諾山修道院也是從自己的十四世紀廢墟中站起來，完好如初地存活下來，直到第二次世界大戰才再次蒙難。但那也不是它的結局，如今卡西諾山修道院已經修復，仍然是朝聖者和愛書人的指路明燈。

冊子本登場

基督教會儘管扮演古典文獻的保護者，但在導致圖書館毀壞的循環暴力事件中，他們並不無辜。聖本篤和他的追隨者在卡西諾山一間阿波羅神廟的舊址建起修道院，將神廟的祭壇砸毀。羅馬帝國解體前，境內各地神廟陸續被毀，取而代之的是基督教教堂和修院。在這個過程中，基督教會年輕一代的狂熱信徒荼毒了許多書籍，因為羅馬神廟通常兼具圖書館功能。基督教最後一次大規模遭受迫害是在西元三〇三到三一二年，當時基督教書籍、圖書館和它們的擁有者是首要

目標，之後基督教的神將會在潔淨的地點受人敬拜。

　　圖書館在早期基督教信徒生命中扮演重要角色。許多使徒帶著追隨者過著四海為家的生活，隨身帶著一小批書籍。保羅曾囑咐提摩太（Timothy）把他「留在特羅亞（Troas）的書本帶過來」。[4]從各方面來說，這些都是實用型藏書，主要有《舊約聖經》各卷和日後被推崇為《新約聖經》的著作。[5]這些經文不管新舊，都由羅馬帝國各地信徒負責抄寫，以便布道與傳福音時使用。抄寫受崇敬的文本也是一種禱告：信徒希望言行舉止依循經文，於是透過冥想將神聖典籍吸收內化，而反覆誦讀經典就是冥想的方式之一。羅馬帝國分裂時，第一批修道院在埃及沙漠中創建，在那些修道院裡，抄寫經文是相當普遍的冥想活動。[6]

　　隨著修道團體發展到地中海盆地，書籍製作的速度也向前邁進。西元四一五年左右，馬賽（Marseille）附近一所修道院的創辦人約翰‧卡西安（John Cassian）將手工抄書列為對修士有益的勞動，能提升靈修時的專注力，因為「忙碌的修士只怕一個魔鬼，清閒的修士要對抗許多魔鬼。」[7]隱修團體的宗旨是刻苦禱告，這樣的制度需要紀律的配合。卡西安寫這段話的時候，創立不久的教會因為教義的分歧面臨分裂。有個風險始終存在：如果放任修士在神學辯論中虛度光陰，修道院就可能淪為異端邪說的溫床。

　　卡西安展現出組織與紀律方面的才華，許多人受到激勵，起而效尤，包括努西亞的本篤。本篤在卡西諾山修道院編寫他那本揚名後世的《本篤會規》（The Rule of Benedict），規定聖本篤教會的修士該如何安排一天的作息，如何管理自己的生活。這本書確立了中世紀修士組織的基本模式，在「每日勞作」欄目下保留充足的閱讀時間。修士每天需要團體或個別閱讀經文幾小時。星期天有更多閱讀時間，但「如果有人太漫不經心或懶散，不願意或沒辦法冥想或閱讀，就安排他從事勞務，免得他無所事事。」[8]《本篤會規》雖然沒有提到寫作，

圖 2 努西亞的本篤將他的《本篤會規》傳給追隨者。這幅小畫像收錄在一一三○年抄寫的一本《本篤會規》之中。《本篤會規》裡雖然沒有提到圖書館，卻鼓勵閱讀，西方修道院因此熱衷製作與收藏書籍。

卻有鼓勵修士抄寫書籍的意思，認為那是良善又有價值的活動。因為修士們需要大量書籍，既可以在夜間讀書時間彼此分享，也能帶回個人寢室研讀。

　　跟聖本篤同時代的羅馬貴族卡西德魯斯（Cassiodorus）則更明確支持書籍的製作。卡西德魯斯原本是東哥德王狄奧多里克（Theodoric）的大臣，西元五三八年左右退休，在義大利南部創建維

瓦留修道院（Vivarium）。他向修道院裡的修士強調嚴謹抄書的重要性，督促抄寫人員特別注意文本的正確性。維瓦留修道院的宗旨雖然是忠實複製基督教著作，那裡的修士卻也抄寫古典書籍。關於這點，卡西德魯斯的做法有別於同時代的某些人。編寫第一部百科全書的西班牙學者塞維亞的伊西多祿（Isidore of Seville, 560-636）就曾提出警告：「修士閱讀異教或異端著作時務必當心，最好避開邪惡學說，以免在接觸過程中誤入歧途。」[9]

　　卡西德魯斯過世後，維瓦留修道院隨之解散，但它的理念已經傳揚出去。就連跟伊西多祿一樣對異教文學抱持敵意的基督徒，也陷入兩難處境。[10]由於欠缺合適的替代方案，西羅馬帝國境內的基督徒只能繼續使用通用的拉丁語，修道院也不得不沿用古典教育的模式。修道院院長、學者和修士不信任古典作家的多神教信仰、鬆散的道德觀和華麗的辭藻，卻需要羅馬的修辭學家、哲學家和歷史學家來教導他們的弟兄讀和寫。古羅馬的寫作風格也注入早期宗教作家的著作裡，比如四世紀的米蘭主教安波羅修（Ambrose）和神學家奧斯定（Augustine），都深受西賽羅的古典修辭法影響。

　　抄寫與收集異教文學引起的爭論，跟西元三到六世紀之間另一項重要發展一前一後展開。古典著作偏好採用的莎草紙漸漸退場，被羊皮紙冊子本（codex）取代。各自獨立的羊皮紙頁縫在一起變成書本，帶動書籍的轉型。羊皮紙並不是新發明，將動物皮革處理成書寫載體的工法由來已久。羊皮紙（parchment）這個名字來自希臘城市佩加蒙（Pergamum），據說以浸泡、削刮與延展等方法處理皮革、製成書寫平面的技術就來自那裡。然而，羊皮紙並沒有在古代世界廣泛運用，只有在莎草紙短缺時才派上用場。在莎草紙不虞匱乏且價格低廉的年代，這點不難理解，畢竟羊皮紙的製作更費時，價格也高昂得多。製作一本內容充實的羊皮紙書，需要用到一百頭以上的小牛、山羊或綿羊的皮革。但羊皮紙確實有兩個優勢：其一，它比較耐久，

即使存放在比埃及尼羅河三角洲更寒冷的氣候中，也不容易變質；其二，它雙面都能書寫，不像莎草紙只有單面可用。

羅馬帝國分裂後，地中海地區的莎草紙供應似乎嚴重短缺，羊皮紙變成主要的替代品。隨著材質改變，書本也改頭換面。所謂冊子本是將紙張或薄板堆疊起來，一端以縫紉或編結方法固定。其實冊子本不是新載體，古羅馬時代已經出現，但只用做筆記本或學校裡的習作板。大約在西元三世紀某段時間，冊子本開始取代紙卷，變成保存文本的標準方法。這個轉變明顯跟基督教運動息息相關，因為基督教的早期文本幾乎都以冊子本的形式呈現。到了第六世紀，冊子本脫穎而出，直到今日仍然是書籍的標準形式。

相較於書卷，冊子本有太多優勢，比如可以輕鬆翻到書中的任何一頁。書卷就麻煩得多，需要雙手並用才能找到想要的資訊。冊子本也能容納更多資料：一本羊皮紙冊子就能載入《舊約》和《新約》所有內容，而一份紙卷只能寫下《聖經》的某一卷。存放也是個問題。當大量書卷堆放在一起，很難一眼看出個別書卷記載什麼內容，冊子本（特別是附加了木質或皮革封面時）具有明確的個別性。只是，要到許久之後，我們如今認知中書本理所當然的擺放方式才會固定下來，也就是豎直站立，緊密排列在書架上。在羅馬帝國分裂後那一千年，書本大多平放在桌面上，或收藏在箱子裡。

莎草紙停用，書卷被取代，必然導致傳統文化遺產的大量遺失。所有的文獻都得從書卷抄寫到冊子本上，這項工作主要在修道院執行。至於先後順序如何判定，哪些該謄抄，哪些任其腐朽，都取決於修道院院長的性格。即使某本書被標記出來抄寫保存，未必代表從此安全。第六世紀到第八世紀那段時間流行在羊皮紙上重複書寫，也就是將原本的文字刮除或洗掉，釋出珍貴的書寫空間。[11]將古典著作抹除，未必是出於對羅馬莊嚴文獻的敵意，因為以這種方式清除的基督教文本比異教文本多得多。羊皮紙太珍貴，不該拿來承載過時的文

字。在那些年代，書寫本身就是一種虔敬行為。就算回收再利用的是基督教書籍，也沒什麼大不了，一切都是為了滿足修士團體的靈性需求，讓他們藉由勞務獲得救贖。

繕寫室

　　第一代修道院通常並不富裕。大多數修道院是由五、六名修士合力創建，能運用的資源相當有限。他們生活刻苦，飲食節制，主要任務是禱告與靈修，在此同時還要承擔耗費體力的勞務。教宗額我略一世（Pope Gregory I，約540－604）在他的《對話錄》（*Dialogues*）列舉修士可以從事的有益勞務，提供一份長長的表單，包括建造、烘焙、打掃、園藝，當然，還有耕耘土地。[12] 書籍的抄寫或許受到推崇，被視為虔敬的活動，但在修道院初創時期，這份工作卻是保留給體弱多病的人。

　　由於第七、八、九世紀的各種變遷，修道院的地位從獨立的靜修場所轉為信仰、教學與文化的權威。促成這種改變的第一個因素是修士的傳教狂熱，致力將基督教信仰傳播到歐洲還沒納入基督教會的地區。這項工作有時由羅馬推動，比如教宗額我略一世派坎特伯里的聖奧古斯丁（Augustine）前往英格蘭，向當時的盎格魯撒克遜王肯特的埃塞爾伯特（Aethelberht of Kent）傳教。不過，主要的動力來自愛爾蘭和西蘇格蘭。從西元六〇〇年開始，凱爾特[13]傳教士就往現今的不列顛、法國、德國、瑞士和義大利等地發展，說服當地統治者改信基督教，取得土地捐贈的承諾，建立小型學習團體，而後轉移陣地。這種策略的成果之一就是建構了宗教機構網絡，這些機構擁有共同的創始人與文化，共享訊息、資源與書籍。當這個網絡持續拓展，有些修道院變成網絡的中心點，成為修士和其他旅者的熱門去處，比如瑞士康斯坦茨湖（Lake Constance）西南岸的聖加倫修道院（St Gallen）。[14]

西元七、八世紀修道院網絡的鋪展，得力於書籍的製作與流通。當時英國傳教士聖玻尼法（St Boniface）在德國和荷蘭、比利時、盧森堡等低地國家宣揚教義，隨身攜帶大批書籍。他在西歐弗里西亞（Frisia）遇襲，攻擊者搶走幾箱書籍予以銷毀。傳教士需要文字資料來推展正確的宗教儀式，這些書冊早期是由他們在愛爾蘭、蘇格蘭和英格蘭的團體提供。後來歐洲大陸的新建修道院初具規模，也加入傳播《聖經》、彌撒用書（missal）和祈禱書的行列。有些修道院甚至變成重要的書籍製作中心，例如英格蘭的林迪斯法恩修道院（Lindisfarne）和賈羅修道院（Jarrow）、亞爾薩斯（Alsace）的米爾巴克修道院（Murbach）、黑森（Hessen）的富爾達修道院（Fulda）和瑞士的聖加倫修道院。

　　這些雨後春筍般設立的新修道院高度依賴政權的支持。法蘭西墨洛溫王朝（Merovingian France）的統治者歡迎傳教士前往宣教，出發點未必是對基督的虔誠信仰。[15] 擁有貴族身分的政治掮客一方面核可修道院的設立，一方面保有院長任命權，捐給修道院的土地還能讓他們減免支付給王朝的稅金。不少貴族將沒有繼承權的子女送進修道院和修女院，一來確保家族資產不被分割，二來也能讓家族的勢力深入日益成長的教會權力結構。

　　由於法蘭克國王查理曼（Charlemagne, 742–818）的支持，修道院的政治影響力明顯成長，也成為書籍製作的重要推手。在長達四十多年的執政生涯中，查理曼軍事與行政雙管齊下，統一了中歐與西歐大部分地區。身為羅馬帝國崩落後西方世界第一位帝王，查理曼希望以他的基督教政權整合分裂的土地與人民，納入單一行政、法律與宗教體系。[16] 這是非凡功業，只有查理曼這種具備領導才華與遠見的君王才能達成。然而，如果沒有修道院的教會網絡，也不可能實現。

　　基督教會是查理曼帝國不可或缺的一部分，而拉丁文是讓這個帝國統一的唯一語言。查理曼特別重視語言的正確性，也要求他的神職

人員、行政官員和百姓都能準確運用。這不是基於語言學家的迂腐偏好：語言的正確性關係到教義的傳播和教會儀式的準確執行，而這些正是基督信仰的基礎。有效的統治也建立在有效的溝通上，在查理曼的廣大帝國中，通訊方式越來越偏重書面形式，語言的標準化因此變成當務之急。[17]西元七八四年，查理曼致函帝國所有修道院和主教，宣示他「覺得各地主教和修道院有必要致力於文獻的研讀與教導。」他讚揚修道院的熱忱，只是，他收到的文書顯示各修道院對拉丁語文的掌握不盡如人意。五年後查理曼頒布一項命令，特別提到需要建立正規學校讓孩子們學習閱讀，也責成修道院編寫更優質的書籍，「因為人們想要以正確的方式向上帝禱告，卻由於書籍內容謬誤，禱告也變得荒腔走板。」[18]

　　由於查理曼所謂的「謬誤書籍」充斥市面，歐洲各地於是進入一段書籍製作與流通的全盛期，是羅馬帝國建立以來首見。基於這波行動的特定目標，這段時期編寫的書籍以基督教文獻為主，包括早期教會作家的著作、大批經過訂正的儀式手冊、聖徒事蹟、布道詞與《聖經》的經文。抄寫希臘與羅馬古典文獻中有關教學法、道德訓諭與歷史的著作，也是有益的活動。不過，某些作家比同代作家更受歡迎，比如古羅馬詩人維吉爾（Virgil, 70-19 BC）、西賽羅和亞里斯多德。[19]最受歡迎的是埃利烏斯・多納圖斯（Aelius Donatus, 315-380）和卡培拉（Martianus Capella, 360-428）等羅馬帝國晚期作家編寫的教科書，在查理曼的加洛林王朝（Carolingian）教育體系廣泛使用。

　　查理曼煞費苦心要求文字資料的正確性，當然也擁有大批藏書。有些書籍是修道院或才華洋溢的宮廷抄寫員為他製作的，其中不乏精美華麗的書本，比如《歌德士加福音書選集》（*Godescalc Evangelistary*），這是專門為查理曼的宮廷禮拜堂製作的祈禱書，以金銀顏料書寫在染成紫色的羊皮紙上。[20]類似的華麗書籍為數不少，封面同樣以寶石、金箔或銀箔裝飾，都是帝王餽贈忠誠政要的禮品，正

如那些政要也會向他進獻珠寶、馬匹或土地。[21]

　　這些書籍的華美和製作者在彩繪、裝訂與裝飾上令人嘆為觀止的用心，並不是加洛林王朝文藝復興的常態。修道院編寫的書籍首重功能性，以堅固耐用為原則。修道院的書籍多半走這種樸實風，即使後來查理曼帝國分裂，終至瓦解，這種現象也沒有改變。查理曼沒有將書籍的製作侷限在宮廷，而是讓各修道院積極參與，是一項德政。因為這點，即使他過世後政治局勢動盪，書籍的研讀與抄寫活動仍然能夠安然傳承。

　　修道院與修女院分屬不同教會，在歐洲大陸設立許多據點，形成書籍流通的天然網絡。事實上，修道院之間的書籍借用，正是當時取得書本的主要管道。[22]修道院可以將書本借來抄寫，或者派修士到另一所修道院現場謄抄。有時修道院之間會協議交換大批書籍以供抄寫。不難想像，在那個旅途充滿波折與不確定因素的時代，大批書籍的交換並不是受歡迎的做法。為了確保書籍能完整歸還，修道院祭出重罰，威脅要將借書不還的人逐出教會。天主教熙篤會（Cistercian）克萊沃修道院長伯納德（Bernard of Clairvaux, 1090-1153）的祕書有個精明對策：向他借書的人還書時要多給一冊抄寫本，多出來這一冊可以跟別人交換其他書。[23]

　　「繕寫室」（scriptorium）是書籍歷史上的新辭彙，它的出現象徵書籍在修士生活中的重要性。聽到這個名詞，我們的腦海自然而然浮現寬敞的大房間，許多修士靜默地俯身在大部頭書籍上方。電影或小說中的中世紀修道院都少不了這樣的場景。某些修道院確實設有獨立、專用的抄寫空間：富爾達修道院的繕寫室最多曾經有四十名修士同時在抄寫。然而，很多修道院的抄寫員是在普通作坊裡抄寫，或者在各自的寢室裡。在十二世紀，嘉都西隱修會（Carthusians）所在的大沙特斯修道院（Grande Chartreuse）第五任副院長曾經提到，書寫工具是修士寢室裡不可或缺的用品。[24]有些抄寫員全職抄書，每天工

作長達六小時。我們在中世紀手抄本偶爾能看到信筆塗鴉,透露抄寫工作繁重程度。那些文字通常是這些人的手筆,比如「阿馬的聖派翠克,免除我的抄寫工作吧」,或者「給我來杯香醇的陳年葡萄酒」。[25] 在院長命令下承接大量工作,或許就能體會這樣的心情。不過,很多修士抄寫書籍是基於自己的需求,或者為教會弟兄或修道院外的家人服務。

在很多修道院裡,撰寫或抄寫書籍只是日常的例行公事,在其他修道院則可能是修行生活的核心。據我們所知,中世紀德國修女院有四百多名出色的女性抄寫員,其中有些屬於專家級別,是重要抄寫計畫爭相邀請的人選。也有人一生中只抄寫一兩部書,主要是為了自己修行上的需求。[26] 書籍的抄寫可以是單純的個人行為,也可以是通力合作成果共享。一名抄寫員可能要花一年時間才能抄完一本書,多名成員各自負責一部分手稿,花費的時間就可能少得多。有些書籍的篇幅會逐年增加或擴充,比如編年史和機構沿革。[27] 規模最大的修道院抄寫員人數眾多,其中某些人就能鑽研特殊技能。除此之外,大多數修道院都會聘請專業人員來彩飾特別豪華的書籍。

修道院製作書籍的目的,主要是應付整個團體或個別成員的需求。這麼一來,修道院的書籍數量自然受到限制。另外,羊皮紙成本高昂,也導致中世紀修道院藏書普遍不超過五六百冊。第九世紀末,聖加倫修道院的藏書大約四百冊。克魯尼修道院的財力在十二世紀歐洲修道院之中數一數二,大約擁有五百七十冊。在十三世紀以前,大多數修道院平均藏書量都在一兩百冊上下。有些修道院的書籍數量太少,修士甚至不需要額外編列書目,書籍通常跟家具、高腳杯和銀盤等物品並列在貴重資產清單裡。

當然,藏書數量會有波動。修道院的書籍都是有實用價值的資源,免不了頻繁使用,因此必須定期汰舊換新。其他的破壞力也會影響藏書數量:第九世紀聖加倫修道院遭到匈牙利人掠奪,又發生一場

火災（圖書館另一個恆存的風險）。政治人物的到訪（比如神聖羅馬帝國的鄂圖一世〔Otto the Great, 912–973〕）可能帶來大筆捐贈，也可能是一場災難，因為統治者可能會看上修道院的書籍，決定據為己有。[28]英格蘭修道院為歐洲大陸的修道院提供大量書籍，在第九世紀卻屢次遭到維京人掠奪，法國很多修道院也同病相憐。在這些情況下，圖書館的毀滅只需要短短一天，事後的補充和漫長的復原期卻往往超過半世紀。

壁龕、箱子和鏈條

圖書館發展為修道院的獨立空間，是個漸進的歷程。很多修道院始終不曾設置專用圖書館。從最早的時期開始，修道院就大量運用壁龕來存放書籍。[29]這些壁龕通常會釘上一層木板牆，將書本與石壁隔絕，以防受潮。濕氣是書籍的大敵，特別是在沒有暖氣設備的石造建築裡。以一個內部成員經常需要取用書籍的團體而言，這樣的安排切合實際。修道院書籍存放的真實情況是，書本依據各自的功能，分散在建築群的各個位置。[30]最常用的書籍就擺放在聖器室或禮拜堂，這些是每間修道院必備的精神糧食，包括禮儀手冊、彌撒用書、福音書、聖歌集（gradual）、讚美詩輪唱集（antiphon）和詩歌集。修道院體積最大、裝飾最華麗的書籍通常也包括在內，這類書籍在團體敬拜的重點儀式裡扮演重要角色，以它們璀璨的美頌揚神的榮光。當人文主義者造訪修道院，對書籍的保存狀態搖頭嘆息，我們不能忘記，那些書原本就是不常使用的參考書籍。

團體閱讀使用的書籍通常存放在參事廳（chapter house），這裡也是修士們召開正式會議的地方，所以這裡常見的書籍包括修道院常規、殉教者列傳和聖徒事蹟。有些布道詞或早期教會著作也可能放在食堂，方便在用餐時發放使用，因為用餐時間通常會安排一段共讀。修道院迴廊也會擺放裝有書籍的箱子或櫥櫃，稱為「書櫃」

（*armarium*），鑰匙由圖書館員保管，個別修士在這裡閱讀時會受到監督。在道明會修女院（Dominican convent），圖書館員奉命將書籍放在木櫃裡，這些櫃子內部劃分出幾個小隔間，放置不同主題的書籍。[31]這樣的書櫃通常存放修院所有成員共用的書籍。克萊沃修道院長伯納德曾經表示，他的熙篤會修道院裡的「彌撒書、福音書、使徒行傳、祈禱書、輪唱集、詩歌集、會規和年曆都可以讓所有修士自由取用。」[32]

巴伐利亞泰根湖修道院（Tegernsee Abbey）的修士們比較有福，夜間能在暖氣房裡閱讀。[33]一般的修士和修女大多在自己的寢室裡閱讀，從共用「書櫃」借來的書也能帶回寢室。他們可以擁有自己的書籍，這些書包括自己抄寫的、他人贈送的或從家裡帶來的。在十三、十四世紀，這類個人藏書通常是十或十二冊，他們離開人世後，書籍就捐給修院，增加公用書籍的數量。

修道院儲存書籍的首要考量顯然是取用的便利性，只有在書籍數量超過修士當下修行需求時，才會考慮設置獨立的圖書室。這些圖書室存放的，多半是未必適合所有修士閱讀的書籍，比如歷史、哲學、醫學或科學等類別。將這類書籍存放在獨立的圖書室裡，由圖書館員監控，是合乎常理的解決方案。這樣的圖書室通常設置在聖器室或繕寫室樓上。關於這種配置最早的紀錄來自九世紀的聖加倫修道院，其他的則出現在十二世紀之後。而在圖書室裡，書籍通常還是鎖在櫥櫃或箱子裡。

關於書籍專屬空間的設置，最創新的嘗試始於修道院。從十二世紀開始，修道院漸漸失去在書籍抄寫、流通和收集方面的領導地位。[34]最大的挑戰來自新機構，比如主教座堂的修士會、中小學和大學。這些新機構多半出現在義大利、法國、德國和英格蘭日漸擴展的城鎮。[35]越來越多神職人員、貴族和商人定居在城市裡，改變中世紀歐洲的學習格局。主教座堂的修士會和他們創設的學院（後來發展成

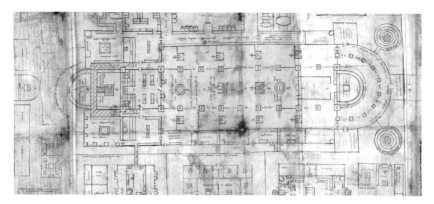

圖3　第九世紀初聖加倫修道院的平面圖，在繕寫室樓上規劃了圖書館（畫面左下角）。這個規劃最後沒有實現，但繕寫室和圖書館的規劃顯示這兩個空間都已經出現在修道院建築裡。

早期的大學）高度仰賴外界捐贈，捐贈者包括校友和渴望獲得救贖的在地人士。當主教座堂和旗下的學校收到更多來自教會或俗世的贊助，修道院累積的財富在教會內部引發議論，促成托缽修會的建立，希望重現修道院最初的清貧理念。這個變遷也進一步削減了修道院和繕寫室的資源。

　　雖然很多修道院的藏書量停滯不前，新機構卻是如魚得水。一〇五七年英格蘭索爾茲伯里（Salisbury）主教座堂圖書室設置後，短短五十年就累積了一百冊書籍，其中很多是在他們自己的繕寫室裡抄寫出來的。[36]到了十四世紀，最好的大學圖書館規模已經超越修道院圖書館。巴黎的索邦大學（Sorbonne）在一二五七年成立，到一三三八年已經擁有超過兩千本書。十五世紀初，德國艾富特（Erfurt）的大學學院收到一筆多達六百餘冊的贈書，藏書量因此足以和某些規模最大的修道院圖書館匹敵。[37]牛津的學院通常擁有外界捐贈的大量圖書。事實上，學院的創辦人幾乎都得為學校籌措足量的書籍。[38]一三五〇年左右，牛津的墨頓學院（Merton College）擁有大約五百

冊書籍。大約五十年後，七筆大額捐贈讓牛津多所學院的藏書量增加兩千冊。當負債的學者向學院借款，學院也會要求他們以書籍充當擔保品。

雖然各學院的財富和學術影響力快速超越修道院，學院裡的學者卻仍然遵循修道院收藏書籍的核心原則。牛津有些學院將藏書分為兩部分：其中一部分只限在圖書室裡供研究員使用，另一部分可以讓研究員借出一年或更長時間。一般說來，可以借出的書籍通常是經典著作或法典，包括亞里斯多德的著作和早期教會作家的作品。牛津萬靈學院（All Souls College）的創辦人提供九種基本教科書共一百零一冊，其中八十三冊可以借出，其他十八冊則留在校內的總圖書館。[39]

學院圖書館裡的不同空間也出現巨幅變革：揚棄了修道院的堅固木箱，書籍的存放以方便學者使用為原則。最新形式是在圖書室裡設置一排台座（lectern），附有長椅。最完善的台座設有閱讀平台，上方或下方規劃了放置書籍的平面層架。索邦的學院圖書館有二十八張這類台座式書桌，書桌所在的房間有十九扇窗戶提供光源。這點對在裡面閱讀的學者至關緊要，因為校方不允許他們帶蠟燭進圖書館。[40]這是個關鍵性進展：書籍不再鎖在箱子或櫃子裡，而是公開陳列。使用者可以在短時間內閱讀多本書籍，這種廣泛閱讀是進階學習的必要過程。但這麼一來書籍也更容易遺失：到了一三三八年，索邦學院的兩千冊圖書之中已經有三百冊消失無蹤。

修道院是封閉型團體，輕易就能掌控圖書的使用，何況修士們彼此認識，也很少離開院區。然而，在城市的新機構中，進圖書館的人更多，彼此也多半不相識。這些機構包括各種修會、修士會、主教座堂和教會，尤其是新成立的大學和學院。有個解決方案，那就是限制書本的移動。這個辦法成本高昂，卻漸漸成為擁有大量藏書的新機構不得不採取的措施。館方在書本上加裝鐵鏈，固定在台座或層架上。書籍普遍加裝鏈條最早是在十三世紀的索邦學院，一二七一年巴黎神

圖4　英國赫里福德主教座堂（Hereford Cathedral）圖書館的書籍以鏈條固定在台座上。當箱子不足以容納所有藏書，鏈條被視為充分的保全替代方案。這種方式對使用者造成不便，而最敬業的竊賊仍然有辦法剪斷鏈條，帶著書本離開。

學家亞伯維的杰拉德（Gerard of Abbeville）捐贈三百冊圖書給索邦學院，要求校方用心保存這批書籍，並且一一加裝鏈條。

　　鏈條有明顯的缺點：如果有人想同時查閱不同台座的書該怎麼辦？隨著圖書館的書籍數量增加，內容也日漸龐雜，很多機構無意以鏈條控管書籍，私人藏書更是不考慮這麼誇張的安全措施。儘管如此，主教座堂、教會和學院圖書館裡的鏈條卻相當經得起時間的考驗。[41]到了十八世紀中期，某些圖書館還在採購新鏈條。牛津的墨頓學院直到一七九二年才解開書本的束縛。十三、十四世紀牛津和巴黎的圖書館加裝鏈條時，似乎是個合理的防範措施，也等於認可書籍是重要的學術資源。走進圖書館的人更為安心，不必擔心想要借閱的書被拿走。只要他們有需要，就能在書桌上找到那些書。對於新學院的

學者，這種便利性跟修道院緊閉的大門形成強烈對比，因為在修道院借書還得看院長的心情。雖然這兩個世界實際上差別不大，但在歐洲繁忙的城市裡，學術界對修道院這看似衰退的古老學術守護者的不滿正在攀升。

高級雅賊

到了十五世紀，大筆財富湧入城市，修道院也緊隨在後，城市修道院的數量於是比鄉間更多。這種變化只是加重傳統大型修道院的困境，因為信徒對他們的奉獻越來越少。另外，那些修道院也更沒有能力抵抗主教或最高統治者的投機與貪婪。這種衰退太明顯，以至於到了十三、十四世紀，諸如聖加倫和米爾巴克等加洛林王朝大型修道院只剩少數修士有抄寫能力，只能雇用民間抄寫員抄寫書籍。富爾達修道院一份十六世紀圖書目錄顯示，十世紀到十六世紀這段期間，圖書館的書籍幾乎沒有增加。[42]

很多修道院失去大量書籍，損失最嚴重的是城市或市郊的修道院，比如一四〇〇年義大利維羅納（Verona）的首都圖書館（Capitular library），書籍比四百年前減少四分之三以上。[43]事實上，最早受到衝擊的正是位於義大利半島的修道院圖書館，因為這裡的修士必須應付新一波強取豪奪的書籍收藏家，以薄伽丘之類的人物為代表。從十三世紀晚期開始，義大利城邦成為第一代人文主義者的根據地。人文主義（Humanism）主要是文學運動，以研究並仿作古典文學為主。最早的人文主義者有不少是政府官員和法律工作者，比如外交家、大臣和公證人，對於這些人，演說能力和優美字跡都是事業成功的必要條件。

這個階級的學者重新關注古典著作，對文藝復興運動的成功有莫大貢獻。古典文學大幅度塑造藝術與建築風格，對工程、科學、政治和戰爭的發展也有顯著影響。不過，文學仍然是人文主義運動的核

心。校勘手抄本，找出某部著作最忠實、最完整的版本，是人文主義學者的生存命脈。從事這項工作需要高度熟悉分散在各地的常見著作，還需要知道缺漏在哪裡，也就是哪些其他來源提及的文本仍然遺失或不完整。這些學者對古典學識的復甦還有其他貢獻，比如為早期私人大量藏書提供專家級的引導，讓歐洲的王公貴族和統治者看到私人書籍收藏的可能性。[44]

佩脫拉克（Francesco Petrarch, 1304-74）、但丁（Dante Alighieri, 1265-1321）和薄伽丘等第一代文藝復興傑出人物知道修道院藏著豐富的古典著作，當他們開始系統化地搜羅這些藏書，總是一味控訴修道院圖書館的殘破狀態，卻不曾對修道院守護古典文本近千年的義舉表達任何感激之情。當時成果最豐碩的書籍獵人是波吉歐・布拉喬里尼（Poggio Bracciolini, 1380-1459），他曾經擔任主教祕書，為人精明幹練，尋書的足跡跨越阿爾卑斯山，前進法國、德國和瑞士等修道院重鎮。布拉喬里尼在這些地方找到許多遺失的古典著作，包括羅馬詩人盧克萊修（Lucretius，約99-55 BC）、西賽羅、有西方建築之父之稱的維特魯威（Vitruvius，約80-25 BC）、羅馬修辭家坤體良（Quintilian, 35-96）和其他許多作家的作品。他在寫給朋友的信裡詳述尋書過程，最常通信的對象是佛羅倫斯的狂熱書籍收藏家尼科利（Niccolò de' Niccoli）。他們流傳下來的信件提供寶貴資訊，讓我們了解這些學養深厚卻貪得無厭的學者的心態。[45]

西元一四一六年，布拉喬里尼找到他最重大的一筆收穫，從此奠定他的名聲。當時他跟友人辛希厄斯・拉斯修斯（Cincius de Rusticis）和巴索洛繆・蒙特波利提諾（Bartholomeus de Montepolitiano）一起參加在德國舉辦的康斯坦斯大公會議（Council of Constance），順道造訪附近的聖加倫修道院。用辛希厄斯的話說，他們找到「數不清的書……像囚犯般被監禁。」圖書館「滿目荒涼，到處都是灰塵、蟲子、煤灰和所有對書籍有害的東西。」這些訪問學

者（他們如此自稱）當場淚崩，難掩怒氣。「修道院有院長，有一群修士，卻都對文學一無所知。這對拉丁語是多麼惡質的敵意！一群該死的廢物！」[46] 這些都是書籍獵人圈子裡耳熟能詳的辭令。布拉喬里尼將他在聖加倫找到的坤體良完整著作的複本送給一位朋友，那位朋友對布拉喬里尼讚不絕口，說他讓那本書「脫離在野蠻地域漫長而殘酷的監禁。」[47]

坤體良那本完整著作是這一大筆收獲之中最珍貴的寶藏，除此之外，布拉喬里尼和他的朋友還得到其他十多位古典作家的作品。在聖加倫的搜刮開啟布拉喬里尼眾多收書行動的序幕，日後他會憑藉便給的口才走進修道院，抄寫或購買院內收藏的書籍。天性慷慨大方的修士樂意與博學的訪客分享他們的珍藏，布拉喬里尼跟義大利其他人文主義學者善用這個特點，有時不擇手段，甚至是赤裸裸的欺騙。布拉喬里尼有時也會無功而返，尤其英格蘭之行最讓他大失所望。一四二〇年六月十三日他寫信告訴尼科利：「我拿到幾座公認知名又古老的修道院的書籍目錄，沒有找到任何有價值的書。」五個月後布拉喬里尼再度失望，說英格蘭那些「野蠻人只學些毫無用處的辯論和詭辯術，沒有真正的學問。」還說他看見「幾本古代著作，不過我們老家那邊已經有比較好的版本。」[48]

在書籍獵人心目中，阿爾卑斯山以北的修士是最無禮的小人，但他們對自己的義大利同胞也連聲咒罵，因為那些人愚昧無知，愧對羅馬的傳統。布拉喬里尼聽說某個人文主義收藏家把他的希臘書籍遺留給一所修道院，嘲笑那人將珍貴書籍送給「半個拉丁字都不認識的兩腳驢子。」[49] 他還數落卡西諾山修道院那些「野蠻人」，說他們只在乎錢，不願意讓他看一眼古羅馬軍事家朱利厄斯・弗朗提努斯（Julius Frontinus, 40-103）的作品。即使是喜歡鑽研古典著作的修士，也得不到布拉喬里尼的青眼，除非他們跟克魯尼修道院某個修士一樣，幫他拿到一本修道院收藏的神學家特土良（Tertullian，約155-220）的

作品，所以「看來不是壞人。」不過，那人終究是個修士。[50]

　　很顯然，文藝復興時期的書籍獵人對他們的中世紀前輩並不友善，特別是那些不受威逼、拒絕交出珍貴手抄本的修士。對於這些激進、急躁的新一代書籍收藏家，修道院圖書館的路線跟他們是兩個極端，也是他們不願意走的方向。但在圖書館發展史上，這些書籍文化的堡壘留下幾個歷久不衰的重要原則：圖書館是文化的避難所兼寶庫，藏書的穩固性，基督教會在古典文藝復甦上扮演的角色，圖書館是研讀與靜修的處所。這些都跟文藝復興初期的少壯派格格不入。那些人文質彬彬卻欠缺耐心，在義大利城邦光彩奪目的新宮廷和新興修道院追求個人的晉升。不過，這些嚴肅的中世紀原則雖然一時之間跟不上潮流，卻會繼續在圖書館史上扮演重要卻被低估的角色。

第三章
小猴子和金光閃閃的文字

　　在外求學的孩子荷包如果不缺錢，家長就有操不完的心。不論在十三世紀或現代，這都是不變的真理。不過，我們得為那個拿出全家半數收入送兒子進巴黎大學的父親想一想。他給兒子的闊綽零用錢有一部分是為了買必要的書籍，但他不准兒子愛書成痴。那兒子沒看上學校附近輕易就能買到的普通書籍，而是刻意尋找奢華花俏的手抄本，不但有金箔裝飾，書頁空白處還有巧妙的點綴。只是，那位憤怒的父親會說那些書「畫著小猴子，文字金光閃閃」。

　　說出這段趣事的人是義大利北部波隆納大學一名講師，時間是在一二五〇年左右。講師說這則故事是為了提醒年輕學子，選擇充滿誘惑的世故巴黎，放棄南邊知名學府的嚴謹風氣，可能會身陷道德危機。另外，這件事也證實，在修道院與修女院之外，商業化書籍市場已經成氣候。[1]攻讀神學或法律的年輕學子必然擁有書籍，也許是自己抄寫，或向跟大學合作的文具商購買。這種情況太普遍，不缺錢的學生於是以華美的書籍來為他的收藏增光。

　　學生之所以能夠擁有自己的小規模藏書，要歸功於書籍製作的產業化。十三、十四世紀的書籍製作經歷一次轉型，法國、低地國家和義大利各地城市的抄書工作坊將書籍製作變成商業化的事業，效率超越大型修道院的繕寫室。修道院的修士抄寫書籍是為了教化團體成員，滿足他們修行上的需求，城市裡的工作坊則是聘請俗世抄寫員為

文具商抄書。經營這類商業化工作坊的文具商也可能擁有豐富學識，甚至是虔誠信徒，但對他們而言，抄書是一份事業，跟布料商或酒商的事業差別不大。

這些俗世繕寫室的興起，是因為越來越多人渴望擁有書本，原因不外乎工作、求學或高調炫富。重要的是，書籍市場需求增加，並不是印刷術問世衍生的結果。相反地，這個市場的推手包括大學和各級學校、俗世信仰的流行，以及都市的穩定成長（都市中，新興的中產階級成為經濟與政治上一股重要力量，與貴族和教會的力量相抗衡）。學校教科書、宗教文獻和時禱書（Book of Hours）的大量生產，預告會有越來越多人擁有書籍，而這個趨勢鼓舞了十五世紀中葉的印刷試驗。[2]

都市繕寫室大量生產、製作出的手抄本卻未必乏善可陳。恰恰相反，在印刷術發明前那一個世紀，書籍的美學邁向巔峰，可以依照客戶的要求量身定做。從查理曼王朝以來，歐洲修道院和宮廷圖書館裡的書籍多半奢侈地用硃砂、天青石和銅綠等顏色彩飾，貼上金箔，封面鑲嵌寶石。然而，書籍製作工藝卻是在巴黎、比利時的布魯日（Bruges）和佛羅倫斯等地達到頂點，主要原因包括專業化、分工和貴族階級雄厚的財力。有些工作坊雇用的書籍彩飾員本身就是收費高昂的名畫家，技藝精湛。在這個短暫時期中，書籍是視覺藝術的最高展現，而書籍的價格有可能相當於或超過家中其他貴重物品。

這種新式書籍便於攜帶，內容通常是宗教題材，外觀美麗耀眼，可以拿來向人展示，因此深受歐洲宮廷的貴族男女喜愛。書本變成貴族家庭隨處可見的物品，既能突顯信仰的虔誠，也能跟其他家庭互相餽贈，或與家人共同閱讀。這些書還能發揮政治上的功能，比如爭奪王位的王子命人撰寫新書為自己的繼承權辯護，或記錄自己的功績。坐擁書城變得跟在比武時展現勇氣一樣重要。不久之後，認真的收藏家就打造出羅馬帝國崩落後歐洲規模最大的俗世圖書館，不管是書籍

數量或重要性，都不輸修道院的收藏。

書籍工廠

　　年輕人急於給新朋友留個好印象，也難怪會被「金光閃閃的文字」迷惑。學校教科書大多是沒有插圖的樸素筆記，內容是教授在課堂上背誦的亞里斯多德、聖托馬斯・阿奎那（Thomas Aquinas, 1225-74）或教會法，其間穿插各種注解。這些教科書或許不夠養眼，卻都是珍貴的文本，是學生將來邁向學者、律師或祕書等燦爛前途的起點。[3] 十三世紀歐洲各地紛紛設立大學，尤其是在義大利北部、法國、英格蘭和西班牙，教科書的提供於是變成緊迫議題。

　　這些大學漸漸發展成歐洲新興專業人員的培育中心，也引來新型態的職人——文具商：銷售羊皮紙、筆、墨水和書籍。文具商的工作坊也革新了書籍的製作方式，發展出分拆作業（pecia system）。[4] 採用分拆作業，同一本書（通常是重點教科書）可以分成幾部分同一時間複製。抄寫一整本書可能需要半年時間，文具商將書本分拆成一疊疊標準厚度的手稿（通常八頁），讓學生租用一段時間。學生謄抄那個星期或當月需要的文本，之後還給文具商，換租下一部分。這種經營方式分散抄寫一整本書所需時間和金錢，一本書也可以同時間借給許多學生抄寫。另外，文具商也雇用專業抄寫員複製書籍，方便不想自己抄書的學生直接購買分拆本。這種方式特別適合大學市場，因為學校的課程範圍有限，也偏向傳統。一二七五年分拆作業已經十分盛行，巴黎的分拆文具商提供的文本最多高達一百三十八種。[5]

　　分拆作業最早出現在十三世紀初的波隆納，而後迅速流傳到歐洲各地大學。大學擔心文具商操控重點文本的行情，設法壓低分拆書稿的價格。對於手頭不寬裕的學生，這是一項德政，但文具商卻因此無法光靠分拆作業謀生，大學附屬的工作坊因此獲准承接其他工作。這是個關鍵措施，刺激更廣大、非學術書籍市場的發展。文具商賣樸實

教科書賺取微薄利潤同時，也開發了另一批截然不同的客戶群，也就是貴族階級，那些人可以為另一種天差地別的書籍支付百倍價金。

　　這種現象在巴黎尤其明顯。[6]早在十三世紀末的巴黎，書籍的製作與裝飾已經是被認可的行業。名聞遐邇的巴黎不只擁有阿爾卑斯山以北最卓越的大學，也是商業重鎮，更是法蘭西王朝司法與官方機構所在地。巴黎的書籍交易集中在兩個不同地區，一是塞納河左岸的大學周邊，另一個是聖母院附近。當時最有生意頭腦的文具商都在左岸，比如聖萊傑的杰弗里（Geoffrey de St Leger），法國王后匈牙利的克萊門西亞（Clemence of Hungary）和勃艮第的約娜（Jeanne of Burgundy）都是他的顧客。聖母院地區的文具商莫伯日的托馬（Thomas de Maubeuge）則為約娜的母親阿圖瓦的瑪哈特伯爵夫人（Countess Mahaut of Artois）提供各式書籍，包括聖徒事蹟、彌撒經書、日課經書、《聖經》和各種宗教故事。從這些書籍不難看出，頂級貴族家庭需要傳統拉丁文祈禱書，以便在他們的禮拜堂使用。不過，瑪哈特也委託文具商製作法文書，主要是歷史書籍、散文傳奇和祈禱書。王朝最有錢有勢的族群為了擴充私人藏書，委託聖母院地區的文具商製作法文書，時日一久，這些文具商於是專做這類書籍。

　　在學術界與修道院之外，書籍的製作主要是為了迎合貴族客戶與宮廷生活的需求。宮廷漸漸成為施政中心，也刺激了文學活動：行政官員必須具備文學素養和書寫能力，也難怪十三、十四世紀許多俗世歷史、傳奇與詩歌都出自法蘭西、勃艮第或英格蘭宮廷祕書和官員之手。其中最知名的有尚・傅華薩（Jean Froissart，約1337-1405），他曾經是神職人員，後來變成許多著名宮廷的史官兼詩人，包括英格蘭的王后和布拉班（Brabant）與布盧瓦（Blois）的公爵。傅華薩編寫的百年戰爭史[7]是十五世紀最廣為流傳的歷史著作，至今還有一百多本裝飾華麗的手抄本傳世。宮廷正是展示這種財富與教養的重要場所。對於王公貴冑，精美的書籍值得擁有，因為既能向人展示，也能

讓朝臣效法。設置宮廷圖書館是公共事務，這不代表那些書長期展示或供公眾使用，而是因為這樣的措施涉及到的書籍製作、創作、抄寫、彩飾和展示，都由統治者和他們的家庭贊助。說故事、歌唱與音樂演奏等表演是宮廷生活不可或缺的環節，書籍也是這豐富傳統的一部分。宮廷會雇用傑出的演說家和吟遊詩人來說故事或朗讀，兼具教化與娛樂功能，統治者和他的全體隨從都從中受益。[8]

中世紀的皇室過著遷徙式生活，王公貴胄的藏書經常搬移。於是大多數書籍直接存放在箱子裡，既安全又方便運送。一批藏書經常會分散在幾座城堡，或分別由多名皇室成員保管。藏書的內容時有更替，因為書籍跟所有貴重物品一樣，可以充當借款的擔保品，也可以贈送給家臣或其他王公貴族。很多書籍是作家或抄寫員進獻給皇室的禮物，也有些書籍是特地買來做為贈禮的。從這個角度來看，書籍跟畫作、銀器、禮服、釦子、胸針和掛毯等眾多奢侈品一樣，只是宮廷的點綴。難怪很多書籍封面鑲嵌珠寶，或用最昂貴的天鵝絨裝訂，好跟宮廷裡其他供人欣賞的奢華展示品相呼應。

貴族階級的書籍之中裝飾最華麗的，恰恰也是流傳最廣的，那就是時禱書。一二一五年第四次拉特朗會議（Fourth Lateran Council）後，越來越多人追求宗教生活，卻不願意像修士般拋棄在俗世擁有的一切，俗世信徒於是增加，時禱書也在天主教會推廣下蔚為流行。時禱書彙整了許多常見禱告辭和讚美詩，搭配冥想活動，依照修道院裡的傳統禮拜程序編排，讓人們有機會體驗神職人員的修行流程。修士和修女每日的禮拜程序複雜多變化，需要篇幅較長的日課經文和彌撒書。俗世信徒使用的時禱書內容比較簡略，可以反覆誦念。時禱書本質上雖然靈活有彈性，卻是以教會年曆、簡短的福音課程、詩篇、亡者日課，以及對聖母瑪麗亞和聖徒的禱告組合而成。[9]這些內容都以拉丁文寫成，而不是宮廷文學偏好的法語。不過，時禱書的主人就算不太懂或完全不懂拉丁文，還是可以將時禱書的所有禱辭背下來。

　　我們已經來到書籍歷史的關鍵時期，書籍變得更普遍，製作書籍的效率也大幅提升，民間識字率剛好也在這個時期緩慢成長。只是，擁有書籍不等於收藏書籍。時禱書可能是人們家中唯一的書，放在床頭或顯眼的桌子上，每天使用。學生以低廉價格取得的分拆手抄書很可能一出校門就丟棄，或（違規）賣給即將入學的新生。這些不能稱為藏書。關於書籍收藏這件事，中世紀巧匠製作書籍的新能力主要還是為傳統的書籍收藏家服務，比如統治者和他們的家族成員，以及貴族和教會領袖。跟過去不同的地方在於，站在社會頂端的人擁有收藏更多書籍的能力。

　　在十四世紀初期，時禱書之所以成為宮廷的流行時尚，勃艮第的布朗絲（Blanche of Burgundy）等皇家仕女居功厥偉。其中的關鍵因素是個人化：在布朗絲委託製作的時禱書裡，除了原有的精美小圖像之外，還有二十五幅她自己的畫像。[10] 個人化插圖是奢華時禱書的基本元素，這些插圖可能是無所不在的盾形紋章，也可能是書籍所有人和家人的全頁肖像，通常跪著禱告。拜這些精美又奢華的圖像之賜，這些書變成珍貴的資產，傳給皇室子女或家族成員。[11]

　　在擁有並展示宗教書籍的風氣激勵下，很多宮廷在女性成員帶領下，培養出愛書氛圍。當皇室女性贊助知名詩人和藝術家，她們的丈夫自然也注意到了。那個時代最成功的收藏家無疑是法蘭西國王查理五世（King Charles V, 1338–80）和他的三個弟弟貝里公爵約翰（Duke John of Berry）、安茹的路易（Louis of Anjou）和勃艮第的英勇菲利浦（Philip the Bold of Burgundy）。貝里公爵擁有至少十八冊時禱書，其中幾本公認是當時最美的書籍。菲利浦擁有大約七十冊手抄書，主要是歷史和傳奇故事，同樣有華麗的裝飾。[12] 在一四〇〇年，這種數量和品質的藏書已經十分出色，不過，跟查理五世的九百一十冊比較起來就遜色得多。查理五世的書存放在剛改建完成的羅浮宮。

　　這些可觀的收藏都是在百年戰爭期間累積的，而當時法國百姓正

處於水深火熱中，這點透露些許玄機。[13]查理五世過世後，他的藏書也被戰火波及。一四二〇年英國軍隊攻占巴黎，那批藏書落入英格蘭公爵蘭開斯特的約翰（John of Lancaster）手中。約翰把書運回倫敦，一四三五年他過世後，這些書籍分散各地。[14]攻占巴黎的行動讓英國上流社會嘗到文具商工作坊帶來的樂趣。一四三〇年約翰和妻子勃艮第的安（Anne of Burgundy）送給年幼的英格蘭國王亨利六世（Henry VI）一本巴黎製作的時禱書，書中穿插了一千兩百多幅精美圖畫。[15]約翰的弟弟格洛斯特的漢弗里（Humphrey of Gloucester）也收藏許多拉丁文學術著作和法國文學手抄本，他曾兩度捐贈書籍給牛津大學，總共捐出兩百八十一本學術著作手抄本，做為牛津圖書總館的基本館藏。牛津大學為了表達謝意，在該校神學院（Divinity School）樓上增建圖書館，存放這批書籍。[16]接下來那幾十年，漢弗里的圖書館在牛津占據重要地位。但我們將會看到，短短一百年後，這間圖書館就走上不幸的結局。[17]

　　占領巴黎的英國人發了一筆戰爭財，大手筆委託文具商製作奢華書籍，送回海峽對岸的故鄉。雖然有占領軍的惠顧，巴黎的商業仍然是戰火下的受害者。當巴黎痛失國際書籍供應商的寶座，商業化書籍製造者逃往其他大學城或商業與權力中心。[18]其中最大的受惠者是比利時北部的法蘭德斯（Flanders）和荷蘭的布拉班，這些地方都是勃艮第公爵們的轄區，而勃艮第公爵跟法國宮廷之間權力鬥爭不斷，因此在百年戰爭中成為英格蘭的重要盟友。

　　布魯日、根特（Ghent）等法蘭德斯城市都是歐洲北部重要貿易中心，這時變成製作奢華手抄書的新據點。這些城市裡的工作坊的存在，方便勃艮第的公爵和當地的頂級貴族建立耀眼的收藏。英勇菲利浦的兒子無畏約翰（John the Fearless）擁有兩百五十本手抄書，他的爵位繼承人好人菲利浦（Philip the Good, 1396-1467）後來將公爵府的藏書擴充到九百冊，幾乎全是新書，文字是當時宮廷通用的法語。[19]

菲利浦的藏書裡的小型繪畫和彩飾的數量與品質教人驚豔，這些書也很快受到認可，成為歐洲文藝復興時期的文化瑰寶。彩飾手抄書的收集蔚為時尚，成為勃艮第宮廷的必需品。[20]法蘭德斯奢華手抄書製作的盛景延續到一四八〇年代，也就是菲利浦過世後二十年。菲利浦委託製作大量書籍，這種手筆只有最頂級的貴族才能辦得到，比如格魯修斯的路易（Lodewijk van Gruuthuse, 1427-92），他收藏了兩百本華麗非凡的手抄書。

　　法蘭德斯手抄本製作的高水準舉世知名，布魯日出口的時禱書最遠銷售到葡萄牙的里斯本。英格蘭國王愛德華四世（Edward IV, 1442-83）流亡到荷蘭和法蘭德斯時，成為路易的座上賓，委託製作了許多勃艮第手抄本。他重新奪回王位後才支付他滯留低地國家期間買書的費用，總共花了兩百四十英鎊，算是一筆不小的金額。[21]當時法蘭德斯和布拉班的製書匠也開始為另一批顧客服務，那就是雄心萬丈的都市精英。這些新顧客想要仿效上層貴族收藏書籍，文具商於是開發出全新、大量生產的時禱書。這些時禱書裡沒有華麗的個人化肖像，書頁邊緣也沒有大量裝飾，而是預先做好成套的全頁插圖，裝訂穿插進時禱書裡。[22]這種標準化商品當然比不上為勃艮第宮廷增光的那些時禱書，但它們鮮麗的色彩仍然展現出奢華感。對於很多家庭來說，這些書是一筆不小的花費：一四四四年英格蘭約克郡的麵包師湯瑪斯・歐佛多（Thomas Overdo）手上的時禱書價值九先令，幾乎等於一頭母牛的價錢。[23]現存這類時禱書書頁上留有不少注解與禱辭，顯然經過許多世代的人謹慎小心地使用。對很多人來說，這些書是家裡第一也是唯一的一本書，因此格外愛惜。

文藝復興的召喚

　　北歐王公貴胄收藏的大量書籍是為了對外展示，卻不提供給大眾使用。採購華麗手抄本的巨額支出，來自領地的歲收，而這些歲收有

時是百姓繳納的稅金，卻並沒有因此發展出書籍開放借閱的文化。王公貴族過世後，他的書籍由繼承人繼承，或遺贈給親族。想要尋找專供大眾使用的圖書館，我們需要把視線轉向南方，看看文藝復興時期的義大利城邦。在這個地方，一批全然不同的收藏家正在塑造競爭性的書籍收藏文化，迅速吸引在義大利致命政治遊戲中爭奪權力的銀行家、商人和雇傭兵將領的目光。

　　我們已經看到，義大利書籍收藏的步伐是由人文主義學者帶領。人文主義運動圍繞著書籍運轉，擁有書籍是文化素養的標記。參與這項運動的人需要向舊雨新知借書來謄抄，更重要的是研讀。這些行動的目的是盡可能全面重建古代著作。這些人收藏的書籍雖然包含不少宗教著作，比如《聖經》和早期教會作家的作品，但他們偏好的書籍跟法國或勃艮第的王公貴族大不相同。義大利學者整編出來的書籍主要是拉丁文著作，某些鑑賞家也收集希臘文作品。

　　私人書房的出現，最能顯示書籍在這波學術運動的重要性。[24]私人書房是專供書籍收藏家讀書寫字的房間，擁有這樣的工作室（*studio*，源於拉丁文 *studium*，指修士的寢室），等於宣誓為文字做出最高奉獻。在十四、十五世紀，住宅裡很少有專供個人使用的空間。開闢獨立的房間，裡面陳列書籍、書桌和書寫工具，是文明的最高展現。人文主義學者貝涅迪托‧科特魯利（Benedetto Cotrugli, 1416-69）認為，事業有成的商人除了處理公務的辦公室之外，還應該有一間獨立的書房。這間書房最好安排在臥室附近，方便清晨和夜晚閱讀。[25]即使藏書不多，也未必輕忽書本存放空間。有個人文主義學者寫信告訴朋友，他鄉間別墅裡的書「數量比不上薩塞蒂（Sassetti）和梅迪奇這些銀行家，但我確實有小小一書架的修訂文本，對我來說比任何華麗的裝飾品都珍貴。」[26]

　　私人書房的出現是圖書館發展史上重大的一步。有些書房是在現有房間裡隔出鴿子籠般的空間，只是個木造小隔間，配備固定式書

桌、裝書的櫃子、書寫工具和一張椅子。久而久之，這個鴿子籠變成屋子裡的一個房間，專供閱讀之用，相關物品一應俱全，有時甚至有可旋轉的書桌或書架，能輕而易舉查閱多本書籍。書房可能也安裝了層架，既能展示書籍，也讓書房的存在多了點確定性，因為書架上的書不像箱子裡的書那麼容易搬移。不是所有的書籍收藏家都認同這種趨勢。費拉拉（Ferrara）侯爵里歐內羅・埃斯特（Leonello d'Este, 1407–50）曾經建議收藏家：

> 別讓書本沾染灰塵。很多人會把書本鎖在櫥櫃或箱子裡，每次只拿一本出來讀，讀完又放回去。也就是將書本藏在隱密的私人圖書室，而非公開陳列、隨時拿來跟朋友分享。不管房間裡的地板清洗得多乾淨，書本在取出又放回的過程中會被弄髒，再沾上灰塵就很難清除。為了解決這個問題，拿書之前最好先洗手，這點絕對不能忽略……也有人考慮到灰塵問題，把書本藏在玻璃或帆布後面，既能避免陽光曝曬，也隔絕空氣中的灰塵。[27]

這些妙方有利保持書本的潔淨，卻與書房的功能相牴觸，因為書房應該是頻繁查閱書籍的地方。書房裡提升智識的物品不只是書本，還包括半身雕像、花瓶、錢幣和各式各樣的珍品，尤其是古玩。不只如此，書房雖然是個沉思默想的私人空間，收藏與學術研究本質上卻是社交活動。想收集最優質的書籍，必須仰賴廣大的同好，比如我們討論過的布拉喬里尼與尼科利，他們在通信中密集討論尋找遺失手稿的經歷。[28] 布拉喬里尼是個聲名狼藉的書籍獵人，真正收藏書籍的是尼科利，他不需要離開佛羅倫斯，就能坐擁那個時代首屈一指的藏書。尼科利為他的藏書投注一生的精力與金錢，收集大約八百冊書籍。他沒有將這些書束之高閣，相反地，他廣泛邀請學者、朋友和任何感興

趣的市民，去閱讀、討論和欣賞他的書。他甚至將書本外借，以致一四三七年他過世的時候，還有兩百本書沒有收回。

雖然很少人能像尼科利一樣大方借出書籍，一般認為人文主義學者都願意對外公開他們的藏書。[29]人文主義學者也向他們的資助者（政治與宗教界的高層）傳揚這個重要理念，他們舉出許多古典羅馬的實例，說明羅馬帝國的將領和帝王多麼不辭勞苦建立公共圖書館。我們已經討論過，那些圖書館的公開性相當有限，但義大利的王公貴族自認他們重現了羅馬的輝煌，建造壯麗的圖書館是他們樂於接受的艱鉅挑戰。[30]

學者收藏家的藏書之中有不少是他們自己抄寫的，尼科利更是以他新創的人文主義手寫體聞名一時，也啟發了後來的斜體字和草寫體。這種字體可以讓筆端在紙頁上移動更迅速，大幅提升抄寫效率。相較之下，地位顯赫的王公貴族和宗教收藏家的手抄本都是別人抄寫，抄寫的人有時是學者，有時則是文具商工作坊裡的抄寫部隊。越來越多教宗、樞機主教、主教、軍事將領和政治人物加入書籍收藏的行列，為了滿足他們的需求，一種新興的書商適時出現，稱為 *cartolai*（意為文具商）。這些人原本是羊皮紙供應商，後來結合文具商、裝訂工、書商、書誌學者、出版商和文學代理人等眾多角色於一身。他們扮演抄寫員和客戶之間的媒介，偶爾也參與製書，雇用抄寫員和書籍彩飾員處理重要訂單。各城市必須擁有充足的客源和技術專精的工作人員，才能創造出這種規模龐大組織完整的書籍市場。在佛羅倫斯、那不勒斯、羅馬、威尼斯和米蘭等人文主義者集中的城市，這樣的書市發展最為先進。這些並不是最早設立大學的城市，而是大型商業與政治中心。到了十五世紀中葉，這些城市已經因為優質書籍的交易揚名國際。經常有外國人來這裡住個幾年，委託製作並收集書籍，有些是自己收藏，有些則是為家鄉的資助人或所屬機構採購。[31]

最出色的書商集中在佛羅倫斯共和國（Republic of Florence），其

中成績最好的是維斯帕夏諾·畢斯提奇（Vespasiano da Bisticci）。[32]
維斯帕夏諾一四二〇年出生在佛羅倫斯城外一座村莊，跟從事書籍裝
訂與銷售有成的米歇爾·瓜爾杜奇（Michele Guarducci）學習，從而
踏入這個行業。他雖然沒有受過古典文學教育，卻成為佛羅倫斯乃至
其他地區最重要的手抄本供應商。很多書商只是買賣二手書，維斯帕
夏諾則大規模製作書籍，最高紀錄曾經同時雇用五十名抄寫員，製作
王公貴族委託的重要典籍。維斯帕夏諾面對富豪收藏家從容不膽怯，
又有精明的生意眼光，事業因此飛黃騰達。他之所以成功，部分原因
在於他觀察到每個收藏家想要（或買得起）的書不盡相同。維斯帕夏
諾的工作坊做出不少令人嘆為觀止的奢華書籍，有豪華的卷首插畫、
一處不漏的頁緣彩飾，以高級小牛皮或羊皮裝訂，內容的抄寫卻未必
準確。但他也為其他顧客提供更實用的書籍，沒有彩飾，也許只有簡
單的彩色大寫字母，卻注重抄寫的正確性。

　　從維斯帕夏諾的書籍定價看來，只有最富裕的顧客才有能力經
常向他買書，即使買的是最低價的書籍也是一樣。維斯帕夏諾的書
店的租金是每年十五弗羅林[33]，大約等於他書店裡一本中價位書籍的
價格。[34]當時一流的彩飾專家每年的收入是六十弗羅林，書商的學
徒每年的薪資只有十到十五弗羅林。一幅華麗的卷首插畫可以讓書
籍價格上升二十五弗羅林，因為上色的顏料價格高不可攀。最富麗
堂皇的書籍鑲嵌了黃金白銀和珍貴寶石，售價超過一百弗羅林。在
一四八三年，佛羅倫斯共和國總理（城市最高的行政長官）的年薪是
四百三十二弗羅林。[35]薪水之外當然還有其他管道的收入，但這告訴
我們，即使只是收藏小規模圖書，對於高收入階級也是不小的負擔。
然而，如果收藏家有意對外展示他的書籍，他的書就不能掉價，必須
追求最高品質，以他的紋章和無數彩繪裝飾，才能向訪客展現他對學
術與書籍的敬意。

　　維斯帕夏諾在一四七八年退休，搬到鄉間的家族別莊定居，在那

裡寫了不少傳記小品，記錄他那個時代最傑出的人物。他描寫的多半是他過去的顧客，以義大利人居多，其中也有兩名英國人，分別是伍斯特伯爵約翰・提普托夫特（John Tiptoft）和伊利教區主教威廉・格雷（William Gray）。[36]這些小傳內容豐富，介紹了近百名統治者、樞機主教、主教、政治家和知名作家，以親切的口吻細訴他們收集書籍的偏好。對於這個主題他可說是信手捻來，但他也清楚明白地表示，收藏書籍是統治者、樞機主教或主教的美德，重要性不下於英勇、智慧、寬大和忠誠。維斯帕夏諾寫道，鐵血將軍烏爾比諾公爵費德里科經常贊助各種藝術，有意建造「史上最優質的圖書館，不惜任何金錢與人力。只要聽說好書出現，不管書是不是在義大利，都會派人去收藏。」公爵在烏爾比諾、佛羅倫斯和其他城市雇用三、四十名抄寫員，為他抄寫所有古典作家的華麗手抄本。他的《聖經》上下冊「以最精緻的插畫裝飾，封面是金線織錦搭配華麗的白銀配件。」他的亞里斯多德和柏拉圖書籍都使用「最上等的羊皮」，很多書都以鮮紅布料和純銀製作封面。[37]

費德里科的藏書數量據說是義大利之冠，書籍都鎖在他的烏爾比諾宅邸一樓某個房間，這件事透露些許訊息。這個房間不是他讀書的地方。他會把書本帶到一間富麗堂皇的「書房」，這間書房有別於大多數書房，因為他不僅在這裡展示他的藏書，也在這裡接待賓客，談古論今或欣賞音樂。[38]這種做法源於羅馬時期權貴的鄉間別墅，也是現代機構圖書館書籍儲存方式的遙遠先驅。

維斯帕夏諾抱持人文主義理念，期待他的富豪顧客能開放外界借閱他們的書籍。只是，根據他的小傳，雖然有不少顧客透露出這方面的意願，真正做到的卻不多。[39]不過，維斯帕夏諾有個顧客在這方面確實做出一番貢獻，那就是科西莫・梅迪奇。科西莫是義大利最富有的銀行家之一，也是佛羅倫斯真正的統治者。維斯帕夏諾跟科西莫年輕時就是至交好友，也是科西莫最信任的書商。他們最早相識是

在科西莫結束流亡生涯、重返佛羅倫斯後。當時聖馬可修道院（San Marco）剛撥給新成立的托缽修士會使用，修士們前往接收時，發現修道院建築物殘破不堪，沒有家具、聖器和禮拜儀式所需的書籍。而科西莫正積極爭取佛羅倫斯人民的愛戴，慷慨出資贊助，[40]委託義大利最傑出的建築師米開洛佐（Michelozzo Michelozzi）重建整座修道院，包括一棟獨立的圖書館。重建工程在一四四四年完成，圖書館的建築仿效教堂的規格，有三條走道和圓頂拱廊。兩條側廊的拱頂下方設有六十四張閱讀桌。科西莫希望這間圖書館對城裡所有識字的市民開放。

聖馬可修道院有了圖書館，卻沒有書。幸好機緣巧合，科西莫能為圖書館補充一批優質書籍。當時偉大的書籍收藏家尼科利在遺囑中表明他的藏書要供大眾使用，原本他有意提供資金來達成這個遺願，可惜他過世時已經瀕臨破產，於是他將藏書交付遺產管理委員會處理，而科西莫和他的弟弟羅倫佐‧梅迪奇（Lorenzo Medici）都是管理人。到了一四四一年，委員會同意科西莫的提議，將尼科利的藏書存放在聖馬可修道院，條件是科西莫負責償還尼科利的債務。這件事一點都不難，因為梅迪奇家族是尼科利的主要債權人。於是科西莫一口氣建立了義大利最有價值的圖書館，裡面收藏不少最重要的古典拉丁文和希臘文著作。

聖馬可圖書館啟用時擁有四百冊書籍，以鏈條固定在六十四張閱讀桌上。城裡有志從事學術研究的識字男性才有資格使用館內的藏書，在十五世紀的佛羅倫斯，符合資格的有將近一千人。在接下來那十八年，科西莫會為圖書館添置一百二十冊書籍，其中不少是由維斯帕夏諾供應，包含內容更廣泛的宗教手抄本。科西莫是模範顧客，不但真的支付書籍的價金（不是所有顯貴收藏家都這麼做），還付給他四百弗羅林的佣金。[41]雖然花費了大筆金錢，科西莫建造圖書館的計畫並沒有停止，他也獨力為佛羅倫斯菲耶索萊教區（Fiesole）的巴迪

圖5　米開洛佐設計的聖馬可修道院圖書館內部。中央走道兩側是一排排台座,以窗戶採光。科西莫送給佛羅倫斯人民的這份贈禮成為古典學術中心,聲名遠播。

亞修道院（Badia）打造圖書館。這裡的書籍採購同樣委託給維斯帕夏諾，維斯帕夏諾聲稱他聘用四十五名抄寫員為這間圖書館製作兩百冊圖書，耗時二十二個月。[42]

一四六四年科西莫過世後，梅迪奇家族仍然在佛羅倫斯握有實權，卻不再熱衷建造圖書館。佛羅倫斯有些市民會捐贈書籍給聖馬可圖書館，比如維斯帕夏諾的侄子洛朗佐（Lorenzo da Bisticci）。科西莫的後人偏好建立大規模私人藏書，他的孫子崇高羅倫佐（Lorenzo the Magnificent, 1449-92）總共收藏上千冊圖書，卻不是為了佛羅倫斯的市民，也不是為了塔斯卡尼（Tuscany）的修士，而是為他自己。他有不少珍貴藏書，其中一本是祈禱書，封面以實心白銀和水晶裝飾，價值兩百弗羅林。這是王公貴族式的收藏，而不是精明金融家收買人心的手段，也是梅迪奇家族從銀行家轉型政治巨頭的顯著證據。

普世價值

勃艮第的公爵或崇高羅倫佐這些位高權重的人之所以收藏書籍，是因為這種事符合他們的身分。書籍是昂貴又珍稀的物品，收藏大量書籍是極少數人的特權。以人口比例來說，每天接觸書籍的人相當少，主要是宮廷官員、神職人員、醫師和學者。在王公貴族看來，收集大量書籍正好可以吸引這些人來到自己的宮廷，賣對方人情。王公貴族即使才疏學淺，也能明白收藏書籍的好處，一般人就算目不識丁，也知道書籍的力量。

在上述這些面向，十四、十五世紀歐洲的大規模藏書跟當時世界各地差別不大。無論是波斯的統治者埃米爾（emir）和蘇丹，或巴格達、開羅和科多瓦的哈里發，所有當權者都收集大量書籍，招募許多偉大的藝術家和學者。安達魯西亞、埃及、黎凡特（Levant）和美索不達米亞的大城市都培養出優秀的抄寫員，才華不輸在聖母院周遭或布魯日工作坊裡的同行。在伊斯蘭世界，書法、彩飾和繪畫都屬於最

高形式的藝術。盡心盡力製作出來的華麗書籍，是精英分子收藏的重點。這些書涵蓋所有學科：神學是必要的，此外還有科學、數學、天文學，以及囊括全世界所有知識的簡要百科全書。[44]正如歐洲的同類型圖書館，這些藏書通常只限統治者和他的臣屬使用。[45]

　　在大馬士革等城市設立的宗教學校或學院也孕育了商業性質的書籍市場，文具商、抄寫員和學者（可能一人兼具三種身分）在這個市場為學生供應教科書。他們的服務對象也包括其他學者和宮廷官員，當然還有阿拔斯（Abbasid）、法蒂瑪（Fatimid）或馬穆魯克（Mamluk）等王朝的精英分子。其中西非尼日河沿岸的重要商業中心廷巴克圖（Timbuktu）是數一數二的書籍收藏重鎮。在十四到十六世紀之間，廷巴克圖名聞遐邇，因為許多學識最豐富的伊斯蘭學者聚集在這裡，他們對教規的解釋受到北非各地的高度推崇。[46]這些學者多半都擁有書籍，內容包括伊斯蘭神學、法律、歷史、科學和醫學等。這些書籍都是博學的象徵，也是扮演法律權威不可或缺的基礎。其中有些人的藏書多達幾百冊。在一個學者比比皆是、書籍製作能力卻有限的城市，書籍是收藏家最重要的資產。

　　一五九一年摩洛哥人入侵後大肆蹂躪，有效終結了廷巴克圖學術的黃金年代。學者被殺、被捕或被放逐，城裡的藏書不是流落各地，就是從此乏人聞問。伊斯蘭世界其他大規模藏書也遭遇類似的不幸，比如十三世紀蒙古人踏平巴格達，以及伊斯蘭統治下的西班牙在基督教收復失地運動[47]中飽受摧殘。由於中世紀時期太多伊斯蘭藏書被毀，我們如今很難確認當時的藏書究竟到達什麼樣的規模。後來的研究估計大約有數十萬甚至數百萬冊，讓人聯想到後世傳頌不已的亞歷山大圖書館豐富館藏。[48]開羅與巴格達皇宮圖書館的真實情況至今仍是個謎，正如中世紀中國、朝鮮和日本的藏書一樣。這些國家的皇帝、幕府將軍和軍閥也收集大量藏書，主要是供宮廷裡的學者和官員使用。[49]

比較確定的是，中國和後來的阿拉伯世界出現造紙術，是書籍收藏史上的一大創新。東亞已經有人利用竹子等植物的纖維製作紙張，這些紙張可以做成書卷或冊子本。這種技術在西元一千年以前就已經傳進伊斯蘭世界，那裡的人製作紙張最主要的材料是碎布塊。比起以動物皮革製作的羊皮紙，紙張成本低廉得多，效率也更高。造紙坊只需要源源不絕的碎亞麻布、棉布或麻布，以及提供動力將破布捶打成漿的流水。[50]到了十三世紀，義大利和西班牙已經設立第一波造紙坊，之後發展到法國、德國和低地國家。紙張這種書寫材料價格平實、數量充足，卻不如羊皮紙耐用。因此，在阿拉伯世界和中世紀歐洲，紙張一開始是做筆記或行政上使用，而不是用來製作書籍。紙張對書籍製作的衝擊要到十五世紀才會顯現。

另一項關鍵性的技術發展出現在中國，不久後也傳到韓國和日本，那就是雕版印刷（woodblock printing）。西元七世紀左右，在木板上雕刻文字或圖像進行印刷的技術已經相當普遍。在十九世紀以前，雕版印刷一直是東亞主要的印刷方式。由於中國、韓國和日本文字本身結構繁複，字數多達數千個，木板印刷一直比陶板或金屬活字更普及。[51]在現代之前，印刷技術一直由帝王掌控，或供佛教僧團與寺廟使用。在佛教團體，以木板雕刻經咒也是一種修行。佛教僧團擁有巨量藏書的事實在二十世紀初得到證實，當時中國西部的敦煌發現「藏經洞」，是龐大的佛教石窟的一部分。藏經洞在十一世紀封閉，收藏四萬冊手抄本，以佛教文獻為主，卻也有許多其他文類的書籍，從希臘古典哲學到醫學都有，顯示這個位居絲路要衝的佛教團體在學術與知識上興趣廣泛。[52]藏經洞開啟之後，數以千計的手抄本被西方和中國遊客買走，如今藏經洞原本的收藏已經流落到全球各地。

敦煌石窟也告訴我們，在亞洲大多數地區，手抄本仍然是書籍收藏的大宗。在伊斯蘭世界，印刷同樣普遍不被接受，書法繼續保有高級視覺藝術的地位，也是優美的媒介，適合榮耀神的話語。確實沒有

證據能證明活字印刷是從中國傳到歐洲,而古騰堡在十五世紀中葉的發明顯然跟其他地方的技術無關。[53]歐洲的印刷術對書籍的製作和流通造成根本性衝擊,從此改變書籍收藏的面貌,而中世紀歐洲、伊斯蘭世界和東亞在書籍收藏上的某些共通點,都會被徹底推翻。這會對書籍收藏帶來始料未及的挑戰,因為以新的印刷術大量生產的書籍進入市場,讓歐洲新一代書籍收藏家體驗到擁有書籍的喜悅與苦惱。

第二部

印刷危機

第四章

萬惡的印刷機

一四五五年三月十二日，日後將會成為教宗庇護二世（Pope Pius II）的艾伊尼阿斯・比科羅米尼（Aeneas Piccolomini）寫信給羅馬樞機主教胡安・卡瓦哈爾（Juan de Carvajal），傳達一項驚人消息：他在德國法蘭克福（Frankfurt）看到某位「神奇男子」製作的《聖經》。他說那男人手上的同類型《聖經》共有一百五十本，一個人擁有如此龐大數量的書籍，實在異乎尋常。比科羅米尼提醒上司，那些《聖經》已經銷售一空，他也向上司致歉，因為他沒來得及為對方採買一本。更令他惋惜的是，那些書頁「潔淨無瑕，內容正確無誤，閣下即使不戴眼鏡，也能輕鬆閱讀。」[1]

比科羅米尼描述的，正是我們所知的《古騰堡聖經》（Gutenberg Bible），而那個「神奇男子」正是古騰堡。古騰堡是德國梅因茲（Mainz）的金匠，發明了金屬活字印刷術。這項發明雖然沒有為古騰堡賺進多少財富，卻啟動書籍收藏的變革，將永遠改變書籍收藏模式，決定哪些人有能力收藏書籍。不過，這些變化短期內都不會發生。印刷術發明的時間是在一四五〇年中葉，之後至少二十年內，手抄本數量會持續增加。印刷術的誕生並沒有推翻手抄本文化，在接下來幾個世紀，各種形式的手抄文本仍然會在政府的運作、消息的傳遞和文學界扮演重要角色。然而，對於十三世紀在法國和義大利興起的商業化手抄書，印刷術確實帶來了陰影。隨著印刷的新媒介漸趨成

熟，過去買不起維斯帕夏諾製作的書籍的人，如今也有機會收藏書籍。擁有書籍不再是歐洲社交與政治界精英專屬的標記。

　　這可能是印刷術的發明對書籍收藏最直接的影響。之後那一百多年，歐洲社會的領袖不再熱衷收藏書籍，建立勃艮第公爵和梅迪奇家族那種規模的收藏需要投注大筆資金，而這些資金可以用在其他地方，比如委託製作掛毯、雕像和繪畫作品，或充實軍備。有別於書籍的收藏，這些仍然是王公貴族生活中的重要事務。手抄本時代的大量藏書突然不被眷顧，很多變得破損老舊。諷刺的是，修道院和托缽修士會雖然受到文藝復興學者的鄙夷，但他們一度守護書籍度過中世紀，這回書籍的收藏仍然仰賴他們延續。只是，到了十六世紀初，宗教改革運動蓄勢待發，修道院的生活模式即將面臨嚴峻挑戰，連帶影響修士與修女的書籍收藏習慣。印刷術一步步為新世代書籍收藏者的興起掃除障礙，在此同時，宮廷、大學與修道院圖書館的光彩將會暫時被掩蓋。

書籍的印製

　　比科羅米尼為《古騰堡聖經》的神奇表達讚嘆後不到一年，古騰堡碰上了大麻煩，被過去的合夥人約翰・福斯特（Johann Fust）一狀告進法院。福斯特聲稱他為「書籍的印製」支付大多數費用，指控古騰堡欠他兩千零二十六荷蘭盾，這筆錢足以在梅因茲買二十棟大房子。這樁官司最後雖然裁定古騰堡只需要償還這筆數額的一半，卻也足以令他破產。[2]這是個赤裸裸的警示，提醒印刷業者在錢財方面要有精明的頭腦，可惜很多古騰堡的後繼者都沒有記取教訓。[3]古騰堡印出《聖經》之後那五十年，至少有一千名印刷業者於不同時期在歐洲各地的兩百四十個城鎮創業，其中很多人都只活躍了短短幾年，很少人發大財。

　　對新技術的好奇是加速印刷術傳播的重要因素，印刷書籍的複製

速度令當時的人深感驚奇。一名抄寫員可能要花一年才能抄完兩大冊對開本書籍，若是由一組工人操作印刷機，大約八到十個月就能印出一千冊。只是，印刷機並不是每天印出許多書。基本上，印刷機印的是單張紙。印刷工人把活字排列在格子裡，在同一張紙上印出多份同樣的內容，之後格子拆開來，活字清洗乾淨，重新排列，繼續印下一張紙。這麼一來，印一本書可能需要六個月的時間，這段期間不會有任何成品可以出售，因為在最後一頁印出來以前，書不可能做得出來。在這段期間，業者必須承擔紙張的費用，排字與印刷工人的薪水，還有儲存的成本。

印刷術的發明也打亂了書籍交易的傳統步調。抄寫員製作書籍時，通常已經找好顧客，事實上，大多數抄寫員是接受顧客委託製書。當書籍完成，抄寫員收到錢，交易就完成了。印刷業者或許事先設定了幾個顧客，卻很難估計要找多少顧客才能把三百、五百或一千本書賣出去，也不知道買家在哪裡。同一座城市不容易找到幾百個顧客，一本重要的拉丁文著作的市場可能分散在歐洲各地。低估了市場需求，可能會壓低利潤；高估又會造成財務危機，因為資金都凍結在已經印好卻賣不出去的紙張上。

這些是艱難的課題，也是很多印刷業先鋒得到的血淋淋教訓。不過，有一些人因為印刷術的發明而受益，那就是買書的人。對於他們，這些財務與銷售上的新問題並不重要。修士、托缽修士和神職人員是傳統上主要的書籍使用者與購買者，他們對全新的印刷書展現出高度熱情。印刷術的發明正好碰上教會復興運動的高峰期，修道院無論位在都市或鄉間，都急於建立或補充藏書。[4]印刷似乎是神賜的發明，在這個世界最需要的時候出現。就像當時的布雷西亞教區（Brescia）主教所說，

仁慈的神將新的技藝傳授給這個時代的人，感謝印刷術……

三個人用三個月的時間印出三百本〔聖額我略一世的對開本評論集〕。如果他們用羽毛筆或針筆，一輩子也完成不了這樣的壯舉。[5]

　　神職人員自然而然喜歡印刷機製作的書籍，因為最早的印刷業者用心良苦地模仿手抄書的樣式、風格與內容。這不是巧合，第一代印刷業者本身就是抄寫員，或者原本就從事手抄書行業。但這個現象也顯示，早期印刷業者無意全面改革書籍市場。[6]基於這個原因，修道院的繕寫室並不認為印刷術是一種威脅。事實上，印刷術問世初期，繕寫室比過去更忙碌。當時的印刷書通常需要手工收尾，比如添補手寫首字母、紅色文字和彩飾。

　　某些修士團體對印刷機太著迷，自行添購設備。一四七〇年代初期，德國奧格斯堡（Augsburg）的聖烏爾利希與阿芙拉修道院（Saints Ulrich and Afra monastery）院長史坦赫姆的梅爾希奧（Melchior of Stanheim）告訴院內修士，印書「是有益的勞務，可以讓人免於怠惰。」他還說，修道院有了印刷機，「藏書必然大量增加」。[7]像這樣的印刷迷不在少數。德國各地的修道院和修女院陸續成立印刷房，瑞典、義大利、英國和西班牙也不落人後。史坦赫姆院長的話顯示，修士或修女團體優先考慮的通常是自己的修院和同一個修會的其他機構。當修會需要新的彌撒書或每日祈禱書，抄書的工作重要又複雜，需要神職人員的嚴密監督，這麼一來，擁有自己的印刷機就方便得多。

　　修士跟那個時代很多人一樣，把印刷機看成機械化的抄寫工作坊。某些工作由機器處理效率極高，德國印刷業者約翰・路席納（Johann Luschner）應邀負責西班牙加泰隆尼亞蒙特塞拉特（Montserrat）本篤修道院的印刷房，為修道院印製十九萬張贖罪卷。[8]如此龐大數量的小紙張，印刷遠比手寫輕鬆得多。至於比較大型的計

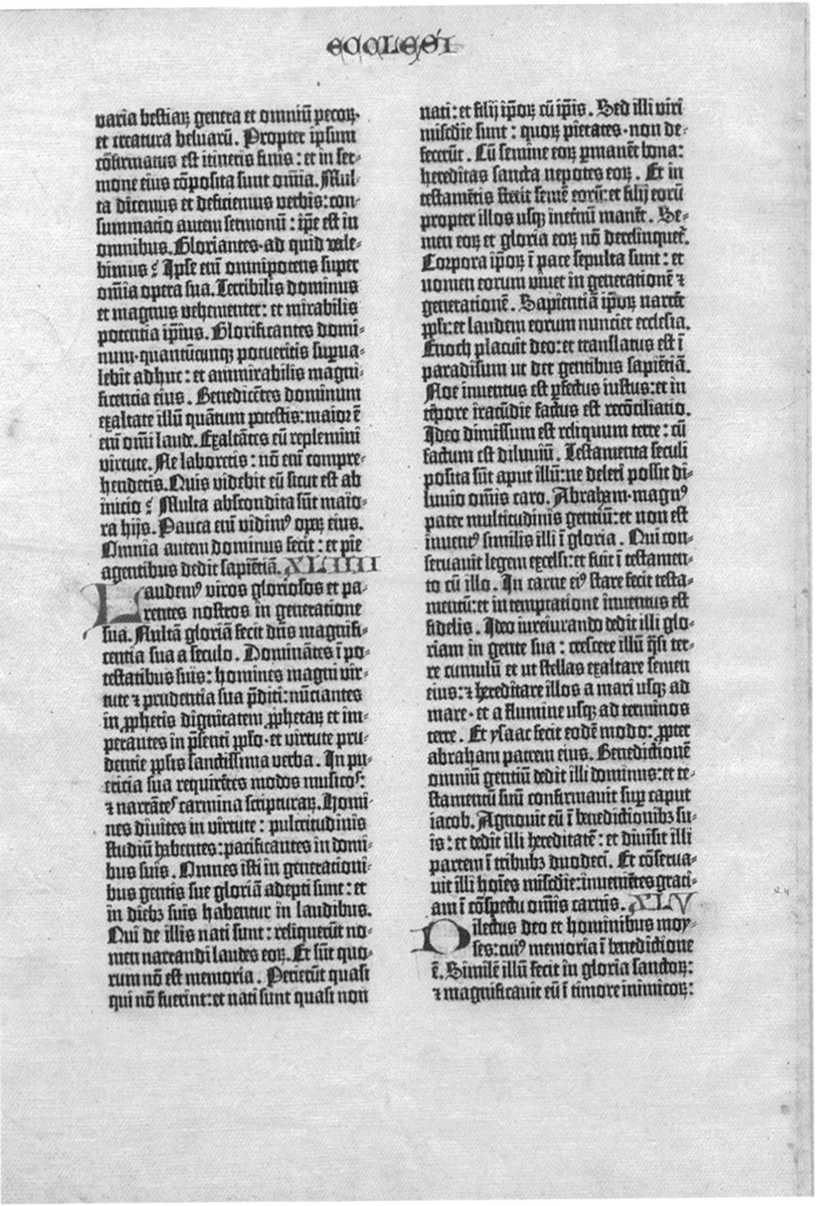

圖6 最早的印刷書在設計上盡可能模仿手抄本。這本《古騰堡聖經》有兩個彩色大寫字母，這兩個字母跟書本的其他裝飾一樣，需要手工添加上去。

畫就複雜多了。一四七六年佛羅倫斯聖雅各波迪里波利修道院（San Jacopo di Ripoli）添置一套印刷設備，花了十三個月的時間辛勤製作出四百冊薄伽丘的《十日談》（*Decameron*），而後花更多時間想方設法銷售。[9]聖雅各波迪里波利修道院印製的其他書籍銷路好得多，主要是宗教信仰與古典學術方面的常用書，幾乎都賣到其他修會。

　　到了一四九〇年代，修道院設置的印刷房大多關閉了。有些是因為合作的印刷業者對修道院失去耐性，或者修士本身失去興趣。他們發現，想要充實修道院藏書，與其自己印幾百本，再絞盡腦汁銷售或跟別人交換自己想要的書，不如向歐洲大城市的書局購買。這種變化發生的時間點，書籍價格正好大幅下滑。最早的印刷書未必比類似的手抄本便宜多少，比如《古騰堡聖經》價格就格外昂貴，只有王公貴族、主教和修道院買得起。不過，到了四十年後的一四九一年，奧斯定會（Augustinian）的法政牧師弗蘭肯塔爾的威廉·維爾達（Wilhelm von Velde of Frankenthal）就聲稱：

> 我們一生中有太多書被製作出來，數量驚人，而且每天都持續在增加。這些書不只像過去一樣出自教師的口述或手寫，還有印刷，這是一種驚人的新技藝……目前書本的價格實在太便宜，只要支付過去聆聽或閱讀的花費，就能買到一本書。[10]

這段話內容簡略，指的是當時在宮廷和修道院普遍流行的活動，也就是公開朗誦書籍。這種活動有時是為了娛樂，有時是為了靈性的提升。十六世紀書籍大量增加，多人共同聆賞一本書或許還有樂趣，卻已經沒有必要。等到二十世紀收音機和電視機問世，這種中世紀活動會重新出現。

　　一四九〇年代市售書籍數量大增，書籍價格隨之下跌。[11]到了

一五○○年，印刷機已經生產九百萬本書，而且持續增加。在某些領域，市場已經飽和。修道院盡情收藏供過於求的新書，只是，神學評論和教會法巨著卻不容易找到足夠的買主。

紙張取代羊皮紙成為書籍製作的主要材料，當然也是書價滑落的原因。是需求造成這種改變，因為羊皮紙的供應永遠無法滿足印刷機填不滿的胃口。印在羊皮紙上的三十本《古騰堡聖經》就得用掉至少五千頭牛犢的皮革。[12]紙張當時雖然還是高價物品，卻比羊皮紙更容易大量生產。印刷術發明後，歐洲各地的造紙坊數量快速增加。巴伐利亞北部泰根塞（Tegernsee）本篤會修道院的圖書館員開開心心地用三弗羅林買到上中下三冊安波羅修著作，大約等於修道院出售十三張處理好的羊皮紙的收入。[13]

大約在同一個時期，劍橋出現一項裁定：紙製書籍不同於羊皮紙書籍，不能做為債務擔保品。[14]這是印刷術對書籍的價值與收藏帶來的第一波負面衝擊。對於牛津林肯學院（Lincoln College）的研究員約翰·維西（John Veysy）這類學者，印刷術無疑是一大利多。從一四七○到八○年代，維西輕而易舉就收藏八十五本書。丹麥奧登斯（Odense）主教座堂的主監漢斯·烏爾納（Hans Urne）在一五○三年過世，留給朋友和家人兩百六十八本書。[15]印刷術對學院的公用圖書館帶來更多傷害。這些圖書館的藏書是靠學者的熱心捐贈，歷時兩個世紀慢慢累積下來的。隨著書本價格降低、數量增多，學者對共有藏書的需求減低，捐贈也就漸漸消失。一五四○年牛津的墨頓學院仍然沒有印刷書，而當時古騰堡的印刷術已經熱鬧登場九十年。[16]

在風中哭泣

學了古騰堡印刷術的匠人從梅因茲擴散到歐洲各個角落。修道院長、主教或地方官員爭相邀請這些有能力操作印刷機的粗鄙匠人前往他們的城市、教區或修道院，以新技術為他們增添光彩。從瑞典馬

爾默（Malmö）到葡萄牙里斯本，只要是自尊自重的都市精英，一旦接觸過這種神奇的技術，就不想落後於人。這段快速擴張期前後不到四十年。隨著債務與失望日益累積，印刷業者聚集在歐洲各大商業城市，互相取暖，尤其是那些已經發展出商業化書市的地方。他們在這些城市可以找到現成的書商和買家，更有具備風險概念的投資人：這些投資人擁有基本物流管道，可以將書籍銷往歐洲大陸。因此，巴黎毫不意外地成為歐洲北部的大型印刷中心，南部印刷業集中在威尼斯，在十五世紀末以前，城內的印刷廠一度多達一百五十家。

　　這波印刷業洪流碰觸到道明會托缽修士（兼抄寫員）菲里波·斯特塔拉（Filippo de Strata）敏感的神經。一四七三年，也就是威尼斯出現第一家印刷廠短短四年後，他上書威尼斯總督，請求阻止這個可憎的新行業，只是沒能如願。

> 他們可恥地以微不足道的價格印售某些書刊，內容可能帶壞
> 心性未定的少年……他們印製的書籍價格如此低廉，任何
> 人、所有人都能大量購買……那些業者大口喝酒，粗魯喧
> 譁，奢靡無度。義大利作家卻活得像畜欄裡的牲口。[17]

斯特塔拉是個知名牧師，足跡遍及天下，他的請願書裡充滿他特有的痛斥口吻，類似激情的布道。他激起一個世紀前布拉喬里尼和他那些人文主義朋友的那份仇外情結，藉此掩蓋抄寫員面對高效率競爭對手時的特殊訴求。義大利人認為印刷是日耳曼人的發明，早期主要的業者都是德國移民。野蠻人怎麼可能對文學做出有價值的貢獻，簡直荒謬，高雅的義大利作家卻必須靠印刷店出售他們的作品，可說是一種恥辱。

　　斯特塔拉在請願書還提出其他許多論點，重點圍繞著印刷機鼓舞的惡習，主要是那些為「心性未定的少年」印製的淫詞豔曲。指控

印刷機只印製鄙俗詩詞，這種說法肯定不是事實。我們已經看到，印刷業服務的對象主要集中在宗教界。不過，牧師原本就有責任提醒信徒遠離罪惡。同樣的論點會在十八、十九世紀捲土重來，勸告男女勞工不要讀小說虛度光陰。[18] 斯特塔拉也抨擊印刷廠的機械作業有欠莊重。印刷是一種嘈雜、費力又油膩的程序，工人需要花大力氣拉機器，還得不停補充油墨，如今的書籍製作需要的人工不只是精緻的書法。

斯特塔拉聲討的是印刷術，但他的許多論點也適用於商業化的手抄工作坊。抄寫員未必都是虔誠的修士，也未必只抄寫宗教書籍。不識字的印刷工人出的差錯會重複出現在幾百本書中，敗壞文學水準，但草率粗心的抄寫員也會有同樣的問題。買書的人好像並不在乎書本是印出來的或抄出來的。印刷術發明後那幾十年，書商並不介意在同一家書店販賣印刷書和手抄本。這段時期的存貨清單未必區分這兩種書籍。

斯特塔拉的請願石沉大海，但他不輕言放棄，後來數度敦促威尼斯當局插手干預，規範印刷業。總督並不認為他提出的論點具有任何價值，恰恰相反，印刷業拉抬了威尼斯的商業和名聲。斯特塔拉或許只說對了一件事，那就是印刷書籍價格低廉取得容易。就在他寫請願書那段時期（大約一四八〇年），商業化手抄本的製作急遽下滑，這並不是巧合。佛羅倫斯的手抄本大亨維斯帕夏諾一四七八年退休，聲稱他不欣賞印刷書，還說他最大的客戶烏爾比諾公爵費德里科沒有收藏任何印刷書，「它們置身手抄本之間會自慚形穢。」[19] 這話並不確實，因為費德里科事實上擁有印刷書，而維斯帕夏諾本人也使用印刷書作為他的手抄本的樣品。[20]

重要的書籍收藏家很少主動唾棄印刷書。不過，印刷業的成長確實澆熄統治階級收藏書籍的熱情。除了書籍價格下跌之外，過去收藏家需要費心建立人脈才能取得手抄書，如今印刷書籍唾手可得，收藏

家與書本之間因此少了點密切關聯。委託維斯帕夏諾的工作坊製作的書籍是為顧客量身打造，即使同一本書抄寫員已經抄寫十多次，買家仍然會覺得他買的是訂製書。另外，相較於手抄書，印刷書在很多方面都缺少彈性。印刷書的編排和內文的布局由印刷業者決定，手抄書卻能隨個人意願調整，可以節錄多位作家的作品，也可以依個人喜好添加彩飾。只要握有資源，就能將手抄書做得生動活潑、色彩繽紛。印刷業者雖然也嘗試套用兩種或三種顏色，但大多數書籍只用黑色油墨印刷。

　　隨著越來越多人收藏大量書籍，手抄書時代的大規模藏書也黯然失色。梅迪奇家族的科西莫一手建立的聖馬可修道院圖書館日漸衰微，因為手抄書或解體、或失竊。後來的梅迪奇統治者也會把部分書本納入私人收藏，比如塔斯卡尼第一任大公科西莫一世（Cosimo I de' Medici, 1519-74）。[21] 當初成立這座圖書館的目的是為佛羅倫斯市民提供珍貴的古典與宗教文獻，到了十六世紀，那裡的市民、公爵和托缽修士好像已經沒有興趣保留這樣的資源。一四六八年在威尼斯，樞機主教貝薩里翁（Basilios Bessarion）捐出六百多本華麗手抄書做為公共圖書館的鎮館典藏，其中包括許多罕見的希臘文本。雖然官方感激地收下，但在圖書館建成以前，這批書籍卻在總督的官邸存放幾十年，無人聞問。

　　至於義大利以外的地方，直到印刷術發明的幾十年後，仍然有人大規模收藏手抄書。一四九○年匈牙利國王馬提亞斯過世的時候，他訂製的書還在佛羅倫斯製作，準備送往他在布達（Buda）的龐大圖書館。[22] 馬提亞斯讚賞義大利文藝復興的藝術成就，希望打造一座著名圖書館，收藏義大利文古典與人文主義書籍，讓他的首都布達能與義大利各大城齊名。馬提亞斯收藏了兩千五百冊書籍，很多都是他不惜巨資委託訂製的，其中最精緻的書籍擺放在以黃金、珠寶和蛇皮精心打造的三腳架上展示。義大利學者聽說這座圖書館的規模之後，紛

紛寫文章歌功頌德，讚揚他的智慧與慷慨。在匈牙利，讚美聲卻不那麼熱烈。馬提亞斯死的時候，他為圖書館耗費巨資引發的民怨才漸漸顯現出來。那些書繼續保存在布達，直到一五二六年鄂圖曼軍隊入城，許多書籍被運往伊斯坦堡，餘下的所剩無幾，士兵撕毀它們的華麗封面，扔在腳底下踩踏。

　　到如今，馬提亞斯的圖書館在世人心目中近乎神話。只是，假使圖書館沒有被毀，也許無法享有這麼崇高的地位。在書籍收藏最狂熱的那些年，某些無良書商賣給馬提亞斯的書既不正確又不出色。也難怪當時歐洲其他國家雖然為匈牙利和那座知名圖書館遭到掠奪感到失望，卻沒有任何統治者效法馬提亞斯收藏書籍。勃艮第公爵的圖書館是皇家璀璨文化的珍貴象徵，然而，一四六七年好人菲利浦過世後，他的後繼者並沒有把握印刷術發明的契機擴充圖書館。一五〇六年菲利浦的曾孫俊俏菲利浦（Philip the Fair）過世時，他的藏書之中幾乎沒有印刷書。[23]對印刷書反感的不只他一個，勃艮第其他貴族也追隨君主的時尚與品味。一五二八年荷蘭哈布斯堡王朝（Habsburg）的貴族克萊維夫的菲利浦（Philip of Cleves）擁有一百七十五冊書籍，其中只有五冊印刷書。[24]也有人將大部分的手抄書賣掉，比如克羅伊（Croÿ）公爵查爾斯（Charles, 1455-1527）總共售出七十八本彩飾繁複的書籍。[25]

　　克羅伊公爵的七十八本書被奧地利的瑪格麗特（Margaret of Austria, 1480-1530）買走。她是哈布斯堡王朝低地國家的總督，也是俊俏菲利浦的妹妹。她是歐洲北部上流社會之中少數還熱衷收藏書籍的人之一，總共收藏了將近四百本書，幾乎都是手抄本。瑪格麗特一生坎坷，幼時喪母，弟弟早夭，曾經被法國王儲退婚，二十五歲以前兩度喪夫。她在快速變遷的世界孤單成長，皇室手抄本圖書館讓她在勃艮第的昔日榮華中找到慰藉。她用大筆金錢向克羅伊公爵購買一批手抄本，價格不比親自委託製作低廉，因為當時奢華手

抄書製作已經停擺。[26]至於曾經是手抄書界頂級奢侈品的時禱書，如今想要受敬重的人都有能力買到。這門生意的規模變得巨大無比：一五二八年，巴黎書商路易·渥伊（Louis Royer）的倉庫存放了九萬八千五百二十九本印刷版時禱書。[27]

　　歐洲的王公貴族和君主或許不再醉心書籍的收藏，但這不代表他們不再取得書籍。他們的藏書持續增加，有些是作家贈送的，只為博取揚名的機會，或爭取宮廷詩人或史官這類有利職位。占星師威廉·佩朗（William Parron）在很多不同場合向英格蘭國王亨利七世（Henry VII, 1457–1509）進獻他的預言書。[28]值得一提的是，他的書交由倫敦印刷業者印製幾百冊，他送給國王的卻是裝飾華麗的手抄本。佩朗曾形容印刷是「最高貴、最神聖的工藝」，但顯然這種工藝還不夠卓越，不能呈到國王面前。

　　亨利七世的兒子兼繼位者亨利八世與書本的關係截然不同。他年輕時已經博覽群書，最感興趣的是天主教與基督新教的論辯。他認為書本是實用物品，不具備展示價值。他收藏的書籍分散在他的各處住所：里奇蒙（Richmond）、西敏市、格林威治、漢普頓宮（Hampton Court）、溫莎和新堂（New Hall），而且都收在箱子裡，只要他想要，隨時能抬上行李車或馬車。[29]到了晚年，亨利八世對這些書似乎失去興趣，有些書箱完全被遺忘，直到十七世紀初期才重見天日。坎特伯里總主教理察·班克羅夫特（Richard Bancroft, 1544–1610）拿走大約五百本，其中不少重新裝訂，蓋上他的紋章。亨利八世的很多書籍也是憑藉權勢以蠻橫手段取得，比如修道院的廢除為他提供源源不絕的書籍，也有不少書籍來自他的很多王后的圖書館，更多原本是叛國罪臣被抄沒的家產。[30]最後的結果也算天理循環。

　　亨利八世和他的繼任者搜羅到的書籍數量之多，是過去的君王望塵莫及的。但他們不再主動去買書，不會像愛德華四世在流亡布魯日時見到法蘭德斯手抄本深深驚豔，即使沒錢也豪氣地訂製五十或一百

本書。印刷術的發明預告圖書收藏的新時代來臨，充滿機會，卻也讓舊時代的藏書從此被埋沒、被遺忘。要等到好幾十年後，相對稀有的手抄書才會再度成為備受喜愛的珍品。

第五章
趨於成熟

　　一五〇六年秋天，約翰尼斯・特里特米烏斯（Johannes Trithemius）揮別他一生的至愛。特里特米烏斯是本篤會的明日之星，主掌梅因茲西南方的斯邦海姆修道院（Sponheim）長達二十三年。身為改革派院長，他不但在自己的修道院建立嚴謹的紀律，也用同樣的標準要求當地其他修道院。執掌斯邦海姆修道院期間，他做了不少事，把修道院管理得井井有條，在歐洲人文主義學者之間名聲也逐漸響亮。他離開修道院的時候，能帶走的只有個人才華，最重大的功績卻只能留下，那就是他在這裡建造的龐大圖書館，是中世紀歐洲碩果僅存的大型修道院圖書館之一。

　　特里特米烏斯初掌斯邦海姆時，那裡的圖書館只有四十八本書。一五〇六年他離開時，圖書館規模在歐洲已經名列前茅，據說藏書兩千冊，[1]足以媲美梅迪奇家族成員或勃艮第公爵夫人的收藏。修會的神職人員竟然完成如此大膽的目標，箇中原因頗堪玩味。偉大的收藏家難免不擇手段，而特里特米烏斯手中最有利的武器，是他有權巡視當地其他修道團體。許多修道團體都收藏了不少修行範圍以外的書籍，比如音樂、詩歌、歷史、醫學或哲學等。特里特米烏斯院長只要質疑地挑挑眉毛，修士們就會迫不及待地把這類煽動性書籍塞進他欣喜的雙手。時日一久，斯邦海姆修道院的奇蹟在人文主義者之間傳揚開來，上門的訪客也會帶著書籍充當贈禮，比如學識豐富的歷

史學家康拉德・凱爾特斯（Conrad Celtis）、希伯來與希臘語學者約翰內斯・盧希林（Johannes Reuchlin）和神學家雅各・溫費林（Jacob Wimfeling）。

特里特米烏斯手中還握有另一件利器，那就是修道院修士（未必情願）的勞力。特里特米烏斯始終記得，一四八二年他接掌斯邦海姆時，這座修道院何等殘破。等到建築物重建完成，修士們也會找回虔誠信仰的精神，方法之一就是手不輟筆地抄寫書籍。特里特米烏斯從來不是個謙虛的人，一四九二年他發表一本小冊子《禮讚抄寫員》（In Praise of Scribes），得意洋洋地頌揚這些成就。[2]

這本小冊子深受誤解，被認為是憎惡印刷術的古老教會捍衛者的最後掙扎。但特里特米烏斯不像斯特塔拉那樣，只能無力回天地痛斥印刷書敗壞人心。他正確地點出動物皮革比紙張耐久存，卻不敵視印刷。到了一四九二年，他已經發表過不少著作，除了朋友的讚揚，新式印刷書也是他揚名的管道。因此，特里特米烏斯以印刷方式出版他對抄寫員技藝的頌詞，一點也不突兀。這本美觀的印刷小冊子創下佳績，總共印了一千本（在當時算是極高的發行量），如今各地圖書館至少還存有三十本。[3]

特里特米烏斯並不認為印刷是壞事，他的重點在於：抄寫是有益的敬神活動。「我們對抄寫過的東西記憶最深刻。」如果斯邦海姆修道院的抄寫員暫時停筆，歇歇疼痛的手指順便拜讀院長的新書，就會發現自己被描寫成神的傳令官：抄寫員「豐富了教會的內涵、維護了信仰、肅清了異端邪說、擊退惡習、灌輸了道德感、增益了善行。」[4]不是所有人都認同。一五〇五年特里特米烏斯出訪柏林，疲累的修士趁機反抗他的權威。不是所有人都願意吃苦耐勞，也不是所有人都跟他一樣愛書成癖。他曾經措辭不當地說，他的藏書癖是「以古人為模範（包括異教徒）。」這就是所謂的肅清異端邪說。一五〇六年他回到斯邦海姆修道院，局勢已經徹底失控，他帶著挫敗與忿恨離開，到

其他地方繼續他的書寫大業。可惜的是，他後來寫的東西並沒有為他帶來好名聲。少了圖書館提供的參考資料，他寫作時只能仰賴日漸退化的記憶和依然靈活的想像力，後來的學者忘了他曾經收藏可觀書籍，一味嘲諷他疏漏連連的歷史著作。[5]對於一個才華洋溢、魄力十足的人，這樣的結果令人感嘆。不過，他的書不受學者觀點影響，繼續再版一百多年，確保他的名字不會被後世遺忘。

透過斯邦海姆修道院規模宏大的圖書館，我們得以一窺手抄本製作與潛力無窮的印刷術交會時期的書籍世界。在特里特米烏斯一手建造的龐大圖書館裡，修士寫的書跟其他地方買來的印刷或手抄文本混合在一起。這兩股力量未必相互牴觸，之後許多年的時間裡，擁有大量印刷書的學者和收藏家仍然繼續收藏手抄本，有些是自行抄寫，也有些是買來的二手書。

名不見經傳的德國修道院竟能坐擁兩千冊藏書，這本身就是非比尋常的事。在接下來那三個世紀的宗教改革動盪和必然的信仰衝突中，宗教機構仍然會是書籍收藏的中心。不過，當前這個時期，重心正在轉移。書籍收藏的未來更明顯偏向印刷的新世界，因為印刷書量大又充裕，學者的膽量也增加，敢於脫離教會組織獨立收藏。多金卻沒耐性的收藏家如今可以在短時間之內收集數量可觀的書籍。財力有限的學者也能收集到足夠的書籍，付出的努力與心血跟一百年前相比微不足道。在這章最後的篇幅中，我們要透過兩位傑出人物來探索這個書籍收藏的新世界。這兩個人購買書籍的態度截然不同，其中一個是當時最偉大的作家德西德里厄斯・伊拉斯莫斯（Desiderius Erasmus, 1466-1536），他收藏的書籍數量出乎意料地並不算多。不過，我們先隨著當時最偉大的收藏家、探險家哥倫布的兒子費爾南多揚帆啟航。亞歷山大圖書館這個幻象一直是書籍收藏家的靈感與願景，在重建這座舉世聞名圖書館的路途上，費爾南多是最接近目標的一個。他終究失敗了，但他在西班牙塞維亞瓜達幾維河

（Guadalquivir）畔那座卓越圖書館的創舉始終值得稱道。

新世界

　　在地理位置、教育與生活經驗等各方面，費爾南多和伊拉斯莫斯是兩個世界的人。他們的人生因為對書籍的喜愛有了交集，可說是命運的巧妙轉折。他們見過一次面，時間是一五二〇年，當時費爾南多擔任神聖羅馬帝國的外交官，而伊拉斯莫斯的聲勢正如日中天。對於費爾南多，這次的會面是一份肯定，證明他長時間為爭取認同與生存付出的努力沒有白費。他童年大部分時間都在焦慮中度過，等待父親航程的消息。等到父親成功歸來，他會跟著進入宮廷。後來父親的航行失敗，他直接感受到失寵的寒意。他曾經跟父親共度艱困的一年，乘著被遺棄的毀損船隻在加勒比海漂流，等不到救援。[6]伊拉斯莫斯在沉悶的修道院長大，雖然少了危險，卻一樣艱辛。

　　成年後的費爾南多展現出引人注目的才華和韌性。查理五世（Charles V）在一五一六年成為西班牙國王，又在一五一九年就任神聖羅馬帝國皇帝，費爾南多終於不再需要守護他父親複雜的遺產，可以著手開創自己的事業。查理五世被費爾南多有趣的人生經歷打動，也欣賞他的多才多藝，在文藝復興時期的宮廷，這是非常有用的特質。他善用費爾南多的才華，指派他擔任行政官員、外交人員和勘測員，首度繪製出西班牙古國卡斯提亞（Castile）的詳盡地圖。

　　費爾南多第一次涉足國際書市是在一五一二年，當時他前往義大利，耗時費力地協助婚姻發生變故的哥哥處理財務問題。羅馬是學習書籍收藏這門藝術的好地方，費爾南多除了購買書籍之外，也收藏到許多優質木刻與雕板。[7]不過，他也藉著為國王處理外交事務之便，仔細探索歐洲北部主要商業中心。首先是低地國家的大都會安特衛普（Antwerp），而後到亞琛（Aachen）出席皇帝的加冕典禮，再往南遠赴萊茵河，在梅因茲（印刷術的誕生地）、法國的史特拉斯堡和瑞士

巴賽爾（Basel）買書。他在德國接觸到即將震撼整個歐洲的重大爭議，也就是馬丁·路德（Martin Luther, 1483-1546）與天主教會的戰鬥。費爾南多的天主教信仰從來不曾動搖，卻也毫不在意地購買雙方出版的書籍。他收藏了許多路德的著作，日後會為他的繼承人帶來些許困窘，還會被西班牙宗教法庭沒收。

　　費爾南多就是在這趟旅程遇見伊拉斯莫斯。當時伊拉斯莫斯未必認同路德對羅馬教廷的激烈抨擊，卻頗為欣賞他的勇氣。費爾南多買了一百八十多本伊拉斯莫斯的著作，這批書送回他在塞維亞的圖書館之後，單獨存放在專區，是費爾南多的圖書館裡唯一享有這份殊榮的作家。不過，費爾南多暫時還看不到那些書陳列在他書架上的模樣，因為他正在前往威尼斯的路上，那是當時國際書籍世界的核心。他在七個月內買了一千六百七十四本書，都委託一名商人運回西班牙，他自己則折返低地國家，經過紐倫堡，再一次去到梅因茲，在這些德國城市又買了上千本書。

　　可能有人認為這樣大量買書恐怕沒有用心挑選，可是費爾南多必然制定了購書計畫，即使這個計畫野心勃勃。他打定主意，他在塞維亞的圖書館必須收藏全世界的學問，他認為印刷術讓他這個夢想有機會成真。費爾南多遺傳了他父親的想像力，卻比他父親更務實。在內心深處他是個公僕，協助帝王處理國事之餘，致力擴充自己日益壯大的藏書。他在收藏書籍初期就著手編寫《字母書目》（*Abecedarium*），依作者與書名的字母順序編列他的書籍。這種運用字母順序的原理很受推崇，卻很少人用這個方法整理藏書。當時大多數收藏家選擇沿用中世紀圖書館的方法，奉行法蘭克福書展（Frankfurt Book Fair）的編目法，根據書籍的學術用途排列書籍。神學是第一類，接著是法學和醫學，文學、哲學和科學通常歸入概括一切的其他類。在十八世紀以前，這一直是整理與編列書籍的主流模式，只是類別有所增加。

除了《字母書目》，費爾南多還利用空閒執行另一項編目工作，那就是為他的每一本書添加詳盡的註記，包括印刷地點、購買地點和價格。這份詳盡的紀錄為我們提供前所未有的細節，方便我們了解當時國際書市的運作情形。查理五世大半輩子都在跟法蘭西作戰，所以費爾南多與巴黎的書市無緣，但他仍然在歐洲三十五個城市買到將近一千本巴黎印刷的書籍。他在哈布斯堡與瓦洛戰爭（Habsburg–Valois）難得的停火時期去了一趟法國的里昂（Lyon），買到五百三十本書。這些書分別來自歐洲四十五個城市，包括德國的威登堡（Wittenberg）和萊比錫（Leipzig），以及義大利的羅馬和巴勒摩（Palermo）。相反地，他在紐倫堡、倫敦和塞維亞等二十五個城市買到三百五十本里昂印製的書。巴黎和里昂都是大型商業城市，也是已經成氣候的國際書籍交易中心。不過，一五三五年費爾南多展開最後一次書籍大採購之旅，在法國小鎮蒙貝利耶（Montpellier）買到四百三十四本來自其他三十五個城市的書籍。當時的蒙貝利耶有知名大學，卻沒有印刷機。[8] 到這時國際書籍交易的運轉已經如此順暢成熟，就算沒能跟費爾南多一樣周遊列國，也能在本地書店買到其他國家的書籍。

費爾南多系統化記錄他買下的每一本書，也方便我們重現他在威尼斯的大採購，因為那些書並沒有回到塞維亞。運送那批書籍的船遇上地中海聞名的強風惡浪，整艘船的貨物都沉沒了。這批威尼斯書籍的數量超過當時大多數人的收藏，原本會是費爾南多最璀璨的收藏。這次損失的不只是這些珍貴書籍，還有費爾南多用來買這些書、皇帝資助的兩千克朗（crown）。只是，印刷書雖然價格不菲，卻不難取代。費爾南多的書籍跟當時其他收藏家的書籍最大的不同在於，他不只對劃時代的學術著作感興趣，也喜歡當代的短時效作品，比如小冊子、歌曲、平價的宗教文學和其他實用書。

自學成才的費爾南多向來以得來不易的學問自豪，很難理解他

為什麼熱衷收集廉價的印刷書。他致力效法並超越偉大收藏家，但那些人收集的也不是這類書籍。也許我們需要從他父親職業生涯的關鍵時刻尋找答案。哥倫布歷經險阻結束第一次航行回國時，他的船尼尼亞號（Niña）幾乎無法再出海。大多數船員也都犧牲了，他卻沒有多少東西可以展現他的航海成果，沒有多少黃金，更沒有傳說中印度洋島嶼的財富。這次航海是為了尋找通往亞洲的西行航線，任務明顯失敗了。哥倫布明白自己的弱點，也知道皇室資助人喜怒無常，看到不太漂亮的收支表之後未必能繼續信任他，尤其他在里斯本登陸後被葡萄牙國王監禁。於是他連忙撰寫一份公開信，將他多災多難的航行塑造成西班牙武力的大捷，聲稱西班牙在海外占有新領土，重新以資助經費的亞拉岡國王斐迪南（Ferdinand）、卡斯提亞女王伊莎貝拉（Isabella）、基督和聖母瑪麗亞命名，以宣揚國威。他在公開信中說，這些領土遍地都是難以想像的貨物和奇觀，充滿可能性，但他提不出任何證據。

　　這封信迅速以小冊子形式發行，拯救了哥倫布和他的家族的命運。他寫這篇文章的時候，並不知道艦隊的另一艘船平塔號（Pinta）也平安返回西班牙。這艘船的船長馬丁・阿隆索・平松（Martín Alonso Pinzón）正趕往皇宮摘取勝利的果實。不過斐迪南和伊莎貝拉相信哥倫布，沒有接見平松。當哥倫布宣布西班牙取得新領土的《印度洋新發現的島嶼》（De insulis nuper in mari Indico repertis）在歐洲各國印刷大城之間傳遞，他也穩穩登上新世界將領的寶座，為他的家族開創光明未來。[9]費爾南多比其他書籍收藏家更了解小冊子的威力。

伊拉斯莫斯

　　一五二〇年費爾南多見到伊拉斯莫斯，伊拉斯莫斯風頭正盛，既是學者、作家，也機智風趣。他發表頗受爭議的希臘文《新約全書》，編輯天主教聖人熱羅尼莫（Jerome，約342–420）的信件，在

一五一六年奠定他文藝復興時期國際級領導人物的地位。他也是風格多變的作家，《基督教戰士手冊》（*Enchiridion militis christiani*）表現出宗教作家認真嚴肅的一面，暢銷書《愚人頌》（*Moriae Encomium*）幽默地展現人文主義者的機智，《格言集》（*Adages*）收集了許多警世名言與逆說悖論，而且在寫作生涯中持續收錄。到了一五二〇年，歐洲北部幾乎所有的印刷書大城都發行過他的書，總共有超過六百種版本。他是那個時代最暢銷的作家，領先同代作家一大截。

伊拉斯莫斯的經驗證實，在印刷書的新時代裡，有才華的作家確實能賺錢，而且有機會賺更多。爭鬥不斷的查理五世和法蘭西王朝法蘭索一世（Francis I）爭相邀請他為他們的宮廷增光。擁有這一切，他應該有能力收藏大量書籍，事實卻不然。一五三六年伊拉斯莫斯過世的時候，留下來的書只有五百冊，只要三個運貨箱就能全部運走。[10] 五百本不算少，但印刷術發明至當時已經八十年，愛書的商人或律師都能收集到這個數目，而伊拉斯莫斯是歐洲最有名的人，本身就是作家，甚至重塑書籍世界，也深刻了解書籍交易。

伊拉斯莫斯這樣的人物為什麼不建立圖書館？原因可能在於，他年少時父母雙亡被送進修道院，過得並不開心，離開修道院後更是成了無家可歸的人。他的早期著作備受矚目，也收到許多邀約。對於一個沒有家族財富可依靠的人，這是好事，但對於有心收藏書籍的人，卻是一種詛咒。他在比利時魯汶（Louvain）停留的時間比較久，協助當地一所大學創立三語學院（Trilingual College），在巴賽爾也待了一段時間，那裡的好友約翰・弗羅本（Johann Froben）是他晚年偏好的出版商。儘管如此，他從來沒有自己的家。對於一個習慣輕裝旅行的人，書籍是額外的負擔，重新踏上旅途的時候，行李的安排是不小的麻煩。

朋友願意提供一定程度的協助。伊拉斯莫斯出外遊歷，或返回臨時住處途中，他的朋友安特衛普市政執事彼得・吉爾斯（Pieter

Gilles）隨時準備收容他的書。伊拉斯莫斯到達定點安頓下來後，就會請人把書寄過去，由前一個接待他的東道主協助安排，或委託當地書商找馬車運送。這個辦法未必萬無一失。他住在莫特雷克（Mortlake）的湯瑪斯‧摩爾（Thomas More）家的時候，一度埋怨他的書還沒追上他。很多時候書終於送到，他卻已經離開了。

　　直到一五二一年，巴賽爾的出版商好友弗羅本為他提供一個還算穩定的舒適住所，他總算可以開始認真收藏書籍。奇怪的是，即使有了固定住處，財務狀況也穩定，在書籍採購上他仍然十分節制，別人送的書比他自己買的多得多。根據他的信件，他買的書大多都是他用得到、在歐洲北部不容易買到的希臘文書籍。他最在乎的是書籍的取得，只要有取得書籍的便利管道，不管是透過朋友，或在弗羅本那裡順手拿走，他就沒有理由花錢去買。書籍的所有權不是他關切的重點。透過弗羅本和他在巴賽爾（當時首屈一指的學術出版中心）書籍圈的朋友，他能找到大多數需要的書籍。其他書籍有些來自朋友，也有不少是急於爭取他認同的年輕學者的贈禮。

　　學者未必友善好相處，特別是他們在趕稿的時候。伊拉斯莫斯熟知國際書籍交易的節奏：當時的書籍交易以兩年一度的法蘭克福書展為中心。早在十六世紀，法蘭克福書展已經是出版界的盛會，歐洲各地的出版商齊聚一地，展示他們的新書，達成交易（至今如此）。弗羅本的貨車出發前往法蘭克福之前那幾個星期，伊拉斯莫斯會全力以赴寫出新書，所以那段時間他寧可其他作家把書寄過來，別來他家打轉。儘管如此，還是有個人突破萬難見到了伊拉斯莫斯本人，那就是年輕的波蘭人文主義學者約翰內斯‧拉斯科（Johannes à Lasco）。拉斯科出身顯赫的貴族家庭，他提出一筆對伊拉斯莫斯有利的交易。他要買下伊拉斯莫斯的全部書籍，並且允許伊拉斯莫斯在世時繼續使用。伊拉斯莫斯沒有多加考慮就答應了，手裡握有現金對他非常重要，何況拉斯科願意延遲書籍的移交，以能為這位大作家服務為榮。

　　當然，這樣的協議漏洞太多。伊拉斯莫斯的藏書量持續增加，他開始覺得當初賣得太便宜。可能是基於這種心態，他無所顧忌地把理論上已經不屬於他的書送人。伊拉斯莫斯從來沒有編列書籍目錄，因為他的書不多，他記得哪一本書在哪裡。不過，他過世後有人製作了一份目錄，隨著他的書籍不遠千里運到波蘭給拉斯科。這份目錄告訴我們，運送出去的五百本書之中，有一百本是伊拉斯莫斯自己的著作（有趣的是，伊拉斯莫斯並沒有保留自己發表過的所有作品）。其他的四百本之中，四分之一是弗羅本出版的，多半是免費贈送的。其他的是學術研究必備的書籍，還有一些小書，可能是伊拉斯莫斯用來打發年輕的仰慕者，卻沒有被選中的書。

身後事

　　到了一五三六年，費爾南多的新圖書館已經收藏了一萬五千本書。這座圖書館配備了書架，對於費爾南多，這是挺合適的現代感。在我們看來，垂直排列似乎是存放書籍顯而易見又合乎邏輯的方法，因此很難想像為什麼要到很久以後，這種方式才會變成書籍擺放的標準模式。文藝復興時期的圖書館偏好把書本放在傾斜的桌面上，方便一本一本獨立展示，而很多收藏家仍然使用傳統的箱子。很少人家裡有足夠的牆面安裝層架，就算擁有幾百本書，通常也能憑記憶從箱子裡找出他們要的書。箱子比較容易從這個房間搬到另一個房間，或從這棟房子搬到另一棟。費爾南多的做法部分原因在於他的書籍數量。這麼多的書籍，以書架依序排列有其必要，可以避免書本永遠被遺忘在某個角落。費爾南多自認是亞歷山大圖書館的傳承者，這種方式對他具有另一個吸引力，因為它代表古代書籍存放方式的重現，只是以直立排列取代堆放的書卷。

　　計畫制定了，建築也安排妥當，就在景色優美的河岸旁。不過，塞維亞是與美洲貿易的重要城市，或許費爾南多覺得它是未來的世界

中心，但它卻不是大型學術圖書館的理想地點。這座城市只是前往印度或美洲的必經之地，路過這裡的人多半不會再回來，通常也不是對他的書感興趣的學者。前往巴黎或威尼斯的愛書人或許會去瑞士巴賽爾敲敲伊拉斯莫斯的門，或去德國造訪斯邦海姆修道院，卻不會取道塞維亞。

　　十六世紀沒有現代醫學的療法與藥物，每個人都深切明白生命的短暫。費爾南多知道他的時間不多，馬不停蹄地啟動他永存不朽的宏大計畫。他的計畫雖然展現出狂熱的野心，他下達的指令卻也透露他對當代書籍圈熟悉的程度。羅馬、威尼斯、巴黎、紐倫堡和安特衛普五座城市的書商，每年各自運送價值十二枚達克特金幣（ducato）的新書到里昂。在里昂有另一個書商會花同樣額度的錢買一批新書，再將所有的書託運到西班牙的商展大城美迪納德爾坎波（Medina del Campo），從那裡轉運到塞維亞。每隔五年會有個圖書館員踏上採購之旅，目標是一系列小城，任何書籍都不能錯過。最特別的是，書商都需要追隨費爾南多的策略，買書的時候偏重小品文學。只有等到能收集的都收集到了，剩餘的金錢才會用來採購比較厚重的書。費爾南多這麼做是為了達成他的主要目標：他的圖書館必須囊括「基督教國家內外所有語言、所有題材的所有書籍。」[11] 這個目標相當激進：在十八世紀中後期之前，不管是私人或機構圖書館，書籍的收藏始終偏重拉丁文和其他學術性語言。有些圖書館甚至排斥通用語言，以在地語言出版的書籍通常讀過就丟，不是收藏標的。在這方面，費爾南多領先他的時代。

　　費爾南多的繼承人還得面對一個事實，那就是西方的基督教國家並不是一個和諧的大家庭，而是兩個對立的傳承，各自對彼此的書籍發動戰爭。費爾南多沒有子嗣，他的圖書館由姪子繼承，但那個姪子沒有興趣承擔這個包袱，圖書館的書都被送往聖佩德羅修道院（San Pedro），經過一場漫長的法律訴訟，又轉往塞維亞主教座堂。這裡卻

不是安穩的避風港。主教座堂有其他優先考量，於是這些書籍最合適的去處是閣樓或地下室。費爾南多的書來到這個新去處之後，仍然提供借閱，但那是在西班牙宗教法庭審查之後。宗教法庭選書的標準跟費爾南多不同，清除了所有可疑的書籍，西班牙王室則拿走他們看上的手抄本和對開本。到如今這座圖書館只剩四千本書，都妥當地存放在塞維亞，可供外界借閱。諷刺的是，這些剩餘的書籍之中，很大部分是一五三五年到三六年費爾南多最後一次大採購時收集到的法文小品，因為太廉價，不值得竊取，又太正統，沒有被宗教法庭銷毀，神奇地存活了幾百年，直到重新被找出來、編列目錄。這些闡揚天主教信仰的小書通常是流傳至今唯一的一本，[12] 這至少是這座圖書館值得珍視的貢獻。

　　伊拉斯莫斯的理想雖然不像費爾南多那般遠大，卻也審慎安排了書籍的去處，可惜不久後計畫就告吹。拉斯科跟伊拉斯莫斯訂定協議後經過十一年，財務狀況發生變化。他的信仰開始傾向基督新教，跟他信奉天主教的富裕家族之間產生嫌隙，如今他沒有錢買書，生活上也有更迫切的考量，不再有心思追逐人文主義學者的名聲。一五三九年起他也開啟四處謀職的生活模式，先在德國接受任命，擔任埃姆登（Emden）和東弗里斯蘭（East Friesland）兩地教堂的監督，而後轉往倫敦，在新成立的荷蘭與法國流亡信眾團體擔任第一任督導。[13] 一五五三年英國女王瑪麗一世（Mary Tudor）登基，他和會眾一起被驅逐出境。接下來那三年他在德國和波羅的海各國流浪，之後才回到祖國，一五六〇年在波蘭去世。

　　這樣的生活實在不適合接管知名的藏書，拉斯科也沒有費心收攏伊拉斯莫斯的書籍。他曾經託人將其中一部分書籍送到德國給他，方便出售籌錢。可惜這不是件容易的事，因為伊拉斯莫斯收藏的神學經典大多數人都有，也不難取得。另外，伊拉斯莫斯當時的名聲也讓買書的人卻步。十六世紀中葉，伊拉斯莫斯的全基督教精神與當時兩極

化的宗教政治不相符，導致聲譽下滑。也許某些買過他的藏書的人會仔細抹除所有足以判別出處的痕跡，如今我們很難想像竟有人做出這種毀屍滅跡的行為。結果是，那份隨著書本送到波蘭的目錄上的五百本書之中，目前只有二十五本能夠確認是伊拉斯莫斯的藏書。[14]

最後，特里特米烏斯不辭辛勞打造的斯邦海姆修道院結局如何？可惜，這座圖書館的命運並沒有比伊拉斯莫斯和費爾南多的藏書好多少。特里特米烏斯這位院長一下台，書籍就開始減少。對於修士們而言，這些書讓他們想起許多年來寒冬中打著哆嗦埋頭抄寫的辛勞，他們沒有興趣珍藏。不管是出售或損耗，書籍的數量迅速銳減。一五六四年修道院關門的時候，藏書數量少得可憐。但有些書找到重視它們的新主人，目前至少六處圖書館能找到明顯跟斯邦海姆修道院有關的手抄書。[15]

事實證明，這是圖書館史上的日常。某個人熱情收藏的書籍，一旦整理的責任交到另一個人身上，就可能變成沉重負擔。但收藏的失敗不是絕對的，至少在印刷的年代是如此。圖書館無論被放棄或解散，被燒毀或掠奪，都能以驚人的速度重生。這就是印刷的奇蹟：任何人只要有精力、有決心收藏書籍，市面上始終有堆積如山的書籍可供購買，甚至可能是折扣價。在這個時代，收藏書籍的主要還是私人，而不是機構。接下來那兩百年，圖書館的命運掌握在不同世代的學者、政府官員、律師、醫生和商人手中。這些人收集書籍是基於職業需求，而後才慢慢體會到樂趣。這是專業人員的時代，塑造圖書館未來的，正是這些人。

第六章

宗教改革

　　宗教改革是圖書館發展史的關鍵時期。馬丁・路德對羅馬教廷發出慷慨激昂的批判，洪流般的印刷品為他助陣。他與教會斷絕關係的大膽行為備受矚目，也改變了書籍交易。一五一七年路德將他的《九十五條論綱》（*Ninety-Five Theses*）張貼在威登堡的諸聖教堂（All Saints' Church）大門上，之後十年，很多原本不足以發展印刷業的地方都設了印刷廠。路德之所以成為街談巷議的焦點，很大程度是訊息流通方式的變革導致的直接結果。路德是印刷刊物的先鋒，他用德國方言撰寫大量的簡短小冊子，直接對廣大群眾發聲。他是個多產作家，發表的小冊子快速在神聖羅馬帝國境內散播，很多支持者也急切地拿起筆來呼應他。大眾渴求路德相關議題的刊物，印刷業者摩拳擦掌，要滿足這波看似沒有極限的需求。[1]無法分食這塊新出爐市場大餅的出版商苦不堪言。宗教改革之前，萊比錫是德國最大的印刷中心。一五二一年，薩克森公爵格爾奧格（Duke George of Saxony）禁止萊比錫的印刷廠發行路德著作，許多業者因此面臨倒閉命運。[2]到了十六世紀中葉，小小的威登堡已經躍居德國最重要的印刷中心。

　　宗教改革逐步改變書籍的本質：價格變便宜，篇幅變短，學術性也降低了。很多平時沒有購書習慣的人受到激勵，開始收集書籍。一旦人們習慣逛書店和閱讀小冊子，就會繼續買更多，不久後也建立起小規模藏書，德文書籍和傳統的拉丁文巨著數量不相上下。路德的小

冊子頁數太少，單獨裝訂不敷成本，但如果跟其他二、三十本裝訂在一起，就是相當可觀的書籍。事實上，他的著作很多都是以這種形式流傳到今天。只是，雖然路德發起的運動和後續的發展讓人們體驗到擁有書籍的樂趣，但我們不能忘記，在很多方面，宗教改革是歐洲圖書館的災難。

　　宗教改革粉碎西方基督教國家的團結。效忠羅馬教廷的國家將路德和他的追隨者貶斥為異端。在此同時，路德漸漸擴大聲討範圍，納入整個天主教會體系，支撐教會的神聖儀典、教會的訓誡和代代相傳的文獻，都受到質疑。對於新教的改革者，這些數量龐大的書籍都是無用之物，而這些書在歐洲長久累積下來的全部藏書之中占有極大比例。另外，新的刊物從德國、瑞士和後來的英格蘭與荷蘭的印刷廠傳播出來，這些都是對天主教世界的詛咒。當歐洲領土被宗教派別分割，很多地方遭受到慘烈的後果。接下來那兩百年，歐洲的圖書館會承受分裂的苦果。

煽起火焰

　　一五二〇年，教宗利奧十世（Leo X）正式發表對馬丁·路德的譴責，並且頒布詔令焚毀他的著作。路德先發制人，燒掉教宗的詔令。他在威登堡將這份詔令投入火堆，同一時間被燒毀的，還有五、六本對手寫的小冊子和教會重要典籍，比如教會法。一場以牙還牙的爭鬥就此展開，歐洲各地無數書籍相繼投入爭議的火焰，甚至有倒楣的作家和印刷業者也跟著他們的書籍一起被烈火焚身。某些時候書籍代替它們缺席的創作者，被行刑官公開焚燒。這種場合經常有圍觀者試圖搶救書籍，整個場面淪為鬧劇。

　　這場交火沒有為雙方爭得多少光彩，反而形成銷毀不受認同文本的慣例。直到二十世紀，歐洲社會仍然擺脫不了這場惡夢的餘波。被定罪的書籍主要都是新著作，不過，當既定的宗教秩序瓦解，激情如

野火般燃燒，就連歐洲圖書館累積的藏書也岌岌可危。

　　一五二四年德國鄉間百姓起義，為即將登場的苦難揭開序幕。這場所謂的農民戰爭的主因是德國鄉間農民生活艱困，人民深惡痛絕的地主是這場反抗的首要對象。這些地主很多都是神職人員，包括富有的主教座堂修士會，或修道院組織。許多世紀以來這些機構聚積了數千畝耕地，主要來自虔誠信眾的捐贈，希望換取靈魂的永生。教會團體務實看待自己身為地主的職責，對待農民並沒有比他們的貴族鄰居溫和。很多德國農民仍然過著農奴的生活，被迫免費從事勞務，也沒辦法自由選擇在哪裡銷售自己的農產品。很多鄉下農民經由二手傳播或激進神職人員的詮釋獲悉路德的主張，宗教改革的論點讓他們期待新世界的到來。

　　當農民團體齊聚在一起，最明顯的攻擊目標是分散在德國鄉間、沒有自保能力的修道院。[3]印刷術發明後，這些修道院的圖書館迅速擴充，因為修道院趁著書籍取得容易，大量收藏祈禱用書和學術書籍。因此，當農民砸開修道院大門，他們洗劫的不只是禮拜堂、糧倉和廚房，還包括圖書館和繕寫室。圖書館和繕寫室通常是被失控的怒火波及，禍首則是農民在酒窖搜刮到的戰利品。很多修道院在大火中付諸一炬，光是德國圖林根（Thuringia）就有七十座修道院被毀，書籍在火焰中化為灰燼。

　　有些修道院同時遭到破壞與掠奪。尋找貴重物品的農民拆下華麗書籍的純銀釦環和裝訂配件，殘餘的書頁則任意棄置。在德國黑森林赫倫阿布（Herrenalb）的熙篤會修道院，太多書籍和手抄本被拆解，走進修道院很難不踩到書籍的殘骸。[4]有個人搶了許多書本賣給小攤販，充當包裝紙。在瑞士的伊蒂根（Ittingen），有個農民將隱修院院長打了一頓，再拿祈禱書點火「煮晚餐的魚」。[5]農民團體之中也有人把書偷走，變成自己的收藏，這些人多半是激進的神職人員。德國弗蘭肯塔爾（Frankenthal）的修道院遺失了他們的一四九三年

版《紐倫堡編年史》（*Nuremberg Chronicle*），後來德國貴族埃爾巴赫的申克・埃弗哈德（Schenk Everhard zu Erbach）在費德斯海姆戰爭（Pfeddersheim）中獲得這本書，將它送回修道院。[6]

　　農民戰爭結束後，所有被劫掠的修道院都清查並記錄書籍的損失。德國邁欣根（Maihingen）的三千冊藏書全毀，歐豪森（Auhausen）損失一千兩百冊，奧森豪森（Ochsenhausen）損失高達三千弗羅林，萊因哈德布倫（Reinhardsbrunn）也是一樣。在這場古老宿怨引發的戰爭中，書籍是附帶損失，其中很多是耗時數百年的收藏，甚至有第九世紀的藏書。然而，有些暴民進攻修院道卻是別有用心。修道院做為封建領主，對待農民冷酷無情，這種行為跟修士們表面上靜心冥思虔誠禱告的形象嚴重違和。暴民有意利用這次機會摧毀這些宗教機構，而修道院的圖書館通常收藏著各種證明資產與封建領主權益的憑證和契約。農民在魏森堡（Weisenburg）市集廣場燒掉一整車檔案文件，慶祝他們的勝利。萊因哈德布倫的暴民則在修道院的院子燃起篝火，燒毀所有碎紙片。在班貝格（Bamberg），農民攻擊主教宅邸時，「撕毀書籍、登記簿和信件，尤其是財政部門的文件〔以及〕許多法令和紀錄」。[7]這種刻意銷毀檔案文件的行動顯示，許多規模小得多的貴族、修道院長或主教的私人圖書室之所以也遭受攻擊，是因為那裡存放了許多法律文件。光是班貝格就有二十六個貴族家庭通報圖書室受損。

　　宗教改革衍生的破壞行動之中，農民戰爭是最極端的案例，不過這波怒火歷時甚短。長久來看，影響更深遠的是新教領域內修士團體解散後，圖書館被沒收或清除。德國的親王、公爵和城邦揚棄舊信仰的同時，也占據了修道院和宗教資產。原有的建築物可以變換用途，錢財可以納入城邦金庫，大量的書籍卻是全然不同的問題。一五二四年路德曾經建議，修道院的藏書可以轉移到學校或新教教會的圖書館，只是，所有書籍都必須經過審慎篩選，剔除不該出現在

圖7　宗教改革是歐洲圖書館文化的災難，其中新教國家的修道院遭受破壞是一大因素。修道院歷史悠久的圖書館通常隨著修道院毀滅，只留下一座空殼，荷蘭台夫特（Delft）附近的康寧斯維爾德（Koningsveld）修道院就是一例。

改革後的新機構的書籍。瑞士蘇黎世的宗教改革領袖烏利希・慈運理（Huldrych Zwingli）一絲不苟地執行審查，如果所有地方都這麼做，書本恐怕所剩無幾。改革派神學家海因里希・布林格（Heinrich Bullinger）指出，相關人員清查蘇黎世大教堂附設圖書館，以便「找出好書」，剩餘的書籍都賣給市場攤販、藥劑師或書籍裝訂商。[8]當地的裝訂商買到太多材料，一個世紀之後還有人用著一五二五年從教會圖書館的書本拆解下來的材料。蘇黎世的精緻手抄書也流向金匠，他們能夠回收利用書本上的金箔。

　　蘇黎世實施宗教改革四年後，巴賽爾追上它的腳步，將修道院大多數書籍送進當地大學圖書館。這只是暫時的解決方案，在接下來那一百年中，大學決策者賣掉許多被判定對新教學術沒有用處的天主教

書籍。到了一六〇〇年左右，那所大學還在出售來自修道院圖書館的羊皮紙手抄本，不過學校當局指示圖書館員隨機裁剪書頁，將剩餘的胡亂拼湊在一起，就算這些書最後回到天主教會手中，也不會有多大用處。[9]對天主教的戰鬥可說是無孔不入。

類似的解散與沒收行動會持續幾年。不是所有國家都立刻接受新教改革，但只要接受了，就會追隨前人的腳步，奪取修道院的資產，包括院內的大量書籍。比較嚴謹的統治者會想方設法把沒收的圖書館改造成全新機構，這方面比較知名的是神聖羅馬帝國的富裕城邦。在歐洲其他地方，修道院資產被挪用之後，裡面的藏書很少對當地百姓發揮真正的功用。[10]

清空書架

在英格蘭，解散修道院的路線與德意志帝國或瑞士各州不同。在此整個生活方式都被抹除，連帶抹除的還有許多世紀以來精心整理的文字紀錄。在此之前英國一直是古典學術的避風港，這樣的結果對國家文化的傳承產生深刻久遠的影響。一開始沒有任何跡象顯示會發生這樣的轉變。國王亨利八世（Henry VIII）以批判路德聞名，天主教國家紛紛表示讚賞，稱他為天主教的守護者。英國燒毀的第一批書籍是路德的作品，如果不是亨利八世決定跟第一任妻子亞拉岡的凱薩琳（Catherine of Aragon）離婚[11]，還會有更多路德的書籍被火舌吞噬。

一五三四年的〈至尊法案〉（Act of Supremacy）宣告亨利八世為英國國教（Church of England）的領袖，賦予他權力解散修道院、隱修院和修女院，沒收他們的財產。八百多個天主教機構陸續被關閉，首當其衝的是規模最小、財力最弱的機構。一五三六年英格蘭北部天主教徒以「求恩巡禮」（Pilgrimage of Grace）為名起事，結果只是讓亨利八世和他的幕僚更加確定修道院是反動的溫床，施展進一步的解散行動。到了一五四〇年代中期，這個迅雷不及掩耳、不留餘地的行

動已經完成。

修道院的解散造成大量土地轉移，是一〇六六年諾曼人征服英國以來規模最大的一次。這是龐雜的任務，由皇室打頭陣巡視各修道院，增收法庭（Court of Augmentations）的行政官員負責登錄。增收法庭是專為處理修道院資產而設立的財政部門。一五三五年第一批皇室專員開始估算並監督修道院動產的銷售。令人震驚的是，皇室最早的委任並沒有提到書籍。這實在很奇怪，因為當時修道院圖書館是整個英國藏書最多的地方。[12] 貝里聖埃德蒙茲（Bury St Edmunds）的本篤會修道院藏書大約兩千冊，印刷書和手抄本都不少。坎特伯里隱修院不遑多讓，另有一千八百冊存放在坎特伯里大修道院。[13] 不過，對於腳踏實地追求效率的增收法庭，這些書沒有多少價值。當時每一個銀器、每一口鐘和每一片鉛皮屋頂的去處都詳細記載，但財產評估報告提到圖書館時，只是登錄館內木造家具的價值。

皇室專員感興趣的自然是修道院的手抄本特許狀和產權證明，他們需要這些文件來登錄修道院的資產和權利。其餘的文件、手抄書或印刷書的命運不盡相同：很多直接留在原處，有些被送走，也有些被毀損。這些東西的未來取決於修道院的新主人。一五四〇年代，很多嗅覺敏銳的貴族向皇室購買修道院的建築物，修道院原有的藏書也落入他們手中。[14] 例如威爾斯名人約翰·普萊斯（John Prise）將赫里福德郡（Hereford）的聖古斯拉克隱修院（St Guthlac）改造成他的鄉間宅邸，收藏他從英國西部的修道院搜刮來的書籍。時日一久，這些貴族在修道院精挑細選的好書陶冶下，也培養出收藏手抄本的興趣。收藏家之間的手抄本買賣在這個時期開始萌芽，日後會開花結果，成為鑑賞界的重要流派。[15] 然而，稀有手抄書的新主人未必了解這些書本的文化價值。現存三本最古老的英文《聖經》之一的切爾弗里斯《聖經》[16] 殘篇，一九八二年在金斯頓·雷西莊園（Kingston Lacy House）被發現，埋在各種財產文件裡。[17] 威廉·席德尼爵士（Sir William

Sidney）用羅勃布里奇修道院（Robertsbridge Abbey）的祈禱書和禮儀手冊的書頁裝訂他的煉鐵廠的帳本。[18]

　　修道院的禮儀書很受看重，但只是為了它們封面上的黃金、白銀和次等寶石。去除這些裝飾物之後，書籍的其他部分對新主人沒有多大價值，不是被丟棄，就是成堆出售。一五四九年新教學者兼神職人員約翰・貝爾（John Bale）絕望地寫道：

> 很多人買下那些迷信園邸（指修道院財產）之後留下圖書館的書籍，有些放在廁所使用，有些用來擦燭台，有些則擦靴子。也有人把書本賣給雜貨店和肥皂商，或運給海外的裝訂商。這些出海的書籍數量不少，有時裝滿一整船，讓其他國家大開眼界。[19]

事後貝爾會回想這段「草率輕忽的時期，圖書館的書籍變成最便利的商品。」[20] 貝爾並不反對解散修道院，他只是感到挫折，因為英國的文獻這麼被任意處理掉，分散各地。新教學者為了證明英國國教的獨立性，在修道院的手抄書中尋尋覓覓，想找出有別於羅馬教廷、屬於盎格魯撒克遜族的古老國家教會的根源。貝爾認為：「每個時代的英國都有虔敬的作家，他們察覺到也看穿這個假基督（教宗）褻瀆神明的騙局。」[21]

　　其他學者關心的則是有助於解析英國的歷史與古文物的文獻。一五三二年古物研究專家約翰・利蘭德（John Leland）受皇室委託走訪修道院圖書館，尋找與英國歷史相關的重要著作。他在某些修道院見到了難以置信的一幕，傳說中已經遺失的手抄書赫然出現在他眼前，等著他檢視。然而，他卻也助長了外界對修道院的負面印象：裡面的修士無所事事、目不識丁，連普通書籍都照顧不好，更別提珍貴文本。利蘭德如此描述牛津的方濟會修道院圖書館：「我的天！我在

那裡看到了什麼？除了灰塵、蜘蛛網、蠹魚和蛾，什麼都沒有。簡單一句話，髒亂破敗。我確實找到一些書，不過如果要我買，我連三便士都不願意出。」[22]

　　利蘭德跟所有古文物專家一樣，很清楚什麼東西有價值，也不會為他看到的那些書多愁善感。於是，當修道院解散行動達到巔峰，他知道哪裡能找到寶藏，哪些圖書館則可以任其煙消雲散。一五三六年他告訴當時的首席大臣湯瑪斯・克倫威爾（Thomas Cromwell），有外國學者進入解散的修道院掠奪或偷竊書籍。他敦促克倫威爾賦予他搶救書籍的優先權。[23]接下來利蘭德帶回了幾百本手抄文件和書籍，其中有些收藏在亨利八世的圖書館，分散在西敏市、漢普頓宮和格林威治的宮殿。另一部分他自己留下，其中不少書原本屬於貝里聖埃德蒙茲修道院。[24]

　　一五四七年愛德華六世（Edward VI）登基，修道院藏書加速毀損。一五五〇年一項「反對迷信書籍」的法案通過，規定「所有提到讚美詩輪唱集、彌撒、聖杯、行進聖歌、禮儀手冊和時禱書……也就是在此之前教會使用」的書籍，都要「徹底廢棄、消滅，永遠禁止在英國國土上使用與保存。」[25]在宗教改革的第一個階段，過去的修道院藏書淪為無用之物。一五五〇年的法案通過後，擁有這些書籍變成違法行為。這麼一來，這些書在公開市場就失去價值，只能當成廢紙或羊皮紙販售。

　　反對迷信書籍法案通過後，留存下來的天主教書籍普遍遭到破壞，受影響的範圍遠遠超出修道院之外。就連已故的亨利八世的藏書也遭殃：一五五一年一組人員奉命篩選皇家藏書，找出彌撒書、讚美詩輪唱集和其他天主教書籍，拆下「那些書的金銀裝飾配件」，再將它們從皇家藏書之中清理出去。[26]教區圖書館也在法案管轄範圍，那些圖書館之中不少收藏著十五世紀的書籍。英格蘭西北部蘭開郡（Lancashire）的卡特梅爾（Cartmel）有個神職人員在備忘錄中用平

淡的口吻寫道：「我燒掉所有的書。」[27]這波破壞行動中可能有許多書籍橫遭池魚之殃：不難理解，奉命燒毀書籍的人未必都有能力分辨哪些是具有歷史意義的非宗教手抄本，哪些又是天主教神學書籍。

很多教會圖書館的書籍三番兩次被清理出來燒毀。為了普及宗教改革，一五三〇年到四〇年代的皇室命令特別要求每一個教區都必須擁有至少一本新教《聖經》和伊拉斯莫斯的《聖經釋義》（*Paraphrases*）。愛德華六世過世後，一五五三年他信奉天主教的同父異母姊姊瑪麗一世登基，這些書和教區購買的其他新教書籍變成首要目標。這種命運的逆轉是英國機構圖書館的災難，就連牛津和劍橋的學院圖書館都蒙受重大損失。

宗教改革的動盪期間，歐洲各地的大學受到嚴密審查，因為它們有個重要功能：培育神職人員。這麼一來，隨著英國推行宗教改革、瑪麗恢復天主教、繼任的伊莉莎白一世（Elizabeth I）再次改革，牛津和劍橋這兩所古老大學歷史悠久的課程大綱和慣用的教科書都受到嚴格審查。兩所大學遭受三次訪查，分別是在亨利八世、愛德華六世和瑪麗一世在位期間。這些訪查的破壞性不像修道院解散那麼嚴重，卻改造了各學院的藏書模式，其中很多圖書館已經有幾百年歷史。

一五三五年檢討大學課程之後，皇室下令禁用某些中世紀學術書籍，包括神學家鄧斯·斯高特（Duns Scotus，約1266-1308）的著作，那是當時大學主要的教科書。約克郡主教座堂教務長理察·雷登（Richard Layton）開心地向克倫威爾匯報，說「蠢貨〔英文dunce，與鄧斯同音〕」都「徹底清除了」。雷登在一所學院看到「弧形廣場遍地都是蠢貨的書頁，被風吹得四散紛飛。」[28]到了一五四九年，更多書被清理掉。一五五七年瑪麗在位期間也執行一次大規模訪查，為了方便這次檢查，官方指示所有大學提交現有書籍清冊。由於這段時期擁有新教書籍是違法行為，所有學院的清冊上都沒有這類書籍。當時牛津各學院收藏的新教書籍都是在伊莉莎白一世執政後取得的，很

可能有人在訪查人員到達之前事先清理那類書籍。[29]

　　只要比較連番審查前後的藏書量，就能看出各圖書館受損的程度。一五二九年劍橋大學圖書館的藏書量介於五百到六百冊之間，一五五七年最後一次審查之後，這個數目減為一百七十五冊。[30]直到一五七〇年代以後，劍橋大學圖書館的書籍數量才開始增加。牛津大學的圖書館遠近馳名，最珍貴的藏書是十五世紀中葉漢弗里公爵捐贈的兩百八十一本手抄書，但這座圖書館遭受更嚴重的破壞。經過幾回合的清理，一四八〇年代起就存放在特別興建的圖書館裡的藏書幾乎被清空。一五五六年一月，牛津大學籌組委員會拍賣圖書館的家具。當初漢弗里公爵捐贈的兩百八十一冊書籍之中，如今只有三冊還在圖書館。

　　由於大學圖書館在十六世紀中期那紛擾的幾十年裡的遭遇，後來的圖書館不敢輕言擴充藏書。下一回皇室政策翻轉時，書本可能又會被沒收或燒毀，又何必花錢採購？一五七六年八月二日牛津的三一學院（Trinity College）宴請伍斯特郡主教（Bishop of Worcester）花費的金錢，比過去四十五年花在書籍上的經費更多。[31]在十九世紀以前，機構圖書館藏書數量的上升主要靠外界捐贈，但這個來源也枯竭了。換句話說，伊莉莎白一世執政幾十年後，很多學院仍然沒有任何新教書籍。很多學院和牛津與劍橋兩所大學的圖書總館藏書量都比一個世紀前大幅減少。要等到十六世紀末有遠見的收藏家波德利爵士到來，牛津圖書館才能從過去的損傷中復元。[32]

刪節

　　即使在效忠舊教會的歐洲國家，宗教改革導致的災難也明顯可見。新教的反叛讓效忠派感受到權力危機，也開始質疑一脈相承的傳統思想的正確性。忠誠度毫不動搖的人盡一切能力支持教會，只是，想要撫平焦慮，為正統神學畫出一條穩定的界限，需要付出極大的努

力。這個復興工作在特利騰大公會議（Council of Trent, 1545-63）集思廣益，用二十年的時間審慎思考，為天主教機構的未來制定穩固的指導方針。指導方針包括直接干預書籍的出版，從此改變歐洲的書籍市場，對整個歐洲大陸的圖書館發展也產生長遠的影響。

　　沒有人知道天主教教會對出版物的審查能持續多久。對書籍交易的控制最早是在印刷業者和書商的強力要求下採行的。當時印刷業者和書商急於保護他們投入的資金，希望擁有特權，確保沒有其他版本來跟他們的書籍競爭。這點格外重要，因為印刷是新行業，在歐洲很多地方並沒有受到傳統同業公會的規範。正如伊拉斯莫斯所說：「不是所有人都能當烘焙師，但任何人都能買賣書籍。」[33] 雖然羅馬教廷早在一四七七年就頒布詔令，禁止發行反對教會基本信條的書籍，但在路德出現以前，詔令的落實仍然取決於當地的政權。

　　對路德的言論反應最激烈的地方，是神聖羅馬帝國皇帝查理五世統治的荷蘭境內。查理五世沒能阻止路德的異端言論在德國散布，卻決心守住他的祖地荷蘭。一五二〇年三月二十日，就在羅馬教廷詔令頒布之前三個月，查理五世下令低地國家所有路德著作都要「化為灰燼」。一五二一年路德被逐出教會後，查理五世下達進一步的指令，目標鎖定書籍交易。路德的所有著作，不管是手抄本或印刷本，都要公開焚燒。一五二一年三月一份命令發布後，有四百本書在安特衛普被燒毀，大多數都是從書商手中沒收來的，其他則是憂心的百姓主動交出手中的藏書。[34] 即使官方展現威力，據說這場焚書儀式進行時，圍觀的群眾高聲嘲弄。有個說法指出，某些民眾顯然偏向路德的改革運動，喧鬧地要求官方賣掉那些異端書籍籌措資金，以便在羅馬用神職人員築個火堆。

　　最初那段時間中，這樣的幽默四處可見，但焚書行動持續不歇。一五二三年七月一日，兩名奧斯定會的托缽修士被投入焚書的火堆。接下來那幾十年，好幾個印刷業者也因為印製新教書籍喪命。鎮壓的

浪潮猛力打擊書籍圈。一旦有人遭到逮捕訊問，訊問的內容必然涉及異端書籍的流向。審訊者判定書籍是異端信仰傳播的關鍵因素，書本卻也提供揪出新教信徒的線索，因為書本由書店或攤商銷售，只要把這些人找來審問，就能追查出顧客的身分。[35] 很多書店遭到突襲，存貨被仔細檢查，搜索重點是在威登堡等危險新教印刷重鎮出版的書籍。為了規避這類麻煩，印刷業者在書本的書名頁印上不實的出版地點，或者乾脆隱匿這類訊息。時日一久，這條宗教斷層逐漸硬化，在可疑印刷重鎮印製的書籍到了其他市場會變成燙手山芋，對國際書籍的供應產生巨大衝擊。在西班牙，書籍很大程度仰賴進口，一開始享有免稅優惠。然而，到了一五五八年，未經許可進口方言書籍可能被判處死刑。[36]

義大利是歐洲書籍交易的重鎮之一，這些動盪會根本性地改造那裡的出版業。這是個緩慢成形的危機：低地國家的書商面臨死亡威脅之後許久，義大利境內仍然有許多新教書籍在流通。一五四〇年，摩德納（Modena）樞機主教莫羅尼（Giovanni Morone）的教區牧師說，摩德納「跟布拉格一樣，被各種具傳染力的異端邪說玷汙、感染。在商店、街角、住宅等地方，所有人⋯⋯都在談論信仰、自由意志、滌罪、聖體和預定論（pre-destination）。」另一個人評論道，目不識丁的人公然「信口開河地討論神學」。[37] 對新教的認同在義大利普遍流傳。到一五四二年左右，新教與天主教明顯沒有統一的可能，伯納德諾・奧奇諾（Bernardino Ochino）等多名義大利主要神學家逃往喀爾文教派[38] 盛行的瑞士。天主教會採取強硬措施。一五五九年，特利騰大公會議仍然在進行，教宗保祿四世（Paul IV）頒布第一份教廷《禁書目錄》（Index Auctorum et Librorum Prohibitorum）。日後會陸續發出許多這樣的目錄，而魯汶的天主教大學、巴黎的索邦大學和西班牙宗教法庭各自也會發布類似目錄。[39]

這些目錄會變成書籍的流通和收藏最大的障礙。這份名單包括所

有作品都列為禁書的作家，以及被視為異端邪說的書籍，還有特定版本的正統書籍，因為這些書被異端的評論汙損。第一份教廷目錄還納入異端印刷業者，總共六十一家。那些業者所有的出版品不管是什麼內容，都有疑義。恭順的基督徒手中如果有這類書籍，應該主動交出來，嚴格禁止任何人製作、販售或持有目錄中的任何書籍。

第一份教廷目錄公布以後，隨之而來的就是大規模焚書，不過大部分都發生在羅馬。義大利其他地方的執政當局態度遲疑，不急著全力執行教廷的目錄。在佛羅倫斯，公爵科西莫一世禁止聖馬可修道院的修士焚燒他的先人捐贈給修道院圖書館的書籍。未來的目錄會放寬最格殺勿論的禁令，強調當地審查人員和主教有權豁免特定對象，允許那些人擁有危險書籍。教廷也考慮刪節書籍內容，因為只要移除少數教義上的謬誤，大部頭書籍就不需要禁止。伊拉斯莫斯某些著作只要經過刪節，還是可以獲准在義大利出版。但這件事工程太浩大，最後教廷允許收藏者自行刪節家中藏書。[40] 很多流傳至今的版本都有許多段落被劃掉或塗抹。從一五九七到一六〇三年，宗教法庭全面調查義大利修道院的所有書籍，清除禁書。這波系統化行動總共調查了九千五百座圖書館，顯示圖書館文化已經根深柢固，即使經費有限的小修道院也擁有藏書。另外，我們也從中看出教會掌握的新權力如何塑造機構圖書館的發展。[41]

整個天主教世界都感受到目錄的影響力，就連西班牙在墨西哥、瓜地馬拉、尼加拉瓜和菲律賓群島的新殖民地也不例外。[42] 儘管當地官方設法規避最嚴格的禁令，教廷的目錄仍然對威尼斯的書籍交易造成毀滅性的衝擊，因為威尼斯是義大利與阿爾卑斯山以北書籍市場交流的重要據點。一五六四年的新版目錄啟動一系列對異端書籍的迫害，[43] 但對國際書籍交易影響最深遠的，是禁止輸入新教印刷重鎮出版的書籍。這麼一來，義大利出版商參加重要國際書展時，不能用自己的出版品換回禁令範圍內的書籍，批發交易因此面臨斷炊危機。威

圖8 《禁書目錄》是天主教因應新教威脅的基石。圖中是一七五八年版，卷首插畫是在火焰中燃燒的異端書籍。

尼斯人原本一直是法蘭克福書展最主要的外國顧客，到了十七世紀初期，書展上幾乎看不到他們的身影，斷絕了取得北方出版大城發行的科學與學術書籍的管道。[44]

　　羅馬教廷對改革運動寸步不讓，圖書館勢必遭到料想不到的破壞。十六世紀後半期，猶太教書籍也成為鎮壓行動的受害者。義大利有不少猶太教團體，其中以威尼斯最為知名，是十六世紀全球猶太教書籍印製的重鎮。躋身天主教世界的猶太人被判定為非正統教徒。比起阿爾卑斯山北邊激進的德國新教徒，這些人是更容易對付的目標。一五五三年八月十二日，教廷發布命令譴責猶太教教規與神學重要依據《塔木德》（*Talmud*），焚書行動遍及義大利全境，最遠去到地中海東岸的威尼斯境內。數以千計的書本被毀，大部分是從猶太家庭和書店查抄來的。基督教徒不能持有或閱讀《塔木德》，也不能協助猶太人出版猶太經文，否則會被逐出教會。一五五九年，克雷莫納（Cremona）的希伯來學校遭到突襲，大約一萬兩千本書被焚毀。威尼斯的迫害行動也持續著，威尼斯人跟鄂圖曼人關係緊繃，他們認為當地的猶太人是土耳其間諜。一五六八年有八千本書被燒，其他書籍被迫出口到其他國家。

　　接連不斷的破壞行動嚴重阻斷猶太書籍交易，猶太教書商選擇明哲保身，離開威尼斯轉往更安全的地方發展，主要是荷蘭的阿姆斯特丹和波蘭立陶宛聯邦。對於天主教印刷業者，焚書行動也創造新商機。特利騰大公會議做出的結論要求修訂天主教的祈禱書、彌撒書和教義問答，也就是有關天主教聖禮與祈禱儀式所有重要書籍，整個天主教世界都需要這類書籍。光是一五七二年，威尼斯的阿爾丁印刷廠就印製了兩萬本時禱書《聖母日課》（*Officium Beatae Mariae Virginis*）。

　　新商機安撫了印刷業者和書商，相較之下，圖書館就沒那麼幸運了，特別是涉及宗教分歧的那些（比如克雷莫納的希伯來學校）。

這些圖書館的命運通常取決於變化多端動盪不已的政治環境的朝令夕改。新教重要作家菲利普・杜普樂希莫爾奈（Philippe Duplessis-Mornay）是政治人物，創辦了法國索米爾（Saumur）的胡格諾學院（Huguenot Academy），他的藏書就是其中一個案例。一六二一年，法國國王路易十三世（Louis XIII）撤除杜普樂希莫爾奈的職務，派禁軍搜索他的城堡。他華麗的藏書遭到掠奪，裝訂書籍的純銀釦環都被拆下，很多書被扔進護城河。有個信奉天主教的官員興奮地說：

> 這些書裡面都是異端邪說和褻瀆言論，有一部分被投進羅亞爾河（Loire），另一部分燒掉，或四散扔在城堡和街道上……地面都被覆蓋了，只看得到書本和紙張。它們的命運如何，就看走進城堡院子的人和住在街上的人怎麼處理……書本散落一地，杜普樂希莫爾奈必定心痛極了，胡格諾教派想必惶恐又憤怒，天主教徒卻是歡欣鼓舞。[45]

機構圖書館或半開放的圖書館（比如杜普樂希莫爾奈的圖書館）受損最慘重，因為它們是最明顯的目標。想對藏在幾千扇大門裡的小規模私人藏書施展鐵腕就困難得多。[46]新教和天主教都針對機構圖書館，因為他們都知道投注在圖書館的資金代表什麼意義。這些圖書館是檔案資料庫，也是知識寶庫，更是聚會場所。它們塑造了對手的教會，增進他們的信眾的心靈健康。破壞這些機構，是朝基督教的統一邁進，而統一是所有宗派的終極目標。只是，破壞行動未必都得採取焚書這麼醒目的方式。關閉圖書館，讓裡面的書籍變成廢紙，或刪節書籍內容，這些方法都可以限制不良文獻的使用。假以時日，新教和天主教會的傳教狂熱就會展開全新階段的書籍收藏，而且成果豐碩。不過，在宗教改革最初那兩個世代，那一天還得等。在十六世紀的人們看來，他們那個時代的大型圖書館腹背受敵。

第三部

新一代收藏家

第七章
專業人士

　　到了印刷術發明一百年後的一五五〇年，歐洲書籍氾濫。過去一百年來製造的書籍，超過自古以來到這個時代所有書籍的總和。然而，在這個時代，圖書館這樣的機構與社會組織的未來卻是黯淡無光，實在是最大的諷刺。歐洲的君主有比圖書館更迫切的事務需要關注，而手抄本時代的重要收藏都已經打散或毀壞。費爾南多的圖書館是印刷新時代第一個創建世界級圖書館的計畫，到這時已經關閉，只剩空殼子。在北歐很多地方，修道院曾經守護書籍度過西元第一個千年最黑暗的時代，卻被搜索掠奪，留下滿目蒼涼，書籍或者被毀棄，或者不知流落何方。即使在天主教國家，傳統的修道院雖然仍然受到敬重，卻也面臨來自耶穌會（Jesuit）這種移動式新教派的挑戰。更糟的是，人文主義和宗教改革衝擊傳統大學課程，現存圖書館的大部分書籍好像失去用武之地。

　　要等到一段時間後，機構圖書館才能在這個新世界找到自己的定位。在歐洲某些地方，十九世紀以前的大學並沒有可觀的藏書，法國就是一例。不過一如往常，圖書館撤守某個戰線後，總會找到新的角色，因為歐洲逐漸崛起的專業人員急切地把握收藏書籍的機會。於是，歐洲活力十足的書市受到律師、政府官員、醫師、教授和神職人員最熱烈的歡迎。

　　對於這些人，擁有書籍的樂趣通常是全新的體驗。一個世紀以

前，醫師和律師沒有足夠的人脈和財力收藏手抄書，醫師手上或許有一本「藥方」，律師也許有一本查士丁尼法典[1]，稱不上收藏。如今印刷時代的奇蹟來到他們家門口。這麼一來，書籍的所在位置也有了變化。書籍收藏變成都市現象，因為新一代收藏者主要居住在城市裡。書籍收藏有時是其他知性活動的附帶結果，比如建檔儲存家族文件、信件和財務文件的新風潮，或沉迷於探索古典與自然世界的財富，收藏一櫃櫃的奇珍古玩。[2]這些都需要更多空間和額外金錢。

數以千計的私人收藏打造書籍收藏的新頁，這種改變帶來新的挑戰。新一代書籍收藏家因為工作的關係聚居在城市裡，沒有灰撲撲的城堡或修道院繕寫室來存放他們的書籍。想在一般住宅存放並展示書籍，迫切需要從建築結構上尋求新的解決方案。儘管如此，從一五五〇年到一五七〇年，都會區專業人士的住宅普遍收藏了一定數量的書籍。這是書籍收藏的全新避風港，即將改革書籍世界。

市場的力量

在手抄書時代，收藏書籍的人大多仰賴義大利（羅馬和佛羅倫斯）和歐洲北部（巴黎和布魯日）半工業化生產的製書大城。原則上任何地方都能製作手抄書，但想要收藏數量可觀的書籍，既需要金錢，也要有管道接觸到關鍵多數的文本。十五世紀傳入英格蘭的華麗手抄本，很多是收藏家從義大利帶回來的，另一個來源則是荷蘭的工作坊。[3]

到了一五五〇年，印刷界已經建構出全新的流通網，將印刷書從歐洲幾個主要出版大城輸往國際市場。在英格蘭這個很多方面都處於歐洲書籍圈邊緣的國家，這種現象引發驚人效應。英格蘭的印刷業規模仍然相當有限，而且只在國內市場銷售，出版各式各樣的年鑑、皇室法令和通用語宗教讀物。在法學或學術的重要拉丁文著作方面，倫敦沒有能力跟巴黎、里昂、科隆或巴賽爾競爭。不過，只要書本能夠

進口，英國的收藏家並不在乎，倫敦、牛津和劍橋的書商也樂意為他們提供進口書籍賺取利潤。

根據現存的歷史資料，英國書籍收藏家不需要冒險橫渡英吉利海峽，就能收集到可觀的書籍。這點可以從十六世紀留存至今的幾百份遺產清單看得出來。比如有個名叫大衛・托利（David Tolley）的醫師在一五五八年過世，留下六十八本書，全是在歐洲大陸印製的拉丁文書籍。三十年後，執業醫師兼劍橋欽定講座教授湯瑪斯・洛金（Thomas Lorkin）則遺留五百八十九本書，有最時興的帕拉塞爾蘇斯[4]藥物化學，也有古典著作。這些藏書有個顯著特色，那就是它們涵蓋的範圍：劍橋地區的遺產清單中包含超過三百五十個醫藥作家的作品。這個時代的人對身體健康有揮之不去的憂慮，收藏書籍的人不管從事什麼行業，至少都有五、六本醫療書籍。[5]

生活在十六世紀牛津或劍橋的人收藏的書籍或許多得不成比例，但這種穩定上升的趨勢顯然是英國書籍收藏的普遍特質。一五九二年過世、沒沒無聞的莫特先生（Mr. Mote）留下五百本書籍。跟他差不多同年代的倫敦雜貨商愛德華・巴羅（Edward Barlow）收藏將近兩百本，大多數都是他經營藥房用得上的醫藥書籍。[6]愛書成痴的湯瑪斯・巴克（Thomas Barker）一五四九年的復活節學期[7]進劍橋就讀，當時正是愛德華六世短暫執政的時期。他入學不到兩個月就過世，卻留下七十五本書，包括一本希臘字典、希波克拉底[8]的著作和伊拉斯莫斯的《愚人頌》。除了他之外，劍橋地區留下遺產清單的人之中，還有三十個人擁有這本書。[9]巴克過世的時候留下的其他物品不多，只有衣物和一個附了鎖和鑰匙的大箱子，應該是用來存放他的書。

這些收藏書籍的人大多是學者或擁有大學學歷的專業人士。但商人也鑽研學問，特別是當他們有話要說，並且打算發表著作闡明見解，比如志向遠大的作家傑拉德・馬林斯（Gerard Malynes）。馬林斯發表了幾本書，希望影響政府的國際貿易政策，書中大量引

用中世紀法學家和其他古典作家的著作。他熟悉亞里斯多德、地理學家托勒密（Ptolemy，約100-170）和古希臘歷史學家斯特拉波（Strabo, 63 BC-23）和羅馬帝國歷史學家的著作。他也讀英格蘭文藝復興代表人物湯瑪斯‧摩爾的《烏托邦》（*Utopia*）、英國詩人喬叟（Chaucer，約1340-1400）的作品和探險家法蘭西斯‧德瑞克（Francis Drake，約1540-96）與湯瑪斯‧卡文迪許（Thomas Cavendish, 1560-92）的航行記。他沒有錯過波蘭數學家哥白尼（Copernicus, 1473-1543）的學說，但他跟那個時代的大多數人一樣，覺得哥白尼的理論是「虛構的數學」。[10]

　　以書籍收藏而言，這是如假包換的新時代：相較於十五世紀的手抄本時代，這是非凡的藏書。然而，再前進一個世紀，跳到英吉利海峽的另一邊，我們會看到另一種級別的書籍收藏。十七世紀中期，新建立的荷蘭共和國從哈布斯堡王朝下台後的殘破山河中興起。這是歐洲最都市化的國家，有識字率最高的百姓和最繁盛的經濟，同時也躍居國際書籍市場的重鎮，令法國、義大利和德國已經成氣候的書籍市場深感挫折。書籍從歐洲各地送往阿姆斯特丹，既滿足求書若渴的荷蘭市場，也繼續送往英格蘭和蘇格蘭。歐洲最耀眼的新教新學府萊登大學變成學術出版的重要據點。多虧新開通的運河網絡提供先進的國際運輸系統，書籍可以在荷蘭境內幾乎所有地方印刷，再迅速送到顧客手中。荷蘭平均每人購買、出版與閱讀的書籍數量居全歐洲之冠，歐洲某些最優質的藏書也在荷蘭。[11]

　　荷蘭的書籍收藏家跟中世紀晚期的收藏家大相逕庭。本地貴族不多，就算有，通常也不是有權有勢的一群。這個以商人和漁夫著稱的國家很快就出現成熟的專業階級，也就是學識豐富的律師、醫師和政府官員，這些人大多收藏書籍。他們收藏書籍一開始都是基於職業上的需求，這點跟英格蘭相同。不過這些專業人士並沒有放棄中學和大學時期接觸過的古典課程。荷蘭見證了古典著作的百花齊放，阿姆斯

圖9　德國神學家雅各布斯・陶里努斯（Jacobus Taurinus, 1576-1618）得意地站在自己收藏的書籍前。在十七世紀的荷蘭，神職人員擁有幾百甚至幾千本書並不罕見。這些私人藏書通常數量超越在地機構藏書，既供私人使用，也能與他人共享。

特丹和萊登的出版商幾乎每年發行希臘哲學家和羅馬歷史學家與雄辯家的新版著作。荷蘭市場需要各種不同尺寸的版本：高貴莊嚴的對開本供圖書館陳列，大量四開本供日常閱讀，袖珍口袋書方便收進旅行袋或在駁船上閱讀。駁船是有趣的大眾運輸工具，律師和農民或助產

士摩肩擦踵同船共渡。**[12]**

　　這批新興專業精英收藏的書籍數量驚人。丹尼爾・海因修斯（Daniel Heinsius, 1580－1655）是荷蘭學術界的領導人物，他收藏的四千本書籍並不算特別突出。不過，這些書在一六五六年拍賣出一萬五千荷蘭盾（相當於一名神職人員三十年的薪水），創下十七世紀中期的紀錄。更令人意外的是，在接下來那二十五年，他的兒子尼可拉斯・海因修斯（Nicolaas Heinsius）收藏到的書籍是他的三倍。這些書在一六八二年拍賣，總價是兩萬四千七百零八荷蘭盾。這不奇怪，因為他的一萬三千本書相當於當時荷蘭全部五所大學的藏書總量。

　　在各方面都最令人大開眼界的，是阿姆斯特丹一名市長的兒子柯內勒斯・尼可萊（Cornelis Nicolai）的藏書。雖然尼可萊不幸在一六九八年英年早逝，過世時才二十四歲，卻已經收藏四千三百本書，價值一萬一千荷蘭盾。這些人跟國際學術界都有深厚淵源，不過，單純基於職業需求收藏書籍的人，累積的書籍數量也是一個世紀前難以想像的。根據現存資料，我們能看到十七世紀荷蘭三百四十名醫師或律師收藏書籍的情況。**[13]**這些人的藏書量各有不同：在荷蘭多德雷赫特（Dordrecht）執業的醫師埃塞克・貝伯爾（Isaac van Bebber）只有不算多的兩百六十五冊，海牙的亞伯拉罕・德密爾（Abraham van der Meer）則有相當可觀的三千五百七十二本。平均藏書量是一千本。

　　這些人普遍學識豐富。律師和醫師的藏書之中，百分之七十五是拉丁文或希臘文，這個比例比神職人員的藏書來得高。萊登的酒廠老闆約翰內斯・德普蘭克（Johannes de Planque）一六九八年過世時留下超過一千本書，他的書以通用語言居多，很多書都是小開本，總數卻不算少。兩百五十本藏書在一百年前還是相當亮眼的規模，到了這個時代就十分普通。不只在荷蘭如此，德國、瑞士、法國和義大利的繁忙都市也都有相同現象。**[14]**這個改變主要得力於書市的一項非凡革

新，那就是書籍拍賣。對於書籍收藏的發展，拍賣的重要性一點也不輸印刷。

木槌之下

十五世紀之後，書籍一直都跟家具、衣物和其他亡者遺物一起在拍賣會中出售。[15]不過，荷蘭人率先將書籍獨立拍賣，並且由書商全權負責。同樣重要的是，從初期開始，書籍拍賣就會附帶印製一份目錄，每一本書都列為一件拍賣品，仔細登載。第一份這樣的目錄羅列的拍賣品是菲利普·馬尼克斯（Philip van Marnix, 1540-98）的書籍，他是奧蘭治親王威廉（William of Orange, 1533-84）的夥伴，也是荷蘭起義[16]的英雄，在一五九八年過世。在那之後，印刷目錄變成書籍拍賣必備的一環，某些荷蘭城市甚至立法規定書籍拍賣會必須提供目錄。十七世紀的荷蘭至少舉辦過四千場書籍拍賣會，其中半數的目錄保留至今。這是一座資訊的金礦，記錄至少兩百萬本書籍的歸屬與銷售。

不管是在荷蘭或歐洲其他採行書籍拍賣的地方，拍賣目錄都對書市有深遠影響，帶給書籍收藏者極大的便利。最關鍵的是，他們不再需要親自到書局買書。拍賣目錄流傳極廣，送到國外的不在少數。收藏家想出價可以請朋友代勞，或寫信給拍賣商。[17]這些目錄具有保存價值，書籍收藏者即使沒有參與，也會在上面標記他們想要或已經擁有的書籍，做為日後收藏的參考。對於嚴謹的收藏家，那些註記了拍賣成交價的目錄最有保存價值。值得一提的是，流傳下來的兩千份荷蘭拍賣目錄之中，只有不到百分之十留存在荷蘭收藏家手中，其他都分散在歐洲各地，那都是當初拍賣商寄給各地收藏家和圖書館員的，方便他們掌握市場動態。

書商一開始並不歡迎書籍拍賣這種新方式，後來卻發現拍賣為他們帶來許多商機。他們為書籍估價，編列目錄，放在書店裡銷售，收

圖10　一六六一年丹麥書籍拍賣目錄。拍賣目錄對拍賣商和買家都有極大功用，方便私人藏書的出售。想要了解十七、十八世紀數千個家庭的私人藏書，這些目錄是僅存的線索。

取百分之五到十五的佣金。根據未必可信的傳說，他們甚至把自己銷路欠佳的庫存偷渡進目錄中，跟其他知名藏書一起拍賣出去。這種做法備受指責，官方也經常祭出禁令，但一般認為普遍存在。

　　書籍拍賣也幫助收藏家快速累積藏書，而且免除良心的負擔。收藏家對書籍貪求無厭，有時肆無忌憚，甚至自私自利，拍賣會不但提供大量買書的新機會，也帶給收藏家良心上的慰藉，因為百年之後他們的繼承人輕鬆就能回收當初購買這些書籍花費的金錢。這是事實。書籍好像具有高度保值功能，通常能以二、三十年前購買的價格賣出去，[18]有時甚至賣出更高的價格，特別是裝訂格外雅致的書籍。醫師或神職人員可以放心花錢買自己想要的書，因為日後他哀慟的未亡人和子女很快就能回收投入的金錢。何況拍賣是現金交易，家屬能迅速拿到錢，不需要為收帳這種難題頭痛：當時出版界的運作大幅度倚重信用與債務，這是很多信譽卓著的出版商最大的困擾。書籍是專業人士生命中不可或缺的物品，同時也可以是審慎規劃的養老金。

　　書籍拍賣是個務實的市場。檢視買家支付的價金，出色的藏書好像並沒有明顯溢價。知名文獻學家和學者的書本是個例外，比如丹尼爾或尼可拉斯・海因修斯的藏書，因為買家有機會在書本上找到珍貴的註記。除此之外，書籍並不會因為年代特別久遠或接近全新而升值。專業收藏者想找的是大小合適品質優良的書籍。古書市場還沒誕生，在印刷史上具有重要意義的第一代印刷書還沒找到伯樂。一七〇〇年左右，如果拍賣會成交冷淡，你也許有機會用一壺麥芽酒的價格買到兩本十五世紀的普通書籍。[20]

　　到了這個時期，書籍市場幾乎被堆積如山的庫存所淹沒。拍賣帶動了這些書籍的流通，也讓我們有機會看見書籍市場原本不為人知的一面。書籍拍賣目錄提供了大量訊息，讓我們了解成熟都市中的新富階級如何處理日常事務，如何擴大知識領域，空閒時又做些什麼消遣。這個族群即使不至於為他們的財富侷促不安，卻也知道災難隨時會降臨。他們的書籍有些是基於工作上的需要，有些則提供宗教慰藉，也有醫藥療法，務實地反映出人們在面對生命不可預測的禍患時內心的希望與焦慮。

圖1　對古代傳說的現代獻禮：亞歷山大圖書館內部，攝於二○一八年。這座圖書館美觀的格局跟相對紊亂的藏書並不相符。

圖2　羅馬塞爾斯圖書館（Roman Library of Celsus）修復後的門面。這座圖書館位於現今土耳其艾菲索斯（Ephesus），是現存少數古代圖書館之一，既存放卷軸，也是陵墓。在羅馬帝國，圖書館通常兼具紀念館功能，頌揚創辦人及其家族的成就。從這個角度看來，這座圖書館只是另一個烘托政治聲譽的工具。

CODICIBVS SACRIS HOSTILI CLADE PERVSTIS
ESDRA DO FERVINS HOC REPARAVIT OPVS

圖3 這幅小型畫像描繪抄寫員以斯拉坐在書櫃前,畫像收納在八世紀初的古代《聖經》手抄本(Codex Amiatinus)中。從羅馬帝國瓦解到西元一千年的大部分時間裡,書箱和櫥櫃仍然是存放與整理藏書的標準方式。

圖4 這位作家坐在華麗的藏書前奮筆疾書，書櫃以布幔保護。這幅博韋的文森（Vincent of Beauvais）肖像出現在他的作品《史事寶鑑》（*Miroir historial*）中。《史事寶鑑》是一四七八到八〇年在布魯日寫成，據說是為英格蘭國王喬治四世而寫，喬治四世的紋章在這本書的頁緣出現五次。

圖5 時禱書是歐洲中世紀晚期最風行的文類。最精緻的版本是在法國與低地國家的作坊裡製作出來的，有圖案鮮麗的小型繪畫和彩飾邊框，就像圖中這個十五世紀版本。

圖6 愛讀書的戰士（約1475）。圖中是烏爾比諾公爵費德里科和他兒子奎多巴爾多（Guidobaldo），公爵本人穿著全套華麗戎裝，專注讀著他收藏的珍貴手抄書。在他過世後一百年，他花費巨資收藏的珍貴書籍就淪為廢紙。

圖7　義大利畫家帕爾米賈尼諾（Parmigianino）這幅作品（約1523）是文藝復興時期的典型肖像畫。畫中人物手握裝訂華麗的書本，象徵他的財富與求知欲。

圖8　伊拉斯莫斯坐在凌亂的書櫃前，比利時畫家康坦‧馬賽斯（Quentin Metsys）
一五一七年繪。伊拉斯莫斯的人生雖然與書本有密切關聯，他卻沒有興趣收藏書籍。
他認為，取得書籍的管道遠比擁有書籍重要得多。

圖9　萊比錫的牛肉精廣告卡，畫中的流動書商多半是虛構人物。十六、十七世紀書籍交易的擴展，書店與流動商販遍布歐洲，讓更多人體驗到擁有書籍的樂趣。

圖10　漢弗里公爵捐給牛津大學的書籍在宗教改革期間遭到破壞，後來才由波德利重建。圖中的書架附有大型台座，顯然非常適合研究學問，但冬天除外。圖書館裡沒有供暖設備，加速最勤奮的學者的死亡。

圖11　德國哥廷根大學圖書館，十八世紀歐洲規模最大的機構圖書館之一。館中的談話空間顯示，圖書館兼具社交互動與閱讀研究兩種功能。或許正因如此，哥廷根大學一名教授才會表示，圖書館終究不是大學的必要設施。

圖12　一六七三年建立的秘魯利馬市聖方濟修道院圖書館內部。西班牙殖民的南美洲普遍信奉天主教，修道院成功地發揮教育、研究與書籍收藏等功能。

圖13 《帝王的聖經》（Codex Caesareus）中的彩圖，描會的是福音書作者馬可（Mark the Evangelist）。這本經典是神聖羅馬帝國皇帝亨利三世配合他在戈斯拉爾（Goslar）的新建主教座堂、委託埃希特赫納修道院（Echternach）製作，時間大約在一〇五〇年，之後一直保存在那裡。一六三〇年代瑞典軍隊攻占戈斯拉爾，《帝王的聖經》跟許多德國書籍一起被送往瑞典。一八〇五年以前這本經典一直由私人收藏，目前則跟很多來自德國、捷克和波蘭圖書館的戰利品一起收藏在瑞典烏普薩拉大學。

圖14　奧地利阿德蒙特修道院圖書館（Admont Abbey library）大廳，這座圖書館已經成為巴洛克殿堂，設計重點在於展現金碧輝煌的華麗風格。在德國、奧地利和波希米亞，重新設計後的修道院圖書館主要目的是令訪客驚豔，很少提供閱讀書籍的桌椅。

圖15　古籍收藏風氣盛行後，人們戲稱書籍拍賣會是書痴揮霍家產的地方。這幅版畫（約一八一○年）正中央展示著一本書，參與競拍的買家彼此打量。

圖 16 流通圖書館為女性
提供輕小說，成為嘲弄的
對象。上圖《追尋知識的美
人》（*Beauty in Search of
Knowledge*, 1782）描繪時髦
的年輕女子拿著她挑選的書。
下圖是《流通圖書館》（*The
Circulating Library*, 1804），
觀者的視野被引導到空蕩蕩的
「小說」、「傳奇」與「故事」
區，布道書籍區則塞滿了書。

圖 17　大英博物館的兩個視
角，一幅是雄偉閱覽室座無虛
席的盛況，另一幅是閱覽室外
圍的金屬書架。這種宏偉的傳
統圓形建築與創新層架收納的
結合贏得許多讚賞，正好轉移
未完成的目錄引來的關切。

Bücherſaal der neuen Bibliothek im Britiſchen Muſeum zu London.　Originalzeichnung von C. Dammann.

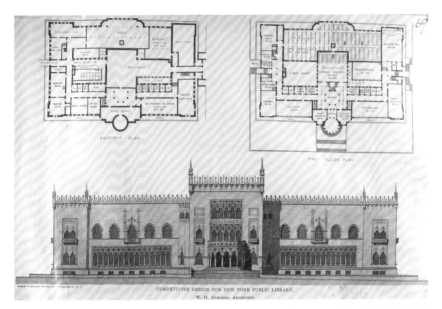

圖18　八十八份紐約公共圖書館競標設計圖之一（1897）。下圖是完工後的建築物外觀（1915），拍攝地點在東四十二街與第五大道交叉口。

圖19　一九四一年納粹為醜化英國製作的「英國的劫掠與背信」，以英國殖民地的郵票做為佐證。在納粹第三帝國統治下，公共圖書館的收藏全部換成這類宣傳品。

圖20　米爾斯與布恩公司分別在一九七七、一九八三與一九八九年出版的三本書。米爾斯與布恩原本以流通圖書館為主要客戶，後來變成言情小說市場的霸主。圖書館員除非為了爭取經費，否則絕不會同意為讀者提供這類書籍。

圖 21　俄國畫家謝爾格・伊凡維奇・伊凡諾夫（Sergei Ivanovich Ivanov, 1885-1942）大約一九一九年創作的這幅共產黨海報寫著，「閱讀是人類的義務」。俄國政府確實十分重視圖書館的設立，儘管在十月革命以前，人民的識字率相當低。

圖 22　當建築學理念與圖書館使用者的需求發生衝突，獲勝的通常是建築學。圖中是舊金山公共圖書館總館的中庭，攝於二〇〇九年，大約在幾十萬本書未經商議就直接被清除後約十五年。

圖23　不管任何年代，火災都是圖書館揮之不去的威脅。一九八六年消防車與吞噬洛杉磯公共圖書館的大火奮戰。

傳教與收益

在新一代的收藏者之中，我們不能忽略這個新興購書族群中非常重要的組成分子：神職人員與大學教授。這兩種身分通常彼此重疊，因為很多大學仍然是宗教機構。神職人員與教授的藏書多半是幾百冊，有時會超過一千冊。這就引發一個明顯的問題：神職人員怎麼有能力收藏這麼多書。荷蘭共和國的神職人員薪俸不算優渥。一六五八年有個神職人員（可惜匿名）發表一本措辭哀傷的小冊子，細數他在飲食、衣物和其他方面的家庭開銷。經過格外詳盡的核算之後，每年結餘只有二十五荷蘭盾，幾乎買不起報紙、紙筆、墨水和書籍。二十五荷蘭盾大概可以買到四十本小冊子和一本讚美詩，或三冊精美的對開本。[21]

這份請願書在神職人員之間引起極大共鳴，幾乎立刻再版。然而，薪俸不會是神職人員唯一的收入。教區居民有時會送食物或家禽；種種菜或養養牲畜可以減少肉類、牛奶、奶油和蔬菜方面的支出。教會也提供神職人員免費住所，可能是相當寬敞的獨棟住宅。有能力的神職人員還能為當地的重點中學或大學的學生提供膳宿，甚至擔任私人家教。大學教授經常濫用這種特權，有時會受到校方告誡，因為他們為了收入更豐厚的家教忽略學校課程。都市裡的神職人員薪俸肯定高於基本薪資，如果他們傳教的同時也在當地大學兼課，年收入就可能高達一千荷蘭盾，是一般神職人員薪俸的兩倍。

神職人員通常也兼具作家身分，所以是印刷廠的常客。很多書是別人贈送的禮物，或者用來答謝他們的協助，比如校對陌生語言的文稿，或勸說某位朋友將著作交給特定出版商發行。作家經常收到自己發表的作品，代替版權費，他們可以拿這些書跟朋友交換。

算上這些額外收入之後，神職人員收藏一千冊以上的書籍似乎不難理解。只是，在神職人員收藏第一代印刷書方面，這仍然是非凡的進展。曾經擔任過梅赫倫（Mechelen）、布魯日和登博斯（Den

Bosch）等地主教座堂法政牧師的約翰內斯・德普拉提亞（Johannes de Platea）於一四八九年過世，留下六十九本書，其中五十九本是手抄書，只有六本印刷書，另外四本無法辨別。德普拉提亞是資深神職人員，任職的轄區經濟富裕；另外兩名在一四七〇到八〇年代過世的法政牧師分別留下三十五本和二十六本書。[22] 這些都是主教座堂的資深神職人員，很多教區神職人員能接觸到的書籍恐怕只有教堂裡的彌撒書。在宗教改革初期的出版狂熱期，蘇黎世新教教會的領袖人物慈運理收藏的書不到兩百五十本。無可否認，他的藏書之所以偏少，或許是因為他判斷錯誤闖進卡佩爾戰爭[23] 的戰場，不幸喪命。他的藏書之中有不少路德的著作，主要是為了熟讀之後加以反駁。[24] 就連發表第一本書籍出版史研究成果《世界書目》（Bibliotheca Universalis）的康拉德・格斯納（Conrad Gessner, 1516-65），也只收藏了大約四百本書。蘇黎世神職人員關係緊密，他們彼此借書，在格斯納自己手上那本《世界書目》裡，有一百本書標註誰借給他重要書籍。[25]

在一百年後的荷蘭共和國，情況明顯不同。萊登大學神學教授、異議人士領袖亞伯拉罕・海達努斯（Abraham Heidanus）留下三千七百冊書籍，拍賣總價一萬荷蘭盾，是神職人員基本薪俸的二十倍。法國神學家安德烈・里維（André Rivet, 1572-1651）雖然因為工作關係頻頻遷居，卻也收藏了四千八百冊書籍，一六五七年拍賣，總成交價九千一百荷蘭盾。里維曾經擔任奧蘭治親王費德烈克・亨利（Prince Frederick Henry of Orange）的宮廷傳教士，理所當然享有高薪。不過，一千冊左右或更多的藏書相當平常。近期一項針對十七世紀荷蘭四百五十名神職人員的書籍拍賣紀錄所做的研究顯示，這些神職人員平均藏書量是一千一百四十四冊。[26] 很顯然，這些藏書有足夠的知名度，能夠獨立拍賣並印製目錄。不過，這個樣本數大約占那個世紀在荷蘭改革教會任職的神職人員的百分之十。很多神職人員收藏的書少得多，不過幾乎每個人都擁有一定數量的常用書籍。

那麼我們該如何看待荷蘭南部小鎮奧德瓦特（Oudewater）的牧師約翰內斯·利迪厄斯（Johannes Lydius）？他的婚姻不幸福，需要養育三個孩子，他在信件中唉聲嘆氣，埋怨沒有錢多買幾本書，卻還是收藏了一千七百四十七本書。他之所以牢騷滿腹，唯一的解釋是他的同胞手足巴爾塔札（Balthazar）和侄子雅各（Jacob）都擁有超過五千本書籍。[27]利迪厄斯雖然口口聲聲喊窮，顯然握有幫助神職人員收藏大量書籍的人脈，彼此交換新書、分享新出版的小冊子，或代表彼此在拍賣會上買書。里維身為書市頂級顧客，能夠要求萊登和阿姆斯特丹的埃爾澤維爾（Elzeviers）出版商（當時已經是歐洲數一數二的出版社）代表他出席拍賣會，國外也有朋友幫他做這件事。這種跟書籍圈的密切聯繫可以說明為什麼神職人員雖然收入相對較低，平均藏書量卻高於其他高知識職業人士。

屬於自己的地方

一五八〇年代，克拉斯·科內勒斯（Claes Cornelisz）是萊登排名前五大的藥商，收入十分豐厚。一五八六、八七年他和妻子相繼過世，家族列出他們的遺產清單。清單顯示這個家庭持有六十五本「或大或小、優劣不等」的書籍，都存放在家中閣樓一個東方風格箱子裡。藥房裡有八本醫藥書籍，一本上了鏈條的不知名書籍和一本希臘文法書。客廳則有幾本草藥書和西賽羅的《論義務》（De officiis）。[28]事實證明，中世紀以箱子收藏書籍的傳統根深柢固，只是未必都把箱子放在閣樓裡。在不常讀書的家庭中，堅固的木箱可以給予珍貴物品最大保護。這些箱子裡除了書籍，通常還有重要文件、帳本和其他貴重物品。木箱可以輕鬆收藏兩百本書，如果箱子數量充足，還能做點粗略分類。書本分別放置在不同房間也是常見現象，科內勒斯家中正是如此。最常用的書或許直接放在隨手拿得到的桌子上，不會有比較固定的存放位置。

　　一旦書籍量從五百以下增加到一千以上，箱子顯然就不是合適的存放方式，尤其是經常翻閱的書本。一千冊以上的藏書也是財富與知識的有力證明，前提是這些書擺在看得見的地方。最早正視這個問題的是十六世紀那批身兼收藏家、具有自我意識的學者和知識分子。這些人收集的不只書籍，還有錢幣、獎章、小雕像、貝殼、乾燥植物、動物標本、石頭和礦石。書籍通常不是重點，卻是收集高質量奇珍古玩不可或缺的參考工具。烏里塞‧阿爾卓凡迪（Ulisse Aldrovandi, 1522-1605）正是如此。阿爾卓凡迪是波隆納自然哲學與自然歷史教授，也是那個時代的傑出收藏家。他打造一座自然史博物館，變成義大利熱門的旅遊景點。基於收藏上的需要，他擁有的書籍在當時也數一數二，過世的時候留下三千五百九十八本書，包括九百九十二冊對開本。他的書存放在兩個房間，只能從他的博物館進去，而他的博物館原本是家裡最主要的客廳。在這棟已經變成公開展覽館的屋子裡，兩間圖書室主要是讓訪客有個僻靜的歇腳空間。[29]

　　教人喪氣的是，荷蘭那些務實專業人士將家中書籍存放在什麼樣的空間，我們幾乎一無所知。我們沒能從建築物的繪畫找到蛛絲馬跡，無從得知在阿姆斯特丹新運河區那些典雅屋舍裡，書籍占用了多少空間。在荷蘭繪畫作品的高雅室內布置中，書本並不是顯著的元素。我們在繪畫中看到學者置身書房或閣樓，周圍散置幾本書，卻想像不出他們如何存放一千本書。醫師和律師不需要排滿書籍的書房來打動客戶，因為他們通常都在客戶的家裡提供服務。比較可能的情況是在某個共用空間或女士們的會客廳擺放寫字桌或櫃子。

　　至於神職人員，我們可以合理相信他們已經用書架取代書箱存放書籍。我們看到一系列改革教派領導人物的雕版肖像，每個人都站在井然有序的書架前。當然，那些書的重點在突顯人物的學識，未必是真實場景，何況那些版畫的布局高度一致，啟人疑竇。這些畫像有個明顯特色，那就是有一片半開的布簾，露出一部分書籍。這塊布簾好

像是從書箱過渡到層架的特點。書籍離開安全的箱子後，布簾可以提供一點保護，防止灰塵堆積或手指碰觸。收藏在櫃子裡的奇珍古玩通常也有這樣的布簾。

教區的屋舍用來存放神職人員的書籍通常綽綽有餘。另外，教堂本身也是存放書籍的選項。三十年戰爭期間，有個路德教派日記作家哀傷地描寫瑞典軍隊洗劫他所在城鎮的情形。當時居民都逃往附近的樹林躲藏，等他們重返家園，教區牧師發現，瑞典軍隊的隨隊牧師捲走了他放在教堂聖器室的三十二本珍貴書籍。[30]中小學校長通常也會在學校存放一批書籍，方便學生購買，他們自己的常用書籍或許也放在學校。荷蘭拉丁語學校的校長藏書數量也相當可觀，比如萊登拉丁語學校的校長鮑勒斯・朱尼厄斯（Paulus Junius）有一千九百冊。他過世後這些書拍賣總價是四千五百荷蘭盾。

整體來說，這些散見各處的片段證據告訴我們，需要用到大量書籍的學者和專業人士必須自己設法解決存放問題，在便於拿取跟安全性之間求取平衡。英國哲學家湯瑪斯・霍布斯（Thomas Hobbes, 1588－1679）和約翰・洛克（John Locke, 1632－1704）採用的辦法最有新意，都善用外界資源儲存書籍。[31]霍布斯一生中大部分時間都為新堡伯爵（Earl of Newcastle）的凱文迪許家族（Cavendish）工作，先後擔任他們的家庭教師、家族顧問、圖書館員和老臣，這樣的安排對雙方都便利。霍布斯的雇主在德貝郡（Derbyshire）的宅邸哈德威克莊園（Hardwick Hall）建立藏書兩千冊的圖書館供他使用，他則是為他的貴族雇主打造知性形象。洛克同樣為自己找到貴族雇主，先是擔任輝格黨[32]政治領袖沙夫茨伯里伯爵（Earl of Shaftesbury）的私人醫師，後來又成為他的文膽。當然，沙夫茨伯里伯爵失勢後，洛克也受拖累，在荷蘭度過五年放逐生涯。一六八八年他返回英國，借住在埃塞克斯郡（Essex）的朋友馬沙姆（Marshams）家，顯然有支付食宿費用。馬沙姆家族或許不願意讓洛克永久定居在此，所以沒有提供

他書架。在洛克的餘生中，他的書一直裝在箱子裡，存放在他的工作室或閣樓。[33]

傳承

　　義大利人文主義學者吉安・文森佐・皮尼里（Gian Vincenzo Pinelli）是十六世紀最偉大的書籍收藏家之一，然而，如今人們對他的藏書內容所知有限，反倒記得他死後藏書四散的混亂場面，實在不公平。皮尼里是個博學之士，特別專精植物學與數學，更有獨到的藝術眼光，在世時收藏超過六千本書，包括許多珍貴的手抄本。[34]他的名氣遍及歐洲各地，人在家中就能收藏大量書籍，證明他的通信網絡效率極高。從這點看來，他定居在帕多瓦（Padua），也在那裡辭世，傳記（可能是印刷時代第一本書籍收藏家傳記）卻是在德國的奧格斯堡出版，也就不值得驚訝了。[35]

　　皮尼里原本希望他遺留下來的書能用來建立一座新圖書館，做為他的學識的永恆見證。圖書館地點就在他的老家，義大利那不勒斯城外的朱里昂（Giuliano）附近，做為這個缺少圖書館的地區一項重要資源。可嘆哪，他的遺願沒能實現。[36]皮尼里跟費爾南多一樣，遺產由侄子繼承，又跟費爾南多一樣，繼承人對完成他的偉大遺志沒有一點幫助。他的書還沒裝箱運往那不勒斯之前，威尼斯官方就插手干預，帶走一部分手抄書，聲稱那些書的內容涉及國家機密。之後剩餘的書才被放行，裝在一百三十口箱子裡，分別由三艘船運走。其中一艘被土耳其海盜攔截，海盜發現他們打劫得來的不過是印刷書籍，把好幾口箱子扔進大海。剩下的書終於抵達朱里昂，繼承人卻在不久後過世，那些書於是被人遺忘。但消息靈通的米蘭樞機主教費德里科・博羅梅歐（Federico Borromeo, 1564-1631）卻沒有忽略，因為他急著為他在米蘭的新建圖書館尋找知名手抄書。他派代理人去收購那批書，代理人卻發現很多書都泡水受損。接下來的交易由法官到場監

督，確保買賣的公平性，卻因為亡者親屬爭執不休，場面混亂。經過進一步協商，加上當地書商的兩手策略，博羅梅歐才順利買到書。所有還堪用的書都重新裝回箱子裡，成為米蘭安博羅修圖書館的館藏。

　　皮尼里在一六〇一年過世，當時他的書籍數量居歐洲私人藏書之冠。他有這樣的地位，卻還是左右不了他的藏書的命運，沒辦法讓它們在他死後彰顯他一生的功績。相較之下，那些藏書量較少，卻也熱切希望留下書籍紀念自己一生成就的收藏者就更不樂觀了。大致說來，書籍收藏家考慮身後書籍的處理時，有四種策略可供選擇。第一，也是最昂貴的一種，就是建立公共圖書館，留下足夠的基金做為建館與日後營運所需。這種情況相當罕見，而且通常挫敗收場。我們已經看到皮尼里和費爾南多兩個例子，但還是有收藏家勇於嘗試。[37]

　　財力不雄厚的收藏家可以選擇把書捐給現成的圖書館。這個方法有時成效不錯，只是，自命不凡的收藏家經常會附帶昂貴的條件，比如他的書必須集中陳列，或者開闢新空間獨立存放，受贈的圖書館往往無力負擔。波隆納的阿爾卓凡迪勉強得償所願。他把書捐給市政府，十二年後他的書才被移往市政廳的新區域。[38]阿爾卓凡迪是波隆納首屈一指的知識分子，也是波隆納大學的榮耀，當波隆納大學的聲譽漸漸被歐洲北部的對手超越，市政府的決策者當然不希望這種知名學者的聲譽被埋沒。英國醫生威廉・哈維（William Harvey, 1578–1657）為他的藏書在英國皇家內科醫學院（Royal College of Physicians）的圖書館找到一席之地，因為他把在布爾馬許（Burmarsh）的家族莊園捐出來，充做建造新圖書館與後續營運的經費。很可惜，這座圖書館在一六六六年的倫敦大火[39]付之一炬，哈維的藏書也沒能倖免。[40]

　　第三種也是最顯而易見的辦法，是把書留給自己的家人或朋友，期望繼承的人懂得珍惜——可惜通常不會。洛克以他半數藏書回報馬沙姆家族的慷慨，可嘆的是，馬沙姆家族不是愛書人，之後幾個世

代，洛克贈送的書籍持續減少，《關鍵評論》（*Critical Review*）報導了最嚴重的情況：

> 大約一七六二年，馬沙姆閣下迎娶第二任妻子，為了騰出空間擺放風雅休閒書，決定清除那些記載古老學問的無用書冊，包括洛克遺贈的書籍和神學家拉爾夫‧卡德沃思（Ralph Cudworth, 1617–88）的手抄書。[41]

《關鍵評論》痛斥馬沙姆閣下是「十足可敬的野蠻人」，儘管他的家族收藏那些書幾十年，而風雅休閒書確實有其迷人之處。洛克的另一半書籍送給他的朋友英國政治家彼得‧金（Peter King, 1669–1734），跟著這個即將封爵的家族數度搬遷，最後落腳在蘇格蘭高地阿赫納欣（Achnasheen）的托里頓莊園（Torridon estate），沒有多少學者前去探訪。收藏在這裡的書籍之中，只要明顯屬於洛克的，都被慈善家保羅‧蓋帝（Paul Getty, 1932–2003）買走，蓋帝過世後又捐贈給牛津的波德利圖書館。

最後，書籍還可以直接出售變現，當事人可以在生前處理，或把任務留給悲痛的未亡人或子女。這種辦法在荷蘭相當便利，因為那裡有公開拍賣，確保交易公平。在拍賣制度不太盛行的地方就不是那麼順利，書商可能會以極低價格買走所有的書。書籍的處理阻礙重重，由此可見，伊拉斯莫斯遺留的書籍雖然也很快轉手，但他在世時就拿到賣書的錢，書也能留著使用，是多麼睿智的先見之明。

從亞歷山大圖書館到現在，書籍收藏史最根本的問題自始至終沒有改變：除了收藏者本身，沒有人在乎他的藏書。只有收藏者會記錄偶然買到書本的地點、善心捐贈者的姓名，或哪一本書改變他們的生命或見解。只有他們自己能體會找到渴望已久的書籍那份欣喜，能記住在過程中有哪些朋友提供協助。

少了這些個人連結，書籍只有金錢上的價值，沒有情感上的價值。有時繼承人已經擁有一部分書籍，或者繼承來的那些書不符合他的興趣。機構圖書館本身空間有限，而對於想當教授卻不得志的圖書管理人員，接收、檢查捐贈書籍的工作負荷太沉重，抵消了書籍增加帶來的好處。圖書館員需要有哥本哈根大學歷史教授兼皇家文物研究員的湯瑪斯・巴托林（Thomas Bartholin）那種充沛精力，才能看到捐贈書籍的潛力。一六七五年巴托林監督一場總共三千本書籍的拍賣會，都是熱心公益的哥本哈根市民捐贈給大學圖書館的書籍多餘的版本，籌到一大筆採購新書的款項。巴托林本身也是傑出學者，可惜他沒有機會安排自己的藏書的去處，因為他的住宅發生火災，書籍全部燒毀。這起事件被視為全國性的科學災難。

火災、疏忽、海盜打劫、不知感恩的繼承人、輕率的侄子，私人藏書從實用工具變身知性紀念碑的路途布滿隱患，也難怪很少藏書能夠留存下來、紀念那個時代書籍收藏史關鍵性的一環。歷史學家必然偏重他們能夠掌握證據的史實，以書籍收藏為例，受到最多關注的往往是最少使用的藏書。這些書之所以保存下來，可能是因為受到珍視，卻也可能是因為極少使用。這可以說明為什麼皇室和貴族的藏書在近代以前的書籍收藏史占有那麼重要的地位。[42]大型莊園和占地廣闊的男爵府邸有充裕的空間，書籍不難找到棲身之所，卻也容易被遺忘。從十七世紀開始，英國貴族系統化地改造鄉間莊園的屋舍和庭園，照慣例會在一樓的大客廳附近增設一間圖書室。這些圖書室會收藏越來越多附有許多家族紋章、裝訂華麗的珍貴書籍，而貴族參與拍賣活動也有效刺激了十八世紀古籍市場的興盛。[43]

相較之下，醫師或律師即使享有富裕生活，過世後家人往往必須遷離住處。神職人員更是如此，因為他們過世後，妻子和子女就必須離開教區寓所。即使他們的家人保住原來的房舍，繼承人也可能對雜亂的專業領域書籍不感興趣，不願意繼續保存。因此，大多數專業藏

書會被打散，隨意分送或出售，沒有留下任何紀錄。如果這些書被書商買走收進倉庫，就會徹底消失。如今我們能重現很多私人藏書的規模，都要歸功於拍賣目錄。不得不說，這些藏書的使用頻率往往比很多在貴族家庭傳承的書籍高得多。不過，拍賣目錄本身並不多見，它們呈現書籍收藏史上一個重要時刻，那時財力稱不上雄厚的個別人士收藏到的書籍數量超過同時代的許多機構圖書館。過程中，他們為未來的許多世代保存了書籍收藏這個概念。

第八章
閒書與糟粕

　　一五九八年牛津大學收到一份非比尋常的提案。退休外交家兼牛津校友波德利爵士願意重建學校荒廢的圖書館，經費完全由他承擔。他承諾將圖書館整修得「美觀大方，附有座椅、層架、書桌和一切有助於激發善心的設施，鼓勵人們捐贈書籍充實館藏。」[1]圖書館功能已經停滯幾十年，書籍在宗教改革的動盪期徹底清空，家具也在一五五六年出售。波德利提案的時候，圖書館只是一座大講堂。

　　接下來十五年的時間中，波德利親自主導，看著牛津圖書館從原本的空殼轉變成歐洲頂尖的機構圖書館，直到一六一三年他過世為止。首先是建築物的整修，尤其是屋頂。到了一六〇〇年，圖書館大廳已經裝設了配備閱讀桌的橡木書櫃。一六〇二年十一月八日圖書館正式啟用時，館內藏書共兩千多冊。到了一六〇五年第一份藏書目錄出版，書籍數量是五千六百冊，十五年後藏書量增加三倍，共兩萬三千冊。之所以有這樣耀眼的增幅，主要歸功於波德利的矢志不移，以及他在學術圈與政治界無懈可擊的人脈。他向政治界和外交圈的友人勸募，這些朋友都慷慨解囊，比如即將進倫敦塔吃苦受罪的華特·雷利爵士[2]，以及萊斯特伯爵（Earl of Leicester）羅伯特·席尼（Robert Sidney）。埃塞克斯伯爵（Earl of Essex）捐的是書籍，因為他新近率領海軍與西班牙作戰，返程時路過葡萄牙南端的法羅（Faro），搶了某個主教的兩百五十二冊藏書。圖書館大部分的經費都

是波德利自掏腰包，來源除了他自己的豐厚家產，還有鍾情於他多年的戴文郡（Devon）有錢寡婦的贊助。[3]

　　波德利能在這麼短的時間內大幅提升牛津圖書館的地位，也突顯當時整個歐洲大學圖書館的零落現況。大多數大學創辦的時候沒有圖書館，有些即使成立已經兩百年，校內仍然只有幾座學院圖書館，沒有總館，例如比利時的魯汶大學和蘇格蘭的聖安德魯斯大學（St Andrews）。巴黎的索邦大學是在建校五百年後的一七六二年才有總圖書館。也有大學（比如牛津）在中世紀設置了圖書館，卻在宗教改革期間目睹書籍遭到破壞、沒收或銷毀。

　　十六世紀的動亂留下難以抹滅的印象。一六〇五年，英國政治家兼哲學家法蘭西斯·培根（Francis Bacon）感謝波德利「建造方舟，免除學術的滅頂之災。」[4]歐洲大陸的學者不管信奉新教或天主教，都有相同感受。到了一六〇〇年左右，新舊大學都開始設立圖書館。然而，這些機構圖書館為何而建立、收藏哪些類別的書籍，更重要的是，經費從哪裡來，都是爭議不斷的問題，而且很多時候都找不到完善的解答。一七一〇年德國學者札卡里亞斯·馮烏芬巴赫（Zacharias von Uffenbach）認為：「價格不親民的長篇巨著應該列入〔大學圖書館〕採購範圍，至於小書，想收藏的人可以自行購買。」[5]很多人的想法跟他一樣。我們在上一章已經看到，教授也是新世代書籍收藏精英，喜歡收集大量書籍。在很多地方，教授的私人藏書數量遠遠超過大學圖書館。因為拍賣市場的興起，很多收藏者選擇出售書籍，而不是捐給當地機構。然而，就算他們真的把書捐出來，也不保證這些書一定有人讀。大學課程大綱正在改變，新的思維模式對圖書館的威脅不比火焰和刀劍來得小。大學如何因應這些議題，對機構圖書館的未來將有長遠的影響。

點火

　　波德利無疑極有遠見。他幼年流亡海外，當時是信奉天主教的瑪麗一世執政，他看見學者被迫離鄉背井，書籍被沒收，或倉皇逃離不得不放棄。他在日內瓦和牛津接受一流教育，深知書籍的可貴。但他也明白，圖書館想要長久存在，必須做好未來的規劃，以免建館的初衷隨著創建者的離世而中輟。波德利似乎記取早期收藏者失敗的教訓，致力確保他的圖書館有土地和資產的租金提供充裕的購書經費。如果圖書館想要持續補充最新學術著作，這是關鍵。他認為，沒能持續採購新書，是很多圖書館日漸沉寂的原因。這個想法正確無誤。

　　第二個關鍵是禁止書籍外借。書籍遺失是大學圖書館擺脫不了的困擾。書本通常被教授或訪客帶走，而且往往有去無回。牛津全面禁止書籍外借的規定一直到波德利過世後仍然沒有改變，即使國王查理一世（Charles I, 1600−49）和護國公奧利佛・克倫威爾（Oliver Cromwell）要求借書也沒讓步。波德利也歡迎讀者使用圖書館，包括校外人士。這或許是波德利最值得稱道的遠見。在此之前，大學或學院的圖書館多半只供學校的教職員使用。某些有名望的訪客或許有機會在館內借閱書籍，但必須由校方提出邀請。波德利改變這條規定。他不贊成讓大學部新生進入圖書館，卻歡迎訪問學者使用圖書館的資源。

　　波德利圖書館成立第一年就接待了兩百四十八名訪客，包括來自法國、丹麥、西利西亞（Silesia）、普魯士、瑞士和德國薩克森等地的學者。隨著時間過去，訪客人數會越來越多，很多都是專程過來借閱圖書館裡豐富的手抄書。波德利明智地判定，手抄書（而非印刷書）會是圖書館近悅遠來的最大賣點。手抄書是神學家和人文主義學者研究學問必備的工具書，數量卻比印刷書少得多。收藏大量手抄書的圖書館並不多見，使用上也嚴格管制。但波德利圖書館因為地位崇高，收到不少手抄書捐贈。比如大主教威廉・勞德（William Laud）

從一六三五年到一六四〇年總共捐了一千三百本手抄書。[6]除了大額捐贈之外，波德利圖書館也慷慨編列高額採購預算。在半個世紀內，圖書館擁有的東方、盎格魯撒克遜和北歐手抄書已經領先群倫。

外國訪客很少留下他們在波德利圖書館的見聞紀錄。雖然有人提到圖書館裡很少見到牛津校內學者的身影，但他們大致上對圖書館相當滿意：使用時間上極為寬容，每天開放六小時。這可是史無前例的做法，因為當時大多數機構圖書館就算開放，每星期也只允許讀者使用四小時而已。波德利強硬要求圖書館絕不能關閉，校方也嚴格執行這個規定。

波德利希望這座圖書館只收藏嚴肅的書籍，依照傳統的大學系所等級排列：神學、法學、醫學和高等藝術（哲學、歷史、邏輯學、文法和數學）。他也重視當時鮮為人知的外國語言書籍：委託兩家倫敦書商採購的第一批書籍包括匈牙利文、波斯文和中文書。然而，波德利不願意看到他判定為「閒書與糟粕」的書籍擾亂圖書館的書架。他所謂的「閒書與糟粕」，指的是英文書籍。[7]年曆、短時效書籍和劇本都不許登堂入室。他可以接受歐洲文學某些劃時代作品，比如十七世紀初西班牙作家塞萬提斯（Miguel de Cervantes）發表的《唐吉訶德》（*Don Quixote*），卻拒絕當時享有盛名的莎士比亞。

波德利終究沒有如願。他對英文書籍下達的禁令在他死後就撤銷了。事實上，如果這條禁令繼續保留，波德利的另一項成就就會失去意義：他跟當時主導英國書籍市場的書商同業公會（Stationers' Company）達成協議，該公會只要出版新書，就送一冊給圖書館。另一項早期規定也隨著波德利的辭世取消，那就是對大學部新生的禁令。波德利要求保持館內肅靜的政策倒是沿用下來，這可能是現代圖書館的首例，跟文藝復興時期喧鬧的宮廷圖書館有天壤之別。到了一七一一年，各地圖書館普遍採用禁止高聲交談的規定，執行最徹底的是阿姆斯特丹，走進圖書館的人會看到這首小詩提出的嚴厲告誡：

走進書籍殿堂的博學先生，
別用你狂暴的手猛力摔門，
也別讓粗魯的腳砰砰作響，
那會是對繆思女神的打擾。
如果你看見熟人坐在館內，
向他鞠個躬，或默默點頭。
也不需要說長道短聊是非：
這裡只有亡者對讀者談話。[8]

波德利打造的現代圖書館特別偏重人文主義的學術文化，但他本身是個嚴謹的新教徒，對圖書館的看法也深受中世紀繕寫室影響。比如肅靜的規定，比如個人閱讀桌的提供。比較難熬的是冬日的寒冷。圖書館嚴格禁止點燃「任何火焰」（至今初次入館的人仍在誦念），以至於冬天在裡面研讀苦不堪言，或許有某些意志堅定的使用者因此喪命。但這個規定確實讓波德利圖書館免於祝融之災。在那個時代，歐洲北部圖書館火災並不罕見，後來北美的哈佛大學也沒能倖免。[9]

　　不少能力強大的人都為波德利圖書館付出過心力，波德利只是第一個。他的第一任館員、神學家湯瑪斯・詹姆士（Thomas James）的影響力幾乎跟他旗鼓相當。詹姆士之所以接受這個職務，是為了研究基督教早期作家著作，但他嚴重低估波德利的雄心壯志，沒料到波德利層出不窮的要求會讓他飽受折磨。[10]訪客絡繹不絕，新書持續湧入，他幾乎沒有時間讀書，還得製作圖書館第一本完整目錄。這方面他表現優越，編輯的兩本目錄分別在一六〇五年和一六二〇年發行，雖然不是歐洲最早的圖書館目錄，卻在歐洲書籍圈引起極大迴響，影響接下來兩百年歐洲大陸書籍收藏的走向。

　　直到這個時期，英國仍然是書籍淨輸入國家。不過，一六〇六年有一本波德利圖書館初版目錄傳到德國薩克森的小鎮弗萊貝格

（Freiberg），封面印著當地的紋章。[11]很多機構圖書館或私人收藏家會以這兩本目錄做為選書的參考。第三本目錄在一六七四年出版，由當時的館員湯瑪斯・海德（Thomas Hyde）負責編製，裝訂成兩冊對開本，裡面有數不清的交叉引用，既是目錄學上的傑作，也呈現圖書館藏書迅速增加的事實。[12]其他許多圖書館用這本目錄做為他們自己的目錄，比如牛津部分學院、劍橋大學和巴黎的馬薩林圖書館。[13]同樣善用這本目錄的私人收藏者有哲學家洛克，他利用插入的空白頁寫下他持有、波德利圖書館卻沒有收藏的書。在已知屬於他的三千六百四十一本書籍中，波德利圖書館也收藏的有三千一百九十七本。[14]規定新加入的會員都必須買一本，當然有助於目錄的銷售，但這本目錄在歐洲散布之廣，在當時可說絕無僅有。[15]

　　諷刺的是，就在一六七四年版目錄印行啟發歐洲書籍收藏者的同時，波德利圖書館前進的動力卻減弱了。海德費心編輯了新目錄，但校方承諾的加薪卻遲遲沒有兌現，他失望之餘將工作重點轉向自己的學術研究。有些學者趁機把館藏書本帶回自己的寢室，在溫暖爐火的陪伴下愉快地閱讀。不可避免地，有些書從此遺失，證實創辦人的嚴格禁令有其必要。

　　幸運的是，到了十七世紀末，波德利圖書館的藏書量已經無比龐大，偶然遺失幾本書不至於減損它的聲譽。因為創辦人的慷慨捐贈和歷任館員的堅定付出，波德利圖書館在歐洲學術界嶄露頭角，自從西元七九三年林迪斯法恩修道院毀滅後，英國機構首次達到這樣的高度。十七世紀荷蘭學者約翰內斯・羅米爾（Johannes Lomeier）形容波德利圖書館「出類拔萃，像一株落羽杉聳立在灌木叢蔓生的嫩芽之中」。[16]只要館方持續採購新書，繼續採行寬容的使用規範，讀者就會湧進圖書館。波德利圖書館無疑在歐洲日漸增多的機構圖書館之中占有重要地位，但那些圖書館不管多麼努力跟進，始終達不到牛津設定的標準。

追逐捐贈者

十七世紀初的歐洲有將近一百多所大學，在一七○○年以前會再增加三十五所。十六世紀撕裂歐洲的宗教爭端，如今變成振興大學學術的力量。每個喀爾文教派或路德教派的小領域都希望擁有自己的大學，以便訓練忠誠又熟諳教義的神職人員和政府官員，最好還能引來有才華的外國教友。某些教派也設立新大學來擴大反改革陣容，比如活力十足的耶穌會。[17]即使大學圖書館的成長明顯參差不齊，學術文化依然欣欣向榮。

在宗教改革的動亂下，新教勢力範圍內（比如巴賽爾）的古老大學獲得過去的修道院和教會的大量書籍。一五三九年德國的薩克森公爵（Duke of Saxony）改信路德教派，將修道院的藏書都送進大學，萊比錫大學圖書館的藏書從六百冊增加到四千冊。新設立的大學（比如荷蘭共和國境內那些）傾向依靠資助者捐贈書籍，因為修道院的藏書都已經分配給最早的市鎮圖書館。[18]德國北部的赫姆斯泰特大學（University of Helmstedt）成立於一五七六年，一六一七年收到當地大公捐贈的五千冊印刷書與手抄書。這些多半是大公從解散的修道院取得的，只是他個人對書籍不感興趣，捐出去可以清理出空間擺放其他戰利品。不過，這些來自修道院的書籍以天主教神學為主，在赫姆斯泰特大學的使用率似乎並不高。[19]

歷史比較悠久的大學（通常成立於一五○○年以前）多半是由多個獨立運作的學院組成，這種結構阻礙總圖書館的建立，原因很簡單：每個學院都有自己的圖書館。這些學院圖書館通常是個人圖書館的伸延，是備受珍視的校內資源，只有學院內的學者有權使用。早期大學招收大量外國學生，組成一個個同鄉會。有時候這些同鄉會也有自己的圖書館。一六八五年，義大利帕多瓦的德國同鄉會（Natio Germanica）圖書館有五千四百冊書籍。

低地國家最古老的魯汶大學共有四十個學院和學生團體，幾乎都

有各自的小規模藏書。儘管如此，總圖書館的建立還是有其必要。魯汶大學知名教授耶斯特斯‧利普西厄斯（Justus Lipsius, 1547－1606）特地寫一本書頌揚古代的圖書館，藉此暗示哈布斯堡王朝的富豪貴族克羅伊公爵將藏書捐給學校。[20] 這本辭藻優美的勸募書雖然是圖書館史著作的里程碑，卻沒有達到主要目的。公爵過世後，他的繼承人決定將書籍出售。到了一六三六年，就在利普西厄斯英勇勸募的三十年後，魯汶大學收到兩名當地學者遺贈的大量藏書，加上來自教授和當地專業人士捐贈的少量書籍，終於有能力設立總圖書館。校方在一六三九年出版一份目錄，慶祝圖書館啟用。目錄裡的受贈書籍底下都附有捐贈者姓名，藉此頌揚他們的善舉。[21] 以類似方式向捐贈者致敬在當時是普遍做法，期望捐贈者的慷慨大方能讓其他人心嚮往之或心生愧疚，起而效法。比如波德利命人在圖書館入口銘刻每一位捐贈者姓名和他們的紋章。[22] 另外，魯汶大學圖書目錄上登載的捐贈者姓名也透露，某些教授只捐出一本平價書籍。

　　靠外界捐贈收集藏書進度緩慢。在後續處理上，這種方式也存在問題，特別是如果圖書館幸運得到數量龐大的書籍。一七一五年英國國王喬治一世（George I）買下前一年過世的伊利教區（Ely）主教約翰‧莫爾（John Moore）的藏書送給劍橋大學，感謝校方在詹姆斯黨叛亂[23] 期間的忠誠表現。校方收到這些書籍想必很開心，但事實不然，那批總數超過三萬冊的書籍「一疊疊四處堆放，沒有編目，頻頻遭竊，時間長達一個世代。」直到一七五八年，也就是書籍送進學校的四十年後，那些書才經過整理，放在專門設置的房間。[24] 值得一提的是，收到莫爾這批藏書之後，劍橋大學才擁有當時最有影響力的科學著作，比如英國物理學家牛頓（Isaac Newton, 1643－1727）的《自然哲學的數學原理》（*Principia*）和《光學》（*Opticks*）。同樣因為莫爾這批藏書，劍橋大學首度擁有莎士比亞的作品。[25]

　　劍橋大學圖書館沒有收藏校內學者最受稱道的著作，這在當時是

普遍現象。想要快速累積圖書館館藏只有一辦法，那就是安排足以採購所有最新書籍的預算，波德利也明白這個道理。可惜的是，即使是最頂尖的學術機構，這樣的預算也非常稀有。萊登大學是個例外。萊登大學是喀爾文教派在荷蘭起義期間設立的學術堡壘，擁有來自荷蘭聯邦的充裕經費。十七世紀初，圖書館員丹尼爾・海因修斯就任後全權處理學校採購書籍事宜。一六一五年五月他受到上級責罵，因為一年內花了超過一千三百荷蘭盾買書，其中包括「各種法語書……毫無必要、對學校沒有用處。」之後他每年的購書經費被限定在四百荷蘭盾以下。[26]

　　這樣的經費還是相當寬裕，是很多圖書館遙不可及的夢想。只要運用得當，每年可以為圖書館添購一兩百本書。然而，在萊登大學，書籍的採購以手抄本為主，因為手抄本有助於提升學校的國際聲譽。一六二〇年代校方給了阿拉伯文系教授雅各布斯・戈里烏斯（Jacobus Golius）四年公假，前往北非和地中海東岸研究並收購東方手抄書。戈里烏斯滿載而歸，為萊登大學帶回兩百三十本書。這次的大採購跟以往的每一次一樣，被大肆宣揚。萊登大學是最早發行圖書目錄的大學，時間是在一五九五年。一六一〇年一幅描繪學校圖書館情景的版畫廣為流傳也經常重印，是圖書館的文宣資料。

　　這種宣傳活動使得萊登大學成為學者和貴族青年外出遊歷的必經之地。只是，訪客讀過旅遊指南上對萊登大學圖書館的百般讚揚，實地參觀後卻往往大失所望。一六七八年牛津大學英國籍學生威廉・尼可爾森（William Nicholson）寫道，萊登大學圖書館「如果沒有手抄書，就毫無可取之處。」[27]那些手抄書只能在館員的監督下查閱，但館員卻經常不見蹤影。即使找到了人，也不代表能順利借閱。一七六九年有個來自瑞典烏普薩拉市的圖書館員造訪萊登大學，卻被告知想要借閱手抄書需要得到圖書館高層的許可。他後來說道：「我很生氣，卻不得不為這荒謬的規定失笑。」這是勇敢的反抗，卻沒能

BIBLIOTHECÆ LUGDUNO-BATAVÆ CUM PULPITIS ET ARCIS VERA IXNOGRAPHIA.

圖11　這幅描繪萊登大學圖書館（一六一〇年）景象的雅致畫作散布極廣，為萊登的藏書打下極高的知名度。然而，萊登的開放政策卻不像這幅版畫描述的那麼友善。立式閱讀台也沒有波德利圖書館附帶座椅的閱讀桌來得舒適。

幫他實現查閱圖書館珍藏的心願。[28]

　　某種程度來說，那名瑞典學者獲准踏進萊登大學圖書館已經夠幸運了。萊登大學圖書館啟用之初，對外開放的條件雖然相當寬容，但這種做法只持續短短幾年。接下來幾十年的時間中，校內學生不能進圖書館。到了一六三〇年學生再度獲准入館，每星期卻只限定兩個下午，總共四小時。一直到十九世紀初，這樣的規定基本上維持不變，歐洲很多大學也是如此。在德國的圖賓根大學（Tübingen），學生雖然可以由教授陪同入館，但圖書館本身根本沒有固定的開放時間，書

籍的借閱幾乎總是受到嚴格限制。教授通常可以把書帶回家，但學生很少有這種待遇。書籍的陳列問題更加深圖書借閱的複雜度。很少有圖書館擁有波德利圖書館那種配備閱讀桌的豪華書架。大學圖書館通常設置在大講堂、教堂、禮拜堂、大學印刷房，或最令人氣餒的閣樓。[29]這種無所不在的限制顯示，大多數大學不認為圖書館是學生不可或缺的資源，相反地，校方好像認為學生只會毀損書籍。這相當諷刺，因為大學圖書館員對自己的職責並不盡心。

　　長期來看，比起使用者順手牽羊幾本書，這份謹慎與保守對大學圖書館更不利。仰賴外界捐贈取得書籍，導致書籍的收藏欠缺條理：缺少某些類別的書籍，其他類別卻過剩。開放條件的限制會讓教授與學生對校內圖書館失去興趣，選擇自己收藏書籍。在一七○○年以前，荷蘭共和國沒有任何一所大學的圖書館藏書超過一萬冊。荷蘭共和國最年輕的哈德維克大學（Harderwijk）建校四十年後，藏書還不到五百冊，而後從一六七一年到一六九○年，藏書只增加十一本。[30]在德國，馬爾堡大學（Marburg）、基爾大學（Kiel）、威登堡大學、杜伊斯堡大學（Duisburg）和格萊斯德大學（Greifswald）等學校的圖書館藏書都不到五千冊。[31]圖賓根大學圖書館的書實在太少，一六三四年巴伐利亞的馬克西米利安公爵（Duke Maximilian）占領這座城時，將符騰堡邦（Württemberg）宮廷所有書籍運回巴伐利亞，卻放過大學圖書館。[32]

　　相較之下，我們知道同一個時期不少教授擁有一萬、一萬八千甚至兩萬兩千冊書籍。[33]荷蘭的格羅寧根大學（Groningen）圖書館只有大約四千冊書籍，校內最愛書的教授收藏的書籍卻有一萬一千多冊。兩名造訪該校圖書館的德國學者分別指出，圖書館「疏於管理，雜亂不堪」（一七一○年）和「慘不忍睹」（一七二六年）。[34]即使在擁有歐洲最大規模大學圖書館的德國哥廷根大學（Göttingen），到了一七七○年還有教授若有所思地表示，既然私人藏書的功能這麼完

善，大學圖書館還有開放的必要嗎？[35]

　　這樣的態度儘管普遍，對圖書館卻格外有害，因為圖書館員多半由教授兼任。由於通常只有教授有資格使用圖書館，由他們兼任館員好像十分合理，可是大多數館員的敬業精神遠遠不及波德利圖書館的湯瑪斯・詹姆士。在某些大學圖書館，館員的職位基本上是領乾薪的閒差，是升職前的跳板。大學圖書館員的專職化要到十九世紀後期才出現。學者如果像法國的諾德一樣有志擔任全職圖書館員，會選擇到宮廷或王公貴族的圖書館謀職。[36]在大學裡，他們的才華會被埋沒。蘇格蘭牧師約翰・杜里（John Dury, 1596–1680）以貶抑的口吻寫道：

> 在我所知的大多數（不，應該是全部）大學，圖書館員只是圖一份薪水，雇用他們幾乎或根本沒有用處，最多只是看守書籍，避免遺失或被使用者侵占。[37]

荷蘭弗里斯蘭省的弗拉納克大學（Franeker University）建校一百二十年內總共有過二十一名圖書館員。一六九八年德國學者約翰・孟克（Johann Mencke）在該校教授雅各布斯・亨弗德（Jacobus Rhenferd）帶領下參觀圖書館，亨弗德對館員的評價不高。

> 他〔亨弗德〕有圖書館的鑰匙，所以帶我們上去參觀，向我們展示很多令人讚嘆的珍貴書籍。只是，他也埋怨校方竟然讓沒有學識的人擔任圖書館員，每年支付五百荷蘭盾的高薪，這些錢留在圖書館會有更好的用途。他還說印目錄的兩百荷蘭盾也是不必要的花費，因為目錄雖然印刷精美，編排卻太草率，拿不出手。[38]

館員水準堪慮，雅賊隨之而來。光是在一六四〇年代，弗拉納克大學就失竊一百多冊對開本，其中五十六冊附有防盜鏈條。[39]烏特勒支大學（University of Utrecht）建校五十年內遭竊或遺失的書籍超過一千冊。這些悲傷事件進一步強化圖書館高層的看法，認為圖書館只能開放給教授使用，不能讓學生接觸到書籍，儘管偷走書的通常是教授。

　　矛盾的是，大學圖書館發展的最大阻力，卻是書市貨源過度充裕。如果大學教授輕而易舉就能收藏大量書籍，就不太需要使用學校的圖書館。蓬勃發展的拍賣市場也會降低私人收藏家將書籍捐給大學的意願，與其捐給大學，不如在拍賣會上賣個好價錢，至少可以確定自己的書籍會找到懂得珍惜的新主人。

　　對於遠離歐洲書籍市場的大學，情況就不一樣了。那些地方沒有拍賣市場，因此保留了傳統的捐書善行。在瑞典帝國位於波羅的海周遭的新領土，大學是國家刻意建立的文化堡壘。很多大學圖書館創建時都得到王室的大筆捐贈，比如瑞典的烏普薩拉大學和隆德大學（Lund）、芬蘭的圖爾庫大學（Turku）和愛沙尼亞的塔爾圖大學（Tartu）等。塔爾圖那樣的城鎮遠離主要書籍交易中心，藏書豐富的大學圖書館變得不可或缺，是校外專業人士的重要資源。塔爾圖大學在一六三二年成立，二十年後因為俄羅斯入侵關閉。到了一六九〇年重新招生，國王卡爾十一世（Charles XI）捐出兩千七百冊書籍。這批書籍中有不少其他大學未必收藏的當代新書，包括探討牛頓物理學和笛卡兒哲學的著作。這座圖書館對所有學生開放，甚至允許他們借書。幸好當時的借書紀錄留存下來，我們從中得知圖書館每年至少借出一百本書。[40]塔爾圖大學雖然沒能熬過大北方戰爭[41]的蹂躪，至少有過一段短暫卻燦爛的歲月。

　　瑞典人的大敵丹麥人也非常重視哥本哈根大學的龐大圖書館。一六〇三年哥本哈根大學圖書館奄奄一息，只收藏六百冊古籍。到了一六八〇年代，經過無數教授、神職人員、法學家和當地百姓的捐

贈，圖書館規模大幅成長，藏書量在歐洲名列前茅。有些捐贈者跟大學沒有任何淵源，捐贈書籍純粹是基於愛鄉愛國的情操，希望在這個普遍缺少機構圖書館的國家打造出一座傲人的圖書館。圖書館為了回報捐贈者的慷慨，發行附有捐贈名冊的目錄，不過其中部分書籍後來被校方售出。這座圖書館在一七二八年的哥本哈根大火中被焚毀，三萬冊書籍化為烏有，而這些書籍是近百年來公民積極付出的成果。[42]波羅的海周邊地區對大學圖書館的高度重視，為機構藏書帶來一條新生的路。即使城鎮裡的大學圖書館規模不大，使用率也不高，一般的觀念仍然認為自尊自重的社區應當擁有自己的圖書館，即使民眾未必有效運用館內藏書。

糟粕再現

　　大學通常會取得城鎮當局或統治者的承諾，確保學校圖書館能收到當地出版商免費送交的新書。不難想像，這種法定送存制度令出版商非常不滿，畢竟要他們免費送書總是要經過一番角力。這麼一來，後續的執行就得靠大學自行監督，確保出版商履行承諾。但大學本身也不太願意做這件事，倒不是因為他們不想破壞跟當地出版商的友好關係（雖然這件事也很重要），而是因為大多數大學對出版商發行的新書不感興趣。印刷業的生存命脈正是波德利拒絕收藏的糟粕，比如短時效著作、曆書、報紙、教科書和詩歌。而大多數大學圖書館員認同波德利的看法，覺得這類通常以本國語言出版的時興書籍不值得機構圖書館收藏。有些大學甚至滿不在乎，連學生的論文都沒有收藏。波德利圖書館和劍橋大學圖書館在一六六五年取得免費贈書權，卻定期送出或轉賣這些贈書。[43]

　　大學圖書館如果放寬收藏糟粕的規定，藏書數量的增長會快得多。相反地，他們收集過多學術巨冊，我們已經知道，這些書籍多半鎖在教堂或閣樓裡不見天日。在地出版商持續發行新書，面對這種收

藏市面上種類繁多的新書的機會，大學圖書館不屑一顧。有些私人收藏家選擇不一樣的道路，收藏各種形式和尺寸的印刷品，英國日記作家山繆爾‧皮普斯（Samuel Pepys, 1633–1703）就是一例。皮普斯收藏的物品包括報紙、流行歌謠和其他時效較短的印刷品。他描述自己的收藏習慣「只為自娛，以便獨自悠遊書籍世界」。[44]他收藏的書籍後來由他的侄子捐給劍橋大學的莫德琳學院（Magdalene College），如今仍是十七世紀民謠集最完整的收藏，總共有大約一千八百本。這樣的收藏能夠保存下來，顯然要歸功於皮普斯成功的政治生涯。另一個收集短時效文本的挑剔收藏家是古文物研究者安東尼‧伍德（Anthony Wood），他是牛津人，曾經流連波德利圖書館。有趣的是，他的收藏後來也都進了波德利圖書館。

　　伍德一六三二年出生在牛津，一輩子沒有離開過故鄉。從牛津畢業以後，他致力研究牛津大學歷史，一六七四年發表《牛津大學的歷史與古蹟》（*Historia et antiquitates universitatis Oxoniensis*），聲名大噪，從此踏上寫作之路，陸續發表了牛津名人傳記《牛津之智》（*Athenae Oxoniensis*）等著作。這些作品讓他在牛津地區取得一定地位，很多作家於是送他書籍（通常包括他們自己的作品），希望影響他的看法，爭取被他寫進書裡的機會。這可以說明收入不穩定的伍德一生中為什麼能收集到大約七千本書。[45]他不想打造大學或教授們理想中那種中規中矩的藏書。相反地，幾乎每天買書的伍德對圖書館不願意採購的出版品格外著迷，比如時效短暫的小冊子或大幅單張印刷品。伍德收集這些東西既是消遣，也為滿足自己的好奇心和對時事的關注。

　　伍德的收藏策略會令波德利飽受驚嚇。他收藏的某些短時效印刷品是朋友的贈與，有些單張和告示則是直接取自咖啡館或大學公布欄。有時他會在收集的海報或小冊子上註記，說明這東西從何而來。其中有一張公告是「貼在牛津大學所有公共場所」，另一份「張

貼在牛津每個角落」。有一張廣告單「牛津所有咖啡館都看得到」。伍德拿走這份廣告單，儘管已經有咖啡館顧客在上面寫著「請勿帶走本單」。有些是他在街上收到的印刷品，比如一份書籍銷售目錄寫著「一六八五年四月十三日在三一學院門口派發」。像這樣的目錄他總共收藏了大約兩百份。**46**

　　伍得的收藏只供他個人使用，這是必然的，因為他不允許任何人走進他工作、睡覺兼存放書籍的閣樓。不過，他收藏的東西都整理得一絲不苟。只要他手頭有一點餘錢，就會把一些精心挑選的小冊子或公告送去裝訂。拜伍德之賜，我們如今才能看到很多不可能系統化留存下來的印刷品，比如牛津大學發布的授課清單、通知單和典禮公告。伍德收藏了一百七十一本年度行事曆，其中某些照慣例被他拿來當日記本使用。他長期收集的報紙也反映出他對當代政治的熱衷，從國會開議開始，包括為期三十年的《倫敦憲報》（London Gazette）。他一定很想把早期的報紙清理掉，以騰出書架空間來擺放更近期的報紙或新買的歷史與神學書籍。另外，在擁擠的閣樓安裝新書架的費用應該也令他困擾。不過，伍德跟所有死忠收藏家一樣，只進不出。一六八一年他為自己的收藏品編列一本清冊，共一百一十二頁，將收藏品依他自己設想的名稱分類（「幾位男士的旅遊見聞」、「軍事」、「農耕和園藝」），顯示這些東西都放在他手邊，方便拿取，是囊括人間智慧和愚昧的私人百科全書。這批內容豐富的收藏品提供十七世紀牛津政治與日常生活的資訊，後來伍德將它們捐給牛津的阿希莫林博物館（Ashmolean），一八六〇年又從博物館移往神聖的波德利圖書館。

第九章
宣教場

　　在歷史上各個時期，尤其是過去這一百年，圖書館在戰火中蒙受重大損失。大多數情況下，圖書館和內部的藏書一損俱損：地毯式轟炸下沒有差別待遇。毫無疑問，圖書館有時是敵軍刻意鎖定的目標，象徵己方憎恨的勢力，或必須摧毀的文化寶庫。對於書籍愛好者，圖書館是這些瘋狂毀滅行動下無力抵抗的受害者，整件事慘痛又愚蠢。圖書館本身也是衝突起因，這個問題卻比較少受到關注。圖書館和它們的藏書是培養意識形態的關鍵，能讓教派與教派、國家與國家，甚至左鄰與右舍彼此敵對。另外，不管是在歐洲或歐洲人新占領的殖民地，書籍和圖書館經常是開路先鋒，以利在殖民地建立新社會、宣傳新宗教，或奪回被敵對意識形態攻陷的領土。這些圖書館是思想武器，負有特定使命：大膽地建立在敵對或無主（以殖民者的觀點）的土地上，既是知識的城堡與要塞，也代表橫渡大海奪取與征服的殖民者的價值觀。

　　歐洲人在廣闊的地球大肆擴張領土時，通常會建立小型歐洲社會，打造歐式建築，穿著歐洲服飾，引入歐洲的教育模式。運送罪犯前往澳洲的第一批船隻帶著一部印刷機。只是，他們沒能說服印刷工人加入這段危險航程，那部印刷機閒置了幾年。不過，不到三十年的時間裡，澳洲殖民地已經有一家報社和許多書店，不久後也有了流通圖書館，都是文雅英國社會的必要配備，來自半個地球外的祖國。[1]

　　第一批被帶往美洲西班牙殖民地的書籍，正是費爾南多跟父親出海航行時帶的一箱書。殖民地的宗教組織很快就建立了豪華版的書庫。這些書有時會翻譯成原住民語言，是吸納信徒的利器。就連那些排斥歐洲社會的宗教團體也緊緊擁抱書籍，視之為文明的必要標記，比如第一批移居美洲的英國朝聖先驅（Pilgrim Fathers）。

　　歐洲人在新地域強勢定居並奪取統治權之後，幾乎都會在殖民地散播書籍，建立圖書館，最後發展印刷業。大多數書籍都從祖國運來，因為他們帶來的印刷機產能太小，遠遠不足以應付新圖書館的需求，這種現象一直持續到十八世紀末。然而，這些殖民任務在歐洲本身也掀起不少爭端，主要集中在新教和天主教爭奪主導權的歐洲北部和中部。在遠離歐洲印刷文化的地方，圖書館的建立既為了宣示意圖，也為了頌揚勝利（通常言之過早），這點在圖書館史的研究上經常被忽略。不可避免地，只要權力的平衡發生變化，圖書館就成了天經地義的攻擊目標。於是圖書館遭到洗劫或摧毀，藉此否決敵方的宣言。書籍則是變成戰利品被帶回征服者的祖國，充實另一座圖書館。

　　這些慘痛的事件都是對書籍力量的推崇。爭鬥的雙方都深信書籍具有創造新族群、塑造新生命和消除疑惑的力量。傳教士代表的信仰受到質疑時，會遭到公開折辱或處死，書籍通常也會面臨同樣命運。

衝鋒陷陣的修士

　　「我們的世界最近發現另一個世界，可能面積更大、人口更多，也更豐富多樣……我非常擔心另一個半球被我們感染後，會加速衰退與毀滅。」這是法國哲學家米歇爾・蒙田（Michel de Montaigne）一五八八年寫下的話，但在那個時候，損害已經造成。哥倫布第一次航行返國時，沒有傳說中的金銀財寶，只有天花亂墜的故事和奇珍異品，他最大的成就是將他的航行塑造成國家的勝利，為他的皇家贊助人獻上新帝國的輝煌願景。要等到西班牙的埃爾南・科爾特

斯（Hernán Cortés, 1485–1547）一路打進墨西哥，抵達特諾奇蒂特蘭（Tenochtitlan）這座璀璨城市，肆意掠奪的欲望之火才又重新被點燃。阿茲特克（Aztec）領袖蒙特蘇馬（Montezuma，約1475–1520）贈送西班牙人金銀珠寶等奢華禮物，等於為自己招來殺身之禍。

　　蒙特蘇馬送給訪客的禮品包括書籍。這是征服行動的第一批犧牲品。西班牙人知道他們遇到了高度發展的文明，特別是阿茲特克人和馬雅人，他們在數學和天文學上都有重大成就。現今墨西哥城所在的特諾奇蒂特蘭是建築史上的奇蹟，規模或許超越當代所有歐洲城市。想要征服這樣先進的社會，需要系統化地摧毀它的書籍和檔案，既能打擊潛力無窮的軍事對手，也能根絕對偽神祇（以西班牙人的觀點）的信仰。滿腹懷疑的西班牙人，仔細查看那些色彩繽紛的鹿皮卷軸和刻在樹皮上的摺頁全景畫，更是憤怒異常，因為他們發現阿茲特克人使用的是他們判定為巫術的象形文字。只有馬雅人使用的文字看得出來是字母系統。

　　像這樣以暴力方式宣示主權，後果就是摧毀中美洲文明一部分的文化傳承。聖方濟會的胡安・蘇瑪拉加（Juan de Zumárraga, 1468–1548）就任墨西哥城第一任主教後，下令公開焚燒阿茲特克的手抄書。墨西哥中部特拉斯卡拉城邦（Tlaxcalan）的戰士為了對抗世仇阿茲特克人，選擇跟西班牙人合作，毀掉塔斯科科城（Texcoco）無可取代的阿茲特克檔案。一五六二年西班牙派駐墨西哥猶加敦半島（Yucatán）的主教狄亞哥・蘭達（Diego de Landa），在曼尼市（Maní）將四十本馬雅重要著作投入火堆。根據他自己的說法，「那些書除了迷信和魔鬼的謊言，內容乏善可陳，所以我們全燒了。那些人大受震撼，心情沉痛。」[2]

　　更可悲的是，做出這些行為的人本質上都喜歡讀書。第一代聖方濟會修士推出必要工具書，對原住民語言的學習做出重大貢獻。一五四七年聖方濟會傳教士安德烈・奧爾莫斯（Andrés de Olmos）出

版一本學習納瓦特爾語（Nahuatl）的文法書；一五五五年聖方濟會
神職人員阿隆索・莫尼納（Alonso de Molina）則發表一本西班牙語
和納瓦特爾語雙語字典。[3]此外還有其他手冊、教義問答和文法書陸
續問世，以當地十多種語言出版。根據推測，十六世紀在墨西哥出
版的書籍之中，百分之三十使用當地語言。[4]蘇瑪拉加有戰士主教之
稱，是這場出版盛事的重要推手，因為他從西班牙帶了一部印刷機來
到墨西哥。在墨西哥印刷的第一批書籍之中，有一本是他自己撰寫的
基督教信仰概述。[5]蘇瑪拉加也是創建聖塔克魯茲學院（Santa Cruz）
的幕後功臣，學院是為培養資質優異的原住民男孩為教會服務。到了
一五五一年，也就是蘇瑪拉加過世三年後，墨西哥城也成立一所大
學，完全採用歐洲課程和傳統系所。

　　這些都需要書籍和圖書館，墨西哥城只有一部印刷機，顯然不敷
所需。那部印刷機除了印製協助新信徒認識天主教的初級雙語書之
外，大部分時間都用來支援政府事務，印製法規和有關當地法令的書
籍。[6]歐洲學者和機構圖書館收藏的重點書籍在美洲市場不大，發行
當地版本並不划算。

　　因此，打從一開始，大部分的書都依賴進口。蘇瑪拉加主教不
意外地擁有至少四百冊私人藏書，他過世後這些書留給墨西哥的聖
方濟修院，他在世時也曾送書給聖塔克魯茲學院。聖塔克魯茲學院
收藏的將近四百本十六世紀書籍目前都在美國加州舊金山的蘇特羅
圖書館（Sutro）。這批書籍來自巴黎、里昂、安特衛普和巴賽爾等大
城，以及義大利和西班牙各出版重鎮，包括不少歐洲經典著作，比
如亞里斯多德、普魯塔克和羅馬時期歷史學家弗拉維奧・約瑟夫斯
（Flavius Josephus，約37-100）的作品，都是學者收藏的標的。蘇瑪
拉加的藏書之中，有五本是約翰・弗羅本發行的，弗羅本是巴賽爾這
座被新教汙染的城市首屈一指的學術書籍出版商。[7]墨西哥瓜達拉哈
拉（Guadalajara）聖方濟會修道院的藏書目前存放在市內的公共圖書

館，研究顯示，其中有四百七十九本約十五、十六世紀的書籍，有古典著作，也有西班牙宗教與神祕學作家的作品。同樣地，來自里昂的書籍數量居冠。令人訝異的是，其中有不少是律師兼印刷業者讓・克列斯龐（Jean Crespin, 1520–1572）出版的，他後來前往日內瓦為喀爾文教派印製書籍。

里昂表現突出，顯示那裡的印刷業和西班牙市場之間關係密切。這些書跟來自巴黎和安特衛普的書一樣，必定是從塞維亞運過來的，那裡的克倫伯格家族（Cromberger）擁有為美洲市場提供書籍的專賣權。克倫伯格家族從一開始就積極參與墨西哥宣教任務，為蘇瑪拉加提供印刷機和印刷工人。他們的專賣權是這項投資的回報，在此同時，也便於在貨物出口前仔細檢查書籍的正統性。

事實證明，這種預防性審查成效不如修士們的預期。歐洲移民乍然去到陌生地域，或孤立在廣闊的莊園裡，周遭少有歐洲同鄉，書籍對他們而言比在歐洲時更重要。這些富有探險精神的殖民地新居民渴望的，不是教會圖書館那些書籍，而是另一類作品，尤其是激發他們想像力的俠義小說。原則上，殖民地禁止這類書籍，但它們仍然大量被送上船。第一版《唐吉訶德》（一六〇五年）有一大部分順利抵達墨西哥。秘魯也一樣，越來越多律師、神職人員和皇家官員成為利馬（Lima）本地書商的顧客，形成活絡的書籍市場，而書商的書籍都從西班牙進口。[8] 不難想見，資深神職人員藏書最豐富。利馬主教座堂法政牧師亞維拉的弗朗西斯科（Francisco de Ávila）一六四七年過世，留下三千一百零八本書，是美洲最大規模的藏書，令歐洲很多機構圖書館自嘆不如。秘魯書籍市場供應大量歐洲書籍，這點可以從一六四八年成立的聖方濟會阿雷基帕修院（Arequipa）的財產清冊看得出來。這所修院解散時，總共擁有一萬五千冊書，大多是十六或十七世紀出版。[9]

如果說西班牙的美洲殖民地是道明會和聖方濟會的版圖，葡屬

巴西則是耶穌會的天下。在這種情況下，書籍文化和書籍收藏大放異彩。教育事業雖然不是耶穌會創辦人羅耀拉的依納爵（Ignatius of Loyola, 1491–1556）的初衷，卻迅速成為耶穌會宣教使命的重點，也是耶穌會的識別標記。[10]耶穌會的學院都必須設立圖書館，「鑰匙應該由校長心目中的合適人選保管」。[11]除了圖書館之外，依納爵認為教師們也需要擁有自己的藏書。一旦教師去世或離職，這些書通常捐給學校圖書館。秩序井然的圖書館還需要一名有能力的館員，在這方面依納爵的觀念超越時代。在很多大學，圖書館員多半是聊勝於無的有薪閒差，主要是為了等待更好的職位。相較之下，耶穌會的圖書館員忙於整理並登錄書籍，處理借閱並製作書籍登記冊，是一份受尊重的重要職務。

　　耶穌會一五四九年去到巴西，在六個主要殖民區創辦學院。葡萄牙國王贈送書籍表達他的支持。薩爾瓦多圖書館（Salvador da Bahia）一份十七世紀財產清冊顯示該館共有三千本藏書，「所有熱門作家的作品都在這裡，受到勤勞又能幹的館員精心照料與保護。」[12]薩爾瓦多圖書館也是巴西北部殖民地圖書館的書籍供應中心。神職人員創辦學校時只要聯繫薩爾瓦多圖書館，很快就能收到一箱書。到了一七五九年耶穌會被驅離巴西時，他們在巴西的圖書館已經有六萬冊書籍，其中以薩爾瓦多圖書館規模最大，有一萬五千冊。耶穌會受到壓制，為巴西的教育體系帶來毀滅性的打擊。同樣的情況也發生在秘魯的西班牙殖民地，因為耶穌會在那裡也非常活躍。

　　這些行動能贏得多少人的愛戴與信仰？十七世紀大多數時間裡，葡萄牙都陷入一場複雜的雙面戰爭：既要收服殖民地的原住民，還要擊退荷蘭征服巴西的企圖。當荷蘭人運用他們優越的經濟資源和海軍威力，想從葡萄牙手中奪取巴西，歐洲沒有人認為他們辦不到。長達二十年的時間裡，他們占據具有戰略價值的港口，包括雷西非（Recife）這座重要城市，最後在兩場慘烈的大戰中給予當地政權致

命的一擊。不得不說，荷蘭人不是天生的傳教士。一六四三年有一部印刷機送到荷屬巴西，殖民地卻沒有人能夠操作。這麼一來，荷蘭就沒辦法效法西班牙和葡萄牙，在殖民地積極傳播宗教信仰。為了宣教，荷蘭人發行一本荷蘭語、葡萄牙語和圖皮語（Tupi）三語教義問答。立意良好，可惜白忙一場。這本書一六四二年在荷蘭恩卡森（Enkhuizen）出版，總共印製三千本，儘管翻譯品質受到質疑，仍然運送到巴西。三年後還有兩千九百五十一本留在雷西非的倉庫，跟另外五千本荷蘭文宗教經典著作一同在歲月中衰敗。**13**

感謝贈與

　　一六二〇年英國朝聖先驅從中繼站萊登搭船出海，準備前往美國麻薩諸塞州。他們揚棄了歐洲世界，不代表他們排斥歐洲的一切。特別是書籍，那是他們選擇的新生活不可或缺的配備。事實上，他們之所以離開英格蘭教會，往往是受到這些書籍的影響。十年後英國作家羅伯‧萊斯（Robert Ryece）勸朋友約翰‧溫斯羅普（John Winthrop）打消前往麻薩諸塞州的計畫，勸告他「一個從小讀書、學識豐富的人，要怎麼在沒有學術、不懂禮儀的野蠻國度生活。」**14**殖民者因應的方法是：帶著他們的文明一同前往，那就是書籍。書籍是生命的糧食，許多殖民者在第一個冬天的饑饉中喪命，書籍則健全地存活下來。

　　清教徒帶了數量可觀的書籍，之後幾年又有補給船和商船陸續補充。書籍物主過世後，他們的書就跟其他物品一起列入財產清冊，方便在社區裡找到新主人。仔細研究這些清冊，會發現某些藏書數量相當驚人。**15**其中藏書最多的是英國官員威廉‧布魯斯特（William Brewster），他是這群朝聖先驅在萊登中繼站和抵達麻州普利茅斯後的領導人物。一六四四年他過世時，總共留下三百五十本書，包括主要的新教拉丁文書籍，有喀爾文和法國新教神學家西奧多‧伯撒

（Theodore Beza, 1519-1605）的作品，也有義大利《聖經》翻譯家伊曼紐爾·特雷米留斯（Immanuel Tremellius, 1510-80）和法國神學家法蘭西斯科·朱尼厄斯（Franciscus Junius, 1545-1602）的拉丁文《聖經》。同樣值得注意的，是大量的英文小冊子，其中很多是在阿姆斯特丹、米德爾堡（Middelburg）和萊登等地的異端印刷廠印製的，包括布魯斯特自己的印刷廠。[16]一般說來，只有最有價值的書籍才會個別列在這樣的清冊上，比如《聖經》和大開本書籍。小開本書籍的列舉比較籠統，比如「五冊小開本線裝書」、「未裝訂的小書」、「放在廚房的五本小書」、「五十三本小書」和「五花八門的荷蘭書籍」。[17]布魯斯特的藏書描述得比較詳盡，一本本獨立列舉，原因在於他過世時殖民地的藏書數量不算多，比二十年後牧師拉爾夫·帕崔克（Ralph Partrich, 1579-1658）的大規模藏書加入二手書市場時來得少。[18]基於這個原因，布魯斯特的小開本書籍或許也能賣個好價錢。其他殖民者感念他對殖民地的貢獻，會樂意買他的書當作撫慰心靈的紀念品。這些人自認生活在已知世界的邊緣，他們之所以珍視書本，不只是因為它們承載的知識，也因為它們本身就是一種圖騰。[19]

　　早期的殖民地普遍秉持刻苦精神，務實地回收再利用亡者遺留的書籍。一六二一年負責在美洲建立英國殖民地的維吉尼亞公司（Virginia Company）致函向清苦的殖民地說明指派新神職人員事宜，並不打算提供書籍：「至於書籍，你們那裡已經有不少亡者遺留的書籍，想必可以撥一部分給他使用。」[20]如果有人決定離開殖民地返回英國，也會被勸說將書籍留下，正如負責開拓殖民地的新英格蘭將領約翰·史密斯（John Smith, 1580-1631）所說：「我們太需要書籍。」史密斯熱衷撰寫宗教傳單，也翻譯重要的阿爾岡昆語（Algonquian）《聖經》，非常擅長接收別人的書籍。在新英格蘭，他可以合理地將自己收藏書籍的強烈欲望解釋為神的意圖。

　　一六三一年到一六九二年在普利茅斯殖民地過世的人的財產清

冊之中，總共有五百一十份保存至今，超過半數都包含書籍。其中五十一份登載一本《聖經》和其他未列名的書籍，另外三十九份只列舉《聖經》和詩篇。登載比較詳盡的清冊列舉的書籍多半一如我們的預期，比如歐洲大陸宗教改革領導人物喀爾文與札卡里亞斯・歐齊諾斯（Zacharias Ursinus, 1534-83），以及英國清教徒作家的作品（荷蘭譯本相當暢銷，所以來自低地國家的殖民者並不陌生）。這些書籍似乎偏於嚴肅，沒有那些描寫征服者、令人激情澎湃的故事。這是因為清教徒多半比較嚴肅，休閒書可能都在清冊裡沒有列出細目的小書中。布魯斯特有英格蘭歷史學家威廉・坎登（William Camden, 1551-1623）的編年史《不列顛尼亞》（*Britannia*），應該可以陪伴他度過夜晚時光。另外還有培根的《叛國案例》（*Cases of Treason*）和義大利政治學家尼科洛・馬基維利（Niccolò Machiavelli, 1469-1527）的《君王論》（*The Prince*），不算是輕鬆讀物，卻是大有用處，可以幫助他應付殖民地動盪的政治環境。

　　這些都是私人藏書。不過，在關係緊密的小型殖民地，布魯斯特這種規模的藏書或許也是社區資源。在美洲殖民時期的第一個世紀裡，最重要的藏書通常屬於居領導地位的神職人員。俗世信徒想要擁有書籍，只能自行在波士頓越來越興盛的書籍市場尋找。一六五六年波士頓建立市立圖書館，但圖書館是市內傳教士共享的資源，不為信徒提供休閒文學。在那個時期，宗教使命仍然是殖民地的價值所在，這可以說明一六三八年查爾斯鎮（Charlestown）牧師約翰・哈佛（John Harvard, 1607-38）留給麻州劍橋師範學院的書籍為什麼特別重要。

　　哈佛的遺贈附帶一筆基金，數額極其龐大，足以讓學院改名紀念他。到了十七世紀末，哈佛學院已經擁有北美規模最大的圖書館。館內藏書數量穩定成長，卻完全仰賴捐贈，因為該校跟中世紀和更早以前的所有高等學府一樣，並沒有編列書籍採購經費。一六七八年倫敦

的獨立牧師西奧菲勒斯·蓋爾（Theophilus Gale）捐贈大量書籍，圖書館的藏書量一口氣增加三分之一。一六九八年英國政治家約翰·梅納德爵士（Sir John Maynard）遺贈的書實在太多，校方只好將重複的書籍出售。到了十八世紀最初幾十年，哈佛的藏書量增加到三千冊左右，舊學院的圖書館已經無法容納。

　　一七二三年哈佛學院接受來自英國的提議，委託出版一本藏書目錄。[21]這本目錄如果能在倫敦印刷，或許會更好，然而，校方委託波士頓在地印刷業者巴塞羅繆·格林（Bartholomew Green）出版。格林對拉丁文書籍的印製並不熟悉，謹慎地選擇以半張紙印製四開本，不管是印刷或裝訂，都格外耗時費力。這本目錄總共印了四百本，其中一百本交給負責督導這個計畫的書商山繆爾·蓋瑞許（Samuel Gerrish）銷售，另外三百本免費送給校友或潛在捐贈者。這三百本之中有一百本立刻被送往英國，希望吸引更多捐贈。整體來說，收到這本目錄的虔誠富商並沒有捐贈意願，他們看到目錄後並沒有注意到校方欠缺哪些書籍，反倒為藏書數量之龐大感到震驚，覺得哈佛已經能夠自力更生：「他們說貴校經費多麼充裕，擁有多少書籍，有能力買到你們想要的書籍，諸如此類。」[22]這些送出去的目錄沒有任何一份流傳下來，可見當初收到的人很快就扔了。

　　潛在捐贈者根據小道消息，對哈佛圖書館的整理維護情形印象不太好。正如一七二五年目錄正在倫敦流傳的時候，英國作家湯瑪斯·霍里斯（Thomas Hollis）在信中坦白告訴哈佛的班傑明·科林斯（Benjamin Collins）：

　　　根據我聽到的消息，這裡的知情人士認為貴校圖書館管理不當。你們沒有座椅供人坐下來閱讀，也不像我們的波德利圖書館或倫敦的錫安學院（Sion College）用鏈條鎖住珍貴書籍。你們坐視書籍被人隨心所欲帶回自己家，其中很多從此

遺失。貴校那些（調皮）學生把書帶回寢室，撕下圖片和地
圖貼在牆上，這種事很不好。[23]

到頭來，哈佛或許要感謝那些懶得還書的調皮學生，因為一七六四年
哈佛圖書館燬於大火，藏書付諸一炬，損失超過五千本書籍，只有
學生還沒歸還的書籍倖免於難。這回英國捐贈者大方得多。一七九○
年全新的獨立國家美國剛誕生，校方出版另一份目錄，總藏書量接近
九千冊。其中最驚人的是數量龐大的小冊子。以小冊子在之前宗教改
革扮演的角色看來，這點並不意外，但在大學圖書館裡，還是相當不
尋常。

妥善運用

　　耶穌會在十六世紀成立，一開始就執行連串引人注目的任務，將
天主教信仰傳播到世界各地，比如日本、中國、巴西和印度群島。
趁著當時旅遊文學風行，耶穌會積極出版他們充滿異國風情的探險旅
程，成為目前圖書館的經典藏書。[24]然而，這不能掩蓋耶穌會的核心
任務。耶穌會得到多名教宗的支持，賦予他們史無前例的行動自由，
目的是讓歐洲重回天主教懷抱。第一所耶穌會學院一五四八年在義大
利西西里島的梅西納（Messina）成立。在接下來一百年裡，耶穌會
總共創辦了兩百多所學院，分布在義大利半島、西班牙和歐洲北部，
形成龐大網絡。圖書館是每一所學院的重要元素，正如荷蘭籍耶穌
會神父彼得・加尼修（Peter Canisius, 1521–97）狂熱地宣示：「學院
可以沒有教堂，不能沒有圖書館。」加尼修是耶穌會最早出版著作的
作家，所以不需要太計較他浮誇的修辭。依納爵的祕書胡安・波蘭可
（Juan de Polanco）的說法更直截了當：「對於教育機構，購買書籍跟
購買食物一樣重要。書籍是事奉神的工具。」[25]
　　一五六○年代波蘭分會成立，耶穌會來到另一個關鍵時刻。在整

個十六世紀裡，波蘭以罕見的宗教自由聞名，不但有天主教、路德教派和喀爾文教派，也是很多流亡教派的根據地。但當時的人也承認它在歐洲大陸政治與經濟扮演關鍵角色，是波羅的海國家的貿易中心，也是西方基督教在俄國東正教邊境上的堡壘。耶穌會的抵達因此具有地理政治學的意義，是為天主教奪回這個古老王國的大膽出擊。

　　這項策略最關鍵的一步，是一五六五年在波蘭布拉涅沃鎮（Braniewo）創辦耶穌會學院。這所學院源於樞機主教斯坦尼斯烏斯・霍修斯（Stanislaus Hosius）的構想，得到教宗額我略十三世（Pope Gregory XIII）和教廷大使安東尼奧・波塞維諾（Antonio Possevino）的全力支持，占據波羅的海沿岸的戰略位置，介於德國兩大貿易中心但澤（Danzig）和科尼斯堡（Königsberg）之間。科尼斯堡是新教大本營，也是德語書籍印刷重鎮，新教在歐陸最東端的大學就在這裡。耶穌會在這裡成立新學院，等於公開跟那所新教大學叫陣，也吸引各地有意接受天主教教育的學生前來，包括波蘭本地、立陶宛、羅塞尼亞（Ruthenia）、俄羅斯和路德教派的北部大本營瑞典。這所學院的主要目標是培養傳教士，準備進軍歐洲的新教領域：它的哲學系被戲稱為「瑞典神學院」。瑞典對布拉涅沃這所學院太過忌憚，一六一三年禁止該國學生前往求學，違者判處死刑。

　　來自瑞典的學生銳減，不過，這所學院在全盛期每年有三百名新生入學。學生人數眾多，當然需要數量充足的藏書，從一五六五年到一六二〇年之間，學院累積了相當龐大的書籍，總共兩千六百冊。其中有波蘭本地作家的反改革著作，也有天主教會早期神父和經典作家的作品。這麼看來，假以時日布拉涅沃學院必然成為歐洲天主教地區首屈一指的大學。學院圖書館是吸收信徒和征服的工具，也是在歐洲最複雜的宗教戰場爭奪百姓的愛戴與信仰的重要武器。耶穌會的圖書館員背負實現這個願景的使命，可惜他們遭遇到另一位同樣勇猛的上帝戰士：有北方雄獅之稱的瑞典國王古斯塔夫・阿道夫（Gustavus

Adolphus）。阿道夫是虔誠的路德教派信徒，企圖在波羅的海周邊建立瑞典帝國。

　　一六二一年阿道夫攻下里加（Riga）。里加現今是拉脫維亞首都，當時則是波蘭王室封建領地裡的新教城市。耶穌會圖書館是首要攻擊目標，信奉新教的地方官員毫不猶豫地將它們交出去。一千本書被打包送往瑞典。一六二六年波蘭北部弗龍堡（Frauenburg）的耶穌會分會圖書館遭遇同樣命運，而後是布拉涅沃的耶穌會學院。那些書都被細心打包裝箱，送往波羅的海對岸的新家。為了迎接這批寶藏，瑞典在首都斯德哥爾摩成立一處整理中心，由皇家圖書館員約翰尼斯‧布勒斯（Johannes Bureus）主持。他們將收到的書分類，分別送往皇家圖書館或其他瑞典圖書館。品質最優良的書籍（包括布拉涅沃和里加的書）保留給烏普薩拉大學。對於烏普薩拉大學的圖書館，這只是正常運作：當初圖書館成立收到的四千五百冊捐贈書籍，就是宗教改革時期從宗教機構掠奪而來的，如今它又能痛快接收新敵人的資產。校方開闢新區域收納源源不絕送進來的新書，反映了當時的特殊現象。烏普薩拉大學圖書館分為上下兩個樓層：樓上存放學校的教學用書，比如路德教派神學。樓下存放天主教、喀爾文教派和耶穌會等各種書籍。這裡也是來自德國的戰利品的歸宿。[26]書籍不管內容好壞，學者都需要它們來強化自身面對敵人時的防衛。不過，只有信仰夠堅定、有能力抵抗對手花言巧語的人，才能接觸這些耶穌會書籍。這兩個樓層只能分別從外面的兩座樓梯進入，只有信念堅不可摧的人才能持有樓下的鑰匙。

　　藉著瑞典軍事力量獲取的果實，烏普薩拉大學很快就擁有歐洲北部規模最大的圖書館，特別是在布拉涅沃這個競爭對手被消滅後。不過，瑞典從德國和波蘭占領區運回來的書籍不只存放在烏普薩拉，現在多了兩所大學，一所在現今愛沙尼亞的塔爾圖，另一所在芬蘭的圖爾庫。韋斯特羅斯（Västerås）和林雪平（Linköping）兩地的重點中

學和斯特蘭奈斯（Strängnäs）主教座堂圖書館也都會陸續得到一部分戰利品。[27] 這些拿到書籍的圖書館認為這不是掠奪行為，而是人質的拯救。這些書籍被耶穌會監禁，如今終於脫困。就像瑞典大主教羅倫席歐斯・波利納斯・戈索斯（Laurentius Paulinus Gothus）一六四二年所說：

> 在這場戰爭中，神仁慈地幫助我們奪下敵人的知名學院和壯觀藏書。那些書籍被耶穌會濫用來壓迫正信的宗教。現在它們可以在這裡重新發揮正常作用，這是神的榮耀。[28]

瑞典總理大臣阿克塞爾・烏克森謝納（Axel Oxenstierna）一六四三年發出一份指示，從中可以了解瑞典圖書館設立的流程。然而，這份指示其實只是確立已經執行一個世代的措施。根據他的指示，瑞典軍隊每占領一座城市，軍官必須找出熟知當地著名檔案、文件或書籍的居民，要求他們提供訊息。一旦找到目標，就將所有書籍文件裝箱運回瑞典。[29] 一六四二年瑞典又從卡普欽修道院（Capuchin）和摩拉維亞（Moravia）的奧洛穆茨（Olmütz）耶穌會學院獲得一批戰利品。到了一六四八年，終止三十年戰爭的和平談判即將達成協議，瑞典人依然毫不客氣地搜刮了布拉格的斯特拉霍夫修道院（Strahov）遠近馳名的圖書館。下城區的耶穌會大學圖書館之所以得以保存，全靠當地居民堅定阻止瑞典軍隊通過查爾斯橋（Charles Bridge）。一六四六年圖爾庫大學圖書館得到瑞典將軍托斯坦・斯塔翰茲克（Torsten Stålhandske）的妻子克莉絲汀娜・霍恩（Christina Horn）捐贈一千零九十二冊書籍，其中有兩百四十八冊對開本。這批書籍是一六四四年瑞典占領丹麥的日德蘭（Jutland）之後，斯塔翰茲克將軍得到的戰利品，它原來的主人是奧胡斯（Aarhus）的主教馬提納斯・馬席耶（Martinus Matthiae, 1596-1643）。馬席耶足跡遍天

下，他的書是在巴黎、魯汶、安特衛普、阿姆斯特丹、萊登和威登堡等地收集來的，目前收藏在瑞典一所大學的圖書館。就算同為路德教派信徒，也未必逃得過瑞典人搶奪他人書籍的貪婪胃口。

我們之所以知道霍恩捐贈的那批書籍，是根據一六五五年圖爾庫大學圖書館早期出版的目錄。一八二七年圖爾庫發生災難性火災，圖書館也被大火吞噬。一六九七年瑞典皇家圖書館燬於大火，損失更多從戰場上掠奪來的書籍。這些火災與其說是天理昭彰，不如說是不可避免的事情，因為當時的房屋以木造為主，尤其在北方的寒冬中，室內必須靠持續不斷的爐火保暖。被送往烏普薩拉的里加與布拉涅沃藏書倒是保存得不錯，如今依然在大學圖書館的書架上，明顯看得出來源。最近烏普薩拉圖書館允許波蘭和拉脫維亞的圖書館員前去製作曾經屬於他們的耶穌會圖書館那些書籍的目錄，卻好像沒有歸還書籍的意願。[30]

三十年戰爭的結束，並沒有終結這種書籍掠奪行為。有個實例可以看到書籍掠奪行為的持續和耶穌會非凡的恢復力，那就是維爾紐斯（Vilnius）的耶穌會學院。這所學院在一五六九年應立陶宛貴族天主教徒的要求設立，在這個歐洲東部的天主教大本營蓬勃發展，積極向東方推動宣教任務。學院在一五七二年得到波蘭國王西格蒙德·奧古斯特斯（King Sigismund Augustus, 1520–72）遺贈的書籍，據說有四千冊，又在一五七五年得到一筆資金設立自己的印刷廠，對宣教活動有莫大助益。[31] 接下來的一百年中，這間印刷廠將會是波蘭立陶宛聯邦最重要的印刷廠，持續推出拉丁文與波蘭文教育與宗教書籍。在立陶宛本土出版、現存最古老的立陶宛文書籍正是出自這間印刷房，不出所料，正是一本教義問答。

維爾紐斯躲過三十年戰爭最嚴重的破壞，但戰爭末期波蘭立陶宛進入一段更黑暗的歲月，名為大洪水時期（Deluge）。當瑞典占領華沙和波蘭大部分領土，俄羅斯軍隊入侵立陶宛，占領維爾紐

斯，後果可想而知。在大北方戰爭中，維爾紐斯再次遭到瑞典軍隊掠奪。一七一〇年，衰弱的百姓面臨歐洲最後一波鼠疫的襲擊，至少三萬五千人死亡，相當於半數人口。這些災禍，加上一七一五年到一七四九年一系列災難性大火，維爾紐斯往日的輝煌只剩一抹殘影。學校苟延殘喘，圖書館自然而然成為掠奪標的，尤其是在收到薩皮耶哈圖書館（Bibliotheca Sapiehana）捐贈的三千冊書籍之後。這些書原本是立陶宛大公國總理大臣萊夫・薩皮耶哈（Lew Sapieha, 1557–1633）和他三個兒子的收藏。[32] 即使如此，到了一七七三年耶穌會遭到壓迫、圖書館永遠關閉時，已經又累積了超過四千冊書籍。有趣的是，這批書籍之中有不少是在波蘭立陶宛聯邦出版，不只來自耶穌會印刷房，還有華沙和波蘭南部的克拉科夫（Kraków）。[33] 拜歐洲各地日益成長的出版速度之賜，圖書館的毀滅已經不再是強大的武器，因為書籍的收藏比過去容易得多。

耶穌會以頑強的恢復力執行他們的使命，對於這點，他們的對手天主教和新教都不得不佩服。耶穌會也毫不畏懼地把戰線拉進黑暗深處，也就是歐洲的新教國家。十七世紀初期，耶穌會在利瓦頓（Leeuwarden）設立傳教據點，這是喀爾文教派在荷蘭北部弗里斯蘭省最牢固的大本營。耶穌會在這裡傳教的同時，也收集了超過一千兩百冊書籍，主要以天主教神學為主。[34] 天主教徒在整個荷蘭共和國維持基本宗教書籍的穩定供應，多半要感謝願意跨越宗教戰線追逐利益的書商。

耶穌會總是能迅速識破對手防線上的弱點，他們用天主教的宗教書籍轟炸荷蘭共和國，這些書籍多半是耶穌會作家的著作。設在馬斯垂克（Maastricht）、登博斯（Den Bosch）、魯爾蒙德（Roermond）和布雷達（Breda）四個風波不斷的邊境地帶的耶穌會學院是前進的觀測站。荷蘭人占領登博斯後，耶穌會損失了產能最高的印刷機，但這只是非常短暫的挫敗。耶穌會的書籍通常是在荷蘭境內印刷，只不

過，出版商多半識時務，會在書本上動手腳，假裝是在安全無虞的境外天主教城市安特衛普或科隆印刷的。[35]

　　在英國，信奉天主教會遭到嚴懲，耶穌會因為涉及伊莉莎白女王的謀刺案和反抗英格蘭王詹姆斯一世的火藥陰謀（Gunpowder Plot），格外令人畏懼和不齒。一六〇六年企圖炸死國王並毀掉國會大廈的火藥陰謀失敗後，英格蘭耶穌會總會長亨利・加內特（Henry Garnet）跟其他嫌犯一起被處死。儘管如此，在整個十七世紀中，耶穌會還是在英格蘭建立了最了不起的祕密圖書館網絡。赫里福德郡（Herefordshire）新鎮（Cwm）的圖書館藏書三百三十六冊，都是來自歐洲主要的天主教印刷重鎮。諾丁罕郡（Nottinghamshire）霍貝克伍德豪斯圖書館（Holbeck Woodhouse）的藏書數量是新鎮的兩倍。[36]官方早就知道這兩座圖書館的存在，但一六七八年據說天主教密謀刺殺查理二世失敗，英格蘭掀起反天主教狂潮，兩座圖書館的書籍都被抄沒。

　　戰爭的武器形形色色，有些以恐怖的衝擊力震撼人心，有些則是不露痕跡。十七、十八世紀的圖書館戰爭就是如此。摧毀圖書館的可能是人為掠奪，也可能是烈火席捲整座城市時的附帶後果。圖書館通常是蓄意占據的目標，最著名的案例是一六二二年海德堡大學圖書館（德國最知名的中世紀圖書館）的藏書被運往梵蒂岡。[37]海德堡大學擁有五千冊印刷書和驚人的三千五百冊手抄書，是數量最龐大的戰利品。只是，如我們所見，瑞典人滴水不漏的掠奪，不難獲取幾倍數量的書籍。朝聖先驅珍惜每一本書籍，依靠第一批船隊的小船所能運送的書籍度過幾個寒冬。英格蘭的耶穌會收集書籍的行動更為謹慎，有時低調行事更能提升宣教任務的成效。荷蘭的天主教徒比較幸運，能夠光明正大地運用阿姆斯特丹活絡的書市。從這些分歧、對峙和刻意的建設，我們最深刻的體會是，歐洲人清楚認識到書籍本質上的煽動性，既可以是信仰的指路明燈，也可以是汙染政治團體的毒素。然

而，新教和耶穌會急切地掠奪彼此的書籍也告訴我們，那個時代的文化資產普遍被看重。所有教派的知識分子都重視古典著作、早期教會作家著作、文法和字典，這類書籍往往也是圖書館藏書的最大宗。正因如此，勝利的一方寧可在戰敗方圖書館的書架間搜尋，也不願意在灰燼中撿拾倖存書籍。

第四部

公共與私人之間

第十章
恢宏計畫

如果貝德福郡（Bedfordshire）立場堅定的長老教會牧師詹姆斯・科克伍德（James Kirkwood，約1650-1709）在一六八〇年代造訪巴黎，他多半沒有機會走進那裡的知名學術圖書館。科克伍德是蘇格蘭人，流亡異國艱苦掙扎。對於許多宗教難民，只要有充足的資源，或能找到新靠山，這通常是收藏書籍的好時機。不過，科克伍德與眾不同，因為他的目標並不是為自己建立撫慰心靈的私人藏書，而是希望在每個教區建造一座公共圖書館，將教化與學識帶到他的祖國蘇格蘭的每一個角落。他覺得書籍能帶來無限可能，這點他跟法國最偉大的書籍收藏家馬薩林樞機主教所見略同（馬薩林創立了歐洲首見規模最大的圖書館）。他們兩人對圖書館的未來都懷抱願景：科克伍德想建立的是由教會管理的一系列機構，會是蘇格蘭許多小城鎮主要的神學資源；馬薩林的理想則是以亞歷山大圖書館為典範，創建一座對學者開放的圖書館。基於造訪學者的影響力，馬薩林圖書館的知名度會比科克伍德的更高。

不難想見，馬薩林心目中的公眾，指的是貴族與精英階級。[1]正如羅馬帝國的大人物的想法，這座圖書館的功用在於吸引追隨者，打造傳世功績，展現財富、權力和品味。只是，馬薩林的圖書館展現的主要是館員諾德的品味。這種圖書館也代表主導歐洲政治的宗教領袖的貪婪。這些宗教領袖得到國王的偏愛，獲得許多贈禮、土地和津

貼，收藏的書籍數量因此超過頂級貴族。像馬薩林這種政治人物一旦失勢，他們的圖書館就會成為百姓洩憤的對象，而那些曾經被他們遮掩光芒的貴族往往會在背後推波助瀾。

　　科克伍德的夢想大不相同。宗教改革將教化百姓視為新福音運動的中心目標。伊莉莎白時代的教會有個著名規定：每一個教區都要有《福克斯殉道者名錄》（*Foxe's Book of Martyrs*）和伊拉斯莫斯的福音釋義。這些教區小型圖書館會取代中世紀天主教教會收藏的彌撒書。只是，科克伍德和他的友人湯瑪斯·布雷（Thomas Bray）很清楚，新教長達兩百年的布道、教義問答和宗教訓示並沒有實現他的圖書館願景。相反地，蘇格蘭和英格蘭就跟荷蘭與德國北部一樣，教堂、學校和鄉鎮圖書館稀稀落落，其中很多都由虔誠的民間信徒出錢出力建立。其他成長迅速的圖書館則是接收從解散的修道院沒收而來、冗餘的宗教書籍，這些書大部分都不符合他們預期中的使用者的需求。這樣的公共圖書館願景明顯不夠完備，正如馬薩林只邀請文壇學者來瞻仰他收藏在巴黎的珍貴書籍一樣，都不會有長遠的未來。

遺產爭議

　　鄉鎮圖書館的源起可以上溯到查理曼的時代。[2]西元八〇二年，亞琛的宗教會議就規定教區教堂必須保存少量禮儀手冊。做禮拜、分發聖禮、解說經文和講道都少不了書籍；一座教堂擁有二、三十本書就算足夠充裕了。不過，神職人員也有責任增加教堂原有的書籍量。[3]這樣的要求充滿企圖心，只是難以有效監督。不過，這項要求確立了教區教堂收藏書籍的典範。印刷術發明以前，歐洲許多地方的教堂圖書館即使不是地方上的唯一，也是規模最大的。

　　這類型的圖書館能夠也應該對整個社區發揮功能，這個概念直到十四、十五世紀才興起。任何人想要遺留書籍造福一般大眾，都會把書捐贈給教區教堂，因為教堂是整個社區都能經常使用的空間。由

於沒有資金可以建造新館舍，教堂因此擁有最佳條件，適合書籍的存放、保管與管理，並且便於大眾使用。教區牧師和富人將書籍遺贈給社區的例子在歐洲大部分地區比比皆是。一三〇九年德國中部布倫瑞克（Braunschweig）的牧師約旦努斯（Jordanus）將他的十八本書遺留給他的聖安德魯教區。一百年後他的某個繼任者遺贈大約四十本書。又經過一個世紀後，布倫瑞克議會書記員哈麥爾的蓋爾文（Gerwin of Hameln）在世時捐出三百三十六本書給教區。[4]這樣的慷慨行為背後的動機可能是以社區為榮，或想要受到同儕的讚揚，或只是希望離開人世後還能在這個世界留點東西。

　　印刷術發明後，更多人將書籍遺留給社區，因為越來越多市民有能力收藏大量書籍。只是，這些書的類別越來越多樣化，當地教堂未必是合適的捐贈對象。到了十六、十七世紀，越來越多人把書籍留給鄉鎮市政府，特別指定希望設立市立或公共圖書館。只是，想要將私人藏書轉型為市立圖書館，需要巨額資金推動。一五六四年法蘭德斯的牧師弗朗斯·波騰斯（Frans Potens）把他的書遺留給克特雷特市（Kortrijk），臨終時指定兩名市長和市政參事為遺囑執行人。只是，他過世後被指定的市政官員卻無心執行他的遺囑。[5]這種結果令人失望，但精心規劃的遺願遭到忽視的，絕不會只有波騰斯。

　　盡責地處理別人的書籍已經是沉重的負擔，要進一步把這些書轉換成公共資源，更是難以克服的挑戰。在天主教地區，把書籍留給教會、修道院或新成立的神學院方便得多。在歐洲信仰新教的區域，市立機構的設立卻比較複雜，因為建立圖書館需要大量書籍，而最便捷的來源是廢棄修道院的藏書。這麼一來，新圖書館會塞滿過時的學術性神學書籍，就連在地牧師都不會感興趣。難怪這類書籍絕大部分很快被送進教堂閣樓，沒有人看得到。

　　有個地方倒是發展出一座頗受歡迎的市立圖書館，那就是德國繁榮、獨立的海港大城漢堡市。那裡的市立圖書館之所以生氣勃勃，要

歸功於相當寬鬆的使用條件。從一六五一年起，圖書館每天開放四小時，五十年後甚至允許設籍市民借書。一七〇四年圖書館的藏書量是兩萬五千冊，到了十八世紀末已經成長到十萬冊。[6]在瑞士蘇黎士和巴賽爾等大城市，宗教改革期間教會資產遭到破壞，對市立圖書館的設立造成阻礙。不過，在這些地方，市民的榮譽感終究占了上風。[7]蘇黎世的伯格圖書館（Burgerbibliothek）成立於一六二九年，是由四名年輕商人合力創建。圖書館的規模之所以能擴大，要感謝市民的大方捐贈，而捐贈的物品多半是他們收藏的珍品古玩。[8]巴賽爾也收藏了不少這類物品，包括一只曾經屬於伊拉斯莫斯、名聞遐邇的箱子。據說伊拉斯莫斯生前用這個箱子裝仰慕者或想博取他好感的人贈送的禮物。[9]

　　在大城市以外的地區，設立人氣鼎盛的圖書館並不容易。因為那些地方的圖書館的書籍通常來自解散的天主教修道院。在人口有限的情況下，恐怕不值得花大錢整理幾百或幾千本以拉丁文為主的舊書。德國大城顯然擁有公民的參與。少了這股能量，修道院的書籍往往就近找個地方存放，或乾脆置之不理。在小鄉鎮，這些書最終的歸處多半是當地學校，學校本身則隸屬新成立的新教教堂。在宗教改革初期，路德口若懸河地號召創辦學校教育德國兒童，他的話有人聽進去了。當某個地區改信路德教派，新的教會法規定新學校必須配備圖書館，學生和老師都可以使用。這成了收集教會與修道院古書的最佳理由，前提是事先排除言論最激烈的天主教護教論者的書籍。

　　到了十八世紀，很多德國學校已經擁有多達一萬本書。這些雖然是了不起的學術藏書，可惜對中小學生用處不大。成立於十七、十八世紀，收藏近期德文宗教書籍的教區小型圖書館反倒比較合適。梅克倫堡西波莫尼亞（Mecklenburg-Pomerania）的教堂圖書館藏書量多半在五十到兩百冊之間，有些是精打細算採購來的，有些是在地牧師的捐贈，或者像薩克森的薩爾茨韋德爾（Salzwedel），是市府首長的

遺贈。[10]這些圖書館的成功，最終取決於開放程度，以及當地牧師和中小學校長的熱忱。如果牧師和老師願意讓圖書館成為真正的公共資源，而不是私人藏書的延伸，那麼教區或學校圖書館就能蓬勃發展。

如果說德國早期公共圖書館一路走來運氣好壞參半，那麼荷蘭圖書館的故事就是一頁滄桑。[11]宗教改革以前，荷蘭繁榮的商業城市有不少教區與修道院圖書館，光是豪達鎮（Gouda）就不只十一座。荷蘭起義的結果是荷蘭共和國誕生，喀爾文教派成為國教，但戰火延燒幾十年，所有圖書館都飽受摧殘。荷蘭東部的聚特芬圖書館（Zutphen）成立於一五六〇年代，就在起義號角響起前不久。從一五七二年到一五九一年，這座圖書館被劫掠五次，原本的三百五十七本書剩下近百本。焦急的圖書館員一度用水泥封門，後來發現這個辦法擋不住為裝訂書籍的鍍金扣環而來的士兵。

到了一五九〇年代，新教的勢力已經遍及荷蘭各省，所有城鎮的修道院資產都迅速被國家改造成新教的教堂、孤兒院、學校、軍火庫或倉庫。圖書館也漸漸變成這場更新行動的一環，既是需要，也是想要：市政當局和改革派牧師很快發現，他們擁有累積了幾百年的大量修道院藏書，需要讓這些書發揮功能。

於是，從一五八〇到一六二〇這四十年的時間裡，打造圖書館的計畫成果豐碩。在建設「為公眾服務的圖書館」和「供一般人使用的圖書館」這些口號推動下，過去的修道院藏書轉變成嶄新的城市圖書館。這些圖書館的藏書量大多在兩百到三百冊之間，只是，最優質的書籍必然已經被掠奪，或被遭到驅逐的修士帶走。市政官員意識到，要想打造足夠的藏書量，需要額外採購，因此大多數城鎮都提撥資金添購書籍。德芬特（Deventer）有一處圖書館的書籍在二十年內從四十六本增加到六百本。阿克馬（Alkmaar）市政府一六〇一年和一六〇七年在兩場拍賣會花費八百荷蘭盾為圖書館採購書籍。官方也鼓吹知名地方人士踴躍捐書。以烏特勒支為例，兩大筆遺贈為圖書館

增添三千冊書籍。不得不說，這麼龐大的遺贈並不多見。其中一個捐贈者休伯特·布歇爾（Huybert van Buchell）的家族發現他立遺囑將書籍捐出去，而不是留給子孫拍賣，錯愕不已。

　　有限的採購經費往往消耗在能助長圖書館聲望的物品上，比如地圖集或多語《聖經》，德芬特、奈美根（Nijmegen）、烏特勒支和阿姆斯特丹的情況就是如此。這種野心勃勃的採購策略通常是競爭心理作祟。例如阿姆斯特丹花了四百荷蘭盾購買一五八〇年代在威尼斯印製的《歐欣納斯法典》（Oceanus Juris），總共二十八冊拉丁文對開本法學知識概要。豪達的圖書館員拍賣館內書籍，籌款購買更多地圖集來搭配該館早先採購的兩座布勞地球儀[12]。一六〇八年鹿特丹的海軍將領科內利斯·馬特列夫（Cornelis Matelief）從東印度群島返國，把麻六甲王朝（Malacca）統治者送給他的手抄本《可蘭經》捐給當地圖書館。

　　市政府官員顯然認為這些高價物品是城市圖書館的必要配件。真要說的話，這些圖書館的形式與功能都仿效學術圖書館，是參考書籍的資料庫。這麼一來，市立圖書館的藏書必然依舊以拉丁文書籍為主。阿姆斯特丹市政府出版兩版精美目錄來宣揚圖書館館藏，圖書館裡的荷蘭文和德文書籍只有區區幾本，卻好像沒有人覺得需要做點改變。省下買《歐欣納斯法典》的錢，就能為圖書館添購三百冊本國語書籍，這些書肯定能符合更多市民的需求。只是，荷蘭的市立圖書館追求的仍然是城市的榮耀，即便沒人使用，卻贏得讚賞。

　　由於市立圖書館陳列的書籍相對新穎且昂貴，館方不太願意無限制開放給市民使用。有些市立圖書館設立之初制定的使用規則相對寬鬆。聚特芬圖書館將六十把鑰匙分別交給地方權貴保管，荷蘭起義後又奉命收回。某些城鎮始終沒有明確的使用規則，於是由兼任館員的牧師、市政官員或學校校長全權決定。少數圖書館審慎訂定使用條款，比如豪達，城裡的「正派男士」只要繳納六荷蘭盾，或捐贈等值

書籍，就有資格使用圖書館。女性和兒童則禁止入館。[13]豪達的圖書館深知館內收藏的修道院古籍可能會引起新教徒讀者的不快，告誡使用者不可劃掉書中他們不認同的文句。

　　基於安全考量，市政當局也投注大筆經費以鏈條將書本固定在台座或書桌上。之所以採用這種傳統措施，部分原因在於緬懷過去宗教機構的藏書。聖沃爾堡教堂（St Walburgis Church）圖書館的前身是聚特芬鎮圖書館，目前還能看到這種設施。城鎮拒絕了天主教修道院組織，卻採用修道院密集而專注的學習方法，一次鑽研一本書。這對城鎮圖書館的成長造成重大影響，因為用來固定書本鏈條的台座相當占空間。除了書本以外，閱讀環境也很難吸引讀者，因為館內不可避免地都沒有供暖設備，照明也不好。如此一來，地方政府很快就失去興趣。一六二〇年代以後，圖書館幾乎沒有擴充。從一六〇二年到一七一〇年，德芬特圖書館零成長。一六九八年有個德國人描述那裡的情況「十分糟糕」，但他還是比一七〇四年參觀阿克馬圖書館的外國貴族幸運，因為那位貴族離開圖書館之後沾染了太多灰塵，衣服都得換洗。

英格蘭教區圖書館

　　英格蘭早期公共圖書館零零散散出現，時間比德國或荷蘭晚一些。這裡的圖書館深受當地神職人員影響，特別是深具個人魅力的當地牧師。有個貼切的例子：伊普斯威奇（Ipswich）的典雅圖書館在十六世紀末就著手籌辦，只是到一六一七年才找到合適的館址。[14]最初的建館構想來自威廉・史馬特（William Smarte, 1530-99），他是個布商兼國會議員，也是地方上的英雄人物。史馬特曾經短暫入獄，因為他基於滿腔熱血效忠國家，阻止薩福克郡（Suffolk）燻豬肉出口到低地國家給萊斯特伯爵（Earl of Leicester）的軍隊。他遺贈的書籍也陷入法律糾紛，各方人馬爭奪那批書籍和手抄書的所有權，最

後由劍橋大學勝出。因此，要等到牧師薩繆爾‧渥德（Samuel Ward, 1577-1640）到任，圖書館才終於成立。伊普斯威奇有一所遠近馳名的重點中學，原本就具有重要地位，因為那裡是樞機主教湯瑪斯‧沃爾西（Thomas Wolsey, 1473-1530）的故鄉。沃爾西曾經擔任亨利八世的首席牧師十多年，有一定的影響力。一份會議紀錄顯示，市政官員依據史馬特引發爭奪的遺贈的附帶條款，討論當地學生就讀劍橋大學的獎學金頒發事宜，最後指派渥德和他的同仁「在醫院裡找個便利的空間設置圖書室」。

　　渥德的優先考量偏向傳統：為自己和薩福克郡牧師建立一座實用的圖書館。他想了個聰明點子，那就是鼓勵捐贈者以金錢替代書籍。他憑個人的領袖魅力引起熱烈響應，在一六五〇年以前收到一百多個市民的捐款。用這筆捐款採購的書籍都附有一張標籤紙，上面印著捐款人的姓名。也因為渥德的遊說，市政當局在泰勒廳（Taylors Hall）北側挪出空間設立圖書館，又花費公帑將圖書館整修得煥然一新。因為地方上備受景仰的牧師全力推動，又有市民的榮譽感添加火力，這座圖書館反映出雙重目標：既有莊嚴的新教著述供神職人員使用，也有英語宗教文學供虔誠市民閱讀。最特別的是，館內的書籍並沒有加裝鏈條，整齊排列在靠牆的層架上。

　　薩福克郡內產羊毛的富裕城鎮建構了非凡的教區圖書館網絡，分別從位於郡內兩端的兩個主要商業城伊普斯威奇和貝里聖埃德蒙茲向四面八方輻射。[15]我們知道的就有十五處，神奇的是，其中有八處至今保存還算完整。除了伊普斯威奇的圖書館之外，規模最大的是貝里的聖雅各教堂（目前是主教座堂），收藏大約四百八十一本書，大部分是拉丁文書籍。現存的書籍捐贈目錄顯示，一五六九年到一七六四年之間捐贈書籍的一百一十七人之中，主要是地方仕紳、神職人員、醫師和中小學校長，偶爾也有商人。這些書附帶的題辭清楚呈現英格蘭鄉間圖書館設立目標的衝突。一五九五年赫塞特（Hessett）教

區長安東尼・魯斯（Anthony Rous）捐贈一冊一五二六年在巴賽爾印製的珍貴對開本給貝里圖書館，聲明這本書是捐給研究神學的學生使用的。一六三九年重點中學的校長設定的對象更為廣泛：供知識分子使用（in usum republicae literariae）。只是，那本書是聖保羅的書信，神職人員會比較感興趣。[16]薩福克郡有不少圖書館的藏書都是私人捐贈給當地牧師的書籍，其中有些確實也存放在牧師公館，而不是放在教堂。有時這類捐贈似乎思慮不周。十八世紀末拉文納姆（Lavenham）兩個相距大約一點五公里的小村莊各自收到捐贈書籍，總共約三千五百本，令村莊圖書管理人員壓力沉重，不知所措。這種數量的書籍顯然更適合捐給拉文納姆羊毛業者捐資興建的大型教堂。到了十九世紀初，這兩座圖書館都不復存在，沒有留下一絲痕跡，顯然不是巧合。

　　薩福克郡的諸多例子告訴我們，這些新設立的圖書館大多附屬教區教堂，由當地神職人員掌控，教區長通常兼任館員。另外，這些藏書多半是神學著作，而且以拉丁文為主。主要是牧師和民間收藏家的捐贈，希望提升社區民眾的心靈，同時也讓自己死後留名，以免湮沒在時間的長河中。一六八一年英格蘭政治家約翰・特雷貢威爾（John Tregonwell）把他的藏書留給多塞特郡（Dorset）米爾頓阿巴斯（Milton Abbas）的教堂設立圖書館，是為了「感謝神的仁慈，在他從這座教堂屋頂摔下來時保住他的性命。」[17]這場大難不死讓小小的多塞特郡村莊得到一批知名藏書。

　　令人訝異的是，英國的印刷業幾乎都集中在倫敦，但倫敦的公共圖書館卻相當稀少。十七世紀中期只有西敏寺（Westminster Abbey）、聖保羅主教座堂（St Paul's）和錫安學院三處公共圖書館。[18]後來將會升任坎特伯里大主教的湯瑪斯・特尼森（Thomas Tenison）或許意識到這點，一六八四年在倫敦的聖馬丁教堂（St Martin-in-the-Fields）為神職人員設立一座圖書館。根據英格蘭作家

約翰・伊夫林（John Evelyn, 1620–1706）的說法：

> 他〔特尼森〕告訴過我，在他教區裡的教會有三、四十個年
> 輕神職人員曾經因為流連酒館或咖啡館受他責罵。那些人有
> 的是年輕紳士的督導，有的是貴族的牧師。他說這些年輕人
> 如果有書本，就會願意讀書，善用自己的時間。[19]

只是，比起一七〇四年格林威治教區長兼羅徹斯特（Rochester）副
主教湯瑪斯・普魯姆（Thomas Plume）遺贈給他的故鄉埃塞克斯郡
莫爾登（Maldon）的八千一百本書籍和小冊子，這座圖書館規模
小得多。普魯姆的書存放在鎮上歷史悠久的聖彼得教堂（St Peter's
church），他建立這座圖書館是為了「供周邊教區的牧師與神職人
員使用，那些人因為自己教堂附近空氣不好，選擇定居在這個鎮
上。」[20]只是，莫爾登鎮附近有多少符合資格又有求知欲的牧師能來
善用這一大筆遺贈？真相是，這種依照收藏者的個性建立起來的全國
圖書館網絡，往往不是設在迫切需要圖書館、書籍也更能發揮作用的
地方。很多書籍收藏者會以自己的期待為優先考量，只想在社區留下
自己的足跡，不會用心思考誰來使用自己留下的書籍。

　　收藏者通常很難想像，他們花費金錢和心力收集的書籍，對其他
人可能毫無價值。基於這個原因，像莫爾登的普魯姆或林肯郡格蘭瑟
姆（Grantham）的牧師法蘭西斯・崔格（Francis Trigge）這類人遺留
的私人藏書轉型為公共圖書館後，多半不長久。[21]真正能夠成功的，
比如萊登的律師約翰內斯・蒂修斯（Johannes Thysius, 1622–53）和
曼徹斯特的布商漢弗里・查特姆（Humphrey Chetham, 1580–1653），
本身都有龐大的財力。圖書館是他們一生的職志，代表他們的品味或
虔信。但他們必須留下一筆可觀資產來支付圖書館的維護費用，好讓
圖書館繼續為公眾服務。[22]查特姆的圖書館跟其他公共圖書館不同，

因為他的圖書館委託專人管理，而不是交給教區或市政府。這個決定讓圖書館不至於因為管理疏失，最後跟很多教區或城鎮小型圖書館一樣關門大吉。[23]直到十七世紀末科克伍德和布雷這兩個有遠見有毅力的人出現，才有了全國性圖書館網絡的構想，全力營造公共圖書館遍地開花的盛況。

蘇格蘭版亞歷山大

到了一七〇〇年，歐洲各地已經設立不少教區、學校和市立圖書館。有些是個人捐贈，有些則是多人共同捐贈，或當地政府創辦。真正成效良好的並不多，但這不足以阻礙有心人在城鎮和鄉間建立圖書館，實現為更多民眾服務的遠大抱負。一六九九年科克伍德牧師向全世界獻上有史以來最全面的圖書館計畫：在他的故鄉蘇格蘭每個教區建立一座公共圖書館。

科克伍德之所以有這樣的抱負，是因為他跟當時很多人一樣，為歐洲越來越多的書籍目眩神迷。在書籍世界的邊緣，這樣的情況更是明顯，因為那些地方沒有印刷廠，書籍自然而然更昂貴，也更難取得。科克伍德認為，在蘇格蘭各地建立圖書館，

> 短時間之內蘇格蘭會是第一個擁有大量有益書籍的國家……
> 這麼一來，我們國家的各種學問就能大幅提升、蓬勃發展。
> 我們雖然人口不多也不富裕，卻能擁有智慧與學識。更進一
> 步說，往後兩、三百年，這些圖書館會更充實，更完整，就
> 連世界最有名、最壯觀的圖書館，也無法超越我們國家所有
> 教區裡最小的圖書館。[24]

這些新圖書館不但激發蘇格蘭人的愛國情操，有才華的年輕人也能留在國內，不需要花大錢到國外大學就讀。科克伍德領先十九世紀鼓吹

設立公共圖書館的人，認為優質的地方圖書館具備教化功能，能讓男性少去賭博喝酒，多花時間讀書。

為了遊說鄉親，科克伍德出版一本簡潔易懂的小冊子，列舉十二點說明他的計畫。他的提案近乎不切實際：要求蘇格蘭每一個牧師將所有私人書籍捐給教區，再將書籍目錄送到愛丁堡的「中心」圖書館。這些書會經過鑑價，以便給予牧師補償。所有教區的書籍目錄經過檢視後，會編列一份表單，詳列每個教區（或至少每個教會評議會）應該備有哪些書籍。各教區缺的書可以自行採購，或跟其他教區交換。最後（也是最激進的），只要有新書出版，每個教區都會收到一本。科克伍德提議籌措七萬兩千英鎊的基金做為購買新書的經費，這筆錢由每個教區的地主和牧師共同負擔，牧師採扣薪水的方式處理。另外，科克伍德規劃成立中央辦公室，定期調查歐洲新書出版動態，方便進行採購，或在蘇格蘭的新印刷廠重印。這座印刷廠是專為供應教區圖書館的書籍而設立。

科克伍德跟所有追尋失落的亞歷山大圖書館的朝聖者一樣，流於理想化。最低限度，要求牧師在未來不一定得到補償的情況下交出所有藏書，原本就太過天真。另外，既然目錄的製作由牧師全權負責，就說明這件事不會有進展。蘇格蘭教會聯合會沒有採納科克伍德的提案，意志堅定的科克伍德卻沒那麼容易打退堂鼓。一七〇二年他又提出另一個比較溫和的計畫，這次的計畫只在蘇格蘭高地推行，因為那裡大規模私人藏書不多，也缺少教育機構。[25] 這回科克伍德如願以償，但那只是因為他向教友們強調，天主教傳教士在蘇格蘭高地遊走，鼓吹無書可看的神職人員和俗世百姓回歸羅馬教廷懷抱，構成威脅。[26] 他動人的說辭在倫敦得到熱烈回應，因為那裡很多富裕的新教徒認同他的傳道使命，也特別擔心詹姆斯黨的動亂。經過堅持不懈的努力，科克伍德總共募得一千三百英鎊，外加許多私人捐贈的書籍。各界捐贈的五千多本書會經由海運從倫敦送往蘇格蘭。從一七〇四到

圖12　蘇格蘭最古老的外借圖書館,地點在伯斯郡(Perthshire)的內佩福雷(Innerpeffray)。書籍最早存放在圖中右側的禮拜堂樓上一個小房間,一七六二年移進左邊的建築,樓上是圖書館,樓下是館員的住處。

一七○八年,蘇格蘭高地和群島設立了七十七座圖書館,開放給當地所有居民使用。

　　這是一項重大成就,但它的成功卻也是它的末路。在這些圖書館設立的地區,居民對新教的態度頂多是漠不關心。他們不信任圖書館,認為那是新教吸納信徒的據點。一七○九年科克伍德過世,圖書館的創建大業也隨之停擺。再者,少了高地地主的財務支持,圖書館的維持陷入困境。一七一五年詹姆斯黨叛徒攻占並摧毀羅斯郡(Ross-shire)阿爾內斯鎮(Alness)的圖書館,科克伍德的圖書館被毀了兩座。到了一七三○年,他的許多圖書館都已經消失。因弗內斯郡(Inverness-shire)的小村莊基爾莫拉克(Kilmorack)居民以天主教信徒居多,那裡的圖書館員湯瑪斯‧奇修姆(Thomas Chisholm)

過世後，負責處理遺產的人將教區圖書館的書籍以重量計價出售，充當鼻菸包裝紙。[27]到了十九世紀初，一百年前設立的這些圖書館幾乎無跡可尋。

科克伍德的計畫雖然失敗了，但他看見了書籍匱乏這個實質問題。在鄉間地區，民眾必須能夠把書借回家，因為往返當地教堂路程遙遠，機會也不多。只要住家離科克伍德的圖書館三十二公里以上，就能借一本小書回家讀最多兩星期。如果是頁數多的大書，借閱時間可以延長。在伯斯郡的小村莊內佩福雷的公共圖書館，借閱權是圖書館成功與否的關鍵。這座圖書館是瑪德蒂勛爵大衛・德拉蒙德（Lord David Drummond of Madertie）在一六八〇年建立，目的在「利益並鼓勵年輕學子」。德拉蒙德遺贈的近三千本書確保了圖書館營運順利，這些書目前仍然存在，已經被認定為蘇格蘭圖書館文化的珍寶。內佩福雷圖書館離最近的城鎮大約六點五公里，為散居在蘇格蘭高地丘陵之間的百姓提供靈性與休閒書籍。十八世紀下半葉的借閱紀錄顯示，全部兩百八十七名借閱者來自社會各個階層，其中包括十一名女性，借閱總人次是一千四百八十三。[28]這座圖書館收藏不少學術書籍（德拉蒙德生前是個合乎時代潮流的收藏家），但民眾借閱最多的是英文宗教和歷史書籍。很多圖書館創辦人都沒弄明白，圖書館成功的關鍵是提供使用者真正喜歡的書籍。

布雷的恢宏計畫

科克伍德在英格蘭有個同類，那就是布雷。事實上，他們兩個是朋友，也都支持對方的大膽行動。一六九八年布雷創辦基督教知識促進會（Society for Promoting Christian Knowledge），[29]目的是為偏鄉教區教堂提供少量書籍，正如他在一七〇九年發表的〈在英格蘭資源匱乏教區設立圖書館提案〉（*Proposals for Erecting Parochial Libraries in the Meanly Endowed Cures throughout England*）提出的主張。他的想

法跟科克伍德的提案類似，卻沒有太多指示。入選的教區會收到一箱書，書箱的蓋子內側貼著一份目錄，以及由布雷推動、在一七〇八年通過的〈教區圖書館法案〉（Parochial Libraries Act）。

最初那幾年布雷的圖書館共有五十二座，他過世後增加到一百零四座。這些圖書館的藏書多半在六十二冊到七十二冊之間，以橡木手提箱運送。[30]每一座圖書館的書籍價值大約二十英鎊，一部分由基督教知識促進會的管理人負擔，收到書籍的教區則需要貢獻五英鎊。受贈的教區則是經過審慎篩選：在已經擁有不少圖書館的薩福克郡，只有薩德伯里鎮（Sudbury）的諸聖堂雀屏中選。不過，到了一九〇三年這座圖書館已經累積卓越聲譽，足以說服密爾登（Milden）的教區長將他教區圖書館的兩千多冊書籍捐給薩德伯里的布雷圖書館，因為薩德伯里圖書館的藏書極少（一八一三年只有三十九本）。[31]薩德伯里心懷感恩地收下這批書，但一轉身就把其中最珍貴的書賣出去，得款用來購買新書。[32]

布雷的基督教知識促進會圖書館服務的對象其實是神職人員，而不是教區民眾。這些圖書館帶來的影響並不大，因為在一六八〇到一七二〇年這段時期，很多社區也在累積屬於他們自己、數量更多的藏書。我們已經了解到，這些藏書通常來自私人遺贈，但有時候地方政府出力更多。以梅德斯通（Maidstone）為例，市政當局在一六五八年指派財政人員採購英國國教牧師布萊恩・渥爾登（Brian Walton, 1600–61）倡議編纂的多語《聖經》全六冊，放在教堂聖器室供居民使用。到了一七一六年，這座教堂已經有三十二本書，都可以提供給市民借閱。一七三一年市政當局買下剛過世的布雷遺留下來的全部五百五十九本書，同樣用來充實圖書館館藏。根據借閱紀錄，我們得知借閱者之中神職人員只占一半。在這樣的圖書館，我們看見更名符其實的公共圖書館原型：教堂只是存放書籍的合適地點。[33]

英格蘭鄉間的傳教活動只是布雷遠大使命的一半。一六九六年

圖13　海外福音傳道會藏書票（1704）。圖中的新教牧師自豪地拿著書站在船頭，跟即將接受基督信仰教導的原住民打招呼。可以確定的是，這樣的夢想未必會實現。

倫敦主教亨利・康普頓（Henry Compton）注意到布雷。當時康普頓為英國國教在美洲殖民地的未來感到憂慮，指派布雷擔任他的代理人，將秩序與救助帶到那些遙遠的地方。[34] 一六九九年布雷啟程前往美洲，在馬里蘭（Maryland）建立三十個教區，其中十七個附設圖書館。只可惜，不久後殖民地政治就阻礙了他代表教會的一切行動，同時也導致他遲遲收不到當初談妥的薪水。布雷並沒有因此卻步，他回到倫敦創辦名為海外福音傳道會（Propagation of the Gospel in Foreign Parts）的新組織，與基督教知識促進會密切合作。他也活力十足地為他在美洲設立的圖書館募款，總共籌到五千英鎊的巨額購書資金。布雷建議，每個殖民地除了他的教區圖書館之外，還應該有一座地方圖書館和一系列一般信徒圖書館，收藏的書籍包括《聖經》和教化文

學，放在教堂供會眾借閱。

　　布雷籌募到的資金總共在美洲殖民地建立三十八座教區圖書館、五座地方圖書館和三十七座會眾圖書館。其中規模最大的是在馬里蘭州的安那波利斯（Annapolis），共收到一千本書，不過有些教區圖書館的藏書只有不到十冊。收到書的人未必高興。根據在地英國國教牧師的報告，北卡羅來納的貝斯（Bath）收到的書在九年內全部消失，「書本都被拆解，有些被當成廢紙使用。」用來建立教區或會眾圖書館的書也可能被濫用：「總督的妻子海德女士把委託她保管的書都賣給我，交換奶油和雞蛋。」[35]宗教改革的戰火接近尾聲時，布雷的圖書館大多已經徹底消失。安那波利斯圖書館的藏書一開始是一千零九十五冊，如今只剩兩百一十一冊。

　　這些努力創造出的成果之中，保存最久的不是圖書館，而是基督教知識促進會。在接下來兩個世紀，這個組織會在工業時代的英格蘭工業城和大英帝國所有角落散發幾百萬份宣傳手冊。這個組織看見了很多維多利亞時期的理想主義者看不到的事實：如果要將新興產業階級帶向神的懷抱，就必須把書本帶給他們，而不是堅持讓人民走進圖書館。這是變相承認過去的世代建立教區、會眾或城鎮圖書館，只為神職人員和少數精英市民服務的做法是失敗的。公共圖書館的時代還在一段距離外的未來。

第十一章
主教的失誤

　　樞機主教黎希留（Richelieu, 1585–1642）是法國國王路易十三的首席大臣，權力滔天，幾乎無人能及，主導當世頂尖強權的政務將近二十年。他的政治生涯能夠一帆風順，沒有蒙羞下台，沒有賠上性命，確是了不起的成就。特別是他出身低階貴族，一路走來即使樹敵無數，也為自己和家族聚積了巨額財富。黎希留是「大臣」這種新世代政治人物之中的佼佼者，在這些人的努力下，歐洲各國的權力與政府部門得以迅速擴張。他們憑藉國王和女王之名行使權力，只是，君主對他們的依賴激怒了舊勢力，特別是貴族成員，因為貴族憑藉高人一等的血統，向來占有宮廷的核心職位。大臣也可能出身貴族世家，但更多人是靠法學或神學素養爬到高位。他們的武器通常是筆，而不是劍。

　　樞機主教黎希留累積權力與財富的同時，也孜孜不倦地兼顧到日益擴大的官僚體系。大臣為了善盡職責，越來越需要參考大量實用文件、法律書籍和條例法令。還需要學者和博學之士來幫他翻查法律判例、跟國外圖書館員聯繫，或為他尋找並採購新書。[1] 這些與日俱增的實用書籍後來發展成龐大藏書。大臣們獲取書本的另一個管道跟君主類似，那就是急於投入門下的學者獻上的贈禮。令人心醉神迷的權力高位附帶其他好處。一六二八年黎希留平息拉羅謝爾市（La Rochelle）的新教動亂之後，路易十三將拉羅謝爾圖書館所有藏書賞

賜給他。黎希留過世前擁有超過六千本書，包括大量希臘文、希伯來文和阿拉伯文手抄本。他的最大對手西班牙首席大臣奧利瓦雷斯（Olivares）公爵加斯帕爾・古茲曼（Gaspar de Guzmán）的藏書也不遑多讓，有五千本印刷書和一千四百本手抄書。[2]

這些藏書的數量顯示，大臣們收藏書籍十分積極主動。他們投注龐大資源打造壯觀的藏書，不但有精選的稀有珍本，內容也浩瀚廣博。這些藏書兼具多重功能，既能補充大臣檔案庫資料的不足，也能對外展示，還能做為有限度的公共資源。政治人物的藏書算是半公共性質，因為它是在公開情境中運作，很多大規模藏書更是以公共基金設立。兩百年前文藝復興時期的樞機主教和政治人物以小巧隱密的「書房」自豪（比如烏爾比諾公爵費德里科），那是專門打造來向少數賓客炫耀的私密空間。十七、十八世紀樞機主教和邦國大臣的圖書室則是另一種風貌：雄偉、華麗，任何人只要擁有恰當的人脈，都有機會走進去。這些圖書館（或許不知不覺地）以羅馬的皇家圖書館為榜樣，是藝術家和作家的聚會場所。聚在這裡的人會齊心協力提升主公的聲望，幫助他對抗朝廷裡的對手，或消弭流傳在市井之間的粗俗嘲弄。兼具培養門客功能的古代圖書館，就在歐洲日益擴展的官僚政體的核心重生。

大臣不能忽視私下的辱罵和酒館的謠言，因為他們手中的權力往往瞬息萬變。為了保有新地位，他們必須以巨額的花費和華麗的排場碾壓政治對手的氣勢。於是他們豪奢地建造宅邸和庭園，收藏藝術品，蓄養大量家僕和忠誠護衛。蘇格蘭國王詹姆斯六世（兼英格蘭國王詹姆斯一世）參觀他的財務大臣湯姆斯・霍華德（Thomas Howard, 1585–1646）在埃塞克斯郡新建的府邸奧德利莊園（Audley End），據說當下感慨地表示，這座宅子占地廣大，適合大臣這樣的高官，對國王而言就太大了。這種暗藏機鋒的打趣話語展現了這位英明國王的洞察力。他不但理解也能欣賞大臣走鋼索的危險行為，卻不計較他們

在過程中是不是享受太多榮華富貴。

　　黎希留在一六四二年權力鼎盛時過世。他在遺囑裡把私人藏書捐給法國民眾，藉此表示他收藏書籍的初衷是為法國人民謀福利。[3]這批書籍原本可以讓法國引領風騷，率先建立對公眾開放的大型圖書館。當時有三座大型公共圖書館，除了牛津的波德利圖書館外，還有義大利米蘭的安博羅修圖書館與羅馬的安吉利卡圖書館（Angelica）這兩座天主教圖書館。可惜法國注定無法加入這個神聖行列。巴黎的索邦大學負責處理黎希留的藏書，奉命讓這批書籍留在原處，也就是黎希留的宅邸裡。編列清單的過程中，這批書籍經過多次檢視，許多最珍貴的希臘文手抄書不知所終。一六六〇年索邦大學主張他們擁有這批書籍的所有權，要求將它們移回校園。這實在違反常理，因為索邦大學圖書館架上現有的空間根本容納不下這些書。黎希留的書直接入庫儲存，時日一久，很多書都被處理掉。當另一批人努力爬上權力巔峰，他們也開始收集書籍。那些爭先恐後承接黎希留衣缽的人忙著施展雄心壯志，沒有心思理會被掠奪之後在倉庫裡泛黃發霉的書籍。

論呎收購

　　黎希留過世前不久從義大利召回法國籍的諾德，指派他整理並擴展他的藏書。諾德是個炙手可熱的人物，是專業圖書館員這個新職業活生生的典範，大人物爭相雇用他收集書籍或建造圖書館。基本上圖書館員兼顧問這個新族類都是出身比較低微的學者，有著身分較高的學者所沒有的熱忱，能全心全意實現雇主的夢想。諾德來自巴黎平凡卻體面的家庭，是家中次子，個性早熟，因為擔任巴黎高等法院主席亨利・梅姆（Henri II de Mesmes）的圖書館員而揚名。梅姆的圖書室是巴黎精英知識分子的聚會場所，由當時年僅二十出頭的諾德負責管理，諾德因此有機會在巴黎頂尖學者圈露臉。諾德整理好梅姆的八千多冊書籍，並且編寫目錄之後，寫了一篇短文向梅姆致謝，標題是

〈關於書籍收藏的建言〉（Advice on Establishing a Library）。這篇文章在一六二七年以摺頁方式出版，是第一份直接對收藏者提供的建言，文中說明為什麼要收藏書籍，藏書又該如何整理。[4]

　　這份建言是諾德遞給法國文化精英的名片。讚揚雇主的藏書品味高雅，等於讚揚他自己的專業能力。諾德選擇用法文（而非拉丁文）撰寫這篇文章，也暗示他這篇文章瞄準的對象不是其他學者（這些人是他在職場上的競爭對手），而是多金的貴族和外交家，這些都可能是比梅姆聲望更高的未來雇主。諾德明白，對於這些人，圖書室不只是收藏書籍的空間，更是社交場域。想要提升自己的影響力和聲譽，關鍵在於吸引名人來到自己的圖書室。為了將這個觀點深植在讀者心中，諾德長篇大論地說明法國還沒有大型公共圖書館，應該有達官顯貴出面建造，並且含蓄地暗示最好能聘請像他這種學識豐富的人負責管理。

　　諾德理想中的達官顯貴應該打造什麼樣的圖書館？他提出的建議並不算極端創新，而是用古代的權威包裝當代的書籍收藏活動。他敦促上位者審慎考慮該用哪些書籍來裝點圖書室，藉此反映自身的學識。同時他也建議，偉大的藏書內容應該包羅萬象，涵蓋所有的傳統學科。諾德以現有的模型為基礎，鼓勵收藏家收藏異端書籍。這種做法在新教國家已經相當普遍，但天主教國家並不採納。諾德最有爭議性的建議，是短時效素材的收藏，「比如諷刺文學、單張出版品、論文、剪報、印刷樣張，凡此種種」，正是波德利爵士全力防堵、不允許流入牛津圖書館的東西。諾德的提議附帶合乎情理的條件，那就是這些時興素材必須細心分類裝訂，變成有用的資料。最重要的是讓全世界都知道你收藏書籍，這麼一來就會有人主動送書上門。想要對外宣揚你在收藏書籍，最好的辦法是向知名收藏者（或他的繼承人）買下整批藏書。買到不想要或重複的書籍，隨時可以轉手賣掉。

　　這種有見識的務實做法讓整個書籍圈耳目一新，諾德的專業能力

受到好評，聲名遠播。〈建言〉發表幾年後，他累積的聲譽為他謀到新職務，擔任義大利有權有勢的樞機主教古伊迪‧巴尼歐（Guidi di Bagno）的祕書兼圖書館員。諾德是在巴黎遇見巴尼歐，接下新工作後隨巴尼歐回到羅馬，在那裡待了十年。義大利書籍收藏風氣鼎盛，是個處處驚喜的豐饒角。另外，義大利也是個好地方，方便繼續跟祖國的權貴維持良好的社交關係。身在羅馬的諾德為法國收藏家尋找他們想要的書籍，營造左右逢源交遊廣闊的形象。到了一六四二年，樞機主教黎希留需要圖書館員時，諾德順理成章成了理想人選。

黎希留的死（在諾德就任後幾個月）對諾德是個打擊，但隨著樞機主教馬薩林接任首席大臣，他也迎來了好運。對於諾德，馬薩林是個理想上司。馬薩林手握無限資源，需要證明自己對法國的價值，證實自己夠格承接黎希留遺下的大權。馬薩林在義大利出生，因此也需要向法國展現他的忠誠。他實現這個目標的方法之一，就是打造整個歐洲最豐富、最完整的圖書館。[5]

諾德的任務刻不容緩，因為馬薩林的部屬已經馬不停蹄在樞機主教官邸（黎希留生前居住的豪華府邸）建造壯麗的圖書館。諾德很快發現，想要達到上司的要求，買書不能像他在〈建言〉所說精挑細選，而是要秤重大批採購。他向巴黎的一百五十家書店採買了六千本書，而後向巴黎有名的書籍收藏家掃貨，再買進六千本書，總共花費兩萬兩千里弗[6]（諾德年收入的十倍）。

書籍安穩入手後，馬薩林圖書館每星期四對大眾開放。到了一六四四年一月三十日，巴黎的雙週刊《公報》（Gazette）報導，樞機主教馬薩林將他的圖書館（館藏是皇家圖書館的兩倍）變成「所有博學與好學之士的求知場所。那些人每星期四蜂湧而至，從早晨待到晚上，只為品讀他出色的藏書。」然而，諾德與任務目標還有一大段距離。一六四五年他出發前往義大利，論碼計價收購書籍，過程中跟書商殺價毫不留情。他的朋友義大利詩人吉安‧維托里奧‧羅西

（Gian Vittorio Rossi）說，書商想談個好價錢，

> 最後總是諾德占上風。他態度強硬，或脅迫或恐嚇，甚至全
> 然的厚顏，用買梨子或檸檬的價錢帶走最好的書籍。事後書
> 商回想整個交易過程，總是埋怨自己當時一定是鬼遮眼，身
> 不由己，因為他把書賣給香料商人包香料或胡椒，或賣給雜
> 貨商包奶油、醬汁魚和其他醃製食品，價格都好得多。[7]

諾德對這些哀嘆無動於衷，繼續在佛羅倫斯、曼圖阿（Mantua）、帕
多瓦和威尼斯等地大規模採買。短短八個月內，他收購了八十六大捆
書籍。書籍收藏家伊斯梅爾・布里奧（Ismaël Boulliau）多次目睹諾
德的採購活動，說道：「他什麼都不嫌棄，從不錯過好書，特別是沒
沒無聞的作家的作品。」諾德掃蕩過威尼斯的書店之後，布里奧擔心
威尼斯的書被搬空，當地百姓只剩「識字本和時禱書」可讀。

　　不屈不撓的諾德帶著一萬四千本書回到巴黎，只向馬薩林請款一
萬兩千里弗（包括諾德旅途上的開銷）。諾德東奔西走兩年，足跡遍
及法國、瑞士、德國、荷蘭等地，終於為馬薩林打造一座令人嘆為觀
止的圖書館，大約有四萬本印刷書，八百五十本手抄書。這些書總共
花費六萬五千里弗，不過諾德將重複的書籍賣回巴黎書市，得款四千
里弗。

　　馬薩林圖書館落成啟用之初，館內有八十到一百個工作人員。諾
德曾經誇口指出，外國學者在圖書館裡看到自己國家的書籍，無不驚
呼連連。就算不相信他的話，也能理解這麼龐大的藏書史無前例地對
外開放，必定贏得許多人的讚賞。接下來幾年時間，馬薩林圖書館穩
居史上最大圖書館寶座。

　　可惜好景不常。短短幾年馬薩林就被迫逃亡了：投石黨之亂[8]發
生，他不得不逃離巴黎。投石黨之亂是一場錯綜複雜的抗爭事件，

GABR. NAVDÆVS PARIS. E. CARD.
MAZARINI BIBLIOTH. Æ. A. XLIX

Mellan G. del. et sculp.

圖14　活力充沛的圖書館員加布里歐‧諾德，他為了實現上司樞機主教馬薩林的夢想，論碼採購書籍。雖然他以書籍收藏理論自薦，真正為他博取名聲的，卻是他堅定不移的務實理念。

起因是民生艱困，百姓不滿馬薩林與當時攝政的王后奧地利的安妮（Anne of Austria）的統治（據說安妮是馬薩林的情人）。諾德和其他人打起長期保衛戰，希望守住圖書館，一開始還算成功。一六四八年巴黎高等法院宣布查抄馬薩林的私人物品和家產，但圖書館只是上了鎖，書籍原封不動。彷彿就連那些巴不得馬薩林下台的最極端反對者也知道，馬薩林圖書館具有什麼樣的文化意義。年幼的國王路易十四

也加入拯救圖書的行列。只是，到了一六五二年十二月二十九日動亂即將結束時，亂黨終於下令賣掉馬薩林官邸內的一切。

圖書館即將瓦解的消息迅速傳播出去，很大一部分是因為其他收藏家垂涎已久，想要低價買進馬薩林的藏書。諾德向巴黎高等法院提出的請願書被翻譯成英文版，在英格蘭印刷散發。他敦促議員拯救「現今世上最美麗、設備最完善的圖書館」。

> 先生們，你們能坐視公眾喪失這麼有益、這麼珍貴的事物嗎……損害一旦造成，世上沒有任何人……能夠補救。請相信我，這座圖書館的毀壞，會是比君士坦丁堡的淪陷與洗劫更重大的歷史事件。[9]

傷心欲絕的諾德竭盡全力拯救館藏，甚至自掏腰包買下一部分書籍。後來他發現大勢已去，就接受邀請移居斯德哥爾摩，擔任瑞典女王克莉絲蒂娜（Christina）的皇家圖書館員。[10]

政治局勢變幻莫測，到了一六五三年，馬薩林重新掌權，召喚諾德回國修復圖書館。諾德從瑞典出發，卻在途中過世。於是修復法國最大圖書館的重責大任落在更為世故精明、頗具政治手腕的財政大臣尚巴提斯特・柯貝爾（Jean-Baptiste Colbert）肩上。柯貝爾在馬薩林生命的最後十年擔任他的財務官，當馬薩林重回高峰，圖書館的重建變成第一要務。馬薩林撥出大筆經費供柯貝爾運用，但柯貝爾是商人之子，精通會計學，處理錢財精打細算。他通知曾經收購馬薩林圖書館原有藏書的人，只要返還書籍，過去的事就一筆勾銷，不少人立刻照辦。有三名負責監督書籍拍賣的議員監守自盜弄走大批書籍，家中全部藏書遭到沒收。藉由這種高壓手段和經費的審慎運用，馬薩林圖書館的藏書很快就回升到兩萬九千冊左右。[11]只是，這回他不再開放給不知感恩的民眾使用。

模仿遊戲

馬薩林圖書館的難堪遭遇在法國引起莫大回響。一六六一年樞機主教馬薩林過世，柯貝爾順利進入宮廷為國王效命，終於可以為自己的財富、家族和資產展開謀劃，這個藍圖之中自然少不了圖書館。但眼前還有個阻礙必須移除，那就是當時地位最高也有意接掌馬薩林職位的大臣尼古拉斯・福格（Nicolas Fouquet）。福格出身法學世家，他的父親法蘭西斯（François Fouquet）擁有一座符合法學界慣例的完善圖書館，他本人身為巴黎高等法院的出庭律師，自然而然結識不少收藏書籍、財力雄厚的法學專家。

福格成為馬薩林的核心班底之後，抓緊機會打造一座符合他顯要新地位的圖書館。首先，他依照諾德的建議，買了幾批內容豐富的書，指派皮耶・卡卡維（Pierre de Carcavi）擔任圖書館員，幫他整理書籍，打算效法馬薩林，對公眾開放。只是，福格行事過於招搖，引起國王的懷疑，最後被捕下獄，這一切都化為烏有。這座圖書館收藏了驚人的兩萬七千冊書籍，往後六年的時間大門深鎖，引來貪婪的禿鷹在外盤旋。**12**

確定福格翻身無望之後，皇家學院（Collège Royal）的教授建議將福格的藏書撥給該校圖書館。基於皇家學院與宮廷長久以來關係密切，這個請求合情合理。不過，接替福格擔任國王財務官的柯貝爾有不一樣的想法。他先把一千本義大利歷史著作送進皇家圖書館，當時皇家圖書館藏書量比馬薩林和福格的圖書館少得多，也不對公眾開放。皇室為這批書籍支付一萬里弗，用來償還福格的債務。這筆錢反映出福格的案子證據不足的事實。這樁案子延宕三年，演變成國際間轟動一時的訴訟案。國王審慎行事，不願意直接查抄福格的財產。福格的前任圖書館員卡卡維奉命再挑選書籍送交皇家圖書館，之後福格的妻子終於能拍賣剩下的書，清償丈夫的債務。

有趣的是，柯貝爾竟沒有趁機搜刮福格的圖書館來擴充自己的藏

書，老謀深算的他懂得另闢蹊徑。他安排自己的兄弟進皇家圖書館擔任館員，他就能進出自如。另外，他可能也明智地猜到，福格之所以垮台，是因為高調炫富。無論如何，柯貝爾打算為他的皇室雇主建立一座與眾不同的圖書館，收藏各種實用文件，方便法國各公務部門運用。柯貝爾擔任大臣那幾年，正是法國國王路易十四對外擴張的時期，剛獲得的領土需要法律依據，因此需要尋找先例、特許證和譜系等文件。柯貝爾的部屬前往法國各地，翻查檔案資料，製作複本。心思縝密的柯貝爾指示部屬使用特定類型和尺寸的紙張，便於日後裝訂成文件檔。這不是偉大收藏家的華麗展示，而是國家行政的有利工具。[13]因為柯貝爾的努力，皇家圖書館的館藏迅速增加，總共有三萬六千冊印刷書，一萬多本手抄書。而他的私人藏書也增加到三萬冊。柯貝爾開發出一種百科全書式的目錄與索引系統，方便搜尋這些檔案。只要圖書館的資源任他取用，他不需要外界的頌揚。

柯貝爾敏銳地察覺圖書館的力量和公開展示豐富收藏的危險，其他政治人物未必有這種能力。馬薩林死後，許多貴族、外交家、樞機主教和主教受到他打造圖書館的雄心壯志啟發，紛紛建立龐大圖書館，對公眾開放。這些人聘用的圖書館員都是跟諾德一樣的人文主義學者，而不是柯貝爾這種精明官員。這種炫耀行為招來的苦難之所以輕易就被拋到腦後，主要原因在於前仆後繼的模仿文化。所有收藏家都不願意被對手搶了光彩，圖書館員更是積極慫恿這種競爭心態，鼓吹雇主仔細檢視其他知名收藏家都收藏什麼樣的書籍。諾德也建議收藏家搜集其他收藏家的目錄，做為模仿與改進的依據。[14]模仿之所以可行，是因為偉大的收藏家通常急於向訪客展示他們的藏書。不管是出使外國或壯遊天下，對於具備文化素養、有意嶄露頭角的外交使節、主教和年輕貴族，知名圖書館都是必訪之地。書籍收藏者返國後，先前在國外建立的人脈就能發揮重要功能：用心的收藏家在國外必須有個可靠的聯絡人，代替他們為雇主尋找國外的藝術品、珍品古

玩和書籍。[15]

　　能否使用重要圖書館，通常取決於個人的社會信譽。然而，這個年代圖書館的訊息不難取得，一是透過印刷版目錄，一是靈活地將大型圖書館納入闊綽觀光客的行程的旅遊指南。諾德的好友路易・雅各（Louis Jacob）是嘉爾默羅會（Carmelite）修士，他走上跟諾德相同的道路，成為樞機主教若望・方濟各・保祿・貢迪（Jean François Paul de Gondi）的圖書館員。由於諾德的鼓勵，雅各在一六四四年發表《細數最美麗的圖書館》（*Traicté des plus Belles Bibliothèques*）。[16]這部作品基本上是一份表單，列舉當代幾百座公私圖書館，以法國為主。志得意滿的收藏家可以寫信給雅各，讓他把他們的藏書加入表單，前提是他們的藏書超過三千冊。毫無疑問，這是一本愛國書籍：

> 我的書最主要的作用是介紹法國的圖書館。現今法國圖書館的數量居全世界之冠，我可以誇口，光是巴黎的圖書館，就超過德國和西班牙的總數，只要看看我列舉的表單就明白了。[17]

這段話激怒德國學者，但雅各的書終究成功地將法國塑造成歐洲成熟書籍文化的核心。另外，這本書也突顯了貴族藏書在法國鄉間城鎮的重要性。到了十七世紀，貴族世家的後裔已經果斷地擺脫淺薄好武的名聲，紛紛進大學就讀，大多主修法律，而後不但角逐法院的職務，也在當地政府部門任職。他們收藏了不少法律、歷史和古典著作，有助於維護普羅旺斯艾克斯（Aix-en-Provence）這類城鎮的聲名。普羅旺斯艾克斯設有法國最高法院。[18]

　　雅各的圖書館指南多次再版，也引出不少同類型作品，其中最成功的要屬荷蘭中小學校長約翰涅斯・洛米耶（Johannes Lomeijer）。一六六九年洛米耶出版《圖書館》（*De Bibliothecis*），廣泛研究當代

歐洲圖書館。不過，套用他的話，只納入「知名度比較高的」。[19]洛米耶知道圖書館無所不在，但其中某些會因為規模、外觀、書籍的稀有度和豐富度，以及贊助者的名氣，顯得格外出眾，這些圖書館才值得仔細研究。

洛米耶之所以不同凡響，有兩個原因。他簡略卻盡責地關注到古代的圖書館，因為那些圖書館一直是文藝復興書籍收藏家最主要的靈感來源。他的著作明白指出，當代收藏家應該效法的對象是波德利和馬薩林之類的人物，而不是奧古斯都大帝。這是一部運籌帷幄之作，洛米耶不需要離開荷蘭，就寫出這本小書。在那個時候已經有不少出版品可供參考，洛米耶不難收集到一百多座圖書館的大量資訊。讀者也不需要收拾行李，就能打開世界各地大型圖書館的大門。

至少洛米耶在某個面向比較傳統。有別於雅各，他對義大利的圖書館關注最多，因為在整個歐洲，義大利仍然是公認的學術、高雅文化和教養的發源地。年輕人遊學絕不會錯過義大利，特別是永恆之城羅馬。洛米耶出版他的著作之前五年，義大利人喬凡‧皮耶特羅‧貝羅里（Giovan Pietro Bellori）和菲歐凡特‧馬提涅利（Fioravante Martinelli）在他們共同創作的小冊子《關於博物館》（*Nota delli Musei*）中介紹羅馬多達九十八座大型圖書館。[20]這份輝煌表單中最偉大的收藏家是義大利貴族巴貝里尼（Barberini）家族。一六二三年馬費歐‧巴貝里尼（Maffeo Barberini）當選教宗，成為烏爾巴諾八世（Pope Urban VIII），整個家族共有一名教宗和三名主教為教會服務，因此必須展現文化力量，彰顯自己家族的偉大。到了一六二七年，烏爾巴諾八世最喜愛的侄子、樞機主教弗蘭切斯科（Francesco Barberini）請來四處遊歷的德國學者兼天才語言學家盧卡斯‧霍爾斯特（Lucas Holste）管理他的藏書。[21]霍爾斯特可運用的經費幾乎沒有底限，打造出的圖書館規模不輸第一代馬薩林圖書館。

霍爾斯特跟諾德不同，他可以善用他與教宗的關係，從無數義大

利修道院取得稀有或重要書籍。通常他會付錢，但給的是割喉價，而且未必經過受到恫嚇的書籍保管人同意。有一回教宗前往那不勒斯，對當地的聖方濟會下達指令，要求他們出售書籍必須先找弗蘭切斯科和他的圖書館員。神職人員過世時如果沒有留下遺囑，教宗有權沒收他的書籍，於是他的侄子經常收到大批贈書，規模已經十分龐大的收藏持續擴充。

歐洲天主教地區的權力結構是這種掠奪式書籍收藏的助力，從十五世紀首屈一指的書籍獵人布拉喬里尼的時代開始，不走運的修士們發現教會給得多，拿走的也不少。在新教國家，修道院如秋風掃落葉般解散後，這樣的機會少得多。阿德里安・波歐（Adriaen Pauw, 1585–1653）擔任荷蘭共和國首席大臣幾十年，卻沒能實現建立公共圖書館的目標，充分顯示在忌諱奢華炫耀的社會，收藏書籍可說困難重重。[22] 波歐崇拜馬薩林，雖然他矢志擁護共和政體，卻也追求貴族的輝煌。他熱愛法國的品味，對法國的外交政策因此更為友善，導致他在一六三六年提早下台。

波歐流亡國外時收藏了一萬六千本書籍，一六四〇年代重返高位，運用所有政治機會收藏更多書。他代表荷蘭前往德國明斯特（Münster）出席和平會議時，得到一本珍貴的中世紀手抄書，是古羅馬劇作家普勞圖斯（Plautus，約254–184 BC）的作品集。一六四九年他以特使身分前往倫敦為查理一世請命，卻在查理一世被處死後要求收購他的書籍，令東道主震怒。他的要求被拒絕，三年後再次嘗試，這回消息走漏，荷蘭人群情激憤，他不得不退縮。

政治上挫折連連，更糟的是家族的不服從。波歐雖然囑咐繼承人保留他的所有書籍，在他死後開放給公眾使用，他的孩子卻不像他那麼愛書，覺得在他位於海姆斯泰德（Heemstede）的土地上建造雄偉的家族陵墓，更能提升家族聲望。在他過世兩年後（一六五六年），他的藏書都被拍賣了。只是，某個收藏家的不幸，就是另一個

收藏家的收穫。波歐的書籍在海牙的拍賣會有個顯赫顧客，正是離群索居的德國布倫瑞克呂納堡公爵奧古斯特（August of Braunschweig-Lüneburg, 1579–1666）。

　　奧古斯特公爵是德國北部一處中等封邑的富豪領主，也是歐洲政治界最成功的書籍收藏家。[23]他在將近二十個商業中心派駐固定的代理人，包括出版商、藝術經紀、商人和外交人員。這些人每天的任務之一是幫公爵買到足以塞滿存書桶的新書。也有代理人專門出席拍賣會為他買書，比如海牙的利鳥弗・艾茲瑪（Lieuwe van Aitzema）。另一個荷蘭人亞伯拉罕・威克福特（Abraham de Wicquefort）則是在巴黎的圖書館抄寫手抄書和各種書籍，包括馬薩林的圖書館。最後威克福特送回四百本謄寫的小書，全都以精緻的紅色摩洛哥山羊皮裝訂。奧古斯特雖然很少離開沃爾芬比特爾（Wolfenbüttel）小鎮，卻也收集到三萬一千冊印刷書和三千本手抄書。這些書真正包羅萬象，有完整類別的古典著作、所有教派的重要典籍，也有醫學、法律和歷史等最新作品。另外，奧古斯特也偏愛收集短時效出版品，比如政治小品和新聞報紙、葬禮布道詞和婚禮詩歌。

　　當時諾德的書籍收藏理論擁有不少追隨者，奧古斯特也是其中之一。不過，他在某個重要面向與眾不同，讓他在同時代政治界收藏家之中獨樹一格：他整理書籍不假手他人。他收集的範圍極為廣泛，卻從來不整批收購他人藏書。他收購書本，是因為他純粹喜歡擁有書，不是為了向訪客誇耀，只有極少數人有幸參觀他的收藏。他每天都會打開存書桶，為書籍編目。他所有的書籍目錄都是自己編製，還打造了一部超大型轉書輪，用來擺放六冊總數七千兩百頁的對開本總目錄。他雖然勉強允許學者參觀他的圖書館，卻從來不分享他私人藏書的關鍵，也就是這份壯觀的目錄。在那個模仿盛行的時代，守口如瓶才能確保自己的強大。他跟很多收藏者一樣，沒有能力操縱子孫的興趣。但在這方面他跟費爾南多不同，他比較幸運，因為他的子孫領會

圖 15　布倫瑞克呂納堡公爵奧古斯特站在他最喜歡的地方（他的圖書館）讓畫家做畫。做為真正的愛書人，他選擇自己擔任圖書館員，不讓任何人查看他的目錄。

他收藏書籍付出的心力，留下他的圖書館，整理之後打造成他的紀念館。許多偉大收藏家求之不得的不朽，就在小小的沃爾芬比特爾實現了。這座圖書館到如今依然屹立在那裡，成為學術中心，也昭告世人，愛書人的夢想確實有機會成真。

巴洛克式榮耀

一七二九年五月二十二日，愛爾蘭基拉拉（Killala）和阿肯里（Achonry）轄區主教羅伯特・霍華德（Robert Howard）向他哥哥休・霍華德（Hugh Howard）發牢騷：「書太多的時候，如果沒有方便的空間可以存放，會是無法想像的禍患。」**24** 有這種感慨的書籍收藏家不只霍華德。在樞機主教收藏書籍的年代，圖書館規模大幅成長。當時專業人士收藏的書籍動輒數千冊，想要在書籍收藏領域博取名聲，只能以數量取勝。歐洲各地的城堡、官邸和城鎮住宅建立起一批批藏書，需要新的設計方案來收納。沒有政治人物能把兩萬本書存

放在書箱裡，即使可以，他們也不願意這麼做。偉大的收藏家如果打算向朋友或廣大民眾開放他們的藏書，就得多加用心考量存放書籍的房間的建築、裝飾和配置。

十七世紀以前，書籍不管數量多寡，存放的空間都不是專為書籍設計的。因此，建造雄偉廳堂，目的只為陳列書籍，算是一種意味深長的宣示。建造具體的圖書館需要投入巨額資金，如此便能讓偉大收藏家的藏書脫穎而出，有別於只能把書存放在家裡的律師和醫師的藏書。這些貴族圖書館不只用來陳列大量書籍，也是社交空間，可以接待賓客、處理公務，在此同時還能向賓客炫耀他們的學識與財富。就連不對外開放的圖書館，也裝飾著當代最知名藝術家的壁畫或畫作，羅馬樞機主教貝納迪諾·斯帕達（Bernardino Spada, 1594-1661）的圖書館就是一例。宏偉圖書館的建造代表重拾古典羅馬的典範：著書討論圖書館的作家不管是恬淡寡欲的哲學家或好辯的耶穌會信徒，都主張所處時代的大型圖書館應該採用古典建築，但要以巴洛克繪畫、雕像和肖像美化。有些圖書館不遺餘力追求極致的美。羅馬大學圖書館（Sapienza library）只花兩年時間就建好全新建築物，同時收藏到幾千本書，繪製天花板的壁畫卻耗費四年時間。[25]

耶穌會教授克勞德·克雷蒙特（Claude Clement）是帶動圖書館改頭換面的重要人物。[26]一六二八年，也就是諾德發表〈建言〉的第二年，克雷蒙特也出版一本探討書籍收藏的小書。這本書有兩方面跟諾德的書明顯不同。首先，它以拉丁文發表，鎖定各國的天主教讀者。其次，整本書大部分的篇幅探討的不是書籍，而是建築物。克雷蒙特認為，巴洛克式圖書館裝飾華麗，可以帶動天主教復興。這些圖書館以美學展現擁有者的權力、財富和社會地位（通常指教會裡的等級），同時也恭順地禮讚神的榮光。這種見解的要點在於重新設計圖書館空間，讓它更趨近於教堂（智慧的聖堂），而不是研讀的場所。

有些人反對巴洛克風格的圖書館，主要集中在歐洲北部信奉新教

的地區。諾德主張書籍的收藏處所不該太注重奢華的裝飾，應該把錢省下來買書。奧古斯特公爵的華麗圖書館直接建在他的馬廄上方，分為上下兩層。不過，這些圖書館（無論奢華或樸素）的共同點在於，書籍都必須重新排列。[27]歐洲各地的圖書館都揚棄了中世紀學院和教堂圖書館的基本配置，也就是閱讀台座和中央矮櫃，將圖書館空間重新打造成寬敞的廳堂，書籍擺放在沿著牆壁排列的直立式高大層架上，書脊朝外。這種陳列方式雖然不是史上首創（費爾南多試驗過類似方法，西班牙國王菲利浦二世也是），卻已經變成標準形式，資金充足的人更是充分發揮這種形式。

　　在台座式圖書館裡，書籍本身是圖書館的吸睛重點。使用者一眼就看見書本，隨時可以翻開來閱讀或研究。在巴洛克風格的廳堂圖書館，書籍消匿在裝飾品之中，只靠龐大的數量和巨大的體積引人注目。廳堂中央留出空蕩開闊的空間，讓觀者的視線暢行無阻地橫越大理石地板，更強化了整個空間的壯麗感。地板四周是一排又一排裝訂整齊的書籍，當視線往上移到圓頂天花板，越往高處書籍顯得越小。為了引導此時已經衷心讚嘆的訪客的目光，層架之間的空間裝飾得繽紛多彩，常用色澤有金黃、乳白、藍和淡粉紅等。天花板被壁畫覆蓋，分門別類排列的書架則以早期教會神父、哲學家和知名作家的肖像裝飾。從一六〇九年到一六一八年，米蘭的安博羅修圖書館裝飾了至少三百零六幅知名作家的肖像。[28]

　　受到這波圖書館建築新趨勢影響最大的，莫過於德國天主教地區的修道院，包括德國南部、奧地利和波希米亞（Bohemia）。[29]有別於隔鄰的義大利修道院，德國的修道院在宗教改革的動亂期間飽受折磨。[30]到了十八世紀，他們展開建築物修復計畫，既可以鼓舞修士，也能重振過去的聲譽，再次成為靈修、學習與教育中心。大型修道院的院長跟巴黎的樞機主教大臣類似，他們實際上是教會的親王，擁有的財富、土地和地位不輸俗世的統治者。圖書館變身成華麗的展示

廳，強調教會繼續保有學術與學識的優勢，同時也為神職人員掌握的權力做辯護。整個十八世紀裡，教會的影響力一直受到攻擊，就連天主教地區也不能倖免。

很多修道院的圖書館確實需要恢復活力。一七二二年，奧地利聖波爾騰修道院（Sankt Polten）院長埋怨道，他必須好好處理圖書館的問題，因為圖書館的現狀「簡直荒唐可笑」，幾乎沒有書，甚至被無所事事的修士改成撞球室。[31] 這件事讓院長特別尷尬，因為基於禮貌，很多修道院都會帶領到訪的修士或顯貴參觀院區，而訪客通常會請求參觀圖書館。在中世紀歐洲，繕寫室和圖書館多半安排在參觀行程的最後一站，因為這兩個地方通常設在院內最安靜、最偏僻的角落。十八世紀後這種配置徹底改變。正如聖波爾騰修道院院長所說，新圖書館應該設在修道院入口附近，「那裡的景觀最優美，也不需要像以前一樣走到角落才找得到。」

在巴洛克時期的修道院圖書館，壁畫、繪畫和雕像這類視覺裝飾不可或缺。這些藝術作品富含《聖經》和古典寓意，美則美矣，卻未必容易理解。一七四七年奧地利聖弗洛里安鎮（Sankt Florian）有個修道院院長為他的修士提供一本好用的手冊，因為「經常有訪客問我們的修士，這幅或那幅作品的圖案隱含什麼樣的故事、寓言或暗喻。」[32] 其他人則是將繪畫的象徵意義寫在桌上或紙張上，展示在圖書館裡供所有人觀看。那些最野心勃勃的建築計畫為了達到理想效果，經費沒有上限。比如奧地利的賽騰斯特坦圖書館（Seitenstetten），為了搭配新的大理石建材，所有書籍都用白色皮革重新裝訂，歷時三十年才完成。[33]

建造新圖書館的速度未必都像羅馬大學圖書館那麼快速。史瓦本（Swabia）的羅根堡（Roggenburg）有一座圖書館從一七三〇年代著手規劃，一七六〇年代動工興建，到一七八〇年代才完成。到了一七九〇年代書籍總算開始上架，卻發現新圖書館不夠大。另一

方面，有些圖書館重建後規模太大，修士們手中的書籍只夠填滿一小塊空間。下奧地利（Lower Austria）阿爾騰堡修道院（Altenburg Abbey）的圖書館按照維也納宮廷圖書館的構造和外形依樣畫葫蘆，但宮廷圖書館的藏書已經多達二十萬冊，修士們的藏書數量只有它的零頭，偌大的圖書館擺著區區幾個書架。這個圖書館內部空間長四十八公尺，三層樓高，乍看之下確實非常壯觀，到如今阿爾騰堡仍然是最美觀的巴洛克修道院，而鋪設潔淨大理石、以灰泥粉刷，再以壁畫裝飾的圖書館更是修道院最大的寶藏。

　　巴洛克圖書館是視覺饗宴，卻為美觀犧牲閱讀空間，書籍因此淪為華麗壁紙。使用者閱讀時需要用到的書桌或台座都被犧牲了，換成象徵求知探奇的非凡物品。一七五八年聖加倫修道院啟用的巴洛克式圖書館有個埃及石棺。其他比較常見的裝飾品則有古代雕像、數學儀器、地球儀、建築模型，或塞滿錢幣、寶石和天然珍品的櫥櫃。沃爾芬比特爾的奧古斯特公爵收藏了至少七十個鐘錶、日晷、星盤、望遠鏡和一整櫃珍奇物品。我們從一封書信得知，那櫃子裡有「一雙土耳其靴、皮革巫術袋、印第安象牙劍、土耳其大帆船模型、一把玳瑁獵號」，另外還有一顆切割過的鹿頭，可以用暗藏的機關打開。這顆頭顱送到沃爾芬比特爾的時候，鹿角是破損的。[34]這類物品必然能激發物主的知性思維，有幸參觀的訪客肯定也會嘖嘖驚奇。這些活動如今都能在美侖美奐的廳室裡進行，而全世界的知識就在周遭任君取用——只要能找到書桌。

從宮廷圖書館到國家圖書館

　　一七五五年萬聖節，歐洲一座首都大城被夷為平地。葡萄牙首都里斯本發生大地震，火災和海嘯緊隨而至，整座城市滿目瘡痍。這場災難總共奪走數萬條人命，也毀了國王約翰五世（John V）的圖書館，而這座圖書館的水準在歐洲數一數二。圖書館設在里斯本河岸的

宏偉皇宮裡，大量藏書在災難中化為烏有。約翰五世體弱多病，求知欲卻極其旺盛，災難發生當時他已經過世五年，幸運地不必親眼目睹一生心血毀於一旦。他是真正意義上的愛書人。對於沃爾芬比特爾的奧古斯特公爵，圖書館幫助他避開三十年戰爭期間混亂的德國政治。對於年輕時的約翰五世，圖書館是他認識廣大世界的管道，因為他健康欠佳，沒有機會行萬里路。他經常在圖書館讀得忘我，直到下午四點才吃午餐。[35]

　　約翰五世這處私人淨土據說收藏七萬冊書籍，是花費巨資從所有書籍收藏大城收購來的。他的大使經常奉命放下其他任務去逛書店或書籍拍賣會，為國王投標買書。這是個充滿挫折的歷程，因為信件在里斯本和巴黎、海牙或羅馬之間往返一趟可能需要幾星期，收到國王的答覆時，書本通常已經賣掉了。約翰五世的競標對手往往是其他君王、公爵和邦國大臣，比如哈布斯堡王朝將領薩伏伊的歐根（Eugene of Savoy）、波蘭國王或俄國沙皇的代理人。他曾在一場拍賣會買下法國國王路易十五世的首席大臣、樞機主教紀尤姆・杜布瓦（Guillaume Dubois, 1656-1723）的六千冊藏書。[36]數量龐大的藏書就這樣從一位大收藏家轉移到另一位偉大收藏家手中。到了十八世紀，無論國王或親王都不能沒有圖書館，這些人身為國家的象徵，必須表現出對學習、教育與啟蒙的熱愛。即使他們對這些事不感興趣，收到的書籍還是越來越多，主要來自本國的首席大臣、政治人物和神職人員。書籍沿著社會階級往上攀升，越往上數量越多，第一代國家圖書館的建立指日可待。

第十二章
古籍收藏家

　　機構藏書累積幾十年之後，總會收到重複的書籍。將這些多出來的書籍處理掉似乎合情合理，法蘭克福的道明會修士就是這麼認為，於是在十七世紀不同時期將圖書館的書賣給當地的書籍裝訂商。這些書被當成「裝訂商的廢棄物」，用來增加封面的厚度，或做書衣和包裝紙。令我們詫異的是，這些書很多都是「古版本」（incunabulum），亦即十五世紀的第一代印刷書。印刷術在梅因茲問世的時候，法蘭克福的道明會修道院正處於全盛期。他們的圖書館收藏了一千多冊古版本，其中很多印在羊皮紙上。如果是在現代，這些書不難賣出天價。但對於道明會修士，它們唯一的價值只在可重複使用的羊皮紙。

　　道明會修士就這樣賣了很多年的書，慢慢減少藏書量。到了一七一八年，他們驚喜地發現，有個英國人用九十荷蘭盾買走四冊古版本，幾乎是回收價格的十倍。[1]那個買主名叫喬治・薩提（George Suttie），是搜尋手抄本和珍稀書籍的專家，因為好賭被逐出英格蘭，於是在歐洲大陸遊走，為歐洲富豪搜羅珍貴書籍。他不像從前的布拉喬里尼深夜潛入修道院搬走他們的珍寶。他去道明會是為了幫第一代牛津伯爵羅伯特・哈雷（Robert Harley）搜羅書籍。哈雷是英格蘭的傑出政治家，也是知名的藝術贊助人。他兒子愛德華（Edward Harley）熱衷收藏，一七四一年過世時，留下超過七千本手抄書和五

萬本印刷書。這批書籍後來變成大英博物館建館館藏的一部分，目前已經獨立為大英圖書館（British Library）。

　　從古騰堡的時代開始，書籍市場已經確立一條普遍的真理：書本不會因為年代久遠而升值。書本頂多能保值，前提是它的內容沒有被時代淘汰，最糟糕的情況下，只能以紙張或羊皮紙的價格出售。當成紙張或羊皮紙回收的書籍有許多用途，比如當壁紙、書籍裝訂材料、包裝紙或衛生紙。肉攤會用印錯的紙張或淘汰的書籍包肉，香料店或蕾絲製造商的店鋪也使用這類回收書籍或紙張。十八世紀的阿姆斯特丹是這種「書籍樂透」（book lottery）的大本營，將大批廢棄書籍或老舊紙張賣給批發商處置。[2]

　　根據書籍的年代高價收購古書是個新發展，而且深具破壞性。諾德建議讀者不要花大錢買有大量插圖的書或「古籍」，到了一七二〇年，已經有收藏家敢於忽視他的忠告。薩提買下那四本梅因茲古版本之後兩年，一本早期在梅因茲印製的《聖經》在海牙以一千兩百荷蘭盾賣出，等於當時平均家庭年收入的兩倍。相形之下，薩提那四本書價格顯得很低廉。到了一七二二年，有一本古騰堡《聖經》在海牙拍出六千荷蘭盾的驚人成交價。[3]

　　這種價格太令人震驚，因為古版本在十七世紀賣不到好價錢。在一六八九年荷蘭政治家加斯帕・菲格（Gaspar Fagel）的書籍拍賣會上，他的當代法律書籍賣出好價錢，買兩本古版本卻只要零點一荷蘭盾。有一本一四七七年《科隆聖經》（*Cologne Bible*）一六四六年在萊登拍賣，成交價是三荷蘭盾，是全新對開本《聖經》售價的五分之一。[4]一六八〇年牛津書商摩塞斯・皮特（Moses Pitt）將英格蘭第一個印刷業者威廉・卡克斯頓（William Caxton，約1422-91）印製的同一本書四個版本捐給波德利圖書館。這本書在拍賣會流標，皮特無論如何都找不到買家。到了一八一〇年，卡克斯頓的書籍殘本都能賣出五基尼的價格，相當於大多數工匠一個月的薪水。[5]短短一百年的

時間，早期印刷書的交易已經發展為成熟的古文物市場。

　　這樣的發展對書籍收藏的未來有重大影響。十八世紀的啟蒙哲學與俗世主義都出現新的科學式思維。這種知性方面的劇變減低大規模藏書的吸引力，人們不再全面而大量地收集所有學科的書籍。新世代的收藏家選擇性地收藏書籍，藉此顯示自己的學識跟得上時代潮流。然而，另一種收藏家也應運而生，這些人出身貴族，或渴望成為顯貴。比起書籍的內容，他們更感興趣的是書籍的美，包括書本的形式和年代。這類收藏家之中很多人還是會買新書，藏書也高達幾千冊，但他們會花更多心思尋找「稀有、奇特的書籍」（套用書商新推出的廣告詞）。擁有珍貴書籍是優質藏書的要件，而書籍珍貴與否，決定因素漸漸傾向書中的插圖、出版日期，甚至印刷業者。

　　引領這個風潮的是英格蘭貴族。印刷術發明後的最初幾百年，英格蘭在書籍印製方面一直扮演邊緣角色。如今英格蘭的經濟與全球貿易日益成長，那裡的收藏家終於後來居上。他們帶著錢到國外一擲千金，建立了全新的古書市場。這些收藏家讓仲介和代理人在書市找到全新的生財之道，教授和學者也有機會在這裡發揮長才，協助多金的新手收藏家發展自己的品味，找到最好的書。這些技能都是在書籍交易最競爭、最變化多端的區塊磨練出來的，也就是專門為歐洲最挑剔、偏好收購手抄書的顧客提供服務。

鎖好你的手抄書

　　一六五〇年六月七日早上，阿姆斯特丹的水壩廣場（Dam square）一如往常熙來攘往，生意興隆的「燃燒之柱」書店外顯得格外熱鬧。有一場拍賣會將從這天早上開始，持續幾天。到這時，拍賣會已經司空見慣，但這天早上的氛圍明顯有些不同。這天拍賣的是一名離群索居的律師的藏書，他同時也是個詩人、書痴，更是赫赫有名的小偷。[6]

薩弗里德斯‧席克提納斯（Suffridus Sixtinus）一生中收藏了兩千多本書，數量夠多，書籍本身不算出色，卻都是精挑細選的經典版本。[7]最令人心癢難搔的是，那些手抄書在席克提納斯手上幾十年，沒有任何學者看得到。大多數學者會大方分享手中的藏書，甚至吹噓自己擁有的珍本，席克提納斯卻不然。他從一六二七年定居阿姆斯特丹之後，不曾對外展示他的藏書。很多人知道他為什麼遮遮掩掩：據說他那些最珍貴的手抄書都是闖空門偷來的。

一六二二年席克提納斯闖進海德堡知名人文主義學者兼教授雅諾斯‧格魯特（Janus Gruter）的家。格魯特的藏書帶給他榮耀與喜悅，更是他成名的主因，不過，哈布斯堡王朝的軍隊步步進逼時，他被迫逃離海德堡。席克提納斯趁軍隊入城前拿走最珍貴的書本。書籍被偷之後，人在圖賓根的格魯特絕望之餘寫信給朋友，控訴席克提納斯對他的書籍犯下暴行：「每天都有人向我描述席克提納斯令人髮指的行為，人們說他為了滿足自己的欲望，偷走我最珍貴的書。」[8]席克提納斯也可以為自己申辯，說他拯救了那些最難得的珍品。因為他把書偷走以後，哈布斯堡的軍隊洗劫格魯特的住家，剩下的書籍都被帶走，跟其他王公貴族的藏書一起送往梵蒂岡。一六二五年春天格魯特回到家，他曾經引以為傲的藏書只剩下踩爛的碎片：「看見那幕景象，石頭都會流淚。」

席克提納斯帶走的手抄書從此石沉大海。不難想像，當一六四九年他過世的消息傳出，立刻就像野火般傳遍各國書籍圈。他的藏書並沒有立刻拍賣，因為費了一點時間確認遺產繼承人。幸運的是，他的繼承人（一名海爾德公國〔Geldern〕貴族）樂意賣掉那些藏書。這樣的大事不能錯過，只是，有些知名學者因為工作和旅費的關係，沒辦法親自前往。他們照例請朋友或代理人為他們出價。學者之間的關係靠彼此的信任與敬重維繫，只是，這一次貪婪仍然凌駕禮節。約翰‧費德里希‧格羅諾維斯（Johann Friedrich Gronovius）、尼可拉

斯・海因修斯和埃塞克・沃修斯（Isaac Vossius）等三名主流學者，都委託德國文獻學者法蘭西斯科・朱尼厄斯（Franciscus Junius）代他們買書。一如預期，書籍的價格不低。朱尼厄斯匯報拍賣會過程時，對他競標的成果含糊帶過。格羅諾維斯和海因修斯不知道他幫他們買了什麼書。沃修斯知道的比較多，因為朱尼厄斯是他的家族長輩，讓他優先挑選他買到的書。格羅諾維斯聽到消息後，不滿地說，沃修斯「會把他喜歡的書都拿走，挑剩的才留給我們。」[9]最後格羅諾維斯拿到三本書。

　　不過，就連狡猾的沃修斯也不滿意。他最想要的書是凱撒的《高盧戰記》（*De Bello Gallico*）手抄本，可惜被多金的荷蘭收藏家揚・席克斯（Jan Six）高價買走。這本書是第九或第十世紀在法國的弗勒里修道院（Fleury）抄寫的，是當時已知凱撒主要著作的最古老版本。[10]這本書原本屬於格魯特的朋友，因為格魯特要寫一本有關凱撒的新書，那位朋友大方將書借給他。後來朋友過世了，格魯特不知是有意或無意，一直留著這本書，直到被席克提納斯偷走。

　　這段自私、背叛與手抄書遭竊的陰暗故事告訴我們很多事。席克提納斯肯定是個特立獨行的人，據沃修斯所說，他還是個酒鬼。只是，整件事看來，侵占書籍的收藏家不只他一個，他只是最明目張膽的那個。稀有的冊子本是古典學術的命脈，學者用心研讀最優質的早期手抄書，而後發表古典著作的新版本，就能博取名聲。自從薄伽丘探訪卡西諾山修道院荒廢的圖書館以來，這一直是人文主義學者的核心信條。十七世紀的科學革命並沒有減損古典文獻學的魅力。另外，手抄書具有神學上的意義，因此仍然受到重視。烏特勒支大學的教授吉斯伯特斯・福齊厄斯（Gisbertus Voetius, 1589-1676）要學生到各地尋找手抄書和早期的神學書籍，以抵擋天主教教會「危險的清除行動」。他說，那些清除行動是「特利騰大公會議那些神父和監察官野蠻、邪惡的謀劃導致的結果。」[11]

除了波德利圖書館和萊登大學，機構大量收藏手抄書在十七世紀仍然不多見，格魯特、海因修斯、格羅諾維斯或沃修斯這些學者收藏手抄書只能靠自己。在這個你爭我奪的收購與歸屬的世界中，身為當代的頂尖學者，他們必須要有鋼鐵般的意志，才能把握住送到眼前的機會。沃修斯是個真正的博學之士，他寫作的題材廣泛，從彈道學、光學和氣壓，到地理學和《聖經》年代學都有。他對古典文獻學有極大貢獻，在他職業生涯最順心的時刻，他同時受雇於荷蘭、英格蘭國王查理二世和法國的路易十四世。沃修斯出生在傑出的學者家族，年輕時曾在英格蘭、法國和義大利遊歷三年，結識學者、累積資歷、造訪圖書館，最重要的是購買手抄書。到了二十七歲時，他已經收藏了四百本。

他的博學與他收藏書籍的行動吸引了歐洲最有錢的君主的目光，那就是瑞典女王克莉絲蒂娜。一六四八年沃修斯離開阿姆斯特丹，前往斯德哥爾摩晉見克莉絲蒂娜，應邀進入宮廷擔任她的私人教師，年薪五千荷蘭盾，是荷蘭共和國頂尖教授年薪的五倍。沃修斯於是成為斯德哥爾摩學者圈的一分子，這個圈子裡的成員個個傑出，競爭卻也越來越激烈，為宮廷增添不少光彩。在克莉絲蒂娜心目中，她的宮廷將會是歐洲新興的文化中心。為了達到這個目標，她花大錢請知名知識分子來到斯德哥爾摩。只是，斯德哥爾摩遠離其他學術中心，加上瑞典冬季的酷寒，這種誘惑隱含危機。法國哲學家笛卡兒在她的宮廷裡死於感冒併發症；法國古典學者克勞德・索邁斯（Claude Saumaise）留在斯德哥爾摩期間病得幾乎下不了床；荷蘭人文主義學者胡果・格勞修斯（Hugo Grotius）同樣因為聽從克莉絲蒂娜的海妖召喚，從瑞典返國時發生船難喪命。

克莉絲蒂娜之所以能吸引這麼多知名學者，是因為她繼承了三十年戰爭期間瑞典軍隊在德國搜刮的豐厚戰利品。沃修斯會前往她的宮廷，也是為了那些文化戰利品（數以千計的書籍）。上任不久後，他

的工作除了教導女王，還兼任圖書館員。他幫忙整理一六四八年從神聖羅馬帝國皇帝魯道夫二世（Rudolf II, 1552-1612）的布拉格城堡運回來的三十一桶書，其中包括《銀聖經》（Codex Argenteus），這是第六世紀的福音書哥德語譯本。克莉絲蒂娜和沃修斯一樣喜愛古典著作和手抄書，但光是戰利品還不夠，她多次派沃修斯去巴黎買書，以便增加皇室的藏書量，並且不限制他的花費。某次旅程沃修斯一筆交易就買下兩千本手抄書，[12] 帶回瑞典細心整理。不過，比起為書籍造冊編目，他更喜歡閱讀稀有冊子本。他對朋友說，編目的工作「適合德國人」。[13]

　　到這時克莉絲蒂娜已經擁有歐洲首屈一指的藏書，手抄書的質量更是無人能及。只是，她最大的興趣卻是花錢買書，而不是打造一座可以向朋友炫耀的圖書館（歐洲的君王不像缺錢的學者那麼喜歡拜訪斯德哥爾摩）。克莉絲蒂娜對圖書館失去興趣，對沃修斯卻是好事。因為她已經連續幾年沒有支付他的超高年薪，決定用書籍抵銷拖欠的薪水。

　　沃修斯欣然接受她的提議，尤其消息證實克莉絲蒂娜即將退位。沃修斯匆忙趕到圖書館，挑選許多他用女王的錢買的書。他也拿了來自葡萄牙的手抄書，包括《銀聖經》，總共裝了好幾艘船運回阿姆斯特丹。這些書抵達目的地的時候，德國古典學者約翰・吉歐格・格拉維斯（Johann Georg Graevius）寫道：

> 天啊！多麼好的一批書！數量這麼多，有這麼多珍貴版本！幾乎所有一流拉丁文作家都有好幾本手抄書，另外還有希臘文、法文和德文書，更有各種非常特殊的稀有版本。內行人告訴我，荷蘭沒有任何公共圖書館能比得上。[14]

不難想像，瑞典的朝臣不怎麼開心。他們珍貴的戰利品被奪走了，對

方憑藉的不是戰場上的勝利，而是某個熟悉那些書籍的學者的花招和無恥蠱惑。

回到荷蘭以後，沃修斯覺得藏書數量太多，於是舉辦兩場拍賣會，總共賣出三千五百本書。[15]他賣書應該不是因為缺錢，而是沒有存放空間。幸好，他個性務實，也喜歡製作書櫃。他倒是把《銀聖經》賣回了瑞典，也許是為了安撫舊東家，只是索價高達一千兩百五十荷蘭盾。沃修斯愛書如命，卻不會執著於個別書籍的價值。在他心目中，手抄書始終是做學問的工具，用來研究與對照。但他也知道如何在商業市場上善用書籍的神祕魅力。他收藏的手抄書在歐洲數一數二，這都要感謝瑞典國庫和年輕女王的突發奇想。現在他隨時可以大賺一筆。

對於珍貴手抄書的對外開放，沃修斯比可鄙的席克提納斯大方些。只是，在他的後半生，他的藏書籠罩著一層神祕面紗。他在一六八九年過世，遺囑中表明他的藏書必須整批賣給牛津、萊登、劍橋或阿姆斯特丹的機構圖書館。牛津的波德利圖書館意願極高，出價三萬荷蘭盾，前提是繼承人不能攔截任何手抄書。沃修斯的侄子拿著波德利圖書館開的價去找萊登，萊登立刻加碼到三萬三千荷蘭盾。於是萊登大學圖書館在一六九〇年增加原本屬於沃修斯的將近八百本手抄書，成為該校最珍貴的寶藏。然而，當那批書送到萊登大學時，學校教授合情合理地猜測沃修斯的侄子留下了一部分最有價值的手抄書，於是找來當地的書商估價。據書商估算，這批書籍的價值只有成交價的三分之一。[16]接下來的官司纏訟十五年，才得到雙方都滿意的結果。

這齣牽涉到學術界德高望重人物的拖棚大戲顯示，當書本的價值不再依照歷來主導書籍交易的既定原則訂定，將會釋出多麼危險的力量。手抄書市場在有生意頭腦的學者和圖書館員掌控下日益成長，也為日後變幻無常的古籍市場鋪路。

打造經典

一六七五年六月七日，阿姆斯特丹書商安德烈亞斯·弗里修斯（Andreas Frisius）寫信給佛羅倫斯梅迪奇圖書館的館員，提到他對當地三名書籍收藏家的評價。第一個是他最喜歡的顧客，他說那人「對書籍無所不知，有一雙識書的慧眼。」其次是市政府的參事，「買書主要是為了博取名聲、向人炫耀。」最後一個含著金湯匙出生，對書籍好壞沒有一點判斷力，購買書籍、繪畫和瓷器只認定越貴越好。[17]

弗里修斯是個出版商，出版重要學術著作，看不上那些收藏家。然而，從一六五〇到一七五〇年之間，書籍收藏史卻徹底被他第二、第三個顧客之類的人改寫。隨著私人藏書日漸普遍，幾百本甚至上千本藏書已經不值得誇口。某些收藏家想要擁有雅致書籍，就像收藏精美瓷器、繪畫和室內裝飾一樣，自然而然會根據書本的價格、品相、稀有程度與印刷精密度挑選，好讓他們的藏書顯得與眾不同。

手抄書顯然適合用來提升藏書的識別度。只是，很多收藏家買不起手抄書，也沒有專業能力尋找自己負擔得起的書。附有知名學者手寫注解的印刷書也是值得收藏的物件，能在拍賣會上賣出高價。只是這種書數量有限，大多數都在大學圖書館，或被沃修斯之類的知名學者收藏。於是地方首長、法官或商人選擇收集市面上最好的印刷版本。但怎麼樣才算最好的版本？起初判定的原則與年代無關。在十八世紀以前，書籍的古老程度或初版書籍（拉丁語稱為editio princeps）很少被看重。事實上，最新的版本更受歡迎，尤其是學術或機構藏書。當莎士比亞作品集《第三對開本》上市，波德利圖書館適時賣掉館內的第一對開本（附帶一提，如今第一對開本在任何圖書館都是最受珍視的收藏品）。[18]

漸漸地，一批眼光更銳利的收藏家出現了，他們有能力鑑別（有時是收到學者或書商的暗示）特定印刷業者的高水準產品和更精美的印刷。發明書寫體活字的阿爾杜斯·馬努修斯（Aldus Manutius）是

一五〇〇年左右威尼斯最成功的印刷業者，他印製的書籍一出廠就被看重。他印製的古典書籍格外雅致，後來法國與荷蘭的出版商爭相模仿，其中有些出版商之所以超越同業，主要是因為運氣和生意頭腦，而不是本身的優秀。荷蘭出版商埃爾澤維爾家族在萊登和阿姆斯特丹十分活躍，特別擅長行銷自己的書籍，以馬努修斯的傳人自居，其實很多當代印刷廠的設計輕易就能趕上他們。[19]

　　到了十七世紀後半葉，義大利、法國、德國與荷蘭最出色的印刷業者名單已經出爐。拍賣商開始在書籍簡介上標示知名出版商，比如馬努修斯、克里斯多夫・普朗坦（Christophe Plantin），以及韋切爾（Wechel）、埃提安（Estienne）、布勞、埃爾澤維爾等家族。從這個時期開始，我們會看到某些私人收藏家收藏的書籍大部分都出自這些印刷廠，比如萊登的校長包勒斯・尤尼厄斯（Paulus Junius）。當時最優質的藏書屬於海牙地方首長薩繆爾・胡爾斯（Samuel van Huls），他的書在一七三〇年拍賣。[20]胡爾斯不懂拉丁文和希臘文，卻收藏了五千多本書，其中大部分是拉丁文書籍，包括五十本對開本《聖經》，幾乎所有著名印刷業者的書他都有。

　　像胡爾斯這樣的收藏家經常是文人嘲弄的對象。比如英國作家約瑟夫・艾迪森（Joseph Addison）一七一〇年在《旁觀者》（*The Tatler*）期刊發表文章，描述一個名為湯姆・弗立歐（Tom Folio）的男人「覺得馬努修斯和埃爾澤維爾比古羅馬作家維吉爾和賀拉斯（Horace）更值得景仰。」[21]二十年後英國詩人波普取笑某個貴族收藏家對古籍的愛好：

> 他的書房？收藏哪些作家的作品？
> 這位閣下感興趣的是書籍，而非作者；
> 別想找到洛克或米爾頓，
> 這裡的書架不收現代著作。[22]

對印刷品質的著迷激發了對早期印刷史的興趣，這正好順應古文物學術的大潮流。古文物學術研究古物和實體遺跡，做為考據歷史的參考。在這個情境下，早期的印刷書也是研究歷史的重要素材。[23]愛國學者也想鑽研早期印刷書來證實他們的主張，特別是德國與荷蘭的學者，都想爭奪發明印刷術的榮譽。雖然有越來越多證據顯示梅因茲的古騰堡確實是印刷術的發明人，但荷蘭學者一口咬定古騰堡偷了荷蘭哈倫市（Haarlem）的勞倫斯・揚茲・科斯特（Laurens Jansz Coster，約1370-1400）的技術。

　　早期印刷書受到關注，書籍業者嗅到商機。一六八八年荷蘭書商柯涅里厄斯（Cornelius à Beughem）發表一本大約兩百頁的小手冊，名為《古版本印刷書》（*Incunabula typographiae*）。[24]這是第一本針對收藏家發行的購書清單，但最勤奮的收藏家應該都有自己整理的清單，不論是跟國外朋友書信往來，或在拍賣目錄裡篩選目標物件，都有參考的依據。書商、拍賣商和書籍代理商積極刺激古版本和稀有書籍的買氣。一七四二年海牙書商皮耶・戈塞（Pierre Gosse）出版一份目錄，依據所謂的稀有程度以遞增的星號為每一件商品評分，一個星號代表「據我所知不常見」，兩個星號代表「我認為更為罕見」，三個星號代表「我相信非常稀有」。[25]他的同業普羅斯佩・馬尚（Prosper Marchand）說，這種語詞流傳極廣，卻毫無作用，模糊了書本的真正價值。[26]這類誇張做法層出不窮，原因在於許多買家專業素養不足，很容易被這種看似精確的評等方法蒙蔽。沃修斯拍賣自己的部分藏書時，也對拍賣目錄上的某些書籍做了誇大敘述。他的侄子說，有一本書因此賣出二十倍的價格。[27]

　　追求珍稀書本的風潮逐步盛行，銷售花招的無恥程度也隨之攀升。一七五七年阿姆斯特丹有個英格蘭書籍掮客變造早期印刷書的出版年分，冒充古版本。[28]這樁騙局的被害人是另一個書商彼特・丹瑪（Pieter van Damme），他只做稀有書籍買賣，也舉辦專賣古版本的拍

賣會。丹瑪能夠專做這種冷僻商品，是因為十八世紀中期已經有足夠的顧客來支撐這個小眾市場。

在古版本市場中，有地利之便的書商獲利最豐富，那就是修道院最集中的德國與義大利。書商以大筆金額向修士與托缽修士購買修道院早期印製的書籍，轉手就以高得多的價格在法國、英格蘭或荷蘭出售。英格蘭銀行家喬瑟夫·史密斯（Joseph Smith）是名聲響亮的藝術品與書籍交易商，一七〇〇年他以領事身分代表英格蘭駐紮在威尼斯。他從威尼斯前往義大利鄉間遊走，為自己和英格蘭貴族收購書籍。[29]到了一七五一年他已經收藏一萬兩千冊書籍，也製作大量銷售目錄為自己的藏書做宣傳。這些目錄裡特別為他的古版本開闢專區，附有長達兩百八十頁的介紹文，是他引以為榮的珍寶。這種書籍配得上國王的高貴身分：史密斯將這些書賣給英格蘭國王喬治三世（George III）。

偏狹的啟蒙運動

十八世紀末天主教核心地區的修道院圖書館普遍解體，為英格蘭、荷蘭與法國圖書館的古籍供應商帶來大筆獲利。在這波打著啟蒙大旗的運動當中，手抄書和古籍如洪流般湧進了市場，通常價格極其低廉。這段期間圖書館遭遇到的清洗，是第二次世界大戰以前最具破壞性的一波。

第一波重大打擊來自耶穌會的解散。耶穌會大約從一七五〇年代開始陸續被解散，在一七七三年以一紙教宗通諭成為定論。耶穌會在全球設立的學院與中小學網絡一直是重要的學習中心，教會解體後，學校的圖書館（通常是附近地區規模最大的）被掠奪，書籍被運走、賣掉或留在廢棄的建築物裡腐朽。一七七三年比利時首都布魯塞爾耶穌會學院的藏書被納入皇家圖書館，但皇家圖書館空間不足，於是那些書繼續存放耶穌會教堂。教堂裡鼠輩橫行，當地文藝協會祕書奉命

處理鼠患，將「有用的書」篩選出來放在中殿正中央的架子上，其他的就散置在地板上，轉移老鼠的注意力。[30]

在很多城鎮，其他教派的教會也分配到耶穌會的書籍，或乾脆主動去拿。這些書在新教派總算有了用途，可惜在這些地方也安穩不了太久。啟蒙運動帶來社會與經濟改革的契機，各國積極推動現代化政府，修士團體成為改革的首要目標。啟蒙運動的理念最盛行的地方，是所謂「開明專制君主」（比如普魯士、俄國和奧地利的國王）的朝廷。在這些君王眼中，理性哲學可以幫助他們進一步掌握權力，帶領他們的國家走向現代化。有別於搜尋古籍的英格蘭貴族，這些君主對古文物不感興趣，更不重視代代沿襲的傳統。十八世紀啟蒙運動的最高目標之一，是讓知識解放，不再受過去的掌控。新時代啟蒙圖書館收藏的應該是有用的書籍，不是那些重申傳統學術或教會階級的書籍。這麼一來，當時仍然是大多數天主教地區主要書籍儲存庫的修道院圖書館就被推上了火線。

最大的災難發生在奧地利。一七八〇年代，神聖羅馬帝國皇帝約瑟夫二世（Joseph II）推行史上最激進的社會改革。在理性哲學的魔咒下，約瑟夫實施一連串野心勃勃的政策，帶領哈布斯堡王朝社會結構邁向現代化，比如廢除農奴制度、削弱職業公會的力量、全面義務教育和壓制天主教會。奧地利境內那些坐擁大量土地與藏書的修道院自然變成推行現代化的君主的改革對象。一七八二到一七八七年，大約有七百間修道院被約瑟夫下令解散，占全部修道院的三分之一。[31]

這些修道院的書籍一開始原本要納入哈布斯堡宮廷圖書館，但書籍數量實在太多，這種做法有執行上的困難。於是，所有解散的修道院奉命將書籍送到距離最近的大學或該省的學院。大學院校因此收到大量書籍，其中大多數對他們毫無用處。「沒有用的祈禱書」被打成紙漿，而那些不重要的「十五世紀舊版本」或據說「只用來炫耀虛假、自我耽溺的學識」的書，不是賣掉就是棄置。[32]

　　布拉格郊區的斯特拉霍夫修道院（Strahov）在漫長的歲月中遭受無數次洗劫，包括一六四八年瑞典軍隊雷厲風行的掃蕩。修士們決定採取行動，保護他們的書籍免受統治者破壞。他們的行動奏效了，但只是從哈布斯堡王朝境內比較弱勢的修道院拿回幾千本書。他們迅速整理這些書，納入「哲學圖書部」，跟修道院現存的「神學圖書部」相互輝映。他們還在新圖書館額外設置一座約瑟夫二世的半身像，用這種方式表達對啟蒙運動的推崇。約瑟夫二世龍心大悅，宣布斯特拉霍夫修道院的圖書館非常有用，應該保留。[33]

　　如今斯特拉霍夫修道院圖書館是布拉格的熱門旅遊景點，只是，那裡的藏書是建立在其他許多比較不幸的修道院的屍骸上。義大利波札諾（Bolzano）的道明會圖書館擁有六千四百冊書籍，包括三百冊古版本。這些書預定送往奧地利因斯布魯克學園（Innsbruck lyceum），但因斯布魯克學園只選出其中三百三十五本，其他都廉價賣給當地的小酒館。阿爾達格修道院（Ardagger）最珍貴的書（包括九十四冊古版本）公開拍賣，其他的都賣給乳酪製造商充做包裝紙。這場拍賣會只有兩個人參加，一個是牧師，一個是附近修道院的圖書館員。那名圖書館員花了一個月的薪水全部買下來，立刻賣掉一冊古版本，拿回半個月薪水。很顯然，圖書館員未必都天真單純不食人間煙火，他們也知道這類書籍價值正在攀升。話說回來，我們已經從沃修斯的精明交易看出這一點。

　　這種投機買賣是發財的好機會，尤其英格蘭和法國的書籍仲介大範圍撒網，為他們祖國的顧客收購書籍。無庸置疑，他們搜尋的首要目標肯定是珍貴的手抄書和古版本。一八〇六年有個人前往奧地利瓦爾德豪森（Waldhausen）的圖書館（一一四七年創建），對他見到的情景相當失望。

　　圖書館看上去好像俄國人在那裡住過，所有物品都殘缺不

全，現在更是大鼠小鼠滿地跑，什麼都啃光。好書已經被太多人挑走，你如果在哪個角落找到十或十一世紀的華麗手抄書，就太走運了。[34]

奧地利修道院的戰利品都分配出去了，古籍收藏的黃金時代加速來臨。在法國革命和緊隨而來的經年戰亂中，很多修道院意識到他們最珍貴的手抄書價格已經一飛沖天。一七九八年德國雷根斯堡（Regensburg）聖詹姆斯本篤會修道院的蘇格蘭籍圖書館員阿列克贊德・霍恩（Alexander Horn）從圖書館拿出幾本書給當時的史賓塞伯爵（Earl of Spencer），包括一本一四五七年在梅因茲印製的詩篇。[35]

最大的動亂還沒發生。一七八九年法國革命爆發，所有修道院財產都被國家沒收。在此之前，法國的修道院並沒有遭受破壞，因此某些圖書館規模相當龐大。一七八九年巴黎的聖女日南斐法修道院（St Geneviève）擁有六萬本書，聖日耳曼德普雷修道院（St Germain-des-Prés）則有五萬本。[36]這些圖書館跟法國境內所有修道院圖書館一樣，都必須把書籍移交給市政當局，以便啟發解放後的法國百姓。

在革命的振奮與高亢的情緒中要處理這麼多書，過程不可能井然有序。有太多書籍遭到肆意破壞，軍隊洗劫圖書館，撕下書本的紙張「點菸斗或生火煮飯」。[37]不少城鎮當局即使沒有嚴格遵照國民議會（National Assembly）的指示，卻也認真執行任務。神學書籍或讓修道院享有皇室或貴族權力的書籍都不能保留，畢竟這些書對革命群眾的教育沒有幫助。封面附有紋章的書也要摧毀，因為那是名聲敗壞的貴族階級不受歡迎的紀念品。市政當局很快發現這是個不可能的任務，艱鉅又充滿挫敗感，很多城鎮於是將修道院藏書整批送進新建的市立圖書館。市立圖書館納入流亡者或被處死的貴族的書籍之後，藏書量大幅暴增。革命結束後，亞眠（Amiens）的圖書館有四萬冊，馬賽和羅恩（Rouen）各有五萬冊。[38]這些書是不是民眾真正想讀

的？十九世紀的大多數時間裡，圖書館都在為這個問題傷神。[39]

推行革命的法國也懷抱意識形態使命，急於帶領歐洲各國走向文明，第一步就是將巴黎變成全世界無可匹敵的文化中心。套用一七九四年法國公共教育委員會（Comité d'Instruction Publique）主席的話：「受壓迫的人民為敵人豎起的紀念碑，會在我們這裡獲得專制政體永遠無法賦予它們的榮耀。」[40]法國政府採用有史以來最集中、效率最高的方法搜刮書籍。政府的專員得到授權，不擇手段在被占領的土地上為法國尋找最稀有的書籍。這些人都是真正的古籍專家、圖書館員或書籍仲介。革命爆發前他們向修道院購買書籍轉售圖利，如今領著酬勞為法國政府效命，用武力威脅取得書籍。專員的行動迅速果決。一七九四年法國軍隊在革命初期的戰爭中占領比利時，短短兩個月，馬薩林圖書館的館員就說他探訪過八座圖書館，選出八千本書，其中五千本已經打包送走，包括原本收藏在勃艮第古老圖書館的九百二十九本手抄書。專員們特別熱衷搜羅皇室、貴族或過去的修道院的藏書。有時他們將圖書館的書全部沒收，不過大多數情況下他們會快速篩選，挑出要立刻運回巴黎的手抄書和古版本。

一七九六年和一七九七年第一波法國革命戰爭接近尾聲時，法國改變策略。他們成功征服義大利，義大利的無數公國和藏書豐富的圖書館提供新的機會。他們沒有強行攻進圖書館，而是將每個公國需要交給法國的手抄書數量寫進停戰協議的條款中。摩德納公爵（Duke of Modena）交出七十本，威尼斯共和國與教廷各自的額度是五百本，波隆納損失五百零六本手抄書和九十四冊古版本。中世紀傳承下來的知名圖書館無一倖免：米蘭、烏爾比諾、帕維亞（Pavia）、維羅納、佛羅倫斯、曼圖阿都蒙受損失。專員們帶著精心整理的清單，他們的品味經過一整個世紀的古文物收藏的陶冶，有些人「幾乎不選一五○○年以後的印刷書，除非是羊皮紙材質。」巴黎國家圖書館員約瑟夫・普雷特（Joseph-Basile-Bernard van Praet）就是一例。編列

過詳盡目錄的圖書館損失最慘重。在專員的清單上，紐倫堡市立圖書館必須交出的書籍甚至標示了書架編號。[41]一八一五年法國在滑鐵盧打敗仗後，被迫退回部分書籍，但普雷特把一部分最珍貴的手抄書偷偷藏起來，或聲稱已經遺失，甚至用比較次等的版本代替被偷走的古版本。

法國革命以前，書籍具有靈性與道德上的價值，是學識、社會地位和宗教信仰的象徵。十八世紀對古籍的狂熱創造出新型態的歷史資本，將書本變成國家聲望的標誌。最諷刺的是，這些古籍的內容宣揚的，正是那個時代的知識革命致力推翻的觀點。然而，將書籍商品化並決定書籍價格的掮客、拍賣商、投機圖書館員和多金收藏家看不到這份諷刺。

在其他國家，這樣的過程會持續進行，直到十九世紀。葡萄牙和西班牙在一八三〇年代解散境內的修道院，義大利在一八六〇年代如法泡製。同一時間，俄國統治下的波蘭有無數修道院消失。同樣地，窮困的修士和托缽修士賣書換取溫飽。早期印刷書湧向市場，裝點紳士的住宅，或加入機構圖書館的書架，主要集中在英國和美國。在那些地方，這些書可以重新包裝成古代學識和文明的象徵。

珍本收藏癖

一七四八年英國切斯特菲爾德公爵（Earl of Chesterfield）給兒子幾點實用忠告：

> 買好書來讀，最好的書都是最常見的。只要編輯不蠢，最新的版本通常品質最好，因為新版本可能是根據舊版本改進而來。不過，別費心探究不同版本和書名頁的內容，那些東西多半太迂腐，無關學問。我就算有稀罕的書，也只是少數幾本……當心珍本收藏癖。[42]

珍本收藏癖（bibliomania）指的是瘋狂競價購買最好、最稀有的早期印刷書，為十八、十九世紀最豐富的私人藏書留下一道歷久不衰的印記。珍本收藏癖被貶斥為道德疾病，是海妖的召喚，引誘年輕貴族揮霍家產購買他們根本讀不懂的十五世紀書籍。這種看似愚蠢的收購古籍行為是奢侈消費的極致。

珍本收藏癖在名聞遐邇的一八一二年蘇格蘭羅克斯堡（Roxburghe）拍賣會達到巔峰，羅克斯堡公爵的某些藏書在這場拍賣會中以浮誇的高價賣出。公爵的一四七一年初版薄伽丘《十日談》成交價是兩千兩百六十英鎊，相當於老練匠人一輩子的收入。媒體發怒了：貴族遊獵賭博耗費金錢也就罷了，可是買書！相較之下，英國政治家查爾斯‧詹姆斯‧佛克斯（Charles James Fox, 1749-1806）的兩匹賽馬都以兩千三百三十英鎊賣出，卻沒有人吭聲。[43]

事實證明，羅克斯堡拍賣會創下的天價是個臨界點。古籍的價格已經漲到荒謬的地步，在接下來的半世紀將會大幅滑落。不過，隨著價格趨穩，珍本收藏癖也尋到新的門路。羅克斯堡拍賣會結束後，有個獨一無二的愛書團體成立了，恰如其分地命名為「羅克斯堡俱樂部」，成員都是英國古籍界的精英。成員之一的理察‧希博（Richard Heber, 1773-1833）擁有八棟裝滿書籍的房子，他說：

> 同一本書至少得有三冊才能安心。一冊專門展示用，應該會放在鄉間的住宅；另一冊供自己閱讀或參照；如果不希望書本被拿走（這會造成極大不便），或不想讓最好的書本受損，就必須……準備第三冊應付朋友借用。[44]

俱樂部的成員雖然以貴族為主，但創辦人是神職人員湯瑪斯‧弗拉格諾‧迪布登（Thomas Frognall Dibdin），他也是最投入的成員。迪布登是書籍仲介兼書目學家，為有錢客戶服務，貢獻自己的學識，將珍

本收藏癖的活動與熱情引薦給更廣大的群眾。他發表一本內容廣泛的手冊介紹珍本古典書籍，另有兩本探討書目學的書：《珍本收藏癖》（*Bibliomania: or Book-Madness*）和《書目學十日談》（*Bibliographical Decameron*）。這些豐富的作品進一步強化了羅克斯堡俱樂部特立獨行的形象，卻也吸引更多人對古籍的價值產生興趣。[45]

　　技術變革打亂了時代趨勢，卻為迪布登提供助力。羅克斯堡拍賣會的同一年，亦即一八一二年，蒸汽印刷機首度問世。整個十九世紀裡，書籍的製作與流通迎來劇變。基於思古幽情與對追本溯源的執迷，很多人全心投入手抄書與早期印刷書的研究，尤其是圖書館員。古版本變成機構圖書館最想收藏的書籍。一七八九年以前波德利圖書館只買過一本古版本，一八六〇年以前會再買進一千七百本。[46] 一九〇二年阿克頓男爵（Lord Acton）的七萬多本藏書送進劍橋圖書館，該館館長對朋友感嘆道，那裡面沒有一本書令他感興趣。因為阿克頓男爵從來不喜歡古版本。[47]

　　政治的變遷為成立已久的圖書館帶來不可避免的挑戰，但挑戰也來自潮流的盛衰起落。十九世紀末期，新成立的國家與機構圖書館和美國的多金私人收藏家正在添購書籍，手搖印刷機時代的書籍再度成為收藏標的，特別是最初試驗期的產品。從這個角度看來，古籍愛好者比啟蒙時代的革命分子更了解書籍的文化價值。因為那些革命分子積極收藏新書、清除所有不合理的書籍。一如往常，當無用書籍面臨清除命運，首當其衝的是宗教書籍。不管我們如何看待珍本收藏癖的愚行，在啟蒙時代的革命狂熱消退以前，富豪收藏家為這些冗餘書籍提供暫時的避風港。到了十九世紀末二十世紀初，第一代印刷書能在拍賣市場賣出高價，這些劫後餘生的書籍又從鄉間別墅和貴族的圖書館流出。這種情況至今沒有改變。

第五部

虛構文類

第十三章
有條理的頭腦

　　一七二七年秋天，美國賓州費城一群朋友齊聚一堂分享讀書心得，討論彼此都感興趣的話題。這些人不是費城的精英分子，其中三個人是同一家印刷廠的工人，另外還有玻璃工人、測量員、木工師傅和商鋪職員。這些人的共同點，是一顆好學的心和自我提升的強烈渴望。在背後推動這群人努力前進的那個人更是如此，他就是美國啟蒙時代重要人物班傑明‧富蘭克林。[1]富蘭克林建議大家把各自的書籍集中起來，開放給內部成員自由借閱。到了一七三一年，他決定往前跨一步，允許更多費城民眾加入這個團體，每個人支付一筆入會費和年度會員費，集資設立一座圖書館供所有成員使用。全世界第一座會員制圖書館（subscription library）費城圖書館公司（Library Company of Philadelphia）就這麼誕生了。後來有不少類似機構成立又消失，費城圖書館公司至今屹立不搖。

　　接下來一百年，會員制圖書館如雨後春筍般在美洲殖民地、不列顛和歐洲大陸設立。在此同時，整個世界（以及書籍圈）也面目一新。歐洲和美國人口都大量增加，識字率穩定上升。新式交通工具將孤立的社區連結起來，打造閱讀國度。蒸汽印刷機製造出各式各樣的新型態閱讀材料，包括書籍、雜誌和報紙。政治改革、創業精神與工業化改變了人們對社會與政治的期待：希望進一步參與決策，分配更多自身勞力創造的財富。這一切都對圖書館的發展造成影響。新興讀

書人口大多被排除在會員制圖書館舒適的中產階級社交圈外，他們仰賴的是全新的營利型流通圖書館（circulating library）。這些圖書館為讀者提供小說和脫離現實的文學，幫助他們消磨暫時離開織布機或工廠的寶貴休閒時間。

這些更新穎、更大眾化的流通圖書館起初是由書商經營，算是他們正規事業附帶的營業項目。到了十九世紀中期，最成功的流通圖書館已經發展成龐大機構，無論規模或影響力都不輸會員制圖書館。二者在性質上也截然不同。會員制圖書館的規模雖然也可能十分龐大，卻是為特定會員提供服務。他們的書本是由委員會精挑細選，委員會仍然秉持自我提升原則，這是當初由費城圖書館公司提出的寶貴宗旨。他們的宣言與書籍目錄都以自學書籍為主，比如歷史、科學、農業、地圖與地圖集。他們也為會員準備少許輕鬆讀物，但不特別宣揚。必須等到流通圖書館出現，廣大讀者才能完全根據自己的喜好選擇休閒讀物。他們的偏好嚴重傾向虛構文類：小說、偵探故事和言情作品，間或穿插幾本寫實旅遊探險。[2]

相較於過去穩重、規矩的圖書館世界，這一切可說是跳躍式改變。在十八世紀中期以前，書籍收藏仍然專屬社會上相對少數的族群。貴族與皇室成員、主教與教會、大學和大學畢業生、收藏工作用書的專業人士，都是有錢買書也有閒讀書的幸運兒。加入全新閱讀國度的數百萬男男女女之中，絕大多數只有極少機會或完全沒有機會接觸這類書籍。即使有，對書籍的內容也沒有決定權。會員制圖書館（以及它們花俏的旁支兄弟流通圖書館）終於讓客戶真正掌握書籍的操控權：會員制圖書館的會員可以自行選擇書籍，而流通圖書館的業者以生意為優先考量，願意迎合顧客的喜好。

這在圖書館世界引發許多爭端。書籍收藏家和現存機構圖書館的守護者一直以知識的守門員和品味的仲裁者自居，不可能輕易放棄這個傳統角色。公眾只能讀對他們有益的書，或可以盡情閱讀他們喜歡

的東西，是整個十八、十九世紀最爭執不休的話題。撇開圖書館該不該收藏虛構文類、報紙或雜誌這個火線議題不談，可以確定的是，到了十九世紀末，圖書館已經徹底蛻變，面目一新。

　　第一項也是最決定性的改變是，圖書館終於揮別拉丁文的長期統轄。富蘭克林為費城圖書館公司購買的都是英文書，而這會是大多數會員制圖書館和所有流通圖書館的普遍做法。學校裡仍然教授拉丁文，古典語言的書籍也依然在學術圖書館占據不少空間。不過，從十九世紀起，課程的現代化是當務之急，加上科學與技術教育的發展，人文主義學術漸漸失去傳統上的主導地位。

　　除了這個重大改變之外，隨著歐洲大陸的圖書館逐漸向外發展，另一項意義深遠的進展也啟動了。美國在圖書館的發展上扮演越來越重要的角色，會員制圖書館的創立就是最主要的例子。十九世紀的美國是公共圖書館重生的重要推手：領先時代潮流的大眾化閱讀國度，快速發展的工業化與多樣化人口，有助於重新定義所謂的「公共」。歐洲殖民帝國的擴張也在世界各地埋下歐洲圖書館文化的種子，為後來的圖書館服務全球化提供柔弱的第一代幼苗。[3]

　　隨著會員制圖書館與流通圖書館激增，有史以來第一次，借書似乎真的可以取代買書。這也是關鍵性的發展。當然，不管哪個年代，想讀書或做研究的人都會向朋友借書。只是，在十八世紀以前，借書基本上是書籍收藏家之間禮尚往來的行為。如今，新式圖書館提供收費低廉又便利的借書管道，讀者可以盡情閱讀，不會在家裡堆滿可能永遠不想再讀的書。結果是，十九世紀書籍所有權與閱讀之間的關係，比過去或未來任何時候都薄弱。

　　書籍更容易取得，閱讀人口大幅增加，似乎為公共圖書館的成長提供迫切需要的動力。圖書館業者肯定都強烈意識到接觸廣大群眾的重要性：只要看看很多圖書館雖然開放程度有限或收取會費，卻都掛著「公共」二字，就不難理解。現代的「公共圖書館」指的是由國家

編列預算興建、供當地居民免費借閱書籍的設施，從這個角度看來，十九世紀末以前公共圖書館的進展相當有限。在很多方面，會員制與流通圖書館的成功，對免費圖書館的發展是阻力而不是助力。有些人喜歡會員制圖書館專屬少數人的社交氛圍，另一些人在沒有苛刻館員巡視的流通圖書館找到他們想讀的書。在這個階段的大多數時間裡，沒有人知道公共圖書館究竟有沒有未來，又會不會跟其他立意同樣良善的機構（比如十七世紀的教區圖書館）走上同樣的命運。

對於提倡書籍與閱讀的教育功能的人士，這個問題越來越急迫，因為有一大批讀物藏在表層底下蠢蠢欲動。這些書籍入不了圖書館的眼，卻占用出版業越來越多產能，也為書商帶來不少獲利。[4]在十九世紀，為產業界新興群眾發行的虛構文類本身變成一種產業，倉促寫成的犯罪、愛情與懲奸除惡故事廉價出售，讀過就扔。[5]這種銅板價的小說或恐怖故事讓圖書館頭痛不已，他們執意不讓客戶接觸這類書籍，閱讀大眾要看這類書籍的決心卻同樣堅定。一直到進入二十世紀，這種提升與娛樂之間的拉鋸，以及爭辯哪些書只是流於淺薄、哪些卻會腐敗人心，會持續困擾圖書館的委員和新一代專業圖書館員。

會員制圖書館

在費城跟富蘭克林聚在一起熱烈討論的技工們不會是會員制圖書館的典型會員。北美大多數會員制圖書館都由城鎮的精英分子贊助設立，這些人是股東之中的元老，制定團體規約，也為圖書館的書籍把關。不意外地，圖書館設立最普遍的是在新英格蘭的清教徒殖民地。從殖民地成立開始，這裡就是讀書風氣最盛的社區。這裡的城鎮也最密集，波士頓（哈佛就在河流對岸）更有美國文化的兩大燈塔。

一七三三年（費城圖書館公司成立兩年後）康乃狄克州杜倫鎮（Durham）八名鎮民合力創辦圖書館，因為他們想「透過閱讀吸收實用又有益的知識」，藉此豐富他們的心靈。[6]接下來康乃狄克州陸

續又有五個城鎮成立圖書館，而後在一七四七年，羅德島州紐波特（Newport）的雷德伍德圖書館（Redwood library）設立。這座圖書館是由西印度群島商人亞伯拉罕・雷德伍德（Abraham Redwood）慷慨捐贈五百英鎊設立，開創社區圖書館建立的第二種模式，也就是由多金的當地居民捐贈。普林斯圖書館（Prince library）與新英格蘭圖書館（New England library）是波士頓最古老的兩座圖書館，成立時間都是一七五八年，也都是以神職人員湯姆斯・普林斯（Thomas Prince, 1687–1758）的遺贈設立。新罕布夏州樸茨茅斯的居民採用第三種管道募集經費：公開發行彩券。到了一七八〇年，新英格蘭州已經有五十一個城鎮成立圖書館。[7]

　　獨立戰爭結束後，美國各地繼續建立圖書館。從一七八六年到一八一五年總共成立五百七十六座新圖書館，一八五〇年以前還會增加四百六十五座。有些圖書館服務特定群體，比如兒童青少年圖書館，麻州康科德（Concord）的農業圖書館，以及影響深遠的技工與學徒圖書館。毫無疑問，這些圖書館對自我提升的文化與禮儀社會的發展有顯著貢獻。

　　然而，高估這些圖書館在增強民眾力量方面扮演的角色，並不正確。在大多數情況下，圖書館的會員並不多，主要是當地商業界的精英，基本成員是從十七世紀起開始收藏書籍的專業人士。眾人合力聚集資源的方式在美國更受歡迎，因為直到十九世紀中後期，除了最普通的出版品，所有書籍都必須從倫敦進口，書價居高不下。這麼一來，會員制圖書館的藏書不容易擴大。在一千零四十五座圖書館之中，只有八十一座擁有超過一千本書籍，而十七世紀荷蘭共和國的律師或牧師輕易就能收藏到這個數量。對很多人來說，會員制圖書館的會員資格主要的吸引力在於館內的舒適空間，可以在裡面看報紙，或跟鎮上其他重要人物見面。到了傑克森[8]時代，火爆的政治爭端會打亂這種輕鬆的社交氛圍，比如新罕布夏州樸茨茅斯的民主黨派系設立

自己的讀書室，跟樸茨茅斯圖書館打對台。[9]一八五〇年新英格蘭州很多城鎮擁有不只一座圖書館，正好助長這種黨派分裂的局面。

　　正如樸茨茅斯的民主黨讀書室，這些圖書館壽命不長，很多撐不到建館會員離開人世。新英格蘭早期的圖書館之中，只有百分之十三建館五十年後還在營運。[10]不可避免地，我們只能根據費城圖書館公司、新英格蘭會員制圖書館和波士頓圖書館這些少數倖存者來認識何謂會員制圖書館。在東北部以外的地區，南卡羅萊納州的查爾斯頓圖書學會（Charleston Library Society）在一七四八年成立，建館經費是募集而來，以便「收集大不列顛最新出版的小冊子和雜誌」。[11]還要再等一個世紀，美國出版業有能力穩定供應國產書籍，才終於切斷這條臍帶。

　　會員制圖書館在英格蘭進展緩慢得多，部分原因或許在於那裡有許多另一種類型的替代機構。十八世紀初期大量出現的咖啡館提供各式各樣的報紙，有些也收藏頗具規模的書籍。這些咖啡館集中在律師學院周遭或倫敦市，是通曉時事的顧客聚會的地點，所以收藏的書籍主要是這類顧客感興趣的政治小冊子和諷刺詩集。這些書籍對常客開放，只收取一先令會費，但偶爾上門的顧客也可以借閱。蘇格蘭傳記作家詹姆斯・鮑斯韋爾（James Boswell, 1740-95）在這方面有個愉快經驗：他在出版商的店鋪找不到自己的著作，旁人介紹他去查普特咖啡館（Chapter Coffee House），果然輕而易舉就找到了。[12]

　　顧客在咖啡館輕鬆借閱當代書籍，不需要遵守會員制圖書館或曇花一現的讀書俱樂部的團體規約。如今讀書俱樂部大多已經消失，不過喬治時期[13]的英格蘭好像曾經出現過不少，就算沒有幾千家也有幾百家。[14]讀書俱樂部在小城鎮格外盛行，因為那些地方的重要人士覺得自己的家鄉太缺乏大都市或郡城比比皆是的知性對談。讀書俱樂部通常由六到十二個相互認識的人組成，定期在彼此的住宅或當地酒館聚會。以會費採購的書籍到年終時就處理掉，因為這種團體沒有意願

建立固定藏書。對於女性讀者，讀書俱樂部遠比咖啡館來得友善。

　　另外還得提一提讀報會，這種組織更是非正式，只是左鄰右舍湊錢訂報紙。這種團體在十九世紀初期格外流行，卻沒有在圖書館歷史上留下多少足跡。不過，對於收費高昂的會員制圖書館，這些讀報會卻也是另一種形式的競爭對手，因為會員制圖書館不少會員在館內閱讀的主要是報紙和期刊，而不是書籍。

　　儘管如此，會員制圖書仍然在一七五〇到一八五〇年這一百年間蓬勃發展，特別是在英格蘭北部成長迅速的工業城鎮和港口城市。一七五八年，新成立的利物浦圖書館（Liverpool library）的宣傳廣告聲稱「專為希望增長知識的先生女士服務」。到了一八〇〇年，英格蘭已經有一百座這樣的圖書館。這個數字比美洲殖民地少得多，但對於一個越來越自信的都市文化，仍然有不少貢獻。一八〇六年成立的波提哥圖書館（Portico library）吸引了四百名會員，因此有能力在曼徹斯特市中心打造一座美觀的新古典建築。一八一四年當地報紙不失公道地指出，沒有加入波提哥圖書館，等於將自己排除在「曼徹斯特知識圈之外」。[15]改革派政治人物理察・科布登（Richard Cobden）是早期會員；小說家伊莉莎白・蓋斯凱爾（Elizabeth Gaskell）的丈夫、一位論（Unitarian）牧師威廉・蓋斯凱爾（William Gaskell）是任期最久的主席。圖書館的第一任祕書彼得・馬克・羅格（Peter Mark Roget）在該館閱讀室編纂他知名的《同義詞典》（*Thesaurus*）。曾經兩度擔任英國首相的羅伯特・皮爾（Robert Peel）是會員，一八一九年帶領騎兵隊在彼得盧[16]對示威群眾大開殺戒的休・霍恩比・伯利（Hugh Hornby Birley）也是。另一位重量級會員則是自由黨國會議員詹姆斯・海伍德（James Heywood），他在一八五〇年促成〈公共圖書館法案〉的通過。

　　這個例子告訴我們，主要工業城的圖書館能吸納大量會員，有助於擴大藏書數量。一八〇〇年利物浦圖書館會員多達八百九十三

圖 16　波提哥圖書館的一間閱讀室。波提哥圖書館是一家會員制圖書館，一八〇六年在英國曼徹斯特成立，至今依然存在。圖書館的會員短時間內就達到四百人，這些人可以自由使用館內兩萬本書籍。這些書籍多半都不是虛構文類，但館方也迴避神學書籍，以示尊重會員各有不同的宗教信仰。

名，不得不停止招收新會員，這促成另一家圖書館「利物浦神殿」
（Liverpool Athenaeum）的設立，並在一八二〇年招收到五百零二名
會員。這些圖書館大部分都發行印刷版目錄，既方便會員使用，也可
以對外宣傳藏書。可惜的是，這些目錄很少保存下來。不過，我們確
知一八三〇年利物浦圖書館的藏書量是兩萬一千四百冊，而布里斯托
圖書學會（Bristol Library Society）在一七九八年已經藏書五千冊。
到了現今，曼徹斯特的波提哥圖書館藏書兩萬五千冊，幾乎都是從
十九世紀保存至今。

　　規模比較大的會員制圖書館很多都設在成長迅速的北部工業城
鎮，那裡的新機構和市區建築標示著經濟的繁榮。在其他地方，比如
約克、舒茲伯利（Shrewsbury）和蘭開斯特（Lancaster）等郡城，會
員制圖書館為原有的農村生活步調增添一抹大都會的文雅。這些圖書
館吸引的是另一種會員：覺得圖書館氣氛宜人，是進城時歇歇腳的好
地方的鄉間男士，軍人和退休海軍軍官，當然還少不了鄉間律師和英
國國教神職人員。這不可避免地影響圖書館的書籍類別，比工業城市
多出不少神學書籍和布道詞。衛理宗（Methodism）和非國教教會在
工業城市有一定的勢力，宗教書籍容易引起爭議。郡城圖書館對女性
會員也特別友善。會員制圖書館的會員有百分之十到二十是女性，必
然有更多人請男性親戚幫她們借書。在十八世紀，女性讀者迅速成為
日益擴展的書籍圈的主力。

起來吧！

　　英格蘭的會員制圖書館在十八世紀末經歷了一段艱困時期，同
樣的情況在拿破崙戰爭（Napoleonic Wars）末期的震盪不安中再次重
演。人們擔心英格蘭感染法國的激進主義，私人團體的會員於是受到
質疑，書籍俱樂部和圖書館似乎也蒙上陰影。很多人審慎地取消會員
資格，不過，到了一八二〇年代，會員人數會再上升。另外，官方並

沒有對圖書館採取任何措施，一般認為小組委員對書籍的嚴格把關已經足以防堵革命激情的滲透。歐洲大陸的情況截然不同，那裡的會員制圖書館被視為追求政治改革的解放思潮的潛在溫床。

法國的閱讀室（cabinet de lecture）性質介於英國的會員制圖書館和書商經營的流通圖書館之間。閱讀室通常收取年費（但也接待臨時顧客），設有閱讀室供會員使用。有些比較高級的閱讀室將讀報和讀書的空間區分開來。法國的閱讀室跟英國的會員制圖書館的不同點在於，書籍的挑選通常由業主全權負責，而業主多半經營書籍事業。閱讀室的顧客也可以把書帶回家讀。

從一八一五年君主復辟到一八四八年革命發生這段期間，飽受戰火蹂躪的法國總算得到迫切需要的喘息。只是，政治氛圍依然緊繃，拿破崙絲毫無意放鬆對媒體的控制。有意成立閱讀室的商人必須向警方申請許可，因為一般認為閱讀室可能醞釀反政府思想，警方因此嚴格審查。一八一八年諾曼第地區的康城（Caen）警察廳長查出某個閱讀室經理散發煽動性文章，但他認為那位經理這麼做不是基於個人的激進思想，而是純粹為生意考量。警方也發布一份違禁作品清單。法國作家斯湯達爾在他的小說《魯西安・路文》（*Lucien Leuwen*）中描述，年輕軍官在南錫市（Nancy）一家閱讀室讀書受到嚴厲責罵，因為他的上校認定閱讀室是雅各賓黨[17]的溫床。事實上，那個倒楣的軍官只是在讀一篇有關莫札特的作品《唐・喬凡尼》（*Don Giovanni*）的評論。[18]

當然，像斯湯達爾這樣的小說家會譴責施加在閱讀上的任何限制。但出版商亞歷容德・尼可拉・皮戈羅（Alexandre-Nicolas Pigoreau）也不得不提醒客戶，「警方對閱讀室進行最嚴密的監控，他們決定讓小說在書市裡消失。」這個任務十分艱鉅，因為閱讀室的書籍以虛構文類為主，通常流行文學與嚴肅文學夾雜。藝術家、學生和專業人士是這些書籍的主要讀者群。如同英格蘭的會員制圖書館與

流通圖書館，閱讀室之所以能存在，原因在於虛構文類價格高不可攀，大多數讀者買不起小說。這種情況在法國更為嚴重，因為法國的出版商偏向保守，也不願意投入資金購買節省成本的新技術。閱讀室的數量於是快速增加，例如巴黎就從一八二〇年的三十二家成長到一八五〇年兩百二十六家，法國各省至少有四百家。[19]另外還有不少不受規範的業者為各種顧客提供服務，那些顧客偶爾可以花零點一法朗租一本小說。

　　十八世紀也是德國圖書館文化的艱困期。持續存在的三百五十五個中小型邦國阻礙市場的整合，也沒辦法像法國一樣經常推動全國性的圖書館改革。[20]由於幾位知名學者圖書館員相當活躍，掩蓋了圖書館圈整體上欠缺活力的事實，其中包括先後擔任威瑪（Weimar）與吉納（Jena）公國圖書館員的德國大文豪歌德（1749–1832）。[21]大學和親王的圖書館不是一般人能接觸的，城鎮圖書館被世代積累的書籍壓得喘不過氣來，而且欠缺更新這些藏書的動力。

　　讓更廣大的群眾接觸書籍最有效的管道是十八世紀的讀書社（Lesegesellschaften）與十九世紀的流通圖書館。讀書社最早出現在一七二〇年代，一七五〇年代起普遍流行。到了一八〇〇年，整個德語地區總共有至少六百個讀書社，會員二十五萬人。[22]讀書社規模多半不大，服務對象各有不同。有些本質上是流通圖書館，由書商經營，也有些只提供期刊借閱。資金比較充裕的讀書社會租房子或購置自有產業。某些知識程度比較高的顧客對當代政治感興趣，不可避免地受到當權者的懷疑，不過讀書社一般說來對政治並不熱衷。當時新興的中產階級只能望貴族圖書館與親王圖書館興嘆，讀書社正好減輕他們的挫折感。

　　讀書社服務對象以會員為限，於是流通圖書館便有了生存空間。德國跟其他地方一樣，所謂的流通圖書館涵蓋各種不同機構，有些走高端路線，有自己的場地，附有閱讀室和新書展示區，甚至有咖啡

廳或音樂室。其中很多發行目錄，這些目錄顯示德國的小說市場同樣勢不可當，而民眾的閱讀口味也持續改變，從漸漸退場的俠義傳奇到大仲馬（Dumas, 1802–70）和華特‧司各特爵士，再到最新的犯罪小說。[23] 一七七七年蘇黎世的霍夫邁斯特讀書社（Hofmeister）提供一千六百套書，共四千六百一十七冊，包括一整區供女性消遣的書籍，以及名稱相當吸引人的「探險與魯賓遜」，這是《魯賓遜漂流記》（*Robinson Crusoe*）成功後跟風作品形成的文類。[24] 儘管司各特在法國也有廣大的追隨者，英語文學潛移默化的影響在德國流通圖書館的目錄特別明顯。隨著十九世紀慢慢過去，越來越多德國讀者接觸到英國與法國作家的原文作品。一八八二年維也納的德恩伯克讀書社（Dirnböck）提供的書籍之中，有四分之一是外國作家的作品。

非常適合帶壞年輕女子

　　英國和美國的會員制圖書館、德國的讀書社或法國的閱讀室一般說來形象不錯。相較之下，走世俗路線的流通圖書館就未必了。民眾擔憂他們的妻女、學徒和僕從或心性不定的少年接觸不良讀物，流通圖書館於是深陷風暴中心。隨著閱讀人口大幅增加，這個風暴也日益劇烈。流通圖書館被控供應色情書刊和內容淺薄降低智力的書籍。到了十九世紀，圖書館承擔起維護道德的新使命，也被指責為老古板或審查官。在十九世紀後半葉的英格蘭，情況更是如此。當時優質文學的市場完全掌握在查爾斯‧愛德華‧穆迪和威廉‧亨利‧史密斯（William Henry Smith）這兩個維多利亞時期企業家手中。穆迪和史密斯對書籍市場有莫大影響，造就圖書館史最非凡的一頁，只是沒有得到相應的名聲。

　　最早從一六六一年開始，已經有書商將書本外借，或收取少量費用讓顧客在店裡看書。但根據史料記載，最早成立流通圖書館的是愛丁堡詩人艾倫‧拉姆齊（Allan Ramsay）。拉姆齊在一七二五年成

立他的外借圖書館，收取年費。根據發票紀錄，佩尼庫克（Penicuik）的約翰‧克拉克爵士（Sir John Clerk）在一七二六年繳納十先令的「年度閱讀費」。[25]書本也可以借回家，隔天再還。一七四〇年拉姆齊把他的圖書館賣給書商約翰‧亞伊爾（John Yair），建立了流通圖書館的典型模式。根據資料，整個大不列顛至少有幾百家流通圖書館，但絕大多數都維持不久，書籍往往轉售給新業者。儘管如此，從十八世紀中期開始，流通圖書館會對人們的閱讀習慣產生革命性的影響。

　　大約到了拉姆齊退休時，流通圖書館的時代才真正到來。當時倫敦一群事業有成的書商各成立一家流通圖書館，小說的出版也是在這個時候飛躍式成長（從一七五〇年到一七七九年總共出版八百本）[26]，顯然不是巧合。很多流通圖書館的經營者本身也從事出版業，比如最著名的兄弟檔法蘭西斯與約翰‧諾博（Francis and John Noble），兩人在一七四四年到一七八九年之間出版至少兩百本小說，大多數都可以在流通圖書館找到。

　　諾博兄弟出版的小說大部分並不以文學名著自居。曾經有人建議英國諷刺小說家法蘭西絲‧伯妮（Fanny Burney, 1752–1840）修改她的作品《西西莉亞》（*Cecilia*）的結局，她用譏諷的口吻答道：「諾博先生的流通圖書館裡每一本小說的最後一頁都能拿來當我的小說的最後一頁，因為它們的結局都是婚姻，而婚姻是為巨額財富做出的讓步或一時的權宜。」[27]文學評論同樣尖酸。諾博在一七七三年出版《怎樣失去男人的愛》（*The Way to Lose Him*），被《倫敦雜誌》（*London Magazine*）評為「專為流通圖書館撰寫，非常適合汙染年輕女子依然單純的心靈。」[28]本身也是小說家的亨利‧麥肯齊（Henry Mackenzie, 1745–1831）同樣譴責「那些通俗小說（流通圖書館的可鄙產物）……因為內容貧乏遭人鄙夷，或因為敗壞道德遭到排斥。」[29]

　　流通圖書館的惡劣影響明顯可見，於是社會上出現反對聲浪，要求對它們的館藏加以規範，或乾脆勒令關閉。一七七三年有人表

示：「國會即將通過法案，法案施行後流通圖書館將會被查禁，業主會跟惡棍和流浪漢之類的遊手好閒之輩一樣，被判定為道德敗壞者，社會的害蟲。」[30] 流通圖書館經常被拿來跟妓院和琴酒鋪相提並論。流通圖書館之所以引發這種道德恐慌，完全是因為大眾將它們與虛構文類的流通畫上等號。一七八九年愛爾蘭多產作家瑪莉亞·埃奇沃思（Maria Edgeworth）寫道：「雖然我跟各位一樣喜愛小說，但我擔心小說對心靈的作用，會像飲酒對身體的影響。」[31] 然而，如果我們仔細查看流通圖書館印行的目錄，會發現虛構文類占的比例出乎意料地低。一七五五年倫敦河岸街（the Strand）的書商湯瑪斯·朗茲（Thomas Lowndes）提供的目錄裡有幾千本書，包括不少義大利文和法文書，歷史、書誌學和神學書籍的數量不輸小說、詩歌和戲劇。希臘與羅馬作家的作品也相當充裕，不過多半是英文譯本。

倫敦大型流通圖書館的書籍通常在五千到一萬冊之間，它們的都會區顧客閱讀品味多半多元又成熟。這些圖書館的業主並沒有忽略外界尖銳的道德指控，也明智地採取預防措施，積極宣傳他們種類繁多的非虛構作品。不過，這些非虛構書籍未必跟小說一樣受讀者歡迎，流通圖書館也不會一口氣增加二十五本或更多非虛構文類，小說卻有可能。朗茲也沒忘記在這份目錄的書名頁向會員保證，他會供應「已出版的所有新小說和休閒書。」[32]

有些流通圖書館刻意訴求品格更高尚、志向更遠大的讀者，比如一七六〇年代威廉·沃德（William Ward）在英格蘭謝菲爾德（Sheffield）經營的圖書館。不過，大致說來，圖書館規模越小，服務的人口越少，對小說的依賴程度就越高。一七九三年蘇格蘭馬修學院（Marischal College）倫理學教授詹姆士·貝提（James Beattie）前往鄧迪市（Dundee）一家書店，驚訝地說那是「只有小說的流通圖書館」。書商告訴他：「鄧迪市的讀者只讀小說。」[33]

倫敦的業主當然在業界擁有優勢，能夠同時經營書店、出版社和

流通圖書館，掌控收入與現金流。他們還扮演批發商，為迅速散布到英格蘭鄉間地區的流通圖書館供應書籍，創造額外利潤，從溫泉小鎮和海濱度假勝地開始，再向郡城推進。據我們所知，在十八世紀某個時間點，舒茲伯利至少有十家流通圖書館，約克則有二十一家。北方工業城鎮那些氣勢恢宏、顧客和書籍品味高雅的會員制圖書館並不會妨礙流通圖書館的吸引力。根據資料，曼徹斯特有四十一家，伯明罕有四十六家，利物浦的數字更是驚人，有八十八家。[34]這就足以說明流通圖書館一方面推託狡辯自證清白，一方面為讀者提供小說。萊斯特圖書館協會以時間的考驗來篩選小說：「只有通過時間的考驗、累積一定名氣的小說，才能收進圖書館。」[35]諷刺的是，因為這條規定，會員有機會看到無法通過十九世紀末公共圖書館審核的作品，比如英國小說家亨利・費爾丁（Henry Fielding, 1707－54）的《湯姆・瓊斯》（*Tom Jones*）。

　　類似貝斯這種溫泉小鎮的圖書館員毫不遲疑地為顧客提供各種消遣書籍，不久後流通圖書館接替他們，成為休閒娛樂的新選項。把自己的名字填進圖書館會員名冊，就跟遞出名片一樣，有效宣示自己的到來，也能順便查探還有哪些人也在鎮上。貝斯、馬爾蓋特（Margate）和斯卡伯勒（Scarborough）的圖書館通常是宏偉雅致的設施，顧客在裡面流連，看看書或聊聊八卦。一七八二年貝斯的史林普頓圖書館（Shrimpton）分別為男士和女士提供專屬閱覽室。這些圖書館為遠離倫敦俱樂部的顧客提供溫馨去處，充分替代會員制圖書館。一七八〇年普拉特（Pratt）和克林奇（Clinch）圖書館為顧客提供十三份倫敦報紙和二十二份地方報紙。[36]同業間的競爭不算太激烈。一七六七年倫敦七家主要圖書館協議將每年的會費調漲為十二先令，[37]一七七〇年代貝斯的流通圖書館追隨倫敦同業的腳步，每個季度漲價三到四先令。對於遷往鄉間定居的人，倫敦的圖書館也提供郵遞服務。書籍放在上鎖的箱子裡託馬車運送，箱子由圖書館提供，會

員承擔運費。[38]

透過山繆爾·克雷（Samuel Clay）在華威鎮（Warwick）的書店，我們認識到英格蘭書籍世界偏遠角落的閱讀生活。[39]克雷一七七〇到七二年的營業紀錄特別有用，因為我們可以比對他書店的生意和他小小的流通圖書館的內容。這些紀錄確認了廣為流傳的猜測：讀者讀小說只借不買。書店的書大部分是兒童讀物或其他故事或歌謠。女人確實會借小說讀，男人也會，但沒有人讀得如飢似渴，不至於坐實小說經常被質疑的成癮性。事實上，有幾個讀者覺得小說毫無趣味，看完第一冊就棄書了：這個時期的小說通常分成二到三冊出版，售價因此大幅抬高。克雷登記在冊的借閱者之中，僕從和學徒這些所謂的高風險族群並不明顯。他的流通圖書館最主要的顧客是紳士階級和專業人士，過去兩百多年來，這些人一直是書籍圈的核心成員。

我們在這個時期看到的，是休閒讀物市場整體規模的巨幅轉變。克雷在華威鎮的圖書館規模極小，在天平的另一端是出版商約翰·貝爾（John Bell）在倫敦經營的流通圖書館（盛大命名為不列顛圖書館〔British Library〕）。這家圖書館在十八世紀末已經號稱擁有十萬冊書籍，數量大幅超越藏書最豐富的私人圖書館和幾乎所有的機構圖書館。五千或一萬冊書籍在會員制圖書館算是相當龐大的規模，但在流通圖書館卻是稀鬆平常。這是英國書籍產業十分顯著的重心轉移，而且再也不會逆轉。

穆迪

流通圖書館在英國的發展很快也在美洲殖民地找到追隨者。一七六二年美國的書商威廉·里德（William Read）在馬里蘭州安那波利斯開設流通圖書館，每年收費二十七先令。他的書不多，總共一百五十本，卻都是精選出來的暢銷書。里德的流通圖書館失敗了，這並沒有阻止其他人奮勇一試。短短五年內查爾斯頓、紐約、波士

頓、費城和後來的巴爾的摩陸續出現流通圖書館。這些流通圖書館都
由書店兼營，這有個極大好處，那就是流通圖書館的營業時間跟書店
同步，而早期的會員制圖書館通常只在星期六下午開放借書四小時，
二者形成鮮明對比。

　　打從一開始就看得出來，美國的流通圖書館跟英國的一樣，主要
靠小說支撐。流通圖書館也鼓勵女性加入。整體來說，美國獨立戰爭
以前那十七年總共設立十一家流通圖書館，大多數都不長久。戰爭結
束後迎來一波開設潮，從新罕布夏州到喬治亞州的十九座城市共設立
三十九家。有個熱情的旁觀者覺得，這似乎是圖書的未來，對社會將
有重大影響：

> 讀者的人數難以估計，因為就連迷你小鎮都有許多人在讀
> 書。論學識，尋常百姓跟歐洲的中產階級不相上下，都會讀
> 會寫，也懂算術。如今幾乎所有小鎮都有流通圖書館。[40]

這是一七八九年的資料，算是相當敏銳的觀察，只是以流通圖書館而
言過於樂觀。這段話出現在倫敦出版的一本書中。這本書一針見血地
說明流通圖書館迅速成長的主要障礙：幾乎所有書籍都必須從英格蘭
進口。美國流通圖書館的黃金時期落在十九世紀前半葉，當時美國出
版業的產能呈指數型成長。儘管當時的美國作家還沒有能力挑戰在美
國、法國與德國都所向無敵的司各特，卻也在這股潮流中找到重要的
新機會。另外，這個時期也首度有女性經營流通圖書館，比如波士頓
的瑪莉・史普雷格（Mary Sprague）在她的女帽店附設流通圖書館，
另外就是塞勒姆市（Salem）的漢娜・哈里斯（Hannah Harris）。流通
圖書館也出現在一些典型的美國式地點，比如密西西比河的內陸客輪
和紐約伊利運河（Erie Canal）的駁船。

　　美國內戰結束後，流通圖書館開始衰退。原因不是公共圖書館的

出現，而是書籍的降價。書籍降價以後，流通圖書館的中產階級核心客戶覺得擁有書籍比借書更吸引人。在這個階段，美國和英國讀者的閱讀經驗分道揚鑣。因為這是英格蘭流通圖書館的大時代，至少是穆迪的時代。自從書商同業公會（十六和十七世紀扮演出版業管理者的組織）制定鐵律以來，沒有任何商業機構像穆迪的流通圖書館一樣，有能力影響整個國家的閱讀走向。從一八四四到一八九四年這五十年（維多利亞時期非韻文創作的黃金年代），穆迪幾乎壟斷優質虛構文類的市場。

穆迪的父親是倫敦的文具商，也提供書籍借閱，每冊收費一便士。穆迪二十二歲創業開書店，到了一八四二年，他的書店開始兼營流通圖書館，一八五二年擴大營業，搬遷到新牛津街（New Oxford Street）的街角。之後他的事業迅速擴張，新店面很快又不敷使用，於是在一八六〇年建立全新的書籍商場，倫敦大多數文人都出席開幕典禮。從一八五三年到一八六二年，他的書籍數量增加了驚人的九十六萬冊。一八六三年有個記者參觀新牛津街總部，飽受震撼地表示：「以數量來說，波德利圖書館黯然失色，梵蒂岡圖書館似乎也變小了。」《泰晤士報》（*The Times*）報導，穆迪雖然經常以極低的折扣出售熱度消退的書籍，但到了十九世紀末他已經累積七百萬冊書籍，很多都存放在他的大型書庫裡。[42]

穆迪是個企業家，他成功的關鍵主要在於他購買新書的數量異常龐大。一八五五年他買進新出版的湯瑪斯・麥考萊（Thomas Macaulay, 1800-59）《英格蘭史》（*History of England*）第三、四集共兩千五百冊。他也受益於當時鼎盛的文風，一批才華洋溢的作家正在積極創作，從狄更斯和威廉・薩克萊（William Thackeray），到安東尼・特洛勒普（Anthony Trollope）、伊莉莎白・蓋斯凱爾、喬治・艾略特（George Eliot）和班傑明・迪斯雷利（Benjamin Disraeli）。儘管如此，新上市虛構作品的計價結構才是穆迪經營模式的基礎，在他主

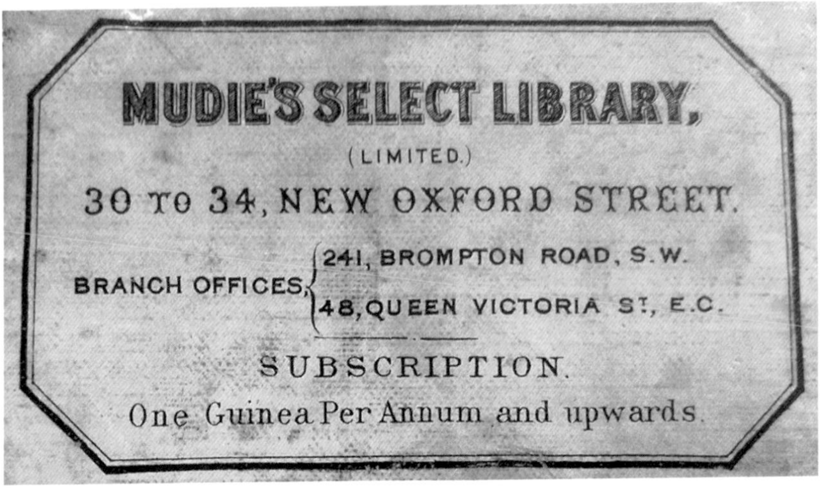

圖17　穆迪圖書館的典型標籤，貼在一九〇〇年倫敦馬舒恩出版社（Methuen）發行的蘇格蘭作家羅伯特‧路易斯‧史帝文森（Robert Louis Stevenson, 1850–94）《給家人與朋友的信》（*Letters to his Family and Friends, Vol. 1*）封面上。很少有商業圖書館能在全世界規模數一數二的文學市場發揮這麼大的影響力。

宰英格蘭市場的那半個世紀裡，因為他的堅持，書籍始終維持驚人的高價。

　　從一七八〇到一八三〇年，虛構文類新書的價格穩定上漲。書籍產業在法國革命和戰後的蕭條中飽受壓力，價格更是居高不下。司各特的歷史小說風靡一時，將書價推上歷史新高。司各特創作的小說新上市的售價是一點五基尼（相當於三十一先令六便士），除了最有錢的顧客，沒有人買得起。這些書一年後再版，售價只要六先令，但有些顧客不願意等，為這類顧客提供新書成為流通圖書館的主要業務。在一八四〇年代，流通圖書館的年費大約在四到六基尼之間。

　　穆迪大膽投入這個市場，年費只收一基尼，他的會員人數因此迅速成長。一八六四年穆迪的公司正式上市，資金進一步擴大。到這時穆迪已經有資格跟出版商談條件，堅持他只接受傳統分三冊出版的小

說，即使作者的名氣遠遠比不上司各特，全套售價仍然是三十一先令六便士。

這種模式對大家都好。讀者一年花一基尼，就能以低於一本新小說的價格讀遍他想讀的書。出版商不怕書賣不出去，因為第一版大部分都被穆迪買走。一版只要印個五百本，出版商就能賺到不錯的利潤，如果是成名作家的作品，穆迪會一口氣訂一千五百本。書籍出版前先跟穆迪書信聯絡，可以確定印刷數量，避開營運上的大部分風險。穆迪定期推出新書的建議書單，也幫出版商省下宣傳的人力物力。作家也能受益：出版商推出新書的風險降低，很多新作家的作品因此有機會進入市場。至於穆迪本人，他要求超高折扣，全套三冊他的出價很少高於十八先令。重點是，這三冊書會分開借出，這麼一來穆迪的獲利就會是單冊小說的三倍。穆迪就這樣穩穩壟斷了全國新出版的虛構作品，他沒選中的書就沒有機會出版。

穆迪倒是曾經放棄一個重大機會。一八五八年史密斯邀請穆迪代表他經營鐵路圖書館網絡，穆迪拒絕了。一八四〇年代鐵路的營運經歷一段混亂的競爭期，最後史密斯取得倫敦的報紙銷售主導權，順理成章地在火車站設立書報攤販售報紙與平價書籍。隨著人們外出旅行的頻率和距離增加，越來越需要更實質的旅途讀物，史密斯看到了書報攤附設流通圖書館的潛在商機。顧客在書報攤找不到想看的書，也可以從中央倉庫調貨，經由鐵路送到顧客預定前往的車站。[43]

穆迪拒絕合作提議之後，史密斯決定親自經營這項新事業，於是成立了全國性的流通圖書館，一直營運到一九六一年。這並沒有導致他跟穆迪關係緊繃。雖然他的經營網絡逐漸擴展，在各大城市都有衛星圖書館，用他的四角包鐵的註冊商標書箱把書本送到鄉間顧客手上，但他跟穆迪的事業並不存在競爭。火車旅客偏好攜帶方便、出版已經一年的單冊再版書（相當於現代的平裝書），所以穆迪依然獨占全套三冊小說市場。另外，他們兩個有很多相似之處：都是

信仰虔誠的慈善家，也是維多利亞時代公民美德活生生的化身。史密斯後來向政壇發展，最高成就是被封為海軍大臣（First Lord of the Admiralty），在英國劇作家威廉・吉伯特（William Gilbert）與亞瑟・蘇利文（Arthur Sullivan）合作的《皮納福號軍艦》（*HMS Pinafore*, 1878）中被嘲弄一番。[44] 穆迪與史密斯都認真扮演維多利亞時代的道德守護者，如今又是全國閱讀品味的仲裁者，跟作家和出版商的友好關係勢必面臨考驗。

　　穆迪堅持小說的上中下三冊格式，無疑是十九世紀小說拖泥帶水的主因：作者為了達到指定的篇幅，只好想方設法堆砌內文。像安東尼・特洛勒普這種老練的專業作家已經掌握必要的技巧，每天上班前寫出一定字數，很多人卻是為了湊出全套二十萬字（每冊六萬六千字），絞盡腦汁尋找靈感，努力維持劇情張力。如果我們想不通為什麼有這麼多十九世紀小說進行到中段時，劇情會迷失在兩名邊緣角色迂迴曲折（卻純潔）的愛情故事中，禍首就是穆迪。這是最難寫的第二冊常有的問題。如果所有的辦法都不奏效，作者也腸枯思竭，出版商只好把字體放大，頁面邊緣加寬，以便掩蓋字數不足的事實。

　　試圖挑戰維多利亞時期閱讀品味的前衛作家越來越覺得穆迪性格乖戾。經常批評穆迪的尖銳評論家喬治・摩爾說：「我們這個時代的文學戰爭不是浪漫小說和寫實小說之間的爭執，而是為了擺脫某個圖書館業者的無知審查。」[45] 英國作家威爾基・柯林斯（Wilkie Collins）聽說穆迪要求他的出版商改掉《新瑪德蓮》（*The New Magdalen*, 1873）的書名，氣憤地說：「說什麼我都不換書名。如果他不是傻子，就不會提出這種無禮要求……不過，這件事透露出一個嚴肅事實，那就是這個無知的狂熱分子用他假仁假義的雙手掌控我的作品的發行量。」[46] 柯林斯是個成名作家，有其他發表作品的管道，比如狄更斯首創的連載雜誌。但對於那些還在力爭上游的作家，穆迪的接納與否卻關乎生存。作家和出版商配合穆迪調整工作時程，有點類似

十六世紀的作家也得配合下一次的法蘭克福書展寫作。出版商和穆迪頻繁書信往來，為作家說情，或抗議穆迪的壓價（通常徒勞無功）。很多人的抗議雷聲大雨點小，因為他們自己也持有穆迪公司的股票。

　　如果說史密斯跟穆迪有什麼不同，那就是他更加吹毛求疵。一八九六年韋克菲爾德（Wakefield）的主教譴責湯瑪斯．哈代（Thomas Hardy）發表的新作《無名的裘德》（*Jude the Obscure*, 1895），史密斯立刻將這本書下架。[47]這種審查就跟公共圖書館的做法一樣，是一種隱性傷害，只是沒那麼痛苦難當。穆迪和史密斯之所以能貫徹自己的意志，除了倚仗他們的財力，也因為他們的判斷力不會挑戰會員敏感的神經——穆迪確保讀者不會看到任何令他們震驚的內容。

　　這對當時的激進作家不利，對後來的世代也是一樣。然而，不可否認穆迪和史密斯確實有一項貢獻：他們淨化了英語虛構文類。一七九四年傳統閱讀階級極力主張查禁流通圖書館。到了一百年後穆迪的兒子終於放棄三冊小說的限制時，穆迪長達五十年的一基尼會費已經將小說平安地送回圖書館的體面書架上。撇開冗長乏味的中冊不談，這至少是個了不起的成就。

第十四章
帝國的建立

　　一八四四年英國紐西蘭公司（開拓紐西蘭殖民地的商業組織）的宣傳員正在招攬移民，他煞費苦心地表示，紐西蘭不是罪犯流放地，也不是髒亂的商業交易基地，而是一群有識之士努力在自己居住的地方打造出故國最美好一面的國度。圖書館正是這種社會移植的關鍵元素之一：

> 舉止得宜的殖民地居民必須培養閱讀習慣：遠離了祖國那些輕佻娛樂，他除了書籍或酒館（殖民生活的毒物與解藥），沒有別的消遣。沒有人比新殖民地移民更能體會新書的價值。我們樂於在這裡聲明，沒有哪個殖民地比紐西蘭更懂得欣賞文學，這是因為移民到這個我們最喜歡的殖民地的，都是比較優秀的人士。[1]

　　酗酒問題是很多殖民地、貿易站或屯墾區的通病，就連紐西蘭也不是那麼地美好。然而，不可否認的是，文明與書籍之間確實存在緊密關聯，這點被招攬移民的宣傳人員提出強調，也在殖民社區的渴望與期盼得到證實。一八四〇年和一九一四年英國皇室與紐西蘭北島的毛利族酋長兩度簽訂〈懷唐伊條約〉[2]，這段期間紐西蘭的移民人數從幾千人激增到突破百萬。同一段時間裡，紐西蘭成立了七百六十九

家圖書館。在一八七八年，每一千五百二十九人就有一家圖書館。這些圖書館幾乎都是會員制圖書館，這是十九世紀殖民社會偏好的模式，因為這種方式鼓勵私人藏書匯集在一起，共同促進團體的成長。遠在紐西蘭這個他鄉異地，幾百本書可能就是他們跟祖國之間少有的實體聯繫，也是他們消磨時間的重要資源，幫助他們面對不可避免的困難，夢想繁榮的未來。

我們已經知道歐洲的書籍如何隨著第一批船隻前往美洲，也看到書籍如何成為英國清教徒和西班牙的耶穌會傳教士最珍貴的物品。[3] 對於帶著書離鄉背井的人，書本是文明的象徵，也是將歐洲文化移植到新家的工具。購買合適的新書通常並不容易，但殖民地的書籍數量必然日漸累積，因為當原本的主人死亡，書籍能去的地方並不多。正因如此，在荷蘭東印度公司任職的尤阿希姆・德森（Joachim von Dessin, 1704-61）這種精明的收藏家才能收集到將近四千本書。德森在南非的開普殖民地（Cape Colony）負責監督亡者遺物的拍賣。他過世時將藏書捐給開普敦的教堂，並在遺囑中指定開放給公眾使用。這批書籍每星期開放一次，供民眾現場借閱。[4] 蘇格蘭或德國的傳教士基於愛鄉情操，把藏書捐給在地社區，同樣的道理也適用於開普敦、澳洲或加拿大。

海岸角（Cape Coast，即現今的迦納）的英國奴隸站擁有大量藏書，供城堡裡的軍官使用。這些英國文學、歷史和法律書籍的存在，讓軍官懷想他們心中渴盼的文明禮儀，卻與他們每天的殘酷業務形成怪異的對照。[5] 在此同時，十八世紀在開普敦和加勒比海地區傳揚福音的基督教傳教士也設法收藏書籍，用來宣揚神的話語。有些人會特別費心教導奴隸讀寫，比如新教的摩拉維亞弟兄會（Moravian Brethren），導致奴隸經常與他們的殖民地主人起衝突。[6] 一般認為識字會讓奴隸走上反抗的危險路線，最終得到解放。奴隸雖然出發點不同，也相信書籍具有解放的力量。在開普敦殖民地，很多得到自由的

奴隸在拍賣會購買書籍，累積屬於他們的藏書，做為他們獲得自由的有力象徵。[7]

十九世紀中葉奴隸制度廢止後，書籍的使用依然是緊張局勢的源頭。在南非，黑人激進分子認為書籍的提供是促成解放的重要手段，但他們的行動沒有獲得政府的支持，因此挫折連連。[8]另一方面，荷屬東印度群島的殖民政府積極支持圖書館的設立，從一九一八年到一九二六年設立至少兩千五百座公共圖書館，收藏的書籍都是專供馬來人、爪哇人和巽他人（Sundanese）閱讀的當地語言文學作品。這些書果然非常受歡迎，也大幅提升了識字率。對於荷蘭的殖民政府，這些書的主要功能是教導當地百姓遵從殖民法令和西方價值觀，可惜成效有限，因為當地居民接觸到西方的自由、自主與民主等概念後，決心把這些理念套用在自己身上。[9]

十九世紀是帝國的大時代，也是全球圖書館發展的關鍵時刻。隨著帝國擴張、歐洲人向全球遷徙，歐洲文化也加快輸出的腳步。歐洲圖書館移植到加拿大、印度和澳洲的過程稱不上順利，獲致的成果通常也比不上倫敦或巴黎的圖書館文化。在此同時，歐洲國家以新建的全國性圖書館歌頌帝國的榮耀，以規模龐大的藏書弘揚各自的文化與文學成就。各國爭相建立規模更大的圖書館，以至於這些圖書館成為那個年代的巨無霸，是史上第一批超越最完善私人藏書的機構圖書館。只是，夢想成為高雅貴族的新世代書籍收藏者仍然努力累積個人的藏書，這些人就是快速工業化的美國的強盜男爵[10]。這是藉由書籍收藏改換門庭，以文化傳承來取代他們為求致富不擇手段的過往。

遭遇船難的小說

一七五七年到一八一八年這段期間，英國東印度公司從擁有幾處海岸貿易站的商業公司轉型為印度次大陸的主要力量。當英國軍官變成這片廣闊領土的行政官員，他們看見的是一個擁有豐富學術傳統與

悠久大型皇家圖書館歷史的國家。自從阿克巴大帝（Akbar I, 1542-1606）的時代開始，印度蒙兀兒（Mughal）王朝的帝王身邊一直圍繞著演說家與詩人，皇家圖書館也收集了幾千本手抄書，大多數寫在棕櫚葉上。[11] 這些書籍以阿拉伯文、波斯文和烏爾都語（Urdu）為主，其中不少都由宮廷畫師添加繁複裝飾，通常是歌功頌德的肖像，描繪的是統治者和他的臣屬。宮廷裡經常朗誦皇家圖書館的詩歌或文學作品，以此娛樂帝王和他的朝臣。阿克巴本人從來沒學過讀書寫字。蒙兀兒王朝的圖書館顯然是皇室專屬，這些高高在上的統治者對印刷術也不感興趣。他們跟印刷術的接觸，主要是旁觀果阿（Goa）貿易站的傳教士笨拙又堅定地為印度的廣大人口印製天主教書籍。這些書籍的印刷極其複雜，因為傳教士接觸到印度繁多的語言文字。有些皇室成員基於好奇也收藏歐洲印刷書，比如坦賈武爾（Tanjore）大君賽佛吉二世（Maharaja Serfoji II, 1777-1832）。他的圖書館有三萬四百三十三本棕櫚葉手抄書和六千四百二十六本歐洲印刷書，那是他的王朝歷時三百年的收藏成果。

　　印度南部邁索爾（Mysore）的蘇丹王的圖書館規模也不小，一七九九年他在希朗格巴丹（Seringapatam）戰敗，書籍被英國奪走，分別送往牛津、劍橋和加爾各答的威廉堡學院（Fort William college）。在大英帝國時代，還有其他許多印度圖書館被英國據為己有。蒙兀兒皇家圖書館經歷一個半世紀的掠奪與忽視，書籍數量銳減，僅剩的書籍也在一八五九年落入英國人手中。將這些書籍送回祖國是勝利的宣示，很類似十七世紀瑞典軍隊掠奪天主教圖書館的行為，卻也代表英國決心在牛津、劍橋和倫敦廣泛收藏亞洲著作，幫助學者和行政官員認識英國統治下的海外民族的文化。不是所有圖書館都能發揮這種人類學功能。果阿的奧斯定會托缽修士的圖書館藏書一萬冊，但孟買首席法官詹姆斯・麥金托什（Sir James Mackintosh, 1765-1832）看不上：「我從來不知道世上有一萬本這麼有害無益的

書，也不知道竟然有這種奇怪的圖書館，將所有具有教育意義或內容高雅的書籍排除在外。」[12]

　　這種貶斥顯然源於反天主教情結，如此論斷一批耗時幾個世紀歷盡艱辛累積而來的藏書實在相當不公平。不過，麥金托什的驚人之語其來有自，因為當時進駐印度的英國士兵、軍官、行政人員和商人越來越多，迫切需要為他們提供「有教育意義或內容高雅」的書。[13] 各公司和使節團長期以來持續收藏書籍，大多數都是公司員工的私人收藏，主要是從倫敦運過來的《聖經》和祈禱書。為了關心英國士兵的福祉，並且提升他們執行軍事任務的效率，需要採取更有系統的措施。駐紮印度的英國軍隊首開風氣之先，擁有常設圖書館，比他們在本國的同袍領先二十年左右。到了一八二〇年代，所有派駐在印度的歐洲軍團都配備了一名校長、一名教導讀寫的教師、兩名助理校長、一名圖書館員和一名兒童部女教師。[14]

　　慷慨大方的借書服務是殖民地送回祖國的報告強調的重點，也確實有其必要，因為印度天氣炎熱，不適合從事耗費體力的娛樂活動。一八三二年迪納坡貿易站（Dinapore station）的附屬教堂牧師表示：

> 駐紮印度的歐洲士兵有太多空閒，能讓他善用時光的有益活動卻不多。一般說來，相較於自己想辦法打發時間的人，使用圖書館的士兵頭腦比較有條理，行為也比較符合他們做為男人、做為基督徒應有的表現。[15]

當專用圖書館在重要駐地設立，圖書館員也學會如何對治危害書籍、窮凶極惡的白蟻。軍官和教堂牧師明確要求，圖書館的書籍必須允許外借，而非限制只能在通常十分擁擠的館內閱讀。如果士兵能把書借回自己的營房安靜地閱讀，那麼圖書館的使用率會增加，軍士們的心情也會愉快許多。至於書籍類型，軍方圖書館同樣走在時代前端，

是最早收藏虛構文類的機構圖書館。小說家瑪莉亞・埃奇沃思說，英國士兵和水手應該多讀有關英勇、歷險與艱難、能夠陶冶品德的故事（她的作品想必特別適合）。關於船難和驚險航行的故事也納入建議名單，「首選作品就是《魯賓遜漂流記》，這是最有趣的故事，很多年輕人讀過之後也出海跑船去了。」[16]

這不純粹是暢銷小說家的利己言論，印度公司的軍官發自肺腑地認同。軍方圖書館書架上塞滿虛構文類，包括笛福的《魯賓遜漂流記》、司各特爵士的小說和莎士比亞的劇作。就連印度的教堂牧師都說，只讀宗教書籍無法提升士氣。雖然每一座圖書館都有宗教書籍，但這些書多半沒有人讀，成了螞蟻的食物。

一七九一到一八一○年之間，英國出口到印度的書籍總值大幅提升，從八千七百二十五英鎊成長到六萬六千一百八十英鎊，到了一八六○年代更是達到三十一萬三千七百七十二英鎊。[17]軍方圖書館只占閱讀市場的一部分，因為帝國統治下的加爾各答、馬德拉斯（現今的清奈〔Chennai〕）和孟買等主要城市出現不少私人圖書館。一八三一年加爾各答有五家流通圖書館，主要的服務對象是大約一萬兩千名白種人，其中三分之一是英國人。[18]虛構文類在流通圖書館同樣稱霸一方，這些書全部來自倫敦，只不過從祖國送出來的書未必平安抵達目的地。一八三五年旅遊作家艾瑪・羅伯茲（Emma Roberts）寫道：「據說好望角的海灘偶爾會有散落一地的書，那都是從帕達諾斯達街[19]倉庫送貨過來的船隻遇難造成的結果。」[20]

一八三○年代出現兩家大型會員制圖書館：一家在孟買，成立於一八三○年，另一家在加爾各答，成立於一八三六年。這兩家都以「公共圖書館」為名，雖然都收取會員費，但刻意壓低。加爾各答的圖書館不收取清寒學生的費用；孟買的圖書館堅持「不分軍階、階級和種姓，所有人都能加入，唯一的條件是舉止彬彬有禮、確實遵守規定」。[21]這些政策顯示圖書館的服務對象包括印度人和殖民地的精

英。這裡不像加勒比海地區需要擔心文學激化人心,因為殖民地急需培養一批有才幹的歐化印度人,協助處理行政事宜。這兩家圖書館的藏書都迅速增加,尤其是加爾各答那家,因為它在一八五四年接收了廢校的威廉堡學院所有書籍。這兩家圖書館也收到不少當地顧客捐贈的書籍,包括英國人和印度人。十九世紀後半葉,印度籍會員的人數約占百分之二十。[22]重點是,圖書館委員會裡也有印度籍會員。會員制圖書館(比如亞洲學社〔Asiatic Society〕)受到少數精英會員的看重,但在十九世紀大幅成長的,卻是包容性更強的「公共」圖書館。一九〇三年加爾各答圖書館變成帝國公共圖書館的核心,英國的統治者也展現出對它的重視。這座圖書館是現代印度國家圖書館的前身。

印度圖書館的成長模式在大英帝國其他殖民地複製,[23]這種模式的特色在於對私人圖書館的倚重,而這些私人圖書館通常得到政府的補助與支持。一八二二年開普敦設立了政府出資的公共圖書館,七年後轉型為會員制圖書館,因為這項經費從葡萄酒交易稅提撥,而葡萄酒交易稅已經取消。[24]到了一八三三年,這家圖書館已經擁有兩萬六千冊書籍,是當時英國殖民地最大的圖書館之一。開普敦累積這種規模的書籍並不困難,因為它依然是往東方的海運繁忙的中途站。

加拿大的殖民地官員積極鼓勵設立會員制圖書館,也大手筆贊助經費。蒙特婁有四家,其中最大的一家有三千八百冊書籍。[25]一八五八年共有一百四十三家私立圖書館得到政府補助款,主要用來向英國採購書籍。魁北克和蒙特婁原本是法國殖民地,這裡的圖書館成為灌輸英國價值觀的工具。相較之下,在英屬哥倫比亞的黃金礦區,圖書館的功能則是為民風強悍的新疆域注入秩序、文化與責任感。[26]但這兩個目標都不算成功。蒙特婁和魁北克的法國居民團結合作建立法語圖書館;英屬哥倫比亞地方官員聲稱圖書館是年輕工人的代理家庭(surrogate families),礦工們卻不喜歡這種宣傳用語。英屬哥倫比亞還面對另一項挑戰,那就是數以千計的移民會在一個地點定

居幾個月或幾年，之後又收拾家當遷往下一個礦區，把圖書館留在原地。淘金年代的加州也有這種現象。

在十九世紀中期的加拿大鄉村，圖書館是個無所不在的概念，但有續航力的圖書館極少。在小型社區裡，本地會員制圖書館的生存通常仰賴少數幾個人的能量。一八四二年在安大略省鱘魚湖（Lake Sturgeon）屯墾區辛苦經營圖書館的英國畫家安‧蘭頓（Anne Langton）表示：「我可能必須接受會員支付一磅奶油或幾顆蛋〔充當會費〕，自己繳納六便士現金。我恐怕要不斷向這個或那個會員追討會費。」[27]紐西蘭的會員制圖書館是大英帝國所有殖民地之中最興盛的，但一九一四年以前成立的圖書館之中，有三分之一存活不到二十年。很多小型社區跟外界隔離，圖書館因此更難維持。北奧克蘭的蒙格卡拉米（Maungakaramea）於一八七八年成立一家圖書館，只有二十六名會員，這時距離第一批屯墾者抵達已經二十年。這個數字後來減少到個位數，但到了一九三八年圖書館還在運作，共有十八名會員，藏書兩千零五十冊。[28]這家圖書館存在的那段時間，當地社區的人口從來不曾超過三百五十人。

在一九二九年以前，私立會員制圖書館一直享有紐西蘭官方的經費支持。這些圖書館雖然有其限制，一般卻認為它們提供的是合宜的公益服務。圖書館協會積極宣揚這種名聲，成功地爭取到政府的補助款，原因在於公務人員本身也可能是會員。在大英帝國殖民地的大城市，規模最大的會員制圖書館後來會變成公共或國家圖書館的基礎。諷刺的是，在新加坡和澳洲，這種情況導致小說和通俗文學被排擠出去，而這些圖書館一開始之所以受歡迎，靠的正是這類書籍。[29]儘管如此，虛構文類讓英國出版商終於注意到海外市場的潛力。出版商知道澳洲或印度的圖書館遠離穆迪的專制掌控，於是每本新小說降價一先令，大量運往海外。從一八七〇到一八八四年，英國出口到澳洲的書數量成長四倍，船運時間也縮短到四十天。[30]

　　麥米倫出版公司（Macmillan）將殖民地市場提供的商機利用
得淋漓盡致。這家公司是一對蘇格蘭同胞兄弟於一八四三年創辦，
一八八六年推出他們的殖民地系列書籍，這些書只能在海外英國市場
販賣。殖民地系列制式的裝訂極具辨識度，三十年內出版了六百八十
本，其中六百三十二本是虛構文類。[31] 可想而知，出版商樂陶陶地宣
揚《印度時報》（*Times of India*）對這一系列書籍的美言。

> 只要花個兩三英鎊，每個偏遠地區都能成立高水準的圖書
> 館。偶爾多付一點費用，就一定能跟上時代潮流。對於食
> 堂、俱樂部、學校圖書館和本地書籍俱樂部，「殖民地系
> 列」難能可貴。我們真心認為，這一系列書籍的推出是最值
> 得讚揚的行動，讓這裡的英國讀者可以享有跟住家附近有穆
> 迪的書店或史密斯的書報攤的國內同胞一樣的優勢。[32]

出版商急於強調，殖民地讀者跟英國本土讀者在他們心目中同等重
要，享有同樣的待遇。這話大致上沒錯，因為他們沒有利用殖民地系
列消化老舊或賣不出去的書。出版商也很快發現，在英國本土賣得好
的小說，在殖民地未必暢銷。殖民地系列最早的兩本書賣得很不好，
分別是英國作家瑪莉・安・巴克（Mary Anne Barker, 1831-1911）的
《紐西蘭屯墾站的生活》（*Station Life in New Zealand*）和《南非家務
管理一年》（*A Year's Housekeeping in South Africa*）。旅外的歐洲人或
許對這種居家和旅遊書籍有點感興趣，在人口更多的印度卻沒什麼
吸引力。出版商也發現，在英國居主流地位的寫實小說在市場更大
的印度殖民地不受歡迎，因為這些書並不能反映印度讀者的現實處
境。相反地，印度的讀者偏好強調美德、奮鬥、壓迫和解放等主題的
作品。最突出的是英國小說家喬治・雷諾茲（George W. M. Reynolds,
1814-79）的作品，因為他很多小說都描寫十九世紀倫敦的社會不公

現象。

雖然雷諾茲沒有得到評論家的青睞，麥米倫卻有獨到的生意眼光，也了解讀者的好惡。該公司的成功受到矚目，到了一八九五年已經有另外八家出版商特別推出「殖民地系列」，同樣採用制式裝訂，價格比在本土便宜一先令。不意外地，從一八八六到一九〇一年，印度的流通圖書館和會員制圖書館數量激增：孟加拉管轄區從四十九家變為一百三十七家，孟買管轄區從十三家成長到七十家。有些是由印度新興的專業階級設立，也專為這類人提供服務。[33] 這些快速增加的圖書館展現的是越來越強大的自信，這份自信會在二十世紀的獨立運動發揮重要作用。

國家的圖書館

一七五三年英國皇家學會（Royal Society）主席漢斯·斯隆（Sir Hans Sloane）將他畢生的收藏獻給國家。他在遺囑裡交代，國家可以用兩萬英鎊低價買下他的圖書館。他的圖書館除了有四萬本印刷書和三千五百多本手抄書，還有無人能及的收藏品，包括古文物、勛章和珍品古玩，以及植物、動物和礦物標本。這是個不容錯過的機會。倫敦雖然已經是世界級大城，卻沒有足夠的文化特色來匹配這份國際聲譽。倫敦的圖書館雖然藏書量夠豐富，比起牛津的波德利圖書館卻是相形失色，更別提巴黎知名的皇家圖書館（Bibliothèque du Roi）。

國會委託一個由四十一名受託管理人組成的委員會監管斯隆的收藏，並且公開發行彩券籌措必要的資金。彩券發行十分成功，得款超過十萬英鎊。委員會用這筆錢設立基金，以年金形式儲存在英格蘭銀行，還買下位於布魯姆斯伯里（Bloomsbury）市區的蒙塔古公爵府（Montagu House）做為收藏地點。雖然建築物的整修花了不少錢，委員會還是有足夠的資金買下牛津伯爵哈雷父子收藏的大約八千本手抄書。皇室的兩批數量較少卻同樣聞名的藏書也順勢納入，而後國王喬

治二世（George II, 1683-1760）也把皇家圖書館至少九千冊藏書捐給國家。[34]

　　一七五九年大英博物館正式揭幕，免費入場，卻需要出示門票，而這張門票必須提前幾天預訂。不久後蒙塔古公爵府就湧入許多團體遊客，在此同時還有形形色色的學者在濕氣逼人的閱覽室埋首苦讀。他們跟館內十五名職員一樣牢騷滿腹，因為遊客看見斯隆收藏的外國鞋子、各式武器和難得一見的珊瑚，連連驚呼讚嘆，喧鬧不已。博物館兩大驕傲（書籍與自然標本和古物）之間的緊繃狀態始終醞釀著。當時紳士階級的收藏家習慣將收藏的書籍和奇珍古玩存放在一起，斯隆無與倫比的收藏顯示他在收藏方面懷抱雄心壯志。[35]在他看來，書籍和標本可以相互參照佐證。但在現實中，博物館這兩大類別漸行漸遠，因為圖書館使用者跟博物館遊客的需求並不相同。只是，這兩大部門想要經營得好，都少不了對方。每天入館的遊客數量維持了藏書部門的高人氣，而書籍則為整個機構營造知性特質。委員會和館內職員顯然大多數時候都偏向書籍部門，把大多數的精力和金錢投注在圖書館。斯隆收藏的很多知名標本都在十九世紀初期焚化了，因為在圖書館閱讀的人越來越無法忍受動物標本傳出的腐臭味。[36]

　　儘管草創時期遭遇這些難題，大英博物館的建立依然是非凡成就。一九七三年大英圖書館正式成立以前，它一直都兼具英國國家圖書館的角色。圖書館的書籍直到一九九八年才移往聖潘克拉斯（St Pancras）的專屬建築，真正和奇珍古玩分家。這批書籍在同類型藏書之中率先被視為國家資源。在讀者與參觀者心目中，它們象徵英國人的信心、聲望和抱負。長久以來圖書館一直是文化特色的象徵，但這個概念直接跟國家綁在一起，卻是十九世紀的特殊發展。[37]

　　雖然其他國家對大英博物館讚賞有加，卻很少模仿這種結合書籍與珍品的形式。部分原因牽涉到傳承與資源：很少有收藏家能像斯隆一樣收集到如此豐富的收藏品。相較之下，大多數國家都找得到稱得

上屬於國家的古老藏書，比如皇家圖書館殘餘的書籍。這些藏書是打造國家圖書館的強大基礎，倒不是因為它們的數量，而是因為它們過去的收藏者的名氣，也因為其中有不少手抄書。

不過，國家圖書館規模的擴大，多半是因為納入知名收藏家的藏書。荷蘭與比利時正是如此。這兩個國家的皇室藏書原本不多，納入私人藏書後大幅增加幾萬冊。這些私人藏書有些是捐贈而來，有些則是低價收購。皇室對國家圖書館的支持也有幫助。英國國王喬治三世（George III, 1738-1820）買了英格蘭內戰時期的報紙與小冊子共三萬本，捐給大英博物館（這些東西在圖書館發行的第一份目錄中簡單列在同一個條目下）。到了一八二〇年代，喬治三世的兒子喬治四世將他父親圖書館收藏的六萬五千冊書籍和兩萬份小冊子捐給大英博物館。另外還有來自愛國民眾源源不斷的捐贈，數量雖少，卻同樣受歡迎。從一七五九到一七九八年，大英博物館收到一千筆贈書，有時是一兩本珍貴書籍，有時則是小規模藏書。[38]

另一個書籍來源是修道院與教堂圖書館，天主教國家搜刮這些機構毫不手軟。法國皇家圖書館的規模在歐洲原本就數一數二，在法國革命期間又增加五十萬冊，總數超過八十萬冊，不過重新命名為國家圖書館（Bibliothèque Nationale）。[39]類似情況也發生在葡萄牙和建國不久的希臘。希臘在一八二八年獨立建國，國家圖書館建館時只有一千八百四十四本書，都是支持革命的人慷慨捐贈。不過這個圖書館的藏書數量成長迅速，因為國家頒布政令，規定希臘境內所有東正教修道院、教堂和其他圖書館的珍貴手抄書和書籍都必須送進新建的國家圖書館。[40]一八六〇年代，處於統一運動時期（Risorgimento）的義大利仍然分崩離析，總共建了七座國家圖書館。這些圖書館的書籍大多來自新近被鎮壓的修院，其中一座更是完全以修院的藏書建立起來。[41]

如果不能搜刮自己國家的圖書館，就搶奪其他國家的藏書。

一七九四年俄國參與三次對波蘭立陶宛聯邦的瓜分行動，軍隊從華沙帶回知名的札烏斯基圖書館（Zaluski library）的藏書。札烏斯基圖書館是由一對波蘭兄弟辛苦創立，在一七四七年對大眾開放，藏書三十萬冊，是當時歐洲最大的圖書館之一。這批書籍後來落入波蘭最後一任國王斯坦尼斯瓦夫二世（Stanisław II Augustus, 1732-98）手中。當俄國瓦解波蘭，這些書變成聖彼得堡新建的帝國公共圖書館的基本館藏。[42] 雖然將書本從華沙運回聖彼得堡過程中因安排失當損失四萬冊，俄國還是一舉打造出歐洲第二大圖書館。

　　俄羅斯帝國之所以貪婪搶奪，是因為自覺在文化方面比不上西歐，而這個弱點可以靠侵略性的收集補強。[43] 不過，國家圖書館之間存在激烈競爭，因為理論上這些圖書館代表國家本身追求知識的企圖心。這種競爭主要展現在圖書館的藏書量，而不是書籍的內容。有史以來第一次，機構圖書館的規模超越最好的私人藏書。[44] 一八三五年大英博物館的圖書館員安東尼奧‧帕尼齊（Antonio Panizzi）對下議院的議員說，大英博物館的藏書數量落後法國和德國的大型圖書館。在「超越巴黎」的口號聲中，國會表決通過增加書籍採購經費。[45] 諷刺的是，帕尼齊原籍義大利這件事也引起不滿：大英博物館的首席圖書館員怎麼可以是外國人？

　　然而，卻是帕尼齊將圖書館應當扮演的角色描述得最清楚明白。國家圖書館光是收藏一批名義上屬於國家的書籍還不夠，它還得反映那個國家的文化價值。最重要的是，還得收藏並保存這個國家的文字創作。國家圖書館應該全面收集國內的書籍，包括在這個國家印製、由這個國籍的作家創作、以這個國家的語言書寫，或探討該國語言文化的所有書籍。關鍵是，這些原則契合十九世紀的國家主義運動。就連還沒獨立的國家也根據這些原則建立自己的圖書館。十九世紀中歐的特蘭西瓦尼亞（Transylvania）仍然被奧地利的哈布斯堡王朝所統治，其境內的德語、匈牙利語和羅馬尼亞語族群各自成立自己的「國

家」圖書館。[46]

　　而在大英博物館內部，帕尼齊也描繪大英圖書館的願景。他認為，大英圖書館做為世上最偉大的帝國最龐大的圖書館，應該擁有比任何圖書館更豐富的外語書籍。帕尼齊希望「英國的圖書館不至於自貶身價，收藏些尋常書籍。這座圖書館的名稱本身就意味著它的收藏稀有又奇特。」[47]國家圖書館收藏書籍時應該力求全面，收購古籍卻必須有所選擇，因為古籍能夠為圖書館博取名聲。[48]雖然手抄書與早期印刷書風靡一時，國家圖書館卻首開風氣之先，對本國語言書籍的重視程度勝過拉丁文與希臘文這些學術界語言的書籍。國家圖書館目錄的書名頁和序文仍然使用拉丁文，卻積極收藏本國語書籍。基於需求，圖書館也訂購報紙和期刊。俄羅斯帝國圖書館的建館藏書是從國外盜取回來的，在這方面遭遇特別的挑戰。一八〇八年該館館員阿列克謝・奧勒寧（Aleksei Olenin）著手清查館內藏書，發現全部二十二萬八千六百三十二本印刷書和一萬兩千本手抄書之中，只有八本俄語或教會斯拉夫語（Church Slavonic）書籍。教會斯拉夫語是俄國東正教舉行儀式時使用的語言。[49]

　　有個概念與國家圖書館的收藏政策緊密結合，那就是大方對外開放。長期以來，大多數國家的國家圖書館一直都只開放給圖書館員的朋友或宮廷裡的重要人物。一六六一年布蘭登堡普魯士（Brandenburg–Prussia）的弗德里克・威廉公爵（Frederick William）將宮廷圖書館開放給大眾使用。但圖書館設在他的城堡的頂樓，那是平民百姓到不了的地方。[50]大英博物館要求民眾以登記方式取得讀者資格，同樣讓不適應文雅社會的百姓卻步。不過，十九世紀初博物館的館藏增加，有羅塞塔石碑[51]和埃爾金石雕[52]等知名文物，也有許多希臘、羅馬、埃及和亞述古文物，知名度大幅提升，每年吸引數十萬遊客入館參觀。雖然有人埋怨遊客「學識淺陋」、「少見多怪」，卻也有人覺得國家圖書館可以「提升粗鄙之輩」（套用某個國會議員的

話）。[53]

　　基於國家圖書館的源起，想達成這些理想勢必困難重重。十七、十八世紀的私人圖書館（修道院圖書館姑且不論）很少能符合帕尼齊的期待。很少圖書館像巴黎的國家圖書館和英國的大英博物館一樣，收藏的書籍包羅萬象，但就連這兩個地方的藏書也有明顯缺口。只有持續購買和執行法定送存制度，才能改善這種狀況。只是，政府顯然不願意批准常態購書預算。十九世紀末以前，大多數國家圖書館都沒有這樣的經費，偶爾能得到一筆購書專款就心滿意足了。在倫敦，國會對經費相對慷慨，一八四五年表決通過每年一萬英鎊的購書預算。[54]在財政比較緊縮的國家，經費始終不穩定，阿根廷就是如此。一八一〇年阿根廷宣布獨立，成立了國家圖書館，可惜整個十九世紀裡，圖書館都在忽略中度過，欲振乏力。[55]雖然很多政府都規定所有出版物需依法送存國家圖書館，實際上卻不容易執行。從印刷時代初期開始，當權者就試圖強迫出版商將書籍免費送交給機構圖書館，但很少如願。出版商不喜歡這種做法，拒絕配合，當權者只好讓步。在英國，帕尼齊為這項政策的執行成果感到失望，要求政府將向出版商索書的權力直接轉移給他。政府同意了，他於是對不合作出版商發動聖戰，情勢終於緩緩逆轉。

　　成功本身也帶來挑戰。國家圖書館吸引各界捐書，又得到出版商贈書，書籍數量開始失控。排山倒海而來的書籍該怎麼整理？從一八二〇年到一八四八年，哥本哈根的皇家圖書館增加超過十萬本書。大英博物館的圖書館從一八二三年的十二萬五千本成長到一八四八年的三十七萬四千本，三年後又增加十萬本。[56]只有加速建設才能避免混亂。從一八二三年到一八五七年，大英博物館像個建築工地，因為蒙塔古公爵府分階段拆除，取而代之的是一棟雄偉壯觀的新古典宮殿，主建築至今仍然備受遊客讚嘆。新建築最耀眼的特色是圓形閱覽室和巨大書架，就設置在一棟仿效萬神殿[57]造形的圓頂建築

裡，地點就在大英博物館原本空蕩蕩的方院上。環繞閱覽室的鐵製書架可以容納一百五十萬本書。[58]一八五七年夏天圓形閱覽室啟用，總共有六萬兩千名遊客前往參觀，為這棟存放國家書籍的雅致建築讚嘆不已。

　　不管是十九世紀或現今，大型建築計畫都比書籍目錄的製作更容易獲得經費。大英博物館的新閱覽室有三百個座位，但讀者想要借書還得先搶到唯一的閱覽室目錄，而大英博物館的全部藏書根本沒有出版目錄。帕尼齊極力倡導以字母順序編目取代傳統的主題分類法，因為書籍數量太多，很難持續依照類別適當分類。他的意見最後被採納，生前卻沒有機會見到計畫完成。依字母編目的目錄最早是在一八三四年提出，當時一般認為需要五到六年的時間來完成。但到了一八八〇年帕尼齊過世一年後，這項工程還沒完成，還有十六萬個條目需要修訂。但目錄還是繼續編製，到了一九〇五年終於做出完整目錄，分為三百九十七部，四十四個附錄，共四百五十萬筆條目與交互參照。[59]對於某些使用者，這份目錄來得太遲，尤其是那些為了更方便取用書籍放棄國家圖書館、選擇自行創立會員制圖書館（比如倫敦圖書館）的人。

　　大英圖書館編目的延遲並不是特例。很多圖書館優先處理古版本與手抄書的專用次目錄，全館圖書的編目向後推遲，聖彼得堡的圖書館員奧勒寧就是一例。後來俄國教育部長命令圖書館製作字母順序目錄，全體館員操勞了十年，直到教育部長換人，整個計畫悄悄擱置。

　　對外開放的國家圖書館必然招來不受歡迎卻無法避免的偷書賊，沒有編目的書籍毫不意外地成為這些宵小的最佳目標。其中最大膽的，要屬巴伐利亞神學家阿洛伊斯・皮希里爾（Alois Pichler）。皮希里爾是聖彼得堡帝國圖書館特聘館員，[61]從一八六九年八月到一八七一年三月，他偷走圖書館四千五百本印刷書和手抄書。他的做案手法是把書藏在從不離身的寬大大衣裡。這麼做容易引起懷疑，卻

頗有效率。他被逮捕後接受審判，坦承慕尼黑有個學者教他在大衣內側縫上布袋。他被判有罪，流放西伯利亞。倫敦也有不少知名度比較低的偷書賊被判監禁或勞役，因為他們偷的是國家圖書館的書，因此被認定是反抗國家的行為。

　　基於國家與圖書館之間的象徵性關聯，國家圖書館這個概念仍然有其重要性。只是，圖書館跟國家、人民、文化、語言緊密相關，甚至設置在首都的顯著位置，都讓它變成首要目標。秘魯在一八二一年宣布獨立，三十天後成立國家圖書館。到了一八七九年南美太平洋戰爭[62]爆發，圖書館徹底被智利軍隊摧毀。[63]更近期的例子發生在一九九二年，塞爾維亞軍隊在波士尼亞戰爭[64]中蓄意炸毀波士尼亞的國家圖書館。另外，二〇〇三年伊拉克遭到入侵之初，國家圖書館遭到縱火與掠奪，損失部分藏書。相較於入侵的敵軍，皮希里爾和他的大衣口袋根本不足為懼。

書籍大亨

　　大型國家圖書館的發展得到大西洋對岸的美國的讚賞與欽羨，只是，美國國家圖書館的建立，卻耗費了十九世紀大多數時間。政黨對聯邦政府的相對權力和奴隸制度的廢除各執己見，形成對立，導致建立為所有美國人服務、內容充實的國家圖書館的計畫受挫。國會圖書館（Library of Congress）倒是讓支持建立國家圖書館的人看到未來的希望。一八〇〇年國會遷移到華盛頓特區，藏書已經有三千本，大部分是法學與政治學書籍，供國會議員執行職務時使用。這批書籍在一八一四年被英國軍隊燒毀，後續添置的書籍（包括美國第三任總統湯瑪斯‧傑佛遜〔Thomas Jefferson, 1743-1826〕的私人藏書）又在一八五一年毀於大火。雪上加霜的是，由於這些書籍的服務對象是國會議員，因此必須兼顧兩黨意見，很多書籍都不能收藏，比如辯論奴隸制度的眾多出版品。[65]

圖18　適合全球新強權的圖書館：國會圖書館，攝於一九○二年。館內的壁畫宣稱美國是這個世界最新的璀璨文明。

美國南北戰爭（1861-65）終結了關於圖書館角色的諸多爭執，戰後那幾十年國會圖書館慢慢發展成美國的國家圖書館。[66]接連幾名極有才幹的館員、充裕的經費與送存制度的實施，國會圖書館以驚人的速度成長，書籍多到國會大廈幾乎無法容納。一八九七年龐大的圖書館建築落成，就在國會大廈後側，延伸一整條街，專門用來存放那些書籍。這座圖書館的建築靈感來自大英博物館和它的圓形閱覽室：圓頂建築內部有一幅壁畫，標題是「文明的演進」，將美國描繪成科學與文化進步的終極化身。

美國能如此迅速建起世界上造價最高的圖書館，並且自信滿滿地描繪自己國家的天命，是十九世紀晚期鍍金時代（Gilded Age）的特色。鍍金時代的美國飛速成長，財富似乎無限制擴大。當整個國家

在鐵路、鋼鐵、石油和移民的帶動下轉型，新的大都市陸續出現。只是，社會上擔心這樣的經濟成長缺乏文化內涵，無法頌揚美國人靠決斷力與聰明才智創造的成就。

這項任務非常適合在鍍金時代累積財富的建築商、投資者和投機商人。美國的企業家和金融巨擘希望他們的國家在內涵上就算超越不了歐洲，至少也不能落後。這些人被媒體戲稱為強盜男爵，經常因為他們的貪婪遭受攻訐，但他們的贊助卻對美國躋身世界文化領袖有巨大貢獻。大學、博物館、美術館和圖書館是美國大亨偏好的資助對象。二十世紀初美國各大城市陸續設立大型學術圖書館，比如芝加哥的紐伯利圖書館（Newberry）、紐約的摩根圖書館（Morgan）、舊金山的漢廷頓圖書館（Huntington）和華盛頓的佛爾格圖書館（Folger）。令人震驚的是，除了紐伯利之外，這些圖書館的書籍都是創辦人的私人藏書，[67]規模都比不上國家圖書館，書籍類別也不夠廣泛。相反地，這些圖書館比較類似文藝復興時期的親王的精緻藏書，都是極珍貴、色彩極華麗的書籍，最重要的是，都是稀有版本。美國的書籍收藏家也崇尚手抄書、古版本、初版書和其他善本，爭相打造最出色的藏書。這些圖書館的開放程度同樣設限：雖然政治界精英讚揚這些圖書館為美國提供無與倫比的公共藏書，但只有紳士階級的學者才能使用這些書籍。石油公司總裁亨利·佛爾格（Henry Folger, 1857–1930）跟建築師討論他的華盛頓圖書館閱覽室的設備時，只希望配置五張閱讀桌。建築師建議增加到八張，他說：

> 這間閱覽室的使用方法跟一般閱覽室不同，它甚至不會是研究學問的地方。我們的圖書館本質上太特殊，書籍價值太高，內容也有限，不該開放給所有入館的人使用。圖書館不該被視為讀書的空間或舒適的休息室。[68]

佛爾格的主要對手鐵路大亨亨利・漢廷頓（Henry E. Huntington）將他的學術圖書館建在他位於加州聖瑪利諾（San Marino）的六百英畝（約二四三公頃）私有土地上，離他的豪宅只有一石之遙，同樣不會有大批人潮前往參觀。[69]漢廷頓和佛爾格堅決避談開放圖書館這個話題，因為他們都是真正的愛書人。他們會閱讀並研究收藏的書籍，愛書愛到不忍心看到它們四散分離。唯一的辦法就是將它們存放在公共圖書館，並且預留一大筆錢供未來營運之用。

但他們兩個人的藏書還是有所差異。漢廷頓收集書籍廣泛又迅速，藏書有十五萬冊，主要歸功於買下兩百筆完整的私人藏書。相反地，佛爾格和他的妻子愛蜜莉（Emily Folger）有個特殊愛好，喜歡各個年代印製的莎士比亞著作，以及所有討論莎士比亞的時代與他對後世的影響的書籍。[70]佛爾格夫妻堅持不懈地收藏。他們沒有子女，據說佛爾格稱他的書「兒子們」。他雖然擁有財富，卻很少捐錢扶貧濟弱，也不贊助醫院、學院、劇院或其他公益活動。他任職的標準石油公司（Standard Oil）的主管會議很少取消，一旦發生這種情況，肯定是因為佛爾格出去搶購剛在某座英格蘭城堡發現的莎士比亞著作。他平時跟六百個書商保持聯絡，夜晚就跟妻子在家研究目錄和剪報，看看有沒有值得買的書，或哪個知名收藏家的書籍即將拍賣。

佛爾格一生中大多數時間都處於負債狀態，持續用他的石油公司股票抵押貸款，供他購買書籍。他們夫妻直到一九二八年才買下自己的房子，那是在佛爾格過世前兩年。在那之前他們租住在布魯克林一棟相當簡約的房子裡。他們很少舉辦豪華晚宴，不開高級名車，沒有過著石油大亨該有的奢華生活。這樣的做法自然而然受到矚目。書籍確實是公認的奢侈品，但通常會跟其他形式的享受結合。他的上司石油大亨約翰・洛克菲勒（John Davison Rockefeller）看到報紙的報導，問佛爾格是不是真的花十萬美金（接近他的年薪）買一本莎士比亞。佛爾格說報導誇大不實。洛克菲勒就放心了，他說：

圖 19　佛爾格莎士比亞圖書館閱覽室。前景展示的是他的八十二本莎士比亞《第一對開本》中的一本。這個房間的裝潢有著伊莉莎白時代的典雅，跟圖書館外觀的新古典藝術裝飾風格形成突兀的對比。

亨利，聽你這麼說我很高興。我、我兒子和董事會都很擔
心，我們不希望旗下大公司的總裁是那種花十萬美金買一本
書的傻子。[71]

佛爾格並沒有說謊，但他卻經常花超過一萬美金買特殊或珍稀版本，
偶爾甚至超過四或五萬美金。不過，這種大手筆創造了同領域無人
能及的成果。佛爾格夫妻收集到一千四百多套莎士比亞全集，其中兩
百套來自十七世紀。聞名於世的一六二三年《第一對開本》他收集了
八十二本，其中某些曾經屬於國王和女王，或英國作家薩繆爾・約翰
遜（Samuel Johnson）和英國政治家威廉・彼特（William Pitt）等名
人。諷刺的是，《第一對開本》並不是稀有書籍，如今還有兩百本存
世。然而，佛爾格夫妻竟能收藏到三分之一以上，十分難能可貴。

　　佛爾格成功的關鍵在於，他不像時尚收藏家一味追求沒有任何
標記的「乾淨」書籍。紐約銀行家約翰・摩根（J. P. Morgan）認為
不完美的書是「圖書館裡的瘋瘋患者」，這種風氣在十九世紀衍生出
可嘆卻相當普遍的行業：珍本書「清洗」，將書本上的欄外附注或舊
主人的標記移除。佛爾格向來不追逐流行，在這方面也是一樣，他
心滿意足地買下這種「髒汙書籍」。[72]甚至，他對外守口如瓶。一九
〇一年學者席德尼・李（Sidney Lee）率先對莎士比亞的《第一對開
本》進行調查研究，對佛爾格發出三份問卷，沒有得到任何回應。研
究成果發表後，佛爾格毫不客氣地加以利用，從中得知哪裡能買到更
多《第一對開本》。他寫信給英格蘭三十五名擁有《第一對開本》的
收藏家，請他們開價。所有人都拒絕了，他卻不灰心，順利買到不少
本。那些書到了他手裡，從此與外界隔絕。他的書大部分都收藏在書
庫裡，從來不邀請學者參觀。因此，一九三二年（他過世兩年後）佛
爾格莎士比亞圖書館（Folger Shakespeare Library）在華盛頓的揭幕
典禮變成不容錯過的重要活動。當時美國總統赫伯特・胡佛（Herbert

Clark Hoover）也到場觀禮。佛爾格夫妻建造圖書館的行動同樣隱密。他們想要找個最好的地點，看上國會圖書館對面一整排住宅，花了九年時間悄悄買下十四棟相鄰的屋舍，最後全部拆除，興建他們的莎士比亞紀念館。

　　圖書館建設完成後，一隊裝甲卡車將佛爾格的藏書從紐約運過來。不知內情的路人還以為那些卡車與配備步槍、機關槍和催淚瓦斯罐的警衛護送的是黃金或鑽石。卡車裡裝的確實是一大筆財富，是書籍收藏的輝煌功績，是千金散去終不悔的堅持，而圖書館的建立靠的正是這些。

第十五章
工作與閱讀

　　如果說有哪個人跟公共圖書館的推廣密切相關，那一定是美國鋼鐵大王安德魯・卡內基。卡內基是蘇格蘭丹弗姆林（Dunfermline）的傑出子弟，小學時期移民美國，適逢美國邁向經濟強權的好時機，創立了半獨占的鋼鐵事業，累積巨額財富。他熱心公益結交了許多朋友，卻也因為生意手段樹敵無數。勞工團體實在太討厭他，甚至勸社區不要接受他的捐款。[1]不過，卡內基沒有收藏奢華昂貴的書籍供自己和美國新興的企業貴族朋友品鑑，而是細心規劃，捐款在中小型社區興建圖書館供所有人使用，這點應該足以說明些什麼。他的捐款有附帶條件。他捐建圖書館的前提是，鄉鎮當局必須承諾永遠提撥他的捐款額度的百分之十做為圖書館的維護與員工薪水。他也不提供書籍，但他會提供各種建築設計，協助鄉鎮建造雅致又實用的建築物。當時美國新興富豪在波士頓、紐約等地方捐建的公共圖書館常採用古典建築的多立克柱式和雄偉的圓弧形樓梯，既是市民榮譽感的展現，也是書籍的存放場所。卡內基不要那樣的建築物。他的建築設計都是方形的低矮建築物，內部視線毫無阻隔，方便圖書館員監看在館內瀏覽或取用書籍的民眾。

　　卡內基捐建圖書館秉持的並不是浪漫幻想，而是他創建事業的清晰思路與理性。一九〇一年他成為美國首富，為了全心全意投入慈善工作，把事業賣給約翰・摩根。一八八〇到一九一九年是他最活躍的

圖 20　最偉大的公共圖書館創建者，蘇格蘭裔的安德魯・卡內基。這張照片攝於一九一三年，卡內基被他的書籍圍繞。他跟同時代的其他大亨不同，他收藏書籍不是為自己。他捐建了三千座卡內基圖書館，將書籍提供給數百萬人使用。

時期，他的這份使命感正是當時美國公共圖書館運動最需要的。十九世紀圖書館快速增加，這是因為社會與技術的急遽變革，導致對書籍的需求迅速成長。書籍價格更便宜，數量也更多。越來越多男男女女為了娛樂、求知或力爭上游而讀書。只是，數量太多也帶來困擾。十八世紀和十九世紀初的會員制和流通圖書館之所以盛行，是因為人們不得不選擇借書而不買書。如果書價滑落，借書的必要性就消失了。公共圖書館必須找到借書動機和服務對象，必須在圖書館界找到自己的位置。在卡內基出現以前，公共圖書館的難題還沒解決。

半便士稅率

　　一八五〇年二月十四日，英國政治家威廉・埃沃特（William Ewart）從他在英國國會的座位上站起來，介紹他提出的「協助鄉鎮政府建立公共圖書館與博物館」法案。[2] 一般認為這是公共圖書館運動史上關鍵的一刻，事實也是如此，只是相關條款的實施卻是曠日廢時。埃沃特推動他的提案時，除了訴求同仁的善良本性之外，也激發他們的愛國心。他說，相較於德國、法國、義大利，甚至美國，英格蘭的圖書館數量最少。在歐洲大陸，所有主要城鎮都有圖書館。在亞眠、魯汶和馬賽這類城市，許多勞工踴躍使用圖書館。我們會看到，這樣的陳述誇大了法國市立圖書館的吸引力，卻跟提交給國會為推動這項法案成立的特別調查委員會的證據相符。一八四八年大英博物館助理艾德華・艾德華茲（Edward Edwards）對歐洲與美國圖書館所做的調查統計也深具影響力。這項調查顯示，歐洲有三百一十個城鎮擁有主要圖書館，英國除了大英博物館和牛津與劍橋圖書館，沒有多少城鎮擠進這份名單。[3]

　　國際間的競爭雖然帶來助力，卻不是建立公共圖書館的唯一動力。隨著英國漸漸成為世界強權，政治家和社會運動人士也將注意力轉向這份光鮮底下的陰暗，也就是勞工惡劣的工作條件與赤貧的

生活，以及如何教導他們追隨富足的中產階級的腳步，開創理性、文明的人生。以這個遠大理想而言，法案的條款明顯太過保守。這份法案十分寬容，任何市政府或自治鎮當局只要有意願，都可以向百姓徵收地方稅來建立圖書館，稅率是資產總值每英鎊半便士。這筆錢不能用來採購書籍。如果市政機構提供現成的房舍，這筆錢就用於後續維護與職員薪水。令擁護者驚訝的是，就連這麼保守的條款都遭遇強烈反對。林肯郡的議員查爾斯・西布托普（Charles de Laet Waldo Sibthorp）不贊成增加稅負，我們或許能夠理解，畢竟「他一點都不喜歡讀書，在牛津的時候就痛恨書本。」其他人（包括代表牛津和劍橋的議員）反對這個法案是因為沒有提供購書經費，以這種方式成立的圖書館只能依賴各界贈書，就跟過去的教區和城鎮圖書館一樣。另一個爭議點在於，這種圖書館主要的受益者會是中產階級，而中產階級有能力買自己想看的書，不需要為此加重窮人的稅負。[4]法案還是通過了，但做了兩個關鍵又減低效力的修正：其一是規定法案只適用一萬人以上的社區，另一點是法案的實施必須事先舉辦公開會議，取得三分之二的納稅人同意。

修正後的法案實施時必定綁手綁腳。諾里奇（Norwich）和溫徹斯特（Winchester）迅速取得納稅人的同意。布萊頓（Brighton）通過特別法，可以向納稅人徵收每英鎊四便士：在這個濱海勝地，圖書館有明顯的實用價值。整體來說，由於一八五五年的修正法案放寬了部分規定，到了一八六○年已經有二十五個地方機關實施這項法案，包括曼徹斯特和伯明罕等北部大城。這兩座大城都能依靠市民榮譽感和慈善捐贈來補足圖書館的藏書。曼徹斯特圖書館一八五二年啟用，共有兩萬五千冊書籍，英國小說家狄更斯和薩克萊都出席開幕典禮。圖書館開幕的第一年，總共有四千八百四十一人借閱書籍，平均每人一年借閱二十本。[5]

只是，曼徹斯特是個非常特殊的案例，因為即使沒有法案的幫

助，那裡可能也很快會有自己的圖書館。最早的圖書館幾乎都設在本地國會議員支持法案的大城市，或繁榮的郡城。在其他地方，徵稅的提案幾乎都一敗塗地，比如貝斯、格拉斯哥（Glasgow）和哈斯汀（Hastings）。倫敦勞工階級聚居的地區原本就為圖書館能不能支援並啟發勞工吵得不可開交，這時反對聲浪格外激烈。一八六六年蘭貝斯有意實施法案，卻在第一次會議的喧鬧咆哮聲中被否決。那次會議的地點是號角酒館，或許是一種失策。直到一八八六年蘭貝斯才通過徵稅提案，而且只能收半便士，不是當時已經放寬的一便士。即使如此，如果沒有英國慈善家傑米娜‧德寧‧史密斯（Jemima Durning Smith）捐贈的一萬零五百英鎊，圖書館也未必能建成。這座圖書館正是一九九〇年代[6]以來社運人士努力奔走、爭取維持營運的德寧圖書館（Durning library）。

　　港市布里斯托充分告訴我們，圖書館的擁護者對抗的是多麼強大的潮流。布里斯托有受過教育的中產階級，有富裕的慈善家，也有公民榮譽感，卻還是沒能利用一八五〇年的法案設立圖書館。一八七一年布里斯托終於建造一棟結合博物館與圖書館的建築，對社區的效用卻相當有限。委員會瞻前顧後，只徵收法定費率的一半。布里斯托和其他類似的城市的問題在於，公共圖書館必須跟各種由機構贊助、越來越多樣化的休閒活動爭奪經費與服務對象，比如市立浴場、遊樂園、戒酒團體、宣教活動、夜校、音樂季和展覽會。運動競賽和音樂廳的增加帶來更多挑戰，閱讀不再是人們偏好的休閒活動。「文化自由」的理想對圖書館的擁護者何其重要，卻只能打動極少數人。[7]

　　北方工業城市情況大不相同，卻同樣充分說明圖書館的推動為何如此緩慢。哈利法克斯（Halifax）和赫德斯菲爾德（Huddersfield）這兩個位於約克郡西區的城鎮，分別在一八八二年和一八九八年才設立公共圖書館。並非民眾對閱讀不感興趣，相反地，這兩個蓬勃發展的工業城鎮是勞工階級的文化堡壘，已經有不少圖書館。為教導勞工

科學知識而設立的工藝講習所（Mechanics' Institutes）變成成人教育的基石，也是重要社交中心。哈利法克斯和赫德斯菲爾德的工藝講習所都附設會員制圖書館，另有報紙期刊閱覽室。哈利法克斯的講習所附設青少年圖書館，赫德斯菲爾德則有專為女性讀者服務的圖書館。在附近的羅奇代爾（Rochdale）興起的合作社運動（Co-operative Movement）也贊助在地圖書館，不只在哈利法克斯和赫德斯菲爾德，還包括周遭許多工業村莊。哈利法克斯圖書館在一八七二年成立，藏書三千冊，許多當地雇主也出資贊助廠區圖書館。[8]

到了十九世紀後半葉，長期為在地專業人士提供服務的會員制圖書館衍生出各種類型的文學與科學學社，其中某些擁有數量可觀的書籍，比如哈利法克斯文學與哲學學社藏書兩萬冊。赫德斯菲爾德有法學圖書館、醫學圖書館和一座只收藏外語書籍的圖書館。這些學術性較強的圖書館也被迫迎合民眾對虛構文類如飢似渴的胃口，通常的做法是跟穆迪或史密斯的圖書館合作。在市場的另一端則有商業圖書館提供種類繁多的休閒讀物，這些圖書館數量極多，有些壽命短暫。有些比較成功的圖書館是由在地出版商經營，比如威廉・米爾納（William Milner, 1903–50），他大量印製蘇格蘭詩人羅勃特・伯恩斯、英國詩人拜倫、美國詩人朗費羅（Henry Wadsworth Longfellow, 1807–82）的廉價再版書。另外就是出版暢銷書《哈利法克斯乳酪商詩選》（*Poems by a Halifax Cheesemonger*）的出版商威廉・尼克爾森（William Nicholson）。

如果我們再加上學校圖書館和主日學圖書館（免費初級教育普及之前，主日學是勞工識字的主要管道），以及宗教機構和當地學院設立的無數圖書館，不難看出在工業城鎮裡，閱讀是促進經濟成長與累積政治實力的關鍵。鎮上既然有許多報紙閱讀室，又有至少一家提供激進報刊訂閱的咖啡館，需要徵稅籌措經費的公共圖書館自然更難找到立足之地。

在一八五〇年國會法案辯論中，美國也被提出來做為效法對象，但當時美國公共圖書館的設立其實也是零零星星的。能不能用公費補助取決於州政府和市政府，因此，在地文化成為圖書館推展成功與否的關鍵。同樣地，圖書館的倡導掌握在兩個重要團體手中：一方認為圖書館是抵擋罪惡的盾牌（套用一名英國國會議員的話，圖書館是「最廉價的警力」），另一方視圖書館為禮儀社會不可或缺的標記。這種動機在美國特別強烈，日益壯大的強權需要劇院、歌劇院和博物館，當然也需要圖書館。問題在於，圖書館的經費是不是一定得由納稅人承擔。

最支持公共圖書館的是新英格蘭，這一點都不意外。在新英格蘭，書籍共有的原則從殖民時代初期就建立了。整個十九世紀裡，人們依然普遍相信閱讀具有教化力量。麻州康科德鎮在一六七二年就有一批公有書籍，可惜我們對這批圖書所知不多，沒辦法確定是不是等同於公共圖書館。湯瑪斯・布雷倡導設立眾多教區圖書館，將一箱箱書籍送往各個社區，但不是所有社區都懂得珍惜。[9] 一八三三年新罕布夏州的彼得堡鎮（Peterborough）將一筆學校發展基金用於設立圖書館，一般認為這是第一座以地方稅興建、免費供市民使用的公共圖書館。[10] 在圖書館運動的這個階段，最重要的一步是一八五四年波士頓公共圖書館（Boston Public Library）的啟用。這座圖書館耗時十三年才建成，最早是因為來訪的法國演藝人員尼可拉斯・瓦特瑪爾（Nicholas Vattermare）提議採用法國的模式，將多個在地圖書館合併成一座公共圖書館。這個提議在一八四八年獲准通過，只是，在併入現存的雅典娜圖書館（Athenaeum library）時遭遇挫折，計畫延後六年才完成。

波士頓公共圖書館建館計畫在一八四八年得到進一步的助力。當時的美國首富約翰・雅各・阿斯特（John Jacob Astor）遺贈四十萬美元給紐約市政府興建公共圖書館，波士頓的上流社會不願意在這方

面輸給紐約市這個喧囂的商業都市。阿斯特捐建的圖書館後來變成不供外借的知名參考圖書館,而波士頓免費開放的公共圖書館則傲視群倫,成為全國各地爭相模仿的對象。接下來四十年,慈善捐款和市民榮譽感會是美國圖書館興建的兩大動力:一八八二年美國慈善家伊諾克·普瑞特(Enoch Pratt)在巴爾的摩捐建一座優質圖書館(附帶六個分館);卡內基早期也捐贈大筆款項在費城打造一系列圖書館。一八七八年舊金山以地方財產稅支付公共圖書館所需的經費;西雅圖公共圖書館在一八九一年成立,十年後毀於大火,又迅速被壯觀的卡內基圖書館取代。這種模仿文化(更別提競爭)力量有多強大,可以從腳步相對落後的洛杉磯公共圖書館的倡導行動看得出來。一九二一年有人提議發行債券籌款興建新圖書館,爭取同意票的一方火力全開。「洛杉磯,成熟點,打造自己的公共圖書館,加入進步城市的行列!」「各位納稅人,每年拿出五十分錢,為洛杉磯洗刷恥辱。」一份傳單直接拿洛杉磯跟西岸其他大城市做比較。「每個自尊自重的城市都有自己的圖書館。舊金山和西雅圖都有完善的圖書館,是他們的文化與發展的強力佐證,相形之下我們好像一座小村莊。」債券發行案獲得百分之七十一的同意票,順利通過。[11]

辛勞的人們

　　一八九〇年德國出版商弗瑞茲·貝德克(Fritz Baedeker)指派他的英文書編輯詹姆斯·繆爾海德(James F. Muirhead)搜集資料,為他計畫出版的第一本美國旅遊指南做準備。繆爾海德做了個全面性的概略調查,只是稍微偏重東岸和中西部。全美只有一棟建築物得到令人垂涎的兩顆星,那就是華盛頓的國會大廈。許多景點得到一顆星,包括十六座圖書館。得到最多關注的分別是紐約州和麻薩諸塞州,各有二十六處和十一處圖書館被提及。得到一顆星的十六座圖書館之中,只有半數是公立機構。在紐約州,繆爾海德選出的是阿斯特圖書

館、雷諾克斯圖書館（Lenox）和位於紐約州首府奧爾巴尼（Albany）的紐約州立圖書館。[12]令人驚訝的是，讓美國一舉稱霸圖書館界的精美建築卻要到二十年後才問世，那就是位於紐約市第四十二街、遠近馳名的紐約公共圖書館。

從貝德克對圖書館的執迷，我們看到圖書館對文明社會的強大影響，也明白公共圖書館運動發展始終緩慢的原因。如果不是為了市民的榮譽感，紐約實在不需要再掏納稅人腰包興建公共圖書館，因為那裡已經有太多大型機構設有優質圖書館。其中有些圖書館雖然未必是我們認知的「公共」圖書館，卻也允許一般民眾加入會員。在十八世紀，所謂的「公共」圖書館，有點類似酒館或大眾運輸工具（公共汽車、有軌電車）。任何人都可以使用，但需要支付費用換取服務。其他圖書館只對特定會員提供服務，通常是具有共同利益或從事同一種職業的人。波士頓人理想中的圖書館是免費供所有市民使用，共創更美好的社會。只是，當滿腦子生意經的社會邁入繁榮強盛、在國際間舉足輕重的黃金時代，那樣的理想勢必難以對抗根深柢固的慣例。

如果要細查這種公共責任與公共事業的衝突，紐約是最理想的實驗室。一七九六年州議會通過新成立的美國第一項公共圖書館法規，允許百姓組成社團購買並共享書籍，當時紐約市人口是三萬三千人。從種族的角度來說，紐約的人口相當一致，都是英國人與荷蘭人，不過這些人並不特別愛讀書。十八世紀軍中牧師約翰‧夏普（John Sharpe）曾經埋怨：「人們偏好經商……想讓他們讀書必須態度強硬，不但不能等他們採取主動，更不能徵求他們的同意。」[13]波士頓和費城是美國立國之初的主要文化中心。

到了一八五〇年代，紐約的人口已經有五十萬，一八七六年增加到一百萬。這種成長率在人類歷史上史無前例。這些人口幾乎在各方面都有極大差異，商業階級的財富不輸世界上任何國家的商人，還有無數貧窮移民擠在髒亂的廉價公寓裡。到了十九世紀中期，將近半

數的市民都是外國移民，中產階級開始向曼哈頓遷徙。平民或許會遭受壓迫，但他們絕不沉默。一八二二年紐約州憲法賦予所有白種男性選舉權，而傑克森時代的民主對紐約社會圖書館（New York Society Library）這類機構並不友善（紐約社會圖書館是在一七五四年由三名志向遠大的輝格黨[14]年輕律師共同創辦）。[15]更符合那個時代的精神的是由紐約市技工和商人總會（General Society of Mechanics and Tradesmen）創辦的學徒圖書館（Apprentices' Library），另外就是商業圖書館協會（Mercantile Library Association），都成立於一八二〇年。到了一八五五年，商業圖書館協會成為紐約市規模最大、人氣也最旺的流通圖書館，藏書四萬兩千冊，會員四千六百人。到了一八七〇年，這個圖書館的流通量已經高居全美之冠，藏書量則排名第四。

　　然而，這卻是個轉捩點。十九世紀的紐約日新月異，到了世紀末的那二十多年，一八五〇年代在南曼哈頓設立的圖書館已經被它們往北曼哈頓逃竄的多金讀者拋棄。當時的圖書館典範是由一名富有遠見的慈善家設立的古柏聯盟圖書館（Cooper Union），設有藏書豐富的寬敞閱覽室和小型參考圖書館。古柏聯盟圖書館開放時間是每天上午八時到晚間十時，一八六〇年有二十一萬九千七百一十人次使用，一八八〇年則是四十萬三千六百八十五人次，一九〇〇年有五十一萬六千九百八十六人次。館內有四百三十六種期刊，包括八十四種美國各地日報和三十一種外語期刊，全部免費開放借閱。館員將使用者分為三大族群：一大早進館的多半是求職者來看報紙找職缺，白天來的是長期失業人士或有錢有閒族群，夜間則是勤奮的學生、職員和商人來使用參考書籍。古柏聯盟圖書館從來沒有公費補助，但它扮演的角色相當於其他地方的市立圖書館和分館：提供溫暖的歇腳空間和豐富書籍。

　　十九世紀是工藝講習所的全盛期。根據美國作家威廉・里斯（William Rhees）的指標性著作《美國公共圖書館手冊》（*Manual of*

Public Libraries in the United States），當時共有二十三處學徒圖書館，三十四處工藝講習所。[16]這顯示歐洲圖書館的重大發展已經轉移到美國，只是，美國的政治背景與歐洲（尤其是英國）截然不同。就在紐約的成年男性取得選舉權之前三年，英國曼徹斯特的民眾群起要求國會改革，結果遭到騎兵隊鎮壓，釀成惡名昭彰的彼得盧大屠殺。勞工階級被排除在一八三二年的選舉權改革之外，激起頑強卻一無所成的憲章運動（Chartist movement）。兩年後，多塞特郡六名農工聯合抗議農工減薪，被判流放。

　　對於英國政治家亨利・布魯厄姆（Henry Brougham, 1778-1868）這類自由主義改革派，在扶助工業社會新貧民的戰鬥中，成人教育是關鍵武器。工藝講習所提供幫助勞工成長的演講與夜間課程，似乎是理想手段。到了一八五〇年，全英國已經有五百二十處工藝講習所，英格蘭的六百一十處共有十萬兩千名會員。這些講習所的圖書館共有書籍七十萬冊。主張維持政治現狀的人認為這些新成立的機構是動亂的溫床，但他們的憂慮流於杯弓蛇影。這些圖書館原本是為勞工設立的，勞工卻很快被另一批使用者排擠掉。早在一八四〇年，約克郡的工藝講習所聯合會就指出，他們的會員之中只有不到二十分之一是真正的勞工，其他人都來自「手工業界較高層級，或辦公室的職員，很多更是從事自由職業的年輕人。」[17]事實上，講習所安排的演講程度通常比較適合大學生，而不是剛結束一天十二小時工作的人。正如有個工人所說：「你們別忘了，我們一整天都在接受指揮，晚上不想再聽人指導。」[18]

　　很多男女勞工偏好加入流通圖書館，用越來越普遍的廉價小說消磨寶貴的空閒時間。不過，我們也討論過，很多經濟沒那麼寬裕的人也會買廉價再版書，比如《魯賓遜漂流記》、狄更斯或伯恩斯和拜倫的詩集。並非只有富人或受過昂貴教育的人才能欣賞優質文學作品。即使如此，勞工並沒有讓社會地位比他們高的人決定他們應該讀些什

麼書，而是團結起來成立自己的社交與教育機構，覺得這種方式更能滿足自己的閱讀需求。在這個發展中，最能展現機構力量的是南威爾斯煤礦區礦業講習所的圖書館。[19]這個圖書館的資金完全由礦工們自由捐獻，所以會員可以選擇自己想要讀的書。書籍以虛構文類為主，但礦工也讀各種政治與社會政策的重要書籍。卡內基在英國和美國打造圖書館網絡不遺餘力，但潘胡凱博（Penrhiwceiber）這個威爾斯小村莊具有自力更生的優良傳統，一九〇三年拒絕卡內基的捐助。礦工也拒絕當地政府的補助，讓有意在威爾斯全面建立公共圖書館的人備感挫折。

德國也有類似情況，工會建立並維持一系列勞工圖書館。到了十九世紀末，這些圖書館已經是公共圖書館之外的絕佳選擇：在便利的地點存放相對少量的書籍（一千到五千冊），供勞工借閱。一九一一到一二年，德國社會民主黨（Social Democratic Party）和工會總共設立五百四十七處圖書館，光是萊比錫這個工業與無產階級大本營就有至少五十七處。[20]這些圖書館提供各種提升思想的書籍，以及種類繁多的小說。然而，事實證明善意（或父權心態）贊助者的期待流於空想。一九一〇年戴伯爾恩圖書館（Döbeln library）一百八十七本政治與社會學書籍只借出六十次，有關工會制度的一百六十本書籍更是只借出三次。在此同時，三百六十一本文學與戲劇書籍總共借出一千六百三十三次。[21]

如果這代表勞工重視放鬆勝過思想的提升，站在圖書館創建者的角度，這些書至少比在二十世紀初期賣出幾百萬本的廉價小說、美國偵探故事和異國探險這些「可憎的便宜貨」，更有教育意義。可憎的便宜貨通常跟圖文並茂的報紙和暢銷雜誌一起在報攤或菸草店出售，這類書籍受歡迎的程度撼動了圖書館界。德國社會學家恩斯特・舒爾茲（Ernst Schultze）寫道：「德國和奧地利的『詩人和思想家』[22]之中，竟有兩千萬人的知識養分來自四萬五千名兜售可憎的便

宜讀物的流動商販，難道不可恥嗎？」這是指書商雇用業務員在德國的村莊和小鎮挨家挨戶推銷煽情小說，以分期方式銷售，每期十芬尼[23]。這種流動式販售小說在十九世紀後半葉短暫盛行，獲利十分可觀。曾有一本名為《柏林的劊子手》（*Der Scharfrichter von Berlin*）的書據說為出版商賺進三百萬德國馬克。[24]有些小說篇幅極長，拖拖拉拉超過一百五十期才畫下句點。文化評論家無法理解這種不費腦力的小說究竟有什麼吸引力。德勒斯登的圖書館員維特·霍夫曼（Walter Hoffmann）只能感嘆：「我們知道半開化非洲人的生活狀況，卻不了解自己國家的底層百姓。」[25]

　　這種對休閒讀物的熱情衍生的後果，一九一八年社會主義運動領導者最能體會。當時德國君主政體瓦解，建設社會主義國家的機會到來，勞工卻不能領會。有個疲累不堪的知識分子表示：「即使德國社會民主黨已經存在五十年，絕大多數德國勞工仍然無法具體想像生活在社會主義國家的情景。」他沒說的是，勞工圖書館也已經存在五十年了。[26]

書籍墳墓

　　英國和美國的學者和社會改革者倡導創設公共圖書館時，通常往法國和德國去尋找靈感。美國企業家族的後裔奉命前往歐洲增廣見聞時，為歐洲大陸圖書館的規模感到震驚，也為呈現在眼前供他們鑑賞的珍貴書籍著迷。一八五〇年英國下議院聽取日後將會促使〈公共圖書館法案〉通過的證據時，支持法案的議員見到歐洲大陸圖書館的規模，比如德國的公國與大學圖書館，以及法國革命後設立、無可匹敵的市立圖書館網絡，內心尷尬至極。這有點諷刺，因為法國圖書館在很多方面都是公共圖書館的反指標。沒錯，那些圖書館規模相當驚人，一八二八年一項調查顯示，里昂的市立圖書館藏書十一萬七千冊，波爾多（Bordeaux）有十一萬冊，普羅旺斯艾克斯則有八萬冊。

以十九世紀中期而言，這是十分耀眼的數字，另有十二座地方圖書館藏書至少四萬冊。[27] 但這些圖書館多半管理失當，維護不良，書籍的編目更是疏漏。最重要的是，圖書館裡很少有當地百姓感興趣的書。

這是法國革命的遺毒。我們討論過，因為修道院解散，法國突然多出幾百萬本散落各地的古代書籍需要整理。原則上這些書大多數都會走上銷毀的命運。但隨著推車裡的書越堆越高，各地圖書館員發現這是不可能的任務。這些書籍多麼美麗珍貴，只因它們不符合世俗革命運動的理念，就要被銷毀，任何學者都不忍心這麼做。幸好（以學者的觀點），革命的熱情迅速消退。比較不幸的是，發生戰爭、經濟崩潰與知識界動盪時，都市精英不會優先考慮建造全新的公共圖書館。那些書最後都找到去處，排上書架，但民眾沒有來看。如同十七世紀的情況，專供修道院使用的書籍並不適合做為真正的公共圖書館的基本藏書。這些圖書館變成在地精英學者或偶然的訪客的避風港，圖書館員過著平靜的生活，不常被熱切的讀者打擾或催促。

這些圖書館的內部管理達不到容許標準，具體的嚴重程度可以從一樁圖書館史上最可鄙的醜聞清楚看出。在這樁醜聞中，一名學術界領導人物以近乎明目張膽、不計後果的手法侵占大量書籍。利伯里事件的影響遍及整個歐洲，牽連許多知名人物，包括法國首相法蘭索瓦·基佐（François Guizot, 1787–1874）、巴黎上流社會大多數人，以及在國際書籍界素有清譽的人物，比如大英博物館的帕尼齊。[28]

讓·埃蒙（Jean Aymon），綽號利伯里（Libri，拉丁文意為書籍），本籍義大利，成年後大多在法國任職。埃蒙是個頗有成就的學者，發表過數學領域的重要著作，年輕時在佛羅倫斯管理一座學術圖書館，發展出對稀有書籍的愛好，偷偷帶走三百本書。也許是因為得手太容易，他才會大膽做出後來的犯行，既顯露出法國市立圖書館擁有多麼珍貴的典籍，也暴露這些圖書館管理上的疏失。埃蒙在法國身兼兩個教授職位，但跟珍稀書籍比起來，一成不變的授課生活平淡

乏味。因為首相基佐的垂愛，他受委託擔任官方代表，負責調查各省營運停滯的圖書館。埃蒙利用職務之便四處走動，而圖書館員極力掩飾自己的疏失，他因此有了重大發現，在特魯瓦（Troyes）找到至少九百本沒有列入目錄的手抄書。他在知名的《學者雜誌》（*Journal des Savants*）發表他的調查成果，也呼籲有關單位加強圖書館的安全措施。他將找到的許多重要書籍帶回巴黎向學術界的朋友展示，然而，他在公開市場出售其他重要書籍和手抄書的消息也慢慢被揭露。

有關他的不法行徑的流言最早是在一八四二年傳出，但他靠有權有勢的朋友擺脫麻煩。地方圖書館的負責人接受訊問時，自然會否認館內曾經遺失書籍，畢竟他們根本不清楚館內有哪些書，否認是最安全的回應。到了一八四五年，埃蒙推出一份搶眼的目錄，計畫出售將近兩千本手抄書。大英博物館因為價格談不攏，錯過這筆交易。後來英國的阿什伯納姆伯爵（Lord Ashburnham）用八千英鎊（相當於二十萬法朗）買下這批書籍，建立歐洲數一數二的藏書。

一八四七年一份印刷書目錄引起更多懷疑，這些書的來源也更容易追查。一八四八年埃蒙逃往倫敦，利用革命的混亂政局投靠流亡在外的基佐和法國國王路易‧菲利普（King Louis Philippe）。他在倫敦掀起炮火猛烈的文宣戰，指控對手出於嫉妒設計陷害他。他的朋友帕尼齊和小說家普羅斯佩‧梅里美（Prosper Mérimée）都出面聲援他。有趣的是，梅里美的情婦的丈夫正是揭發埃蒙罪行的法國警察首長。直到一八八三年，法國國家圖書館館員利奧波德‧德利爾（Léopold Delisle）才揭發整個騙局。又經過幾年，阿什伯納姆伯爵買走的手抄書被悄悄送回巴黎，至今依然收藏在那裡。

埃蒙的特殊之處在於，他鑽了市立圖書館管理疏失的漏洞。但他同時也暴露出制度上的問題：那些圖書館雖然外觀華美，內部典藏大量珍貴寶藏，卻徹底背離收藏書籍供全體市民閱讀的初衷。法國政府祭出連番調查，又對市政當局進行各種整頓與殷切告誡（但沒有具

體的經費補助），決心建立兩種並存的圖書館來解決問題。第一種是三千座所謂的「高人氣」圖書館，提供市立圖書館所沒有的平價白話書籍。另一種特別適用鄉間地區，是將小規模藏書存放在學校，供當地成年人借閱。[29]這種做法卻是個嚴重錯誤，原因不一而足。首先，因為高人氣圖書館的存在，市立圖書館失去邁向現代化與提升服務的必要性，使用人數持續在低檔徘徊。其次，同層級圖書館並存，原本微薄的資源更為吃緊。踏出看似光明的第一步之後（特別是在整個巴黎設置了一系列圖書館），添購書籍的經費就見底了。學校圖書館的情況也是一樣，這些圖書館規模小巧，通常交給學校老師管理，變成不受歡迎的額外工作。當地成年人很快就讀完他們感興趣的書，卻不容易等到新書。法國的市立圖書館就這樣進入半衰期，成為被忽視、無關緊要的存在。這種情況會延續到第二次世界大戰之後，屆時它們才終於改頭換面，變成如今朝氣蓬勃、館藏豐富、魅力十足的多媒體圖書中心。

卡內基

　　法國需要的不是更多來自內閣的指示，而是像卡內基這樣有遠見有資源的人。十九世紀後期美國和英國公共圖書館網絡巨幅轉變，充分顯示力量強大、頭腦清晰的企業家能做出什麼樣的改變。一八八〇年卡內基回到蘇格蘭參觀他在出生地丹弗姆林做的第一項公益建設，也就是他捐款五千英鎊建造的室內游泳池。當時卡內基四十五歲，已經擁有巨額財富，正摸索著走上慈善家的道路，而這也會是他生命最後三十年的重點。在跟當地耆老談話的過程中，卡內基表明願意捐出五千英鎊建設圖書館，只要市政府實施〈公共圖書館法案〉，徵收稅金維持新圖書館的運作。市政府立即應允，於是丹弗姆林圖書館在一八八四年啟用，成為三千座卡內基圖書館之中的第一座。[30]

　　丹弗姆林圖書館的設計顯示，當時卡內基理想中的公共圖書館

還沒成形。到了一九〇四年，這座圖書館已經不敷使用，必須重新規劃擴充。女性專用閱覽室改成兒童圖書館，因為大多數女性偏好一般閱覽室。原本分配給館員的住處也回歸圖書館。這座圖書館如今依然人氣鼎盛，部分原因在於近期再度擴建，善用了圖書館俯瞰主教座堂的絕佳地理位置，又保留了卡內基式建築的精髓。卡內基會陸續在他的故鄉蘇格蘭捐建其他四十座圖書館，包括鄧迪市的五座，以及斥資二十五萬英鎊在愛丁堡興建的免費公共圖書館。卡內基對英格蘭的捐贈也同樣大方，在伯明罕和曼徹斯特捐建完整的圖書館網絡，也在很多郡城捐建圖書館。他在英國與愛爾蘭捐建的圖書館總數多達六百六十座。

　　丹弗姆林圖書館啟用後的十五年裡，卡內基捐建圖書館主要選在跟他個人有密切關係的地點，包括在他自己的鋼鐵工廠設立的勞工圖書館。匹茲堡的市政官員不同意配合提撥卡內基要求的經費，拒絕他的捐建提議，卡內基轉向賓夕法尼亞州的阿勒格尼市（Allegheny City）。眾所周知，他青少年時期在那裡的安德森上校（Colonel Anderson）圖書館看了大量書籍。這座圖書館建得像主教座堂，是一種怪異的偽羅馬式風格，反映出美國圖書館草創時期的形式。一八八九年迷途知返的匹茲堡市政府邀請卡內基重提他的捐建計畫，卡內基沒有記仇，後來這座圖書館併入他捐款五百萬美元創立的卡內基學院。

　　一八九九年卡內基又大手筆捐出五百二十萬美元，供紐約公共圖書館打造六十七座分館，這個舉動顯示他的捐建行動即將進入另一個層次。這筆捐款計畫在紐約市的曼哈頓、布朗克斯和史泰登島等三個行政區建三十九座圖書館，布魯克林區二十一座，皇后區七座。相對地，紐約市政府必須提供圖書館用地，並且提撥足夠的經費雇用職員和維護建築物，而圖書館開放時間是週一到週六上午九點到晚間九點。到這時卡內基已經找到跟潛在受惠者協商的模式。一八九九年他

的捐款範圍擴大到賓州的三十一座城市。一九〇一到〇三年他又捐出四百六十筆錢，包括給費城的巨額捐贈。費城的圖書館員提出申請案，希望增建三十座分館，以便跟紐約齊頭並進。館員客氣地估計每個分館大約需要兩萬到三萬美元，但卡內基不認同，他覺得這樣的金額不夠用：

> 每個分館都得有講堂，根據我們在匹茲堡的經驗，我們在這方面的花費不夠……所以，我覺得每座分館至少需要五萬美元，我很樂意提供一百五十萬美元。

前提是，費城同意「每年提撥至少十五萬美元」的營運經費。[31]

　　小鄉鎮得到的捐款是一萬美元，這反映出社區的需求和各地提撥營運配合款（每年一千美元）的能力。卡內基圖書館對社區文化與自尊的影響力，在美國本土這些小城鎮表現得最明顯。[32]從一九〇〇年到一九二〇年，蒙大拿州設立了十七座卡內基圖書館。蒙大拿一八八九年成為美國的一州，面積廣大，有豐富的礦藏，農耕卻相當困難（至少在灌溉系統設置之前）。接下來的三十年，由於礦藏的陸續發現和鐵路的建造，人口增加一倍。城鎮快速成長，卻沒有適當的規劃。鎮上的精英很快發現圖書館是提升人民素質不可或缺的要件。在跟卡內基的祕書、當時圖書館計畫的主要推手詹姆斯‧伯特倫（James Bertram）通信的過程中，社會控制（social control）這個議題頻繁出現：「這是個鐵路中心……城裡聚集了大量未婚男性，他們想要讀好書，也需要有個讀書的地方。」[33]這些信件都沒有將圖書館視為知性力量：卡內基圖書館是社區成熟的象徵。

　　後來這波小型圖書館也是圖書館建築發展出獨特風格的關鍵。在此之前圖書館建築展現的是捐贈者的個人偏好，或效法東北部大型圖書館的雄偉外觀。慈善家想為自己塑造社區仁慈長輩的形象，

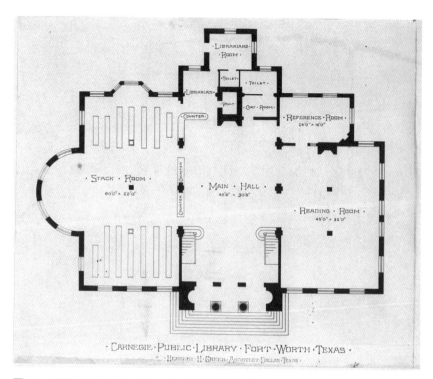

圖21　德州沃思堡（Fort Worth）卡內基圖書館的平面圖（約一九〇〇年），屬於比較簡約的設計，只有一間跟大廳相連的閱覽室。規模比較大的卡內基圖書館通常有獨立的兒童閱覽室。

充分授權建築師來實現這種夢想。有些圖書館模仿主教座堂風格，有挑高的天花板，「中殿」設有凹陷的壁龕存放書籍，比如麻州沃本市（Woburn）的韋恩圖書館（Winn library）。很顯然，在這種環境裡館員沒辦法監看使用者的行動，室內溫度也不容易控制。大城市的圖書館不是採用波士頓的義式豪華宮殿模式，就是紐約的雄偉古典風格建築，內部搭配挑高天花板、華麗的樓梯和寬敞的柱廊，注重的是建築物的富麗堂皇，而非空間的有效利用。

正如伯特倫在他的《關於圖書館的興建》（*Notes on the Erection of*

Library Buildings）所說，這不適合處於「大批發」階段的卡內基圖書館。這本小冊子濃縮了他長達二十年在大西洋兩岸與地方政府協商的經驗，[34] 裡面收錄的典型建築設計強調的是空間的最大利用，以及對遊走書架之間的使用者進行最有效的監督。只要犧牲掉寬大柱廊或壁爐這類捐贈者偏愛的華麗裝飾，建築物即使規模不大，也能規劃出講堂和兒童閱覽室，地下室還能設置鍋爐房（卡內基圖書館都供應暖氣）。伯特倫也極力反對建築物門前的裝飾性圓柱，覺得那是毫無用處的花費。這些設計方案沒有強制性，伯特倫明白每個圖書館的地理位置與書籍數量都不相同。但比起捐款人和受託人的榮耀，他更重視使用者與館員的需求，成功打造出務實又大眾化的圖書館建築。

圖22　一九〇二年建造的布萊恩（Bryan）卡內基圖書館（攝於二〇一四年）。卡內基在德州總共捐建三十二座圖書館，目前有十三座仍繼續運作，這是其中之一。卡內基活力十足的祕書伯特倫不喜歡輝煌的新古典式門面，但很多鄉鎮喜歡用這種裝飾來突顯他們新圖書館的威望。

一九〇九年德國出版商貝德克推出新版美國旅遊指南，這回有二十四座圖書館得到一顆星，包括卡內基的匹茲堡、阿勒格尼和亞特蘭大圖書館，預定兩年後落成啟用的紐約公共圖書館也得到一顆星。但更值得注意的是，指南中不經意提到紐約有大約三百五十座圖書館「或多或少」算是公共圖書館。[35] 這主要是卡內基的功勞，不只是提供資金興建堪稱紐約與曼哈頓、曼徹斯特與伯明罕最雄偉建築物的圖書館，還將圖書館帶到勞工集中的地區和大都會日漸擴大的中產階級近郊。在這一連串思路清晰、堅持不懈、富同理心的捐建活動中，卡內基真正迎來了公共圖書館的黃金時代。

愛上虛構文類

虛構文類的論戰從未停歇，在公共圖書館運動的帶動下，衝突進一步擴大。幾乎從印刷術發明後，鼓吹以書籍做為教化工具的人士就將炮火對準虛構文類。十六世紀西班牙政府禁止騎士傳奇故事輸往美洲，只是成效有限。幾乎每個世代的圖書館在發展過程中都得奮力排除僅供膚淺娛樂的有害書籍，也就是波德利爵士所謂的「閒書與糟粕」，因為這類書籍可能轉移性情腐化心志。倒不是說批評者能提出具體證據證明虛構文類確實有害（雖然有人嘗試過）。一八四〇年紐約學園（New York Lyceum）散發一本小冊子，號稱「法國精神病院的報告」已經證實，閱讀小說是「精神失常的長期因素之一」。[36] 必須說明這並不是權威資料，尤其像這個例子被某個圖書館拿來當做宣傳工具，而這個圖書館排斥「非宗教或道德故事」的所有虛構作品。

即使有這些荒誕故事，一般仍然強烈相信閱讀虛構文類對心靈有害，儘管十九世紀的小說已經是出版業不容置疑的基石。既想讀小說，又擔心它的不利影響，英國小說家珍‧奧斯汀（Jane Austen）的作品完美捕捉到這種矛盾情結。在她的作品中，讀小說成迷的女性角色通常最容易被膚淺男子吸引，也最有可能跟身穿帥氣制服的少尉私

奔。但奧斯汀非常在乎大眾讀不讀她的小說，她本人也是優質流通圖書館的會員。[37]

　　流通圖書館供應虛構文類一點也不內疚，那畢竟是他們的生存命脈，也是他們存在的理由。倫敦的業者（比如穆迪）比較有選擇空間，不只偏愛歷史、旅遊文學和古典著作，也重視能登上文學殿堂、讓他們免遭粗俗氣息汙染的作家。穆迪樂意運用他在產業界的經濟實力、扮演高雅文學的道德守門員。比較困難的是越來越氾濫的可憎的便宜讀物和銅板小說，他在那個市場沒有影響力。

　　然而，各種階級的讀者無疑都想更深入探究所處年代的幻想文學，於是防線漸漸鬆動。會員制圖書館的委員支持採購虛構文類，聲稱這是培養閱讀習慣的手段，希望新進讀者會慢慢偏向更嚴肅的書籍。即使所有的證據都指向相反結果，這種樂觀言論仍然反覆出現。紐約工藝講習所的年度報告經常暗示，讀者對虛構文類的需求在下降，卻沒有統計數字可以佐證。但會員人數開始減少，於是講習所在一八七一年採購不下七百本班傑明‧迪斯雷利人氣鼎盛的新小說《羅塞爾》（*Lothair*）。

　　公共圖書館由納稅人承擔運作經費，某種程度上感受不到迫切的經濟壓力。從一八七〇到一九二〇年，對虛構文類的戰爭毫不留情地邁向巔峰，帶頭出擊的是新成立的全國性圖書館員職業團體，包括英國的圖書館協會（Library Association）、美國圖書館協會（American Library Association）和法國圖書館協會（*Association des Bibliothécaires de France*）。這些組織的成員並不是天生的戰士。第一次世界大戰前夕，美國圖書館協會正在舉辦年度會議歡慶四十週年，美國作家伯頓‧史蒂文森（Burton E. Stevenson）覺得這是個——

　　　　平凡無趣的專業組織，甩不開傳統包袱，安於慣性思維，專
　　　　注技術上的細節。這個組織的成員都是溫和、沒有侵犯性、

行為端正的人，有著相同的興趣，對所有事情見解一致，唯一的例外是對大型流通圖書館究竟是好事或汙點則各執一詞。[38]

因此，雖然公共圖書館原則上依然偏重歷史、地理和容易理解的技術與科學書籍，根據館方的資料，到了一八九〇年代，民眾借閱的書籍之中，百分之六十五到九十都是虛構文類。[39]這樣的趨勢太明顯，不容忽視。圖書館員於是改變策略，轉而引導使用者閱讀合適的虛構文類。他們懂得區分沒有價值的小說與「有害」的小說，前者可以勉強接受，後者則是出版業大量推出、備受歐洲與美國讀者歡迎的廉價煽情小說。

　　一八九三年美國圖書館協會推出一連串指導方針的第一份，列出五千本建議書目做為小型圖書館選書的依據，其中只有八百零三本是虛構文類。書單包括亞瑟・柯南・道爾爵士（Sir Arthur Conan Doyle）和喬治・阿弗瑞德・亨蒂（George Alfred Henty）等當代作家的作品，但霍瑞修・艾爾傑（Horatio Alger）和奧維達（Ouida）等長期受讀者喜愛的作家都被排除。古典小說也受到嚴格的檢視：納入費爾丁和勞倫斯・斯特恩（Laurence Sterne），排除塞繆爾・理察森（Samuel Richardson）和托比亞斯・斯摩萊特（Tobias George Smollett）等十八世紀作家。[40]在英格蘭，書架從封閉趨向於開放，原因也跟虛構文類的激烈爭論密切相關。流通圖書館的會員必須先從目錄中選出自己想借的書，再把書單交給櫃台人員。很多人覺得這種流程令人膽怯，在書架之間瀏覽才能讓人感到放鬆。圖書館員覺得惋惜，因為他們的守護功能被稀釋。他們也擔心讀者一旦能夠自己找書，從此只會讀虛構文類。普遍的解決方法是只開放非虛構文類供讀者自行挑選，虛構文類則繼續留在封閉的書庫裡。另一種更迂迴的做法是將這兩種書混合在一起，讀者在尋找小說時自然會看到更需要動

腦子思考的書籍。[41]美國圖書館員的慣例，是把比較有爭議性的書籍留在總館，避免送往分館。[42]

英格蘭與美國的圖書館之間主要的不同點在於：館員之間的差異性越來越大。在美國，小型社區圖書館數量突然增加，於是出現一批女性館員。第一次世界大戰爆發時，美國圖書館員百分之八十五都是女性，而英國的男女比例恰恰相反。沒錯，很多女性都是擔任下屬（薪水也比男性低），但也有例外：洛杉磯公共圖書館從一八八〇到一九〇五年連續任用七名女性主管。其中最後一位瑪麗・莉蒂西亞・瓊斯（Mary Letitia Jones）是洛杉磯第一個受過圖書館專業教育的館員，上級要求她辭職，將職位讓給另一名男性，她拒絕了。她在這次事件中得到全國輿論支持，洛杉磯女性甚至為她舉行示威活動。後來瓊斯受聘為賓州布林莫爾學院（Bryn Mawr College）圖書館員，才打破這個僵局。[43]

女性館員人數這麼多，對公共圖書館有什影響？當然，圖書館界某些領導人物嘀嘀咕咕，說圖書館的氛圍趨於女性化。他們擔心圖書館太溫馨，容易吸引街友和無業遊民。一八九四年美國圖書館協會主席約瑟夫斯・拉內德（Josephus Larned）問館員們，在圖書館讀報紙的人會不會讀其他書籍：「最重要的是，他們會不會是流浪漢，或一身惡臭，排擠掉比他們更能在閱覽室受益的人？」[44]不過，美國圖書館協會一八九四年的問卷調查第一道問題是：「你是否不贊同目前大眾閱讀小說的情況？」提出這個問題的是一名女性，名叫愛倫・柯（Ellen Coe），是紐約一家免費流通圖書館的主管。女性館員是將兒童讀物（以及兒童閱覽室）帶進圖書館的主要推手，但她們譴責不恰當小說的立場似乎跟男性館員一樣堅定。

美國圖書館協會陸續推出的指導方針一變再變。一九〇四年湯瑪斯・哈代、亨利・詹姆斯（Henry James）和法國作家埃米爾・左拉（Émile Zola）都被排除，《紅色英勇勳章》和英國作家赫伯特・

威爾斯（H. G. Wells）的《世界大戰》（*The War of the Worlds*）在一九
〇八年得到緩刑。有時是讀者要求審查。隨著館員對虛構文類越來越
放鬆，這種情況會逐漸增加。一次大戰期間為軍隊提供虛構文類的措
施打破許多禁忌，戰後共產主義帶來的挑戰將焦點轉向非虛構文類。
到了二十世紀，紅色威脅、色情書刊和性放縱帶來的威脅，似乎比亞
瑟・柯南・道爾的福爾摩斯系列更嚴重。

　　直到一次大戰結束後，圖書館才擺脫十九世紀的角色，不再是社
會改革的工具，並且嘗試發揮新功能，既是娛樂活動的一環，也能啟
發、提升與救贖。但這時圖書館還沒開始應付電信時代的新威脅，比
如收音機、電影和後來的電視，在消磨空閒時間方面，這些都是閱讀
之外的誘人選擇。隨著二十世紀往前推移，小說漸漸變成防止圖書館
步入衰退的主力。愛上虛構文類成了圖書館存續的關鍵。

第六部

向書籍開戰

第十六章
安度二十世紀

　　一九一七年四月六日美國向德國宣戰，美國圖書館界拋開三年來的彆扭中立，全力為國家奉獻。圖書館變成戰爭的工具，在愛國行動的熱情中與其他機構競賽。圖書館員採取行動，讓民眾都能讀到對的書籍，從而了解戰爭的理由。德國語言、文學甚至食品普遍受到排斥，德國泡菜改稱「自由甘藍菜」、法蘭克福香腸改名「自由香腸」，親德書籍也悄悄暫停借閱。[1]圖書館戰爭委員會（Library War Council）西南區主任艾佛瑞特・佩里（Everett Perry）下達指令，要求館員清除所有「歌頌德國文化」的書籍。[2]圖書館做為顯著的公共建築，不遺餘力推銷戰爭債券，為紅十字會招收新血，告訴有志從軍的人附近哪裡有新兵招募處。對於美國圖書館協會，戰爭是證明自身價值的重要機會。一九一八年十一月，該協會與基督教青年會和卡內基基金會合作，在美國本土每一個新兵訓練營設立圖書館並提供書籍，並且運送一百多萬冊書籍給駐紮法國的美國遠征軍。[3]

　　到了一九四一年，日本攻擊珍珠港引發一波類似的愛國捐書行動。洛杉磯首席圖書館員阿爾西亞・華倫（Althea Warren）請假四個月，為了主導「勝利募書運動」（Victory Book Campaign），向全國募書送往軍中的閱覽室、軍醫院和訓練營。[4]到了一九四二年四月，這項活動總共募集六百萬本書，整理後分送出去。當時美國總統羅斯福在美國圖書館協會一九四二年大會發表專題演講，特別提到這些事。

英格蘭的圖書館也以類似方式投入兩次大戰。圖書館啟動輪班制延長開放時間，駐紮在外地的軍人都拿到臨時閱讀證。至於逾期還書的罰款（圖書館專業人員的神聖責任），如果對象是官兵，館方偶爾會選擇原諒或遺忘。

戰爭期間，無力感對身心的傷害不亞於恐懼，衝突現場外的人感受最為明顯。總體戰爭在經濟與人力方面的需求大幅改變人們的生活步調，圖書館提供管道讓人們發揮愛國心，消耗無窮無盡的精力。在這種動盪年代，書籍是熟悉的依靠，能帶來安慰與逃離。

希特勒也重視圖書館的建立。他在一九三三年掌權後，最先採取的措施之一就是宣布全新的公共圖書館計畫，特別偏重小鄉鎮和村莊。在此之前德國公共圖書館的書籍主要仰賴外界捐贈或地方政府補助，這些書通常都已經過時，缺乏吸引力。現在公共圖書館得到大筆公家經費挹注，徹底改頭換面。一九三四年德國有九千四百九十四座圖書館，到了一九四〇年，成長到一萬三千二百三十六座。[5]

當然，這一切都是為了塑造意識形態。不適合的書，或諸如《西線無戰事》作者埃里希・瑪利亞・雷馬克（Erich Maria Remarque）這類不受歡迎的作家寫的書都被清理掉。只是，這些指示究竟執行到什麼程度，就看各地圖書館有多積極，對館內藏書又有多了解。[6]對於各地圖書館員，戰火爆發後全力以赴為戰士們搜集書籍相對輕鬆得多。一九三九年秋天，德國的公共圖書館打包八百萬本書送進軍隊。軍方在空軍基地設立一千處新圖書館，這些圖書館都需要書籍。當戰爭情勢對德國有利，主要圖書館的負責人得到支持，搜刮戰敗的歐洲國家的圖書館，把德國文化的代表性著作送回納粹德國。德軍設定的滅絕對象的文化寶藏則是被清除或消滅。

二十世紀的工業化戰爭終將對歐洲大陸圖書館的藏書造成重大破壞。不過，我們清算轟炸或更針對性的破壞造成的損失之前，應該謹記這點：圖書館不但是戰爭的受害者，同時也是戰事的積極參與者，

圖23　一次大戰期間，為戰士提供書籍成為全國人民的共同目標。數以百萬計的書本被送往軍方圖書館、醫院和圖中這種行動圖書車。一九一七年左右攝於美國德州。

尤其是各大學與實驗室的技術與科學書籍。保護這類藏書是戰爭時的重要任務，限制科學資料在國際間傳遞也是。和平時期透過正常交流互通有無的科學資料，到了戰時變成需要嚴防死守的國家機密。[7]公共圖書館也善盡一己之責。二次大戰期間紐約公共圖書館與大英博物館全面搜尋館內的地圖庫，為即將在北非、義大利與法國展開反擊的同盟國軍隊提供相關資訊。

　　最重要的是，圖書館是為人民做好參戰心理準備、強化戰鬥決心的關鍵。一九三九年七月納粹德國的圖書館部門下令，要求各公共圖書館取得與波蘭境內德國少數族群相關的十三本書籍。同一年另一份指示要求「涉及英國與法國的著作都必須經過檢查，確認內容是不是能鼓勵德國人民發揮毅力、堅持必勝決心。」[8]納粹占領波蘭後清理

掉馬克思主義與親蘇聯書籍，一九三九年八月德蘇簽訂「互不侵犯條約」（Ribbentrop–Molotov Pact），被清理掉的書又悄悄回到書架上，只是條約效力為期甚短。如果以為這類命令讓圖書館心生不滿，或激起讀者廣泛反彈，那就錯了。一九一七年美國圖書館員爭相表現出對蘇聯布爾什維克主義的強烈憎惡，全力清除書架上所有隱含社會主義情感的書籍。[9] 二次大戰後美蘇冷戰（Cold War）期間，同樣的積極愛國精神也清楚展現，只是比較可議。

伴隨戰爭而來的是界限的放寬與品味的下降，這也反映在戰爭期間的圖書館史。在戰爭初期，圖書館使用者偏好歷史書籍。一九四三年德國的圖書館員發現輕小說的需求大幅增加，尤其是「輕鬆愉快的書籍」。當炸彈像雨點般落下，書籍讓人逃離當下的災難，是排除煩惱的最後手段，儘管時效短暫，不久後又得面對現實。戰爭期間人們的情感趨於強烈，歡欣、得意、恐懼與悲傷等反應都攀上高峰。圖書館在職人員也身歷其境，並且肩負重任，既要激發戰士們的高昂情緒，也要鼓舞在後方支持前線戰士的百姓，讓他們做到和平時期辦不到的事。圖書館從來不是戰爭的無辜受害者，它們已經化身為武器。在總體戰爭的時期，圖書館的角色比任何時候都重要。

總體戰爭

圖書館向來是占領軍的攻擊目標，然而，十九世紀軍事科技的進展，首度讓平民百姓感受到總體戰爭的可怕。早在一七六五年，史特拉斯堡大學教授讓·丹尼爾·舒普林（Jean-Daniel Schoepflin）將他的私人藏書開放給大眾，位於德法邊境的史特拉斯堡就這麼建立了公共圖書館。法國革命期間大量書籍被沒收，這座圖書館跟法國境內其他圖書館一樣，書籍量大幅增加。[10] 到了一八四六年，該館藏書達到八萬冊。後來跟大學圖書館合併，藏書量進一步成長。兩個單位的書籍一併移往新教堂（Temple-Neuf church）的新址，藏書達到三十萬

冊，包括五千本古版本和一千六百本手抄書。當時基督教神學院的書籍同樣收藏在教堂裡，總共有十萬冊，其中有不少宗教改革時期的珍貴小冊子。一八七〇年八月二十日夜晚，三座圖書館的藏書被德國砲兵隊的燃燒彈一舉化為灰燼。[11]

史特拉斯堡在一六八一年被法國國王路易十四併吞，在此之前一直是德國城市，而且是神聖羅馬帝國的大城，也是德國書籍出版業與知識圈的核心。一八七〇到七一年普法戰爭（Franco-Prussian War）的主要目的之一，就是為了從法國手中奪下這座城市。當時普魯士軍隊在法國的色當（Sedan）和梅斯（Metz）痛擊法國軍隊取得勝利，史特拉斯堡遭到圍困。從中世紀開始，這種圍困是戰爭中常見的現象，差別在於如今的工業化武器威力強大，會造成平民百姓重大傷亡。普魯士軍隊將高功能大炮瞄準史特拉斯堡市中心的舉動，代表軍事策略的決定性改變。

接下來那一個世紀裡，歐洲的工業化國家發動酷烈的消耗戰，同樣的歷史不斷重演。整座城市化為瓦礫堆，平民百姓受苦受難，圖書館也身受其害。這樣的破壞不完全是隨機或漫無目標的行動。一八七一年法國投降時，將亞爾薩斯和洛林（Lorraine）割讓給普魯士。史特拉斯堡大學重建，改名凱撒威廉大學（Kaiser Wilhelm University），一八九五年新建圖書館啟用。早在一八七五年，兩千七百多個機構與個人（幾乎都是德國籍）響應捐書捐款號召，總共捐出四十萬本書。由於年度購書經費充裕，一九一八年亞爾薩斯和洛林重歸法國懷抱時，這座圖書館的藏書已經擴充到上百萬冊。這是個純粹的德國圖書館，是德國宣示對史特拉斯堡的所有權的實體證明。這個重新德國化的計畫大致上相當成功，到了一九一八年，亞爾薩斯只有四分之一人口能讀法文。法國受到刺激，一九一八年開始以同樣的決心在亞爾薩斯推廣法語，第一步就是設立八百座新的法文書圖書館。到了一九二七年，這波「法語書動員」總共為兩千兩百七十五座

圖書館提供二十萬本書。[12]在風波不斷的邊境地區，圖書館參與國家建設是不可避免的現象。

　　二十世紀的工業化戰爭終將對歐洲大陸圖書館的藏書造成重大破壞。一波波炮火摧毀或嚴重損壞法國北部一連串圖書館，包括阿拉斯（Arras）、貝圖恩（Béthune）、蒙迪迪耶（Montdidier）、阿姆（Ham）、魯瓦（Roye）、佩羅納（Péronne）、梅濟耶爾（Mézières）、聖康坦（Saint-Quentin）、蘇瓦松（Soissons）、貢比涅（Compiègne）、賀特勒（Rethel）、諾永（Noyon）、蓬塔穆松（Pont-à-Mousson）和蘭斯（Reims）等地的圖書館。最殘酷的是，就在停戰協議前十天，南錫大學圖書館損失十五萬五千本書。[13]到目前為止損失最慘烈的是比利時魯汶大學的圖書館，甚至演變成轟動一時的國際事件。當時德國軍隊違反比利時的中立立場揮軍前進，引發國際譴責。一九一四年八月二十五日魯汶這座中世紀大城毀於戰火，引發恐懼情緒，國際間的譴責聲浪更是強烈。歐洲歷史悠久、名聞遐邇的魯汶大學圖書館在大火中夷為平地。[14]

　　一九一八年槍炮聲總算沉寂，魯汶大學圖書館的重建象徵人們共同的希望，期待從此不再發生戰爭。〈凡爾賽和約〉（Treaty of Versailles）要求德國賠償被毀的書籍，三年內共收集到四十五萬本書，其中二十一萬本來自德國。每一本書都附有一張藏書票確認德國的賠償。捐款從世界各地湧來，特別是美國。魯汶大學新建圖書館是由美國建築師設計，經費也來自美國。有人建議在圖書館欄杆銘刻「毀於德國的怒火，以美國的捐贈重建」，但校方不同意，因為德國畢竟還是鄰居。[15]只是，一九四〇年德軍重返，這種外交上的自制好像沒有任何作用。

　　不過，在飽受摧殘的倖存者心目中，一次大戰想必是終結一切戰爭的戰爭，遭受連帶損害的主要是靠近前線的鄉鎮城市。二次大戰會將損害提升到全新層級，這回是轟炸機的戰爭，索命的炮彈接連不斷

從空中落下。對於困在底下的人們，這是夜夜來襲的驚悚、疲憊與死亡。對城市的地毯式轟炸並不區分民宅與工廠、鐵路與公共建築、港口與城市。

　　歐洲率先體驗到德國入侵波蘭的後果。一九三九年九月一日，德國軍隊魚貫穿越邊境，毫無防備的維隆鎮（Wieluń）被俯衝轟炸機摧毀。華沙的國家圖書館受到嚴重破壞。一次大戰後的戰略研究顯示，沒有任何辦法可以阻止轟炸機抵達目標。於是法國、比利時、英國和荷蘭的文化機構審慎地將重要物品移往安全地點。起初這些保護措施的對象主要是價值連城的藝術作品。家庭成員因為戰爭的關係彼此分離，其他形式的娛樂活動受到限制，圖書館就變成維持全民士氣的重要工具。因此，一九四〇年五月德軍向西側進擊時，各國幾乎都沒有對圖書館的藏書採取保護措施。

　　荷蘭遭受的第一波空襲摧毀港市米德爾堡的圖書館，整個鹿特丹舊市區全毀。一九四〇年五月十六日魯汶的圖書館再次化為灰燼，這回損失一百萬冊書籍。一九一四年德軍指控比利時狙擊手挑起戰端，導致魯汶圖書館毀於炮火，並且誘使九十三名德國知名科學家、藝術家和知識分子簽署一封信件支持這種說辭並認同德國有權報復。一九四〇年德國的調查委員會指稱英軍撤退時縱火焚毀圖書館。這兩套說辭都沒有對國際輿論造成影響。[16]

　　攻進法國的德軍毀掉波威（Beauvais）和都爾（Tours）的市立圖書館，那是羅亞爾河沿岸主要的通訊中心。對康城的轟炸導致市區遭受重大破壞，大學圖書館五十萬冊書籍被毀。法國政府宣布巴黎放棄一切抵抗，拯救了許多珍貴的圖書館。法國慌亂的撤退行動透露出將書本送往安全地點的風險，因為湧向南方的難民潮堵塞了道路，許多書籍在途中遺失。由於法國迅速投降，法國圖書館在這個階段的戰爭中受到的損害因此降低，但淪陷後那幾年將會見到更嚴重的破壞。[17]

　　法國戰敗後，希特勒將注意力轉向英國。納粹空軍奉命先行摧毀

圖24　一九四〇年一場轟炸後的荷蘭米德爾堡圖書館門面，殘破卻依然聳立。毀於炸彈與大火是二次大戰期間歐洲許多大型圖書館的悲慘命運，這也是圖書館史上破壞最嚴重的時期。

皇家空軍的防衛能力，之後才慢慢將目標轉向倫敦和其他重要工業城市與港口。一九四〇年十一月英格蘭中部的考文垂（Coventry）被毀，市立圖書館損失十五萬本書和大量科技書籍，這次事件極具代表性，導致英國輿論支持英軍在德國城市的殘暴手段。蘭貝斯的米涅特圖書館（Minet library）也是維多利亞時期的公益圖書館，建築物與十八萬本書毀於戰火，坎伯韋爾圖書館（Camberwell）也是。漢普斯特德圖書館（Hampstead library）的參考室被毀，損失兩萬五千本書。在倫敦以外的地區，曼徹斯特市中心受到戰火嚴重摧殘，文學與哲學學社五萬本藏書全毀。[18]在開戰後第一個冬天的轟炸中，損失慘重的是集中在聖保祿主教座堂（St Paul's Cathedral）旁帕達諾斯達街的出版業倉庫。十七家出版公司的全部存貨（超過五百萬本書）都被大火吞噬。當時進口紙漿取得困難，這無疑是慘痛的打擊。[19]

　　英軍在敦克爾克（Dunkirk）撤退行動中已經損失大量裝備，不列顛戰役[20]讓軍事物資短缺的英國蒙受更嚴重損失，但這次的奮力抵抗也成功達到主要目的，迫使希特勒放棄入侵英國的計畫。在當時的情境下，面對氣勢如虹的德軍，這樣的成果已經足夠了。戰役發生後，英國首相邱吉爾在下議院公開向空軍健兒致敬。出版業也及時推出一本小冊子，讓英國百姓了解戰役過程，從而感恩空軍的英勇表現。由於百姓普遍渴望聽到好消息，這本小冊子注定瘋狂暢銷。初版一刷五萬本幾小時內銷售一空，訂單迅速累積到三十萬本。另一個圖解版本附有實況照片和圖表解說，共賣出七十萬本。到了一九四二年四月，這本名為《不列顛戰役，一九四〇年八月至十月》（*The Battle of Britain, August–October 1940*）的小冊子已經以二十四種語言出版，共四十三種版本，並且在全球報紙連載。這本小冊子讓英國百姓和國際輿論看到處於劣勢的英軍在千鈞一髮中以些微差距反敗為勝，取得決定性勝利，在此同時也展現了英國的宣傳本領。[21]

　　儘管如此，德軍的轟炸絲毫沒有鬆懈。從德軍掌控的法國與低地

國家小型機場起飛，一小時內可以抵達英國所有城鎮，英國很多城鎮因此滿目瘡痍。一九四一年四月英國南岸重要海軍基地普利茅斯遭到空襲，市立圖書館和館內十萬本藏書被毀。同年五月利物浦中央圖書館在轟炸中損失二十萬本書。大英博物館的圖書館被強力炸藥轟炸八次、燃燒彈攻擊無數次，令人驚訝的是，藏書損失數量是二十三萬本，比想像中輕微許多。一九四二年轟炸機又回來了，發動惡名昭彰的貝德克空襲[22]。之所以稱為貝德克空襲，是因為這次行動刻意瞄準主教座堂所在的城市和其他特別優美的地點。同年五月，艾希特（Exeter）的市立圖書館被毀，損失上百萬份文件與書籍。

　　圖書館設法因應。書籍動員活動收到幾百萬本捐贈書籍，補充在戰爭中受損的圖書館和駐紮在全球各地的英軍圖書館。每天入夜後空襲警報響起，幾百萬名倫敦百姓就前往新的地下避難所，其中很多都是地下鐵的廢棄車站。官方在這些避難所配置上下鋪和寢具、食物供應站和小型行動圖書館，消磨空襲結束前的漫漫長夜。聖馬里波恩（St Marylebone）在四十九處避難所分別提供五十到三百五十本書；貝思納格林（Bethnal Green）則為每天晚上前來避難的六千名百姓準備了四千本書。[23]圖書館被炸毀後，人員和剩餘書籍會轉往沒有受損的圖書館，繼續提供服務。

　　史達林格勒戰役[24]後，納粹氣勢轉弱，一九四三年英國本土得到短暫喘息。到了一九四四年九月，納粹發動新一波攻擊，以V1自航式炮彈（無人機原型）和威力強大的V2火箭為主。在一九四五年三月以前，納粹向倫敦發射一千四百多枚V2火箭，造成兩千名百姓死亡和新一波圖書館受損。很多瞄準倫敦的炮彈提前落地，肯特郡和倫敦南部地區因此遭受嚴重破壞。斯特里薩姆（Streatham）、泰晤士河畔金斯敦（Kingston-upon-Thames）和克羅伊登（Croydon）的圖書館都遭遇毀滅性的空襲。在這個階段的衝突中，英格蘭總計損失超過兩百萬本書。[25]

圖25　倫敦肯辛頓（Kensington）荷蘭別墅（Holland House）的圖書館，一九四
〇年被德軍燃燒彈炸毀。這棟建築物原本是英國政治家查爾斯‧詹姆士‧福克斯
（Charles James Fox, 1749-1806）的住宅，在這次轟炸中幾乎全毀，裡面的藏書卻
大致完好。這張照片是英國官方的文宣資料，畫面中三名圖書館使用者在廢墟裡瀏
覽，展現大後方的冷靜沉著。

　　V2火箭勢如破竹的轟炸，讓原本開始奢求和平到來的英國百姓
士氣大受打擊，英國高級指揮部也從中了解到攻擊德國科技機構與圖
書館的重要性。這些機構跟大學關係密切，因此多半位於市中心。同
盟國方面也合理地擔心，一旦德國搶先研發出原子彈，在戰場上造成
毀滅性後果，勝利的果實就會被摘取。這份擔憂並非空穴來風。兩次
大戰之間那幾十年，德國已經在理論物理學領域取得全球領先地位，
哥廷根大學表現格外出眾。在一九三三年以前，美國只獲得八座諾貝
爾獎，德國卻拿下三十三座。令納粹尷尬的是，德國的頂尖科學家之

中，猶太人占有相當高的比例。那些人最後都移居美國，二次大戰期間為美國軍方做出重大貢獻。[26]

書籍大屠殺

這就是納粹閃電戰的附帶損失。當情勢逆轉，就輪到美國、英國和俄國對德國圖書館展開全面攻擊。只是，在這波摧毀圖書館的行動中損失的書籍，事實上只占二次大戰期間被毀書籍的一小部分。希特勒致力打造的千年帝國對書籍和圖書館有更遠大的計畫，直到戰爭結束前夕，這個計畫依然持續不懈地推動著。計畫的第一步是將納粹選定的滅絕對象的所有文字資料全面清除。這種對文化的攻擊（將某個族群的記憶從地球上抹除）被稱為「書籍大屠殺」（libricide）。第二步跟前一項政策自相矛盾，那就是系統化地收集大量敵對意識形態的書籍，日後即使國家社會主義[27]永久統治，仍然可以繼續研究布爾什維克主義、社會主義、猶太教和共濟會等邪惡思想。

書籍與檔案資料需要搜尋、篩選、分類、運送與重新編目，德國為此建立龐大的行政體系，徵用數以千計的軍士、運貨列車和奴工，並找來學者專家辨識重要著作，去蕪存菁。很多圖書館員與檔案管理員樂意參與這項工作，有些人原本就認同國家社會主義的意識形態，其他人則享受處理這些精彩資料的樂趣，輕易就克服掠奪歐洲文化資產的罪惡感。想必也有人欣然接受書籍整編這種相對安全的工作，總好過奔赴九死一生的東部戰線。但圖書館專業也有自己的虔誠信徒，再者，圖書館員必然是天生的書籍收藏家。

有史以來第一次，收藏者有機會盡情滿足收藏欲望，而且不必擔心受到報復。儘管如此，當時德國的大學、公共圖書館與國家機構，爭先恐後在歐洲各地的納粹倉庫拿取他們分配到的書籍，那場面實在有欠光彩。有時這種掠奪行動會偽裝成買賣交易，因為猶太籍物主或書商準備逃離德國，倉促間以遠低於市場的價格將資產變現。有時圖

書館會收到納粹新成立的研究中心不需要的大批免費書籍，用來替補在轟炸中損失的書籍。到了戰爭結束時，同盟國的勝利者和倖存的圖書館員會在殘破的圖書館裡翻找，看看能不能從哪個角落找出珍貴寶藏。歐洲大部分圖書館的藏書都破壞得太嚴重，難以復原。戰爭結束後那七十五年，只有極少數被搶奪的書籍能夠完整回到舊家，通常也沒有原來的物主可以接收返還的書籍。

納粹種族主義思想的衝擊在波蘭完整呈現。德國以征服者之姿帶著事先準備好的名單而來，名單上有六萬個人名，都是波蘭的領袖人物，包括政治家、社團領袖、軍官和教授，這些人都要被逮捕槍殺。在納粹的設想中，波蘭人是順服的百姓，屬於農工與底層勞工階級，猶太人則必須徹底消滅。

想要挖除波蘭的文化根基，就不能忽略波蘭的書籍。一九三九年十二月，新來的德國政府下令，所有非德國籍人民擁有的書籍都要提交。波茲南（Pozna ）的聖米歇爾教堂（St Michael's church）專門用來存放沒收的書籍，書籍數量一度超過百萬本，包括波茲南大學圖書館的大部分藏書。這些書有一部分被打成紙漿，剩下的在一九四四年的空襲中被毀。國家機構附設的圖書館只對德國裔民眾開放。占領軍用得上的研究材料統一運往華沙收藏，其他的則留下記號等待銷毀，包括波蘭公共圖書館和學校圖書館的大多數書籍。

這些政策導致毀滅性後果。據估計波蘭的學校和圖書館損失百分之九十的書籍，私人與專業圖書館則損失百分之八十。儘管蘇聯紅軍步步進逼，德軍的破壞行動沒有停止。知名的札烏斯基圖書館藏書一七九四年被俄國偷走，一九二〇年代還回一部分，又在一九四四年十月的華沙起義（Warsaw Uprising）毀損。全部四十萬本書只剩十分之一。收藏在波蘭國家圖書館的早期印刷書也被毀。一九四五年一月，德軍撤離華沙前還派士兵帶著噴火器進入主要公共圖書館的書庫，確保所有書籍一本不留。

德國的縱火特攻隊從一九三九年開始焚燒猶太書籍，在波茲南和貝德金（Będzin）燒毀猶太教會堂和裡面的藏書。一九三九年九月六日德國軍隊進入波蘭，幾乎立刻在克拉科夫展開摧毀猶太圖書館的行動。克拉科夫是波蘭歷史悠久的文化重鎮，那裡的猶太人占人口的四分之一，也是城裡知識分子的主力。克拉科夫第一座營利圖書館成立於一八三七年，業主是猶太商人兼市議員亞伯拉罕·貢普洛維奇（Abraham Gumplowicz），城裡的以斯拉圖書館（Ezra library）一八九九年啟用，是早期的猶太公共圖書館。其他更專業的圖書館包括猶太社會主義圖書館和人民圖書館，以及猶太教會堂和猶太教學校附設圖書館的廣大網絡。[28]

短短兩年內，這些圖書館全部遭到系統化搜索、掠奪或破壞。貢普洛維奇的兩座圖書館被查封，四萬五千本書消失無蹤，可能是因為德國士兵隨心所欲處理那些英語、法語和德語書籍。猶太學校被關閉的時候，圖書館也遭到破壞。德國人還關閉所有猶太文化、教育與政治機構，各單位的藏書也沒能倖免。以斯拉圖書館和亞捷隆大學（Jagiellonian university）圖書館的書籍都被移往新設的國家圖書館，供德國人使用。一九四三年德軍占領波蘭後，猶太人聚居的地區遭到清洗，藏在猶太教會堂的神聖卷軸被找出來縱火焚燒，猶太人搶救失敗，所有經書付諸一炬。

德軍在克拉科夫系統化破壞猶太文化的行動在波蘭各地複製，從波茲南到維爾紐斯猶太社區無一倖免。[29]盧布林（Lublin）猶太神學圖書館收藏的猶太教法典規模在歐洲數一數二，一九四一年被縱火焚毀。一九四三年德軍鎮壓猶太聚集地的反抗，整起行動在猶太大會堂的爆炸中達到高潮。這所大會堂關閉後變成倉庫，存放從整座城市沒收來的猶太書籍，那些書籍也在儀式感十足的爆炸中銷毀。執行這項任務的工兵指揮官後來回憶起那歡欣的一刻他內心的振奮。

多麼壯觀的景象，精彩絕倫的戲劇效果。我和部屬站在一段
距離外，手上拿著可以同時引爆所有炸藥的電子裝置……我
故意拖延時間製造緊張氣氛，而後大喊「希特勒萬歲」，並
按下按鈕。在震耳欲聾的轟隆聲和彩虹般的五光十色中，爆
炸的火焰直沖雲霄。這是難忘的獻禮，慶祝我們打敗了猶太
人。[30]

德國人深深了解這種華格納式的戲劇張力。摧毀盧布林神學院的
行動給他們機會舉辦另一場毀滅慶典。

我們把所有猶太教法典搬出圖書館，帶到市場放把火燒了。
這場火燒了二十小時，盧布林的猶太人圍在四周痛哭流涕，
哭聲幾乎掩蓋我們的聲音。我們找來軍樂隊，士兵們的歡笑
吶喊淹沒猶太人的哭聲。[31]

圍觀的猶太人傷心欲絕，他們知道眼前這一幕代表著什麼。這是兩個
偉大文化之間的生存鬥爭，雙方都珍視書籍。正如一九三九年華沙的
猶太籍教師哈伊姆・卡普蘭（Chaim Kaplan）所說：「我們的對手是
高等文化國家，有一群『愛讀書的人民』。德國已經變成精神病院，
為書籍瘋狂……納粹擁有書本和刀劍，那是他們的力量與強權。」[32]
套用布拉格猶太博物館書籍管理員麥可・比塞克（Michal Bušek）的
話，納粹「知道書籍對猶太人有多重要。閱讀讓人成為人。他們想要
奪走猶太人最重要的東西，藉此毀滅猶太族群。」[33]在這個時刻，納
粹確實運用了書籍和刀劍：他們有能力將猶太教的文字紀錄從歐洲大
部分地區徹底抹除。他們沒有這麼做，某種程度上是出於選擇，因為
他們矛盾地想要保留敵人的思想體系，供日後研究之用。這成了阿佛
列・羅森堡（Alfred Rosenberg）的偉大計畫。羅森堡是希特勒的首

席思想家，他意外成為歐洲猶太人的許多文化遺產的拯救者。

羅森堡的夢想

　　羅森堡一八九三年出生在瑞威爾（Reval），也就是現今愛沙尼亞共和國首都塔林（Tallinn）。他在莫斯科求學，後來定居德國，加入納粹黨。做為一個游離在歐洲東部的德國族裔，他比大多數人更有理由擁抱納粹的「生存空間」[34]概念。他在一九三〇年出版《二十世紀的神話》（*The Myth of the Twentieth Century*），闡述納粹的種族主義理論，進一步顯示他的觀點就是納粹運動的主要思想。一九三四年希特勒正式確認羅森堡為納粹的思想旗手。[35]

　　戰爭爆發，一九三九和四〇年納粹軍隊輕而易舉攻城掠地，羅森堡開始為納粹永久統治歐洲做準備。想要達到這個目的，最大的關鍵是發展全新的教育體系，培養下一代納粹精英。以一批全新的希特勒學校做為教育金字塔的基底，上面是計畫在基姆湖（Chiemsee）岸設立的納粹精修學校（Hohe Schule der NSDAP）。為了協助納粹社會科學的學術工作，羅森堡建議打造一系列研究機構，每一個機構專攻一部分納粹思想，總共十個機構，包括斯圖加特（Stuttgart）的種族研究院（Institute of Racial Studies），漢堡的思想殖民研究院（Institute of Ideological Colonial Research）。只有法蘭克福的猶太問題研究院（Institute for Research on the Jewish Question）會在戰爭期間設立，包括納粹精修學校在內的其他機構都要等到戰爭結束後。不過，希特勒在一九四〇年指示羅森堡展開必要的準備工作，「尤其是學術研究與圖書館的設立」。[36]

　　這簡單的一句指示，將會導致納粹大舉掠奪歐洲的圖書館，搜刮他們感興趣的書籍。羅森堡也為此設立龐大的行政體系羅森堡特別小組（Einsatzstab Reichsleiter Rosenberg）。到了戰爭結束時，特別小組存放在柏林、法蘭克福和波蘭拉齊布日（Ratibor）等地大型倉庫的書

籍已經超過五百萬本。德國投降時，很多書還封在箱子裡。

　　由於特別小組只負責這項工作，所以沒有參與波蘭的劫掠。波蘭的任務由其他單位執行，比如曾經在柏林擔任歷史教授的彼得・鮑爾森（Peter Paulson）領導的鮑爾森特遣隊（Sonderkommando Paulson）。羅森堡也徵召學者協助篩選機構圖書館的書籍和沒收來的私人藏書。有些圖書館所有書籍都被帶走，比如阿姆斯特丹的生命樹圖書館（Ets Haim）和阿姆斯特丹大學的羅森塔爾特藏館（Bibliotheca Rosenthaliana）。巴黎著名的外僑圖書館也即將面臨同樣命運，比如世界猶太聯盟（Alliance Israélite Universelle）、屠格涅夫圖書館（Bibliothèque Russe Tourguéniev）和波蘭圖書館（Bibliothèque Polonaise）。[37]羅馬的義大利拉比學院圖書館（Biblioteca del Collegio Rabbinico Italiano）所有書籍都被運往法蘭克福，羅馬猶太社區圖書館（Biblioteca della Comunità Israelitica）的重要猶太書籍則在運送途中遺失。

　　羅森堡特別小組執行任務十分徹底，在荷蘭查抄兩萬九千次，查抄對象以富裕的猶太家庭為主，收獲七十萬本書。在法國則沒收七百二十三座圖書館，帶回一百七十萬本書。[38]特別小組行動迅速，這點越來越有必要，因為他們面對不少競爭。[39]最大的威脅來自納粹親衛隊領袖海因里希・希姆萊（Heinrich Himmler）的祕密警察「帝國安全總局」（Reich Security Head Office），那些人早期在慕尼黑就已經開始收集書本。荷蘭的社會史國際學院（International Institute of Social History）擁有許多左翼機構的重要檔案，更是引發四方人馬有失顏面的爭奪。當地的納粹頭子阿圖爾・賽斯英夸特（Arthur Seyss-Inquart）想要把這東西留在荷蘭，納粹勞工運動領袖羅伯特・萊伊（Robert Ley）覺得他的機構才是這批檔案最合適的去處。羅森堡還得面對代表帝國安全總局出面爭奪的萊因哈德・海德里希（Reinhard Heydrich）。最後羅森堡獲勝，因為他的特別小組已經占據社會史國

際學院的建築做為阿姆斯特丹總部，合法擁有學院的所有檔案。

　　很難想像數量這麼龐大的書籍橫跨歐洲送往德國，再分別送進四個地方。首先是法蘭克福新成立的猶太學院（Jewish Institute）和南部的納粹精修學校。另外兩處在柏林，一是艾森納赫路（Eisenachstrasse）的帝國安全總局圖書館（設在前共濟會會址），其次是羅森堡特別小組的東部圖書館（Ostbucherei）。到了一九四一年，這四個單位各收到一百萬到三百萬本不等的書籍，其中法蘭克福的猶太學院擁有歐洲最完整的猶太圖書館。後續還有兩百萬本書集中到西利西亞的拉齊布日分類站，這個據點是專為處理從歐洲東部湧進來的大量書籍而設立。[40]

　　到了戰爭後期，羅森堡逐漸把目光轉向東部戰線。那裡戰利品數量太多，只能優先奪取公共機構的藏書，也就是布爾什維克主義思想的活生生見證。他特別關注歐洲東部猶太重鎮維爾紐斯（有時又稱「北方的耶路撒冷」）。這些書籍的處理結合了篩選與銷毀兩大原則：意第緒科學院（Yiddish Scientific Institute）的書籍全部打包送往德國；一八八五年捐贈給維爾紐斯猶太族群的斯特拉辛圖書館（Strashun library）的藏書，則是由一小群猶太囚犯在該館館員指導下仔細篩選。總共有四萬本書被選出來送往德國，其他全部打成紙漿。另外，維爾紐斯的猶太族群則遭到清算。[41]

「理由很明顯：戈茲密特先生是猶太人」

　　戰爭持續進行，德國的圖書館使用奴工的情形也越來越頻繁：分類並搬移書箱，空襲時從起火的建築物裡搶救書籍。[42]但如果沒有學者和德國圖書館從業人員的參與，羅森堡特別小組的工作無法推展。法國淪陷後，國家圖書館的猶太裔主管朱利安・卡安（Julien Cain）立刻被解職，職務由親德的知識分子貝爾納・費伊（Bernard Faÿ）接替。不過，費伊從此以後要聽命於幾個臨時從德國調派來的

圖書館行政人員，包括柏林的國家圖書館館長胡果‧安德拉斯‧克魯斯（Hugo Andres Krüss）和他的同仁赫爾曼‧佛克斯（Hermann Fuchs），以及布列斯勞圖書館（Breslau library）館長艾安斯特‧維厄姆克（Ernst Wermke）。史特拉斯堡和亞爾薩斯的圖書館重新併入德國，由從柏林臨時調派來的彼得‧波夏爾特（Peter Borchardt）監督。

也有學者直接為羅森堡特別小組工作，比如年輕的歷史學家威廉‧格拉烏（Wilhelm Grau）和希伯來語言學家約翰內斯‧波爾（Johannes Pohl）。波爾原本在法蘭克福市立圖書館的猶太部門任職，因公走訪過許多地方，在阿姆斯特丹、巴黎、羅馬、塞薩洛尼卡（Thessalonica）和維爾紐斯全權代表羅森堡。後來羅森堡因為種種罪行被處決，他的代理人卻都逃過一劫。格拉烏和波爾都在德國出版業找到安穩的崗位。波羅的海地區的德國人戈提白‧奈伊（Gottlieb Ney）協助納粹精修學院設立圖書館，戰後在瑞典隆德擔任檔案管理員。

留在德國的圖書館從業人員也因為送往德國的大批書籍獲益。柏林國家圖書館和弗萊堡大學（Freiburg University）獲得大量來自法國的書籍（法國學者估計整個法國總共損失一千萬到兩千萬本書），柏林國家圖書館也向羅森堡特別小組索取三萬本猶太人與猶太教相關書籍。[43]科尼斯堡的圖書館員指出，波蘭普洛克（Plock）天主教神學院的書籍被沒收後，他的圖書館增加五萬本書籍。[44]在德國，新成立的研究院不需要的書籍都被送往中央配給中心，各圖書館可以前往競標。一九四三年漢堡在同盟國空軍的轟炸中重挫，後來獲得原屬於猶太圖書館的三萬本書重建圖書館。[45]同一年柏林市立圖書館向市營當鋪申請四萬本書，原本希望無償取得，但當鋪堅持索取四萬五千帝國馬克[46]。當鋪告訴市立圖書館，這筆交易的淨收益會用於「解決猶太問題」。在戰爭的這個階段，大量徵用奴工的圖書館高層不可能不知道這句話的含義。他們付了錢，拿走書籍。一九四五年四月二十日蘇

聯軍隊對柏林市中心發動猛烈的炮火攻擊時，市立圖書館還在為這批書籍編目。戰後編目工作繼續進行，不過，在圖書館的帳冊上，這些書不再稱為猶太書籍，而是「贈書」。[47]

　　另一種形式的書籍剝削更為陰險，那就是在戰前向變賣家產匆忙逃難的猶太人低價收購。圖書館主管、收藏家和書商之間關係向來密切，因此圖書館員清楚知道書籍的價值，也了解書籍主人的弱點。以下例子頗有代表性。亞瑟・戈茲密特（Arthur Goldschmidt）是牛飼料工廠的少東，但他的興趣是收藏書籍。一九三二年他擁有一批獨特的書籍，是十七、十八世紀的圖解年曆，總共兩千本左右。這批知名藏書裡的珍寶是歌德出版的年曆，威瑪的安娜・阿瑪莉亞圖書館（Anna Amalia library）對那些年曆特別感興趣，因為歌德過世前一直定居在這裡。安娜・阿瑪莉亞圖書館館長漢斯・瓦爾（Hans Wahl）知道機會來了。戈茲密特為這批書訂的價錢是五萬帝國馬克，瓦爾遺憾地表示圖書館給的最高價是一本一帝國馬克。瓦爾殺價成功後表示，他明白這是「非常有利的交易……理由很明顯：戈茲密特先生是猶太人。」[48]

　　戰爭結束後，身為納粹黨員的瓦爾轉身效忠新的蘇聯政權。直到二〇〇四年安娜・阿瑪莉亞圖書館發生大火，不得不對館內藏書進行全面清查，這筆交易的內情才曝光。這件事充分說明德國圖書館界多麼不願意面對那段黑歷史。戈茲密特的後人最終獲賠十萬歐元，算是那批珍貴傳家寶換來的補償。柏林市立圖書館遷往新址換了新名，花了四十年時間清除可疑書籍上的原物主印記。該館竊占的幾萬本書籍之中，只有五百本回到猶太籍原主人手中。

算帳

　　一九四三年戰爭情勢逆轉，德國儲存的書籍變成同盟國軍隊報復的目標。戰爭初期大多數德國圖書館都沒有把書籍移到安全處所。

一九三九年的官方指示涵蓋範圍非常有限，只優先撤離手抄書、古版本和獨特的早期印刷書。此外，空軍總司令赫爾曼‧戈林（Hermann Göring）保證不會有任何炸彈投進柏林，貿然採取防範措施可能會惹惱上級。這個時代的圖書館應變能力不足，因為許多圖書館員被召往前線，能力比較強的館員（比如我們討論過的那些）則被徵調到外國工作，留下來的非老即病。一九四一年九月卡塞爾（Kassel）遭到攻擊，省立圖書館的四十萬本藏書損失高達百分之八十七，德國官方宣布封鎖消息。當時德國圖書館協會主席戈歐克‧萊伊（Georg Leyh）宣布：「不得在圖書館產業刊物上登載圖書館在轟炸中受到多少損失。」[49]

一九四三年轟炸更密集，圖書館的毀損程度再也無法隱瞞。那年七月漢堡的連天烽火摧毀大學圖書館和知名的商業圖書館（Commerzbibliothek）。慕尼黑損失八十萬本書，萊比錫出版業的庫存幾乎全部燒毀。這下子圖書館心急如焚地把書移到任何找得到的安全地點。有時送走哪些書的決定相當不切實際，比如達姆斯塔特（Darmstadt）收藏豐富的音樂史料，館方卻把一整年的園藝、廚藝和時尚期刊送往安全處所，韓德爾、莫札特、維瓦第和貝多芬等人親筆書寫、價值連城的樂譜卻留在館內聽天由命。一九四四年九月十一日這座圖書館被毀，損失四十萬本書。[50]到這時候，就算信念最堅定的人也看得出前景不樂觀：羅森堡的法蘭克福學院把一百萬本書送到往北五十公里外的洪根（Hungen），分別存放在三十八個倉庫，一九四五年被美國軍隊找出來。

一九四四年一月，柏林國家圖書館宣布閉館，所剩無幾的職員在殘破的建築裡工作，處理剛送到的書籍。館長克魯斯住進地窖，一九四五年四月二十七日俄國軍隊腳步接近，他在那裡自戕。到這時館內的書籍已經分散到二十九個儲存所，多半是偏遠的城堡或礦坑。由於美國和英國的轟炸機從西邊過來，這些書大多被送往東部。這麼

一來，這些書籍回歸原處的機會就大幅降低。蘇聯在德國劃了占領區（後來變成共產主義東德），波蘭的國界也向西挪，意味著當初往東送的書籍再沒有返還的可能。柏林國家圖書館的二十九個存放地點之中，十二個在蘇聯占領區，十一個在波蘭，一個在捷克斯洛伐克。[51] 戰後那些年，蘇聯核算德國占領期間造成的巨額損失和兩千五百萬條人命，一點都不打算寬宏大量。俄國學者估計俄國圖書館總共損失一億本書。為了求償，俄國從德國占領區搜刮幾百萬本書，連同其他文化戰利品和工業機械一起運回本國。存放在拉齊布日倉庫的兩百萬本書目標十分明顯，一些陸續暴露的地下儲存所也是。[52] 柏林國家圖書館位在蘇聯占領區內，據估計被俄國拿走兩百萬本書。同樣在俄國占領區的市立圖書館也有不少書被送往波蘭和捷克斯洛伐克，絕大多數都一去不回。不過，這兩座圖書館可以利用從殘破的私人住宅找出的「無主」書籍和納粹官員的藏書重新建立館藏。

　　蘇聯的戰利品大隊搜刮得十分徹底，徹底到從德國送回去的幾百萬本書暫時派不上用場。當然，那些書不少都是當初德國從西歐、俄國和歐洲大陸的猶太人手中搶走的。俄國和蘇聯解體後成立的幾個國家不打算細分書籍的來源，在他們看來，從德國收回的書還不夠賠償戰爭中的損失。[53] 俄國在一九八九年後短暫推行的開放政策牽扯出一個驚人事實：兩百萬本書堆在烏茲科耶（Uzkoye）的教堂，戰後至今一直沒有整理。到這時那些書本都已經衰朽，變成無法閱讀的爛紙頁。這段開放時期之後，俄國的圖書館重新回到隱密狀態。二〇〇九年柏林圖書館首度列出被俄國和波蘭占有的書籍，附帶註明那些書籍目前的所在地。但當初撤往東部的幾百萬本書之中，還有許多仍然下落不明。[54]

　　在英國或美國占領區的書籍有時能迅速物歸原主，特別是那些還放在木箱裡的。生命樹圖書館和羅森塔爾特藏館的書回到阿姆斯特丹，世界猶太聯盟的藏書則回到巴黎。總的來說，美國返還了奧

芬巴赫（Offenbach）倉庫的兩百五十萬本書，英國則將坦森柏格
（Tanzenberg）倉庫的五十萬本書送還。[55]俄國不在意這些事，戰爭結
束時維爾紐斯還有三十噸來自各大猶太圖書館的書，被草率地打成
紙漿。巴黎屠格涅夫圖書館的六萬本書倒是輾轉送到波蘭萊格尼察
（Legnica）的紅軍軍官俱樂部（Red Army Officers Club）。一九五〇
年代中期莫斯科下令燒毀這些書。[56]

　　從某些方面來說，這些並不是占領勢力最困擾的書籍問題。有件
事同樣重要，那就是現存的書籍必須重新清查一遍，這回要清理的是
納粹思想。各國費了一番唇舌討論該如何達到這個目標。美國人不想
背負毀壞書籍的罪名，此外，書籍去留這種敏感問題能不能交給德國
籍圖書館員，他們也不無疑慮。[57]折衷方案是提供清單，列出哪些種
類的書籍需要移除。但在執行上，很多館員已經清除掉比清單上多得
多的書籍。結果是德國的公共圖書館瘦身四百萬本書，亦即大約半數
藏書。將近一百萬本書被送往美國華盛頓特區的國會圖書館，包括內
容相當齊全的納粹宣傳品。到了一九四五年，圖書館普遍被視為代表
國家安全的重要機構，未雨綢繆存放書籍似乎是審慎做法。[58]

六千萬本書和只聞樓梯響的圖書館

　　上千年的文化遺產竟遭受如此重大破壞，而且是出於故意，這讓
歐洲國家對自身文明的生存能力產生根本性懷疑。圖書館建築物變成
瓦礫，書籍消失或燒毀，流離失所、食不果腹的人民有著比書籍更迫
切的問題需要解決。面對這一切，很多人開始思考，這樣的文化遺產
是不是值得重新收藏。除了毀損的書籍，還有幾百萬本書遠離原本的
家，有些跟著主人一起消失，有些被掠奪或被送往安全地點，其中不
少已經落入新統治者手中。書籍回歸困難，所有權引發各種爭執，戰
後那幾年各國為此平添許多埋怨與互控。即使到了二〇一三年，俄國
與德國的高峰會議也差點為了文化資產的歸還吵得偏離正題。

　　有些問題太棘手，必須有人居間協調才有辦法解決，聯合國教育科學文化組織就希望扮演這樣的角色。該組織介入德國殘破圖書館的重建工作之前，做了充分準備，考慮也十分周詳。西方國家明智地放棄求償。誠如教科文組織圖書館部門負責人愛德華・卡特（Edward J. Carter）所說：「強硬要求扣押德國和義大利的書籍來補足英國或法國的圖書館，將會釀成重大災難。」[59]教科文組織也表明，他們的首要任務不只是讓書本返回原處。他說：「圖書館被毀，不代表有權要求國際援助。檢驗標準應該是這個圖書館目前和未來在圖書館體系的位置。」教科文組織沒有占領國家的那些迫切考量，眼光可以更長遠，比如說，能看到分裂的歐洲全新政治情勢帶來的危機。

> 比起二次大戰期間的損失，匈牙利更嚴重的問題在於……該國人民普遍接觸不到民主國家以書籍與評論為媒介輸出的文化。他們需要成千上萬的英國、美國和外國書籍。[60]

道理是沒錯，只是，雖然英語書籍受讀者歡迎，但過度偏重又引起憂慮，擔心造就新的帝國主義。無主的猶太書籍也相當棘手。占領區的英國和美國官方面對的是幾百萬本找不到物主的書籍，通常是因為原物主整個家族被斬草除根。現有的協議主張這類書籍應該送回物主家族定居的國家。但如果物主是住在德國的猶太人，這種做法在道德上或政治上都難以想像。基於這個難題，各國好意建議以這些無主書籍為基礎，成立世界猶太圖書館。阿姆斯特丹和哥本哈根（態度更為堅持）都出面爭取。對於這種熱烈反應，教科文組織內部贊成這項計畫的人都有點驚訝。反對派認為丹麥和教科文組織企圖奪走猶太組織對書籍的掌控權。捷克明白表示，他們只願意把書本送往巴勒斯坦，最後有十萬本書從中歐和東歐運往以色列。世界猶太圖書館的計畫終究受挫擱置，無主書籍大多落腳以色列或美國。

　　這個出發點良好卻終究夭折的計畫激起的熱情顯示，經過十年的亂局，圖書館政治導致歐洲大部分國家處理書籍時持續遭遇困難。俄國損失一億本書，法國損失兩千萬本，波蘭損失全國三分之二的書籍。即使在英國，光是一九四三年據說就有六千萬本書被毀。這個數字相當驚人，因為這時閃電戰已經結束，而V1和V2轟炸行動還沒開始。一九四三年落在英國的炮彈相當少，那麼這一年怎麼會有六千萬本書被毀？

　　答案是，被毀的都是舊品捐贈行動收集到的，亦即民眾為了在戰爭中奉獻一份力量，主動捐出來回收或再利用的書籍。運送舊品的卡車把書籍送往大帳篷或禮堂，那裡的志工會快速篩選一遍，能夠再利用的就補充受損圖書館的藏書，或送出去給國外的軍士閱讀。前一年英國國王喬治六世以身作則發揮愛國心，捐出一噸廢紙，其中包括一大批皇家圖書館的舊書和手抄本。[62] 這一切充分說明當時在歐洲流通的書報雜誌數量多麼龐大。十六、十七世紀獨特而稀有的書籍無可取代，它們的損失對圖書館和學者是慘重的打擊，對於廣大的讀者卻不然，因為他們最想要的書籍不難補充。一旦紙張恢復供應，建築物修復，生活回到正軌，圖書館就能重新扮演戰前為自己創造的角色並發揮作用。因為可以非常確定：經歷過一場戰亂，讀書人口又將增加數百萬。關於這點，我們會在接下來幾個單元討論到。

第十七章
與新時代的角力

　　工業化戰爭對歐洲圖書館造成重大破壞，但一八八〇到一九六〇年卻也是公共圖書館的偉大年代。聽起來似乎有點自相矛盾。書籍與圖書館受到的重視，在二次大戰期間攀上史無前例的高峰。遠離祖國在國外戰場服役的軍士通常靠書籍獲得慰藉，後勤也盡全力確保他們有書可讀。而在大後方，在家或擔任戰時工作的人在電力中斷時或漫漫長夜中煎熬，書籍提供必要的安慰，暫時擺脫如影隨形的焦慮。也是在這個時期，圖書館的網絡真正跨出歐洲和美國的核心區域，為世界各地的人提供服務。

　　直到戰爭結束，和平帶來了娛樂與富足，圖書館的角色再度面臨挑戰。從一九六〇年代到一九七〇年代開始，戰後產業成長速度趨緩，中央政府與市政當局不免認真地思考，官方有沒有能力為公眾提供免費書報雜誌，或者，這是不是施政上的當務之急。在識字率普及的時代，閱讀率卻在下降，人們普遍認為電視是最主要的禍首。事實上，早在更有吸引力的數位娛樂帶來挑戰之前很久，圖書館的身分危機已經出現了。即使二十世紀前半葉公共圖書館拓展網絡，將觸角伸向過去被忽略的女性、兒童和偏遠地區讀者，衰退的跡象已經清楚浮現。這也牽涉到與新科技的不愉快接觸。

　　整個十九世紀和邁入二十世紀後的很長時間裡，書籍、雜誌和報紙既是新時代的重要工具，也記錄著新時代。十九世紀通訊科技出

現重大創新（電報與電話），似乎有助於增進印刷的優勢地位。事實證明確實如此。蒸汽印刷機讓書籍的供應量倍數成長，火車則將各式印刷品送到更多消費者手中。有史以來第一次，電報與電話即時傳遞新聞，帶給讀者極大振奮。各大報紙也展開割喉式競爭，搶先報導獨家、最新或突發新聞。火車將書本送到遠離大都會的顧客手中，上下班通勤、假日出遊則創造更多閱讀機會，這要感謝無所不在的車站書報攤。

雖然很多人抱怨這些讀物不合適或太淺薄，印刷品好像持續扮演一直以來的角色，為人類提供訊息和娛樂，縮短人與人之間的距離。即使在一九一九年，史上最具破壞力的戰爭剛結束，美國小說家舍伍德・安德森（Sherwood Anderson）熱情洋溢地宣稱：

> 在我們這個匆忙年代，書籍不管構思或文筆多麼不高明，都能深入每個家庭。雜誌的發行量以數百萬份計，報紙無所不在。這個時代的農夫站在村莊商店的爐火旁，腦海裡充塞其他人的文字：報紙和雜誌填滿他的心靈。爐火旁的農夫是都市男性的同類。如果你仔細觀察，會發現他跟我們之中最優秀的人一樣能說善道，一樣言不及義。[1]

這番話敏銳地捕捉到新興閱讀市場的樣貌，以及文化精英談論這些新讀者自視甚高的口吻。但即使在這個時候，時代也在改變。接下來那五十年，文化評論家在印刷術發明後首度開始懷疑書籍能否繼續立於不敗之地。

人們很快發現，二十世紀會有所不同。先是收音機問世，而後電影，都是來勢洶洶的競爭者：不只是爭奪可貴的休閒時間，也爭奪以往主要由書籍塑造的虛構世界。書籍的無上地位和圖書館的長期生存面臨的最大挑戰，或許正是這種競爭，而不是整個二十世紀裡歐洲與

美國對新技術的痴迷。珍貴的圖書館書籍可以在讀者的理性思維（與幻想世界）建構遙遠的世界和異域的探險。但收音機卻可以讓你聽見聲音，電影可以讓你看到金剛[2]魁偉的身軀。這些是多媒體的體驗。附帶的高超配音帶給收音機聽眾和電影觀眾全新的情感反應。那是更為吸引人的聽覺感受，遠遠勝過夜晚舒適地蜷臥讀書時被家中吵鬧的弟妹嚇得回魂。

燈光、攝影機、恐慌

　　無線電和影片問世最初幾年帶來不少振奮，有許多新試驗，偶爾混亂無序。各種重大議題懸而未決，比如誰能擁有這些事業，誰來掌控內容與品質。無線電帶我們瞥見一條全新道路上的誘人風光。因為很多早期提倡者認為無線電是人與人之間的非公開通訊，是功能更多樣的電話。最後是由政府決定究竟允許一般人開發（業餘無線電），或由社團法人代表政府設立。最終影響決策的是強大的無線電產業，因為他們看到廣大的新市場。這些業者的遊說促使當時的美國商務部長胡佛採取決定性的干預政策，粉碎業餘無線電的希望。業餘無線電玩家躲進車庫舔傷，而家用無線電則華麗換裝，變身時尚木箱，端坐在客廳的顯眼位置。家庭成員圍坐在這部收音機旁，取代過去圍坐餐桌旁閱讀的情景。

　　所有現代新科技之中，無線電台發展的速度最驚人。第一家商業電台一九二一年在美國設立，兩年後增加到五百五十六家。經營者來自各行各業，包括電器製造業者、社團法人、教堂、學校和百貨公司。一九二七年無線電法案施行後，原本的混亂場面總算恢復秩序。接下來兩三年內，百分之五十五的美國家庭都擁有收音機。這個比例在一九三九年成長到百分之八十一點五。在一九二四年，購買收音機的金額占美國居家用品花費的三分之一，到了一九三四年，全世界百分之四十二的家用收音機集中在美國。

　　這種驚人的成長沒有任何地方比得上，不過，歐洲的英國國家廣播公司（British Broadcasting Corporation，簡稱BBC）採用了另一個強而有力的模式：成立國營公司獨占所有電波。美國密切觀察這種做法，但決定不跟進，因為受監管的獨家供應商性質太類似政府機關。這種觀點不無道理，比如早年BBC第一任董事長約翰・瑞斯（Sir John Reith）就執行專制管理。瑞斯是個嚴肅的英格蘭長老教會信徒，認為娛樂必須分次少量提供。[3]

　　BBC的宗旨明言，該公司以「傳遞資訊、教育與娛樂」為目標。但很多觀察家覺得BBC在「娛樂」方面比重嚴重偏低。喧鬧得多的美國廣播業肯定沒有這種問題。美國廣播電台用無限循環的音樂、多樣化的表演人員和廣告轟炸聽眾。英國擁有收音機的民眾依法每年必須繳交十先令收聽費支持BBC的營運。美國電台必須自己創造收入，於是找上需要銷售商品的業者。到了一九三八年，三分之一的廣播時間都是廣告，原本屬於報紙的巨額營收都流向電台。BBC有固定收入，可以完全排除廣告。

　　BBC也有經費可以安排節目，其中大部分的錢花費在管弦樂團、樂隊和廣播劇上。一九二二年BBC推出第一齣廣播劇，從那時起，廣播劇就變成電台節目的主軸。另外，該公司定期推出的兩份長壽週刊《電台時間》（*The Radio Times*, 1923）和《聽眾》（*The Listener*, 1929）吸引了更多閱讀族群。美國則是順勢推出廣播肥皂劇，這是為收音機量身定製的節目型態，有助於建立規律的收聽模式，特別是上班日留在家中的女性。無論美國或英國都沒有播放太多新聞和時事，但理由各自不同。美國方面是因為新聞並不是受歡迎的節目，英國則是因為報業擔心銷量下滑，要求BBC放棄定期播報新聞。這道禁令雖然在一九二六年的大罷工期間略為鬆動，但要到一九三九年二戰爆發，電台才開始成為重要的新聞來源。在美國，電台也造就了一批電台布道家，這是美國多元化宗教信仰特有的發展。

　　只要有新型態媒體出現，必定引來悲觀論者或反對派。對於偏愛閱讀的人，電台的出現帶給他們短暫的迷惘，因為電台提供的娛樂有固定的時間表。有別於書籍抽空就能閱讀的機動性，電台的節目只能在指定的時段裡收聽。收聽時萬一走神，也不像書本可以翻回去重讀。一九二六年荷蘭歷史學家約翰・赫津嘉（Johan Huizinga）造訪美國，對廣播電台興趣不高。他覺得收聽電台需要集中精神，但那只是表淺注意力，「完全排除深度思考，也就是我所謂的反思同化（reflective assimilation）。」[4]電台的節目變化多端快速輪替，又有無數插播廣告，被認為是人們注意力普遍下降的元凶，正如八十年後的iPhone一樣。在這方面，知識分子跟報業經營者有共同訴求：一開始報業經營者也因為電台破壞他們跟大眾的親密關係（以及他們的廣告收入）而驚恐萬分。

　　雖然電台擾亂了愛書人的平靜，業者很快就找到方法讓閱讀與聆聽輕鬆並存，也讓電台這種新媒體融入休閒生活。電影卻不然，因為電影對感官的衝擊更難以招架。早在一九二七年美國演員艾爾・喬遜（Al Jolson）在第一部有聲電影《爵士歌手》（The Jazz Singer）中的震撼演出之前許久，美國人就已經為電影著迷。五分錢電影院提供簡單的動態畫面，有些透過窺視孔觀看，有些投射在牆壁上，受到熱烈歡迎，顯示這種新媒體的潛力。到了一九一二年第一家電影公司在好萊塢成立時，據估計已經有一千到兩千萬美國人定期上電影院看電影。一九一九年一份針對俄亥俄州托雷多市（Toledo）娛樂文化所做的調查顯示，平均每星期有四萬五千人惠顧城裡四十九家電影院。一九二四年印第安納州蒙夕市（Muncie）人口兩萬六千，有九家電影院，每天從下午一時連續播放電影到深夜十一時。即使在那個默片時代，電影已經是美國年輕人偏好的娛樂。[5]隨著電影業遷往好萊塢，大型電影公司陸續成立，美國第一波超級巨星從此誕生，比如查理・卓別林（Charlie Chaplin）、瑪麗・畢克馥（Mary Pickford）和

魯道夫・瓦倫蒂諾（Rudolph Valentino），也帶動了小型電影雜誌產業，刺激報紙的銷量。

電影的配音技術難度極高，成本也難以負荷，卻受到觀眾熱烈歡迎。抱持純粹主義的觀眾傷心欲絕，有個評論家沉痛地說：「一種達到極致的藝術被消滅了。」但付錢的消費大眾拒絕回頭。[6]這種新科技幫助人們度過經濟大蕭條[7]的煎熬。到了一九三八年，美國電影院每星期迎來八千五百萬名消費者。一九四〇年（美國投入二戰的前一年），好萊塢總共推出四百五十部主流電影。

這種非凡盛況創造了一種新行業：電影編劇。在大蕭條期間，急於開創新事業的作家大舉湧向好萊塢。當時美國的文壇巨擘多半都曾經受雇為難以饜足的好萊塢撰寫劇本，比如小說家法蘭西斯・史考特・費茲傑羅（F. Scott Fitzgerald）、小說家威廉・福克納（William Faulkner）、劇作家麗蓮・海爾曼（Lillian Hellman）和詩人桃樂絲・派克（Dorothy Parker）。福克納寫《聲音與憤怒》（*The Sound and the Fury*）時一度寄居漁船上，成為編劇後工作半年「賺到的錢比我見過的還多」，銀行裡總算有了存款。一九三一年英國喜劇作家佩勒姆・伍德豪斯（Pelham G. Wodehouse）走訪一趟好萊塢，離開時「暈頭轉向」。「我不知道他們為什麼找我。他們對我非常友善，莫名其妙給我十萬零四千美元。」[8]令人驚訝的是，知名作家未必適應電影編劇的集體創作方式，他們很少對外宣揚自己寫劇本賺了多少錢，也不會爭取在影片裡具名。

同樣地，填補空缺的又是媒體記者，他們沒那麼多講究，適應能力也比較強。正如十九世紀的記者撰寫廉價小說，這個時代的記者發現，他們的寫作能力（以及他們在集體創作方面的經驗）用來寫劇本似乎駕輕就熟。[9]赫爾曼・曼凱維茲（Herman Mankiewicz）、班・赫克特（Ben Hecht）和比利・懷德（Billy Wilder）都曾經是記者，後來在好萊塢大展鴻圖。赫克特據說是黑幫電影的創始人。後來電影大

師尚盧・高達（Jean-Luc Godard）推崇他是個天才，因為「好萊塢百分之八十的東西都是他創造的。」[10] 曼凱維茲跟奧森・威爾斯（Orson Welles）合作，順利熬下來，名字出現在電影《大國民》（Citizen Kane, 1941）片尾名單中。比利・懷德本名薩繆爾・懷德（Shmuel Vildr），一九三三年逃離納粹德國。雖然英語是他的第四語言，他仍舊寫出一系列好萊塢經典，包括《日落大道》（*Sunset Boulevard*, 1950）和《熱情如火》（*Some Like it Hot*, 1959）等。

　　電影是大眾化的媒體，老少咸宜，不分階級，它的成功是現代娛樂文化最深刻的變化，帶動的連鎖反應必定十分劇烈。我們已經討論過，報紙一開始害怕電台搶走讀者，廣告收入的流失也確實導致部分報紙停刊。看電影的熱潮可說是劇院的災難。百老匯之所以苟延殘喘，是因為好萊塢的電影公司積極尋找新題材，簽下了許多百老匯的新劇本，以備拍成電影。再聯想到寫電影劇本致富的作家，好萊塢似乎並沒有對文學造成威脅，反倒注入大筆資金。[11]

　　圖書館也能靠新媒體獲益。電影原著的借閱率大幅成長，名人傳記這種新文類也吸引更多使用者走進圖書館。新的收入讓福克納等文學家得以全職創作，也讓圖書館間接受益。即使如此，跟這些二十世紀文化的龐然巨物相比，圖書館無疑顯得沉穩又保守。但這未必對圖書館不利。不只無所適從的知識分子，很多人都為這種規模、這種速度的變化感到非常迷惘。權威媒體評論家沃爾特・李普曼（Walter Lippmann）寫道：「現代人的意識塞滿新事物，新聞媒體、電台、電影上有太多看不到的事件和奇怪的人們，他不得不分心關注……他越來越難相信這一切之中還存在秩序、永久性和連結方式。」[12] 歐洲和北美的人在生活的所有領域面對創新，尤其電氣化和它對工作與休閒時間長度的附帶影響。對於都市人，地下或地面（有時在空中）的列車生動地傳達現代生活不停歇的腳步。科技帶給人力量，卻也讓那些買不起冰箱或新車的人強烈意識到自己不如人。對於決心自我提升的

人，圖書館可能幫他們找到出路。美國人際關係學大師戴爾・卡內基（Dale Carnegie）的《卡內基說話之道：如何贏取友誼與影響他人》（*How to Win Friends and Influence People*, 1936）銷售長紅，充分體現這樣的夢想。對於其他人，置身越來越耗費心力的社會，圖書館是個平靜的避風港，是熟悉、可靠的存在。

隨著經濟發達，人們選擇娛樂活動不再需要精打細算，圖書館因此也迎來了春天。在富裕的社會中，圖書館只是另一項慷慨的公共設施，新事物如旋風般席捲而來，圖書館予人一種安心的熟悉感。[13]只是，書籍產業本身也在改變，忙著滿足這個野心勃勃永不饜足的時代。諷刺的是，圖書館儘管對新媒體多所忌憚，最大的挑戰卻來自印刷產業本身，包括雜誌和讀書俱樂部，以及價格越來越親民的書籍。

消費時代的閱讀

長久以來期刊一直是公共圖書館的重要項目，這是十九世紀的會員制圖書館和紳士俱樂部沿襲下來的傳統。圖書館定期採購的刊物包括啟蒙時代創刊的知名文學評論期刊，比如《布雷克伍德》（*Blackwood's*）和《愛丁堡評論》（*Edinburgh Review*）。後來又有輕鬆幽默的《笨拙》（*Punch*）加入。《笨拙》是在英國發行的雙週刊，以優美的主題漫畫著稱。[14]形形色色的雜誌各自鎖定不同的閱讀族群，卻讓圖書館難以抉擇，尤其讀者強烈要求閱覽室必須擺放數量充足的報紙。有些圖書館提供的報章雜誌內容出奇地廣泛：一八九七年倫敦內城的白教堂（Whitechapel）公共圖書館總共有二十七份日報、七十七份週刊和二十九份月刊。[25]對於很多使用者，報紙和期刊的吸引力不下於書籍。

圖書館最重要的作用在於提供讀者負擔不起的書刊，但二十世紀初期的消費者革命造就了一群更富裕、教育程度更高、買得起休閒讀物的讀者。這個新市場的潛力促進了出版業的變革，相對地，也塑造

出全新的閱讀與購買品味。眼光敏銳的讀者選項變多了，除了有機會賣出成千上萬本的暢銷書之外，還有許多定位明確的期刊，過時的文學評論因此被邊緣化。最早出現的是《讀者文摘》（*Reader's Digest*, 1922），內容是各式各樣經過簡化、勵志向上的故事。而後一九二三年亨利·魯斯（Henry Luce）發行《時代雜誌》（*Time*），刊登每週政治新聞摘要，文章簡潔有力，圖片生動精彩。最後一本趕上這波潮流的是《紐約客》（*New Yorker*, 1925），走的是時尚路線，風格幽默逗趣，充滿機智調侃的漫畫也十分受歡迎。這些雜誌價格不貴，娛樂性十足，值得長期訂閱，市場上很快出現許多同類型刊物。

　　長久以來雜誌市場就不乏看似前景樂觀卻壽命短暫的新刊物，但這些雜誌卻有持久力。一九三四年《時代雜誌》的銷售量是五十萬份，最特別的是，大多數訂閱者會整本讀完。一九三三年創刊的《君子雜誌》（*Esquire*）是主攻高價位市場的男性時尚週刊，創刊四年內銷量就達到每週七萬份。[16] 但這些都趕不上表現最出色的《生活》（*Life*）。《生活》是一本攝影紀實雜誌，創刊的時間點頗有先見之明，是在一九三六年。雜誌裡精心編排的圖片記錄了美國的生活百態和逐漸萌芽的歐洲危機，一九三八年就吸引了兩千萬名讀者（共讀三百萬份），等於十歲以上的美國人百分之二十都是它的讀者。一九三八年追隨《生活》的腳步推出的《圖畫郵報》（*Picture Post*）在戰爭期間發揮重要功能，塑造英國人的自我認知。

　　這些雜誌是廣告商的天堂，獲利也十分可觀。除了《讀者文摘》之外，它們都鎖定日益龐大的世故都市人和向上流動的新世代（多半是擁有大學學歷的有殼一族）。在此同時，在圖書館閱讀室取得一席之地的期刊漸漸沒落消亡，比如《文學文摘》（*Literary Digest*）或《史氏月刊》（*Scribner's*）。《文學文摘》停刊時還有二十五萬訂戶，卻幾乎沒有付費廣告。一九四○年《女性世界》（*Women's World*）吹起熄燈號時，留下一百五十萬個訂戶。這份雜誌內容有益身心，題材

圍繞著「家庭、教會與愛國情操」，服務對象以女性為主，讀者不侷限在都會區，可惜引不起廣告商的興趣，終究無以為繼。

這些高價位新雜誌的讀者買了雜誌未必就不買書。他們讀暢銷書，也訂閱《時代》，卻不附庸風雅。做為美國離鄉背井進城奮鬥的第一代，他們欣賞美國作家辛克萊‧劉易士（Sinclair Lewis）在《大街》（*Main Street*, 1920）裡巧妙地瓦解美國中部古板保守的價值觀。不過，他們自己和他們的妻子同樣喜歡英國小說家詹姆士‧希爾頓（James Hilton）的《失去的地平線》（*Lost Horizon*, 1933）的異域浪漫幻想，也喜歡美國作家哈維‧艾倫（Hervey Allen）在《風流世家》（*Anthony Adverse*, 1933）裡描寫的拿破崙時代嬉鬧故事。[17]

這些暢銷書之中不少銷量都能突破百萬本，它們的共同特色是能透過跨媒體行銷受益。《失去的地平線》原本銷售緩慢，經過熱門電台節目的行銷一夕爆紅。戴爾‧卡內基的《卡內基說話之道》得到《讀者文摘》的正面評價，一飛沖天。《風流世家》改編的電影在一九三九年拿下四座奧斯卡金像獎，同一年《飄》（*Gone with the Wind*）賣出一百五十萬本。這些都是真正經得起時間考驗的小說。就連以生產線方式創作公式化小說的作家贊恩‧格雷（Zane Grey, 1872-1939）一生也賣出一千九百萬本。[18]

總的來說，一九三三年整個美國總共印出一億一千萬本書，到了一九四三年這個數字成長一倍以上。新讀者需要有人幫他們篩選書籍，或者讓他們知道哪些熱門、哪些冷門。[19]一九二六年成立的每月之書俱樂部（Book of the Month Club）之類的組織扮演的就是這種角色，當然還有明顯志向遠大的文學協會（Literary Guild）。除此之外還有不少針對特定市場的跟風組織。到了一九四六年，這類團體的會員人數高達三百萬。同一年，光是每月之書俱樂部就寄給會員一千一百五十萬本書。這個俱樂部每個月推薦的書籍必定暢銷。在全盛時期，每月之書對市場的影響力只有二十世紀末的歐普拉讀書俱樂

部（Oprah's Book Club）可以相提並論。[20]

　　讀書俱樂部滿足新手書籍收藏家的需求。在另一方面，暢銷書排行榜和接連不斷出版、銷售成千上萬本的書重新塑造了市場，讓公共圖書館難以招架。公共圖書館該迎合大眾的喜好，或繼續追尋推廣優質文學的教化使命，讓館員面對借不到熱門書籍的憤怒讀者？公共圖書館的因應方式通常分為兩種。一九三五年聖路易斯公共圖書館（St Louis）有一千八百九十七本馬克・吐溫（1835-1910），卻只有三十本厄尼斯特・海明威（1899-1961）。海明威雖然享有盛名，卻很難在公共圖書館找到立足之地。一九三三年他在聖路易斯只有三十本，輸給辛克萊・劉易士的四百七十二本；在波士頓只有三本，劉易士則有兩百九十本。[21]圖書館大量採購當前暢銷書不但過度消耗預算，幾年後還得將這些書清理掉，挪出空間收藏更新的暢銷書（這個問題至今仍然困擾圖書館員）。可是如果不能滿足大眾的需求，讀者就可能會轉向一九三〇年代明顯復甦的租借圖書館。在美國，營利型圖書館之所以捲土重來，部分原因在於大蕭條時期公共預算縮減。然而，無論是營利型圖書館或英國所謂的「兩便士圖書館」（Tuppeny Libraries），都代表大眾對公共圖書館的不信任，尤其是那些在公共圖書館借不到偵探小說和歷險故事的讀者。[22]

　　早在一九三〇年代平裝書問世以前，這些現象已經清楚浮現。一九三五年在英國成立的企鵝出版社（Penguin Books）是平裝書時代的里程碑，它的原型是德國業績平平的信天翁出版社（Albatross Books）。企鵝創辦人埃倫・雷恩（Allen Lane）相信大眾能夠接受版式簡樸的優質書籍，他賭贏了，也得到豐厚回報。新推出的系列書籍有亮眼的企鵝商標和區分文類的色彩，短短十個月售出一百萬本。美國的口袋書出版社（Pocket books）迅速效法，在一九三九年推出十本兼容並蓄的書籍，全部定價二十五分，包括阿嘉莎・克莉絲蒂（Agatha Christie）和桃樂絲・派克的作品，以及桑頓・懷爾德

（Thornton Wilder）的《聖路易之橋》（*Bridge of San Luis Rey*）和希爾頓的《失去的地平線》。

　　平裝書為公共圖書館帶來另一個問題：這些書內容夠好，值得收藏，卻不夠耐用，經不起反覆閱讀。但事實證明這些都不是致命挑戰。一九六一到六二會計年度，英國公共圖書館花費六百萬英鎊採購新書，比前一年增加值得稱許的百分之十，占國內書籍銷售總額的百分之九點八。前一年公共圖書館的書籍總共七千五百萬冊，借出四億四千一百萬次，累計十年來借閱數成長百分之二十五。[23] 很顯然，公共圖書館已經在與新媒體的競爭中存活下來，這些競爭者包括一九六〇年代出現的電視。許多評論家認為電視是圖書館生存的另一個威脅，因為電視兼具電台和電影的優點，像電台一樣可以在家享受，又有電影的強大視覺魅力。不過，電視跟電台一樣提供跨媒體行銷機會。當新書改編成戲劇搬上螢幕，書籍產業就能從中獲利。最具代表性的逆轉勝例子是英國小說家約翰・高爾斯華綏（John Galsworthy）的《福爾賽世家》（*Forsyte Saga*, 1922）。這齣電視劇一九六七年在BBC播出，共二十六集。在那之後，這一套共三冊的小說將會端坐在數百萬個英國家庭的書架上。改編的紀錄片和喜劇也是原著的獲利來源，提高BBC的營收。到一九八〇年代，改編的著作漸漸攻占英國的暢銷書排行榜。[24]

　　那麼，為公共圖書館帶來第一波持續性打擊的並不是搶走讀者的媒體，而是一九六〇年代的經濟困頓和一九七〇年代的石油危機導致公共預算刪減。圖書館開放時間縮短，建築物失修，購書經費下滑。一開始，大眾對這些精簡措施反應並不明顯。如今圖書館跟其他公共服務爭奪日益縮減的預算，原本或許能協助圖書館爭取經費的人，已經不再是圖書館的常客。在一九六〇年代的英國，有四分之一的民眾持有圖書館借閱證。然而，比起借書，擁有社會影響力的人更喜歡在客廳書架上展示整齊排列的平裝書，所以並不依靠圖書館取得閱讀

資源。當公共圖書館運動慶祝第一個百年，圖書館閱覽室已經開始演化，從推廣學習與文明價值的重要機構，進展為社會服務的分支。

行動圖書車登場

　　二十世紀前半葉，圖書館專業人員要擔心的不只是新科技的挑戰。到此時歐洲與北美的公共圖書館體系已經有越來越多受過訓練的圖書館專業人員。如同過去，這些人的話題重點是藏書內容：該收藏哪些書，能買得到多少書。這也是圖書館員有史以來第一次系統化地照顧弱勢族群的需求，比如女性、兒童和生活在主導十九世紀公共圖書館運動的大都會地區之外的民眾。圖書館針對使用者的需求調整書籍內容，但這種策略只有在女性讀者方面見到成效。圖書館仍然致力為未成年讀者提供合適的好書，卻始終跟不上青春期孩子和後來所謂的青少年日新月異的喜好。另外，圖書館雖然滿懷好意想讓所有讀者都有書可讀，但為偏遠社區提供充分的圖書服務仍然存在令人氣餒的挑戰。

　　在為偏遠鄉間打造圖書資源方面，美國再次一馬當先。部分原因在於，在二十世紀國民普遍識字的國家之中，美國的偏遠鄉間範圍最廣大。法國也深刻意識到鄉間百姓的存在，但他們允許村莊民眾使用學校圖書館，某種程度上避開這個問題。然而，對於美國人，將圖書服務送到偏遠地區的重要性幾乎不下於宗教信仰，是開國元勛傳遞下來的真正使命。阿拉巴馬州女性俱樂部的成員覺得，將書本送到偏鄉讓她們「觸及到湯瑪斯‧傑佛遜的精神」。[25]正如這個例子，最有新意的創舉通常由女性俱樂部和女性圖書館員先驅發起，就像女性也倡導為年輕讀者提供更充分的服務。這並不奇怪，因為圖書館的第一代男性領導人陸續退場，圖書館跟都市父權代表人物之間的關聯已經鬆動。這個結果對圖書館運動產生深遠影響。

　　為偏鄉讀者提供服務的第一波重要措施包括建立一系列行動圖

圖26　行動圖書車既是都市圖書館的移動分館，也將圖書館服務送到鄉間。圖中是一九三〇年紐約州西北部湯普金斯郡（Tompkins County）的圖書車。

書館，做法是將裝有三十到一百本書的箱子送到目的地，寄放在郵局、學校教室或雜貨店，甚至私人住家，開放給在地社區使用，由志工負責管理。這項措施是一八九三年針對紐約上州提出的，後來經由圖書館員瑪麗・史賓塞（Mary Spencer）的倡導，密西根州也積極跟進，最著名的則是露緹・斯特恩斯（Lutie Stearns）在威斯康辛州的推動。其他人口稀少的小鎮則有女性俱樂部帶頭推廣，比如達科他州和德州。一九一三年南達科他州開辦行動圖書館時，全州百分之八十的人口居住在沒有公共圖書館的地方。到了一九二〇年已經有兩百五十一個行動圖書館在運轉，裝書的箱子都是州政府的木匠製作，以節省經費為考量。[26]

　　在紐約推廣的是麥威爾・杜威（Melvil Dewey），他是當時最有

影響力的圖書館領導人之一，這跟他發明杜威十進制圖書分類法不無關係。杜威以他特有的表演技巧承諾，行動圖書館會「以最少的經費為最多人提供最好的讀物」。[27]只是，這些目標實際上都不容易達到。在偏遠的迷你社區，服務對象人數極少，運作經費偏高，而提供的書籍通常數量太少，也不常更新，稱不上是「最好的讀物」。偏鄉民眾的閱讀興趣跟城市居民一樣多元，不管如何精挑細選，數量不及一百本的書籍滿足不了他們的需求。尤其如果其中部分額度必保留給堪薩斯行動圖書館委員會（Kansas Travelling Library Commission）指定的有關「使命、節制、優良公民與主日學課程」之類的教化書籍，問題就更明顯。[28]有個早期提倡者認同行動圖書館的力量，認為能夠「讓圖書館和書籍變成孤立蕭索社區的核心，讓當地的人們接觸到外在的世界。」[29]但這種高高在上的家長式作風往往成果不彰，推動者的一番善意也付諸流水。有個農夫說出這番讓人記憶深刻的話：「州議會那些人覺得，因為我是個農夫，所以想利用晚上休息時間讀點討論肥料的書。」[30]事實證明，偏鄉地區的民眾讀書不是為了提升自我，而是想在一天的高強度勞動之後，利用得來不易的休息時間好好放鬆。

　　每個州都需要因地制宜。比如德國或瑞典移民集中的地區需要外語書籍，某些宗教團體的強烈主張最好避免碰觸。這項計畫也有些許成效。「就算只有一本，這個廣大西部地區的拓荒者也能體會書籍的價值。」這是南達科他州彭寧頓縣（Pennington County）的娜莉‧維斯（Nellie Vis）的厚道回應。只不過，她家是行動圖書館的駐點，她能取得的書遠遠不只一本。到了一九二〇年代，郡立圖書館體系建立，行動圖書館逐步退出舞台。不過，整個大蕭條時期它們持續在災情慘重的北美大平原地區提供服務。一般說來，大蕭條時期是圖書館的好時機，溫暖、乾燥、實用又免費的空間，是艱難時期的慰藉。股市崩跌以後，儘管公共圖書館的預算被刪減百分之二十五，洛杉磯的

圖27　圖書車到不了的地方，換馬背上的圖書館登場。圖中是在阿帕拉契山脈拍攝的四名馬背上的圖書館員（1937）。

書籍借閱率仍然成長百分之六十，使用圖書館的人數也增加一倍。[31]
新政時期的聯邦補助款也為圖書館帶來資金，尤其是一九三六年美國公共事業振興署（Works Progress Administration）設立的馬背圖書館小組，為肯塔基州山區提供服務。只是，這個計畫與其說是真正的公共設施，不如說是拍照留影的好機會。

　　到這時汽車的誕生已經為偏鄉讀者服務計畫帶來更新穎、成本效

益更高的方法。這是運用新科技更新舊有概念：第一代行動圖書車出現在一九〇五年，馬車載運書籍在馬里蘭州華盛頓郡（Washington County）四處遊走。**32** 圖書車將圖書館的服務送到更多讀者面前，因為車子運送的書籍比行動圖書館的單一書箱多得多，也不會固定在同一個地點。再者，行動書箱在回到圖書館以前，通常在同一個定點停留幾個月，而圖書車一個星期後就能把讀者指定的書送過來。行動圖書車通常兩人一組，由一名館員和司機搭配。館員可以偶爾添加幾本常客可能感興趣的書，而使用圖書車服務的人多半是熟面孔。這項服務的對象，女性占絕大多數，因為她們可以在圖書車到來時暫時放下家務去借書。圖書車的工作人員就跟流動屠夫、魚販或雜貨店老闆一樣，跟村民建立友誼。

圖書車很快就跟英國鄉間的流動圖書館一樣，變成二十世紀中期美國常見的景象。每星期一次，在約定的日子駛進小型社區。**33** 在美國德州那種地廣人稀的地方，圖書車是為當地居民提供閱讀服務唯一可行的方法。德州的第一輛圖書車在一九三〇年登場，載運大約一千四百本書。新政時期的公共事業振興計畫又添置三十三輛圖書車。德州的圖書館運動跟其他地方一樣，都在二次大戰期間達到高峰。儘管如此，偏鄉地區的圖書服務依然匱乏，德州石油業興盛之後人口移往都市，問題就更加惡化。諷刺的是，冷戰期間美國擔心俄國在科技上領先，才推行一九五六年的〈圖書館服務法案〉（Library Services Act），協同各方力量改善偏鄉地區的書籍供應。正如州政府圖書館員所說，期望容易流於空想，「不管是圖書館書籍或導向飛彈，美國都落後其他國家。建立一個消息靈通、心智開明、聰明、機敏警覺的美國，才能擁有安全與自由。」**34**

冷戰的殘酷後果也讓圖書服務行動受挫：不是所有人都歡迎圖書車。一九五〇年威斯康辛州圖書館理事會嘗試在偏遠的多爾縣（Door）和基沃尼縣（Kewaunee）推行圖書車服務。對於相關人員，

計畫成效卓著，但經過兩年的試驗期，當地百姓以公民投票表達反對態度，正反意見差距不大。兒童最歡迎圖書車，包辦了百分之八十八的借閱人次，但他們沒有投票權。成年人多半抱持懷疑態度，尤其是男性，因為圖書車來的時候他們通常在工作。[35] 很多偏鄉百姓反對將公帑花費在書籍這種可有可無的事物上，也擔心孩子們接觸到不適當的讀物。這種態度延伸到學校圖書館。家長團體會仔細檢視州理事會定期公布的建議書單，一旦出現他們不認同的書籍，就高聲抗議要求刪除。天主教學校不需要國家稅金補助，可以選擇自己的書籍。《中學圖書館標準書目》（*Standard Catalogue for High School Libraries*）頗有影響力，一九四二年的版本之中有七十本書附有注解，表明不建議天主教學校收藏。書單內容包括達夫妮・穆里埃（Daphne du Maurier, 1907-89）的《蝴蝶夢》（*Rebecca*），以及查爾斯・金斯萊（Charles Kingsley, 1819-75）的《西行去！》（*Westward Ho!*）。《西行去！》之所以被點名，可能是因為書中描述十六世紀西班牙籍獄卒勸說英國水手男主角改信天主教未果，對他施虐等內容所致。[36]

　　到了一九七〇年代，德州的圖書車徹底退場。不過，二〇一五年全美還有超過一千輛在營運，二〇一八年則是六百五十輛。[37] 圖書車在很多開發中國家仍然是相當普遍的圖書服務，比如印度和東南亞、肯亞和千里達，以及挪威和芬蘭等腹地廣大的北歐國家。[38] 到了二十世紀最後那三十多年，圖書車已經是圖書館文化全球化的鮮明標記。哥倫比亞的驢背圖書館（Biblioburro）、奈及利亞的 iRead 行動圖書館，以及荷蘭以貨櫃改裝的 BiebBus 行動圖書車，是圖書館專業人員最豐富多彩的發想，致力將書籍與資訊服務送到位置偏僻、經濟落後的社區。[39] 在全球電子化的時代，這些服務能不能延續下去，還在未定之天。以目前來說，讀者仍然歡迎他們的定期到訪，比如蘇格蘭奧克尼群島（Orkney）的 BookyMcBookFace 圖書館，該館的推特也相當熱門，有七萬人追蹤。

跟上孩子的腳步

在當代多元化的圖書館服務之中，兒童已經是相當重要的一環。奇怪的是，直到二十世紀，圖書館專業人員才開始系統化地針對兒童提供服務。[40]部分原因在於圖書館無法界定何謂「兒童」，也沒辦法確定究竟該不該允許兒童入館。十九世紀圖書館將重點放在年輕人身上，特別是初入社會、踏出職業生涯第一步的族群。美國和西歐陸續設立工藝講習所和商業圖書館，為這些年輕人提供題材廣泛的課程和書報雜誌，年輕人也可以趁機為職業生涯建立人脈。我們之前討論過，這些機構大部分都收藏數量可觀的書籍。

商業圖書館的成功是個耀眼的範本，讓新成立的公共圖書館學習到如何為年輕人服務，雖然這個範本未必有幫助。公共圖書館全新啟用的兒童閱覽室張貼的照片都是樸實穩重的年輕男子，也有女孩，衣著端莊正式。男性穿外套繫領帶，像中午休息用餐的銀行基層職員。這種勤奮肅靜的氛圍贏得圖書館監管人的稱許，卻未必吸引真正的兒童。如果圖書館想要營造維多利亞時期的家庭氛圍，吵鬧聲、在樓梯上奔跑和汗損書籍的髒手都會破壞該有的秩序和禮儀，美國有些圖書館於是把兒童閱覽室設在入口附近，避免孩子們進入館內遊蕩。英國很多圖書館乾脆禁止十二歲以下的孩童入內。[41]

圖書館究竟是不是最適合培養閱讀習慣的場所，是個非常值得商榷的議題。初級義務教育的法令施行後，主要工業國家有更多人口走進校園學習閱讀與算術。學校裡的老師能夠引導年幼學生發展閱讀興趣。我們之前談過，法國或多或少也系統化地遵循這個模式，公共圖書館則繼續存放革命時期傳承下來、日益衰朽的古老書籍。

法國直到一九二四年才設立第一座兒童圖書館，卻投注龐大心力在中小學設立圖書室。學校裡的圖書館當然是帶領兒童閱讀虛構故事的關鍵，但完全仰賴學校圖書室，缺點也十分明顯：有些老師不願意擔任圖書館員；假日圖書館不開放。除了缺點之外還有危險性，那

就是很多孩子會將書籍與在教室裡受到的羞辱和懲罰連結在一起。最重要的是，學校的書籍數量太少。雖然連續幾任法國教育部長全力勸說地方政府為所有學校提供書籍，但學校圖書室的書籍更新頻率仍然偏低。書本因為過度使用導致邊緣翻卷，熱愛閱讀的孩子很快就找不到書可看。有些中學擁有數量可觀的書籍（尤其是英國的優質私立學校），但校方很快就無法獨力承擔這個負荷。

公共圖書館於是擔起責任，卻多少帶點不情願。有些公共圖書館比較幸運，擁有善解人意又活力充沛的館員（通常是女性），建立真正有價值的藏書。另外，當時主攻青年市場的書籍迅速增加，也提供不少助力。這些探險故事轉移年輕讀者的興趣，讓他們遠離十九世紀可憎的便宜讀物的暴力與煽情。[42] 儘管如此，在很多兒童心目中，圖書館仍然令人卻步，沒有吸引力，太容易讓人聯想到學校教室，不會是孩子們度過寶貴休息時間的第一選擇。兒童申辦借閱證需要家長出面，圖書館通常不歡迎兒童自行找書，孩子們借書需要將自己的選擇告知令人畏懼的成年人，還可能被對方否決。這麼一來，年輕孩子獨立做判斷時，脆弱的自信容易受傷，如果遭到拒絕，可能從此視圖書館為畏途，最後只好選擇有趣得多的少男少女雜誌。這類刊物只要幾分錢就能買到，刊登的都是連續性的人物與故事，在街角站個幾分鐘就能讀完，看完還能跟同學交換。對於大多數兒童，圖書館代表的是父母的期望，跟他們自己快速轉變的世界關係不大。

我們必須讚揚在地官員和圖書館理事會，因為他們對兒童敞開大門，也添購越來越多兒童讀物。但這存在一個風險，那就是圖書館接納兒童的同時，也漸漸失去年輕族群。到了二十世紀前半葉，工藝講習所和商業圖書館已經不再是專業人士在職教育與社交生活的關鍵。有些停止營運，有些則將藏書併入其他圖書館。這些機構之所以衰退，除了工作型態的改變，各種重大社會變革也是原因。二十世紀上半葉對年輕人和新興心理學所謂的「青少年」構成挑戰。一次大

圖 28　兒童在紐約州水牛城（Buffalo）公共圖書館閱覽室享受閱讀時光（約一九〇〇年）。一次大戰以前，這種專為孩子們的興趣打造的空間並不多。

戰、大蕭條和二次大戰這些危機，都讓年輕人為上一代的決定承受痛苦，[43] 很多人失業、喪命，或身心受創、生命從此改變。兒童也站上戰爭第一線，有些是因為家園遭到轟炸，有些則被推上戰場補充兵力，比如納粹的少年軍團。到了一九三三年底，已經有三百萬名青少年加入希特勒少年團（Hitler Youth）。等到納粹強迫所有十歲以上的少年加入，這個數字會成長到八百萬。少年軍團採極權管理，掌控成員生活的每個面向，從校園的學習到準軍事活動，從電影到閱讀材料。就連集郵這種與世無爭的靜態活動都逃不過意識形態的干涉，正如所有英國殖民地的郵票都譴責英國帝國主義的壓迫。德國的公共圖書館納粹化太過徹底，以至於到戰爭結束時，留下來的書籍已經不適

合民主化的德國。

　　一次大戰告訴我們，閱讀也有風險。倫敦的十七歲工人維克‧柯爾（Vic Cole）迫不及待想入伍從軍：「我想拿著槍上戰場，就像我在書本和雜誌中讀到的那些男孩一樣。」[44] 法國和德國的年輕人也懷抱同樣的激昂情緒湧向前線，在帶刺鐵絲網裡的無人區送命。因為幻滅，年輕人拋棄對意識形態的堅持，一頭栽進享樂主義。一九二〇年代百廢待興，年輕世代輕易就能找到工作，口袋裡也有了錢。在依然以階級與教育嚴格劃分的社會中，消費主義為他們提供一條融入社會的途徑。衣飾、電影和舞廳是贏得同儕敬重的新標記，吸引年輕人狂熱追逐，揚棄父母看重的紀律與自制等不再可信的意識形態。到了一九三〇年代，美國兩千八百萬青少年每星期至少看一場電影。歐洲以同樣的熱情擁抱好萊塢的新偶像。有史以來第一次，勞工階級女性也同樣熱烈投入這種全新生活型態。一九三三年英格蘭一名年輕女店員在寫給電影雜誌的信中列出她的每週收支：

> 薪水三十二先令，膳宿二十五先令二便士，週六電影一便士，週一電影七便士，週四電影七便士。以上支出共二十七先令二便士。另外用三便士買《電影週刊》（Film Weekly）、三先令服飾預算……以後加薪，每星期應該可以多看一場電影。[45]

　　大蕭條澆熄了這股消費熱潮，年輕人失去消費主義社會的舞台，套用一名中產階級年輕人所說，感覺就像「從貴族變平民」。戰爭期間成年人找回了閱讀習慣，年輕人卻沒那麼容易被說服。這時留在後方的多半是女性，通常十四歲就進工廠工作，她們的選擇決定了消費市場的走向。一九四一年《吾家有女初長成》（Girls Growing Up）雜誌做了一項開創性的問卷調查，受訪的二十七名都市年輕女子之中

幾乎沒有人讀書。她們的收入都用在化妝品和《女孩的水晶》（*Girls' Crystal*）與《魅力》（*Glamour*）等刊載言情故事的雜誌。[46]娛樂活動幾乎都是跳舞和看電影，收音機只勉強聽聽舞曲。很大程度上，戰爭世代的年輕人效法的對象是同輩，而不是長輩。那個時代的年輕人見證中學教育巨幅成長（一九一四年到一九三九年美國中學畢業人數成長八倍），也擁有自己的主見。圖書館的管理委員會由地方上的大人物組成，訴求的是僵化的公民美德，「跟上孩子的腳步」於是成為他們的棘手問題。他們心懷感恩地轉移焦點，致力為前線的軍士送書。至少這件事他們還算能夠理解，而那些喧鬧狂歡、自行其是的年輕人卻是越來越難懂。

愛情的力量

　　一九三七年企鵝書屋推出非小說系列鵜鶘叢書，第一本選擇的是英國作家蕭伯納（1856-1950）的《聰明女性指南：認識社會主義、資本主義、蘇維埃主義與法西斯主義》（*The Intelligent Woman's Guide to Socialism, Capitalism, Sovietism and Fascism*）。從書名不難看出，這個選擇頗有爭議性。這本書一九二九年首度發行，是蕭伯納應小姨子的要求而寫、解釋社會主義的小書。讀者莉蓮・梅瑟里（Lilian Le Mesurier）不滿蕭伯納在書中高人一等的口吻，怒氣騰騰地寫了《社會主義女性教你變聰明》（*Socialist Woman's Guide to Intelligence*）做為回應。[47]梅瑟里充分表達她的觀點，卻不足以打消鵜鶘叢書重印這本書的決定，而書本內容也配合新時代的威脅適度更新。

　　不得不替蕭伯納說句公道話，在當時的文學界，擺高姿態的不只男性。推廣行動圖書館的人士極力宣揚閱讀的福音，曾經帶給偏鄉地區讀者類似的不愉快體驗。只是，在公共圖書館運動的早期，圖書館員和立法者不知道該怎麼做才能照顧到女性讀者的需求。早期的公共圖書館都是模仿男性社交與職業教育機構而來，比如會員制圖書館、

工藝講習所和大學。這些都市精英階級的女性都已經擁有類似組織，她們的讀書俱樂部也是主要都會區以外地區建立公共圖書館的重要推手。比起性別議題，早期公共圖書館更重視階級議題，致力讓日漸擴大的勞工階級享受閱讀的薰陶。

　　儘管如此，英格蘭第一批公共圖書館不少設有女性專用閱覽室。美國的情況並非如此，沒有人知道英國為什麼選擇不同路線。或許是對一八五〇年國會討論〈公共圖書館法案〉時的一項爭議所做的回應，當時有議員指出，女性可能會視成員複雜的閱覽室為畏途。如果真是這樣，那麼這項昂貴設施其實只是為了回應議員在大勢已去的辯論中隨意拋出的論點。

　　沒有證據顯示英國女性曾經爭取設置專用閱覽室，不過她們見到這樣的設施或許有點驚喜。約克郡赫爾市（Hull）圖書館的女性閱覽室「以胡桃木裝潢，配備舒適的桌椅，壁爐架上擺著造型美麗的黑瑪瑙。」[48]這種類似想像中中產階級住宅客廳的格局似乎暗示，儘管一八五〇年的〈公共圖書館法案〉明確宣示要鼓勵「下層階級」閱讀，女性閱覽室並不需要扮演這樣的角色。公共圖書館的閱覽室也提供種類繁多的期刊，有些只會出現在女性閱覽室，比如《女王》（Queen）、《名媛淑女》（Gentlewoman）、《仕女畫刊》（Lady's Pictorial）和《仕女與仕女的國度》（Lady and Lady's Realm），也有些是從一般閱覽室複印過來的。另有不少期刊明顯是外界的捐贈，比如《英國女性評論》（The Englishwoman's Review）和主張女性有權參政的書籍。[49]有趣的是，一般都不認為女性閱覽室需要提供報紙。

　　令人驚訝的是，美國女性團體是催生公共圖書館的重要功臣，美國公共圖書館卻極少設置女性閱覽室。卡內基基金會為小鎮和圖書館分館準備的設計範本有時會有專用的兒童閱覽室，卻沒有專屬女性的空間。卡內基捐給故鄉蘇格蘭丹弗姆林的圖書館開幕時有個相當寬敞的女性閱覽室，但第一次整修後就消失了，變成兒童室。事實證明這

是普遍現象。複印閱讀資料（尤其是期刊）供不同閱覽室使用的做法也受到強烈質疑。不過，女性閱覽室之所以消失，最迫切的理由是圖書館需要獨立的兒童閱覽室，卻沒有資金與空間大幅增建。英國圖書館取消女性閱覽室主要集中在一九一九年新版〈公共圖書館法案〉前後各十年。這次的法案將公共圖書館大舉推向非都會郡。英國女性在這段時間取得投票權，或許不是巧合。另外，圖書館女性職員也在這個時期增多，填補一次大戰時男性被徵調入伍留下的空缺。館方事先跟這些女性「君子協定」，要求她們在戰爭結束後立刻交還職位，但這種協定在圖書館業的落實程度遠遠不及其他行業。[50]

　　新一代的女性館員跟大西洋另一邊的美國同業一樣，付出不少心力設置兒童閱覽室。圖書館會為成年人提供有助於陶冶品德的書籍，同樣地，女性館員也在兒童閱覽室安排這類讀物。基督教讀物的影響依然深刻，原因在於很多書籍或期刊都是外界捐贈而來。來自外界的壓力也不小，比如倫敦市國會議員費德里克・班伯里爵士（Sir Frederick Banbury）在一九一九年〈公共圖書館法案〉討論過程中強烈表達的偏見：

> 據我所知，公共圖書館是天冷時人們進去取暖的地方，也有人進去讀小說。一般說來，公共圖書館對社會沒什麼好處，壞處反倒不少。因為根據我得到的訊息，人們在那裡讀的主要是煽情小說，對誰都沒有幫助。[51]

事到如今想要杜絕虛構文類為時已晚。[52]但這不代表英美兩國的圖書館員不會嚴格把關，全力挑選優質作品，剔除不該出現在公共圖書館的讀物。美國圖書館協會一八九三年公布第一份公共圖書館重點書單。令人驚訝的是，這份書單基於閱讀品味，排除了某些真正的文學作品，如史蒂芬・克萊恩的《紅色英勇勳章》。書單成為小型圖書館

選書的重要依據，後續版本也是美國閱讀品味與適當性的指標。[53]

　　在二十世紀前半葉，除了公認的重要文學著作，或銷量特別高、讀者爭相借閱的書籍，公共圖書館採購書籍的範圍很少超出這份書單。但很多女性想要讀的書都不在這個範圍內。女性讀者偏好特定文類：膚淺、感傷的言情小說，用兩百五十頁篇幅訴說渴望、心碎與復合。這種書在公共圖書館找不到太多支持者，於是女性讀者轉向別的地方，比如營利會員制圖書館，或者傑洛德・米爾斯（Gerald Mills）和查爾斯・布恩（Charles Boon）這兩個意外闖出名堂的出版旗手。

　　米爾斯與布恩出版社（Mills & Boon）成立於一九〇八年，以發行虛構文類為主。兩名創辦人原本任職倫敦的馬舒恩出版社，因為對公司不滿而離職創業。布恩一開始追隨大出版社的潮流，營收一直不太穩定，直到一九三〇年代才找到利基市場，米爾斯與布恩從此成為知名言情小說出版商。[54]一九二八年米爾斯過世，獨挑大梁的布恩找到成功的祕訣：數量龐大的小說，以極易辨識的統一格式出版，搶眼的棕色裝訂和色彩鮮明的書衣。到了一九三九年米爾斯與布恩已經出版四百五十本小說，每本印刷三千到八千冊。最重要的是，布恩找到了品牌忠誠度的最高機密。一九三〇年代該公司出版的小說卷首卷尾空白頁不是簡短介紹特定的幾本書，而是推薦公司出版的所有書籍：

> 虛構文類市場新書氾濫，想買書或借書的讀者很難從中挑選出合適的故事。坦白說，唯一的辦法是選擇對文稿精挑細選、發行的小說保證精彩可讀的出版商。米爾斯與布恩推出的小說經過嚴格篩選，出版的作品都是經得起時間考驗、真正刻畫入微的作品。[55]

許多讀者閱讀選書經驗不足，數量繁多的小說將讓他們眼花撩亂，而這無疑是最佳建議。

不少言情小說讀者貪婪地閱讀，每三天一本書。在一九六〇年代以前，米爾斯與布恩只出版精裝本，七先令六便士的售價超出大多數言情小說讀者的負荷。讀者於是轉向營利型圖書館，在兩次大戰之間那段時間盡情享受文藝氛圍。所謂的「兩便士圖書館」鎖定的顧客群是經濟不寬裕的讀者，而基礎穩固的營利型圖書館巨頭史密斯提供的書目內容廣泛，包括消磨時間的輕小說。一八九八年這個市場出現新的競爭者博姿愛書人圖書館（Boots Booklovers Library），將會比史密斯和已經走下坡的穆迪（一九三七年結束營業）撐得更久。[56]

博姿愛書人圖書館是芙蘿倫絲・博姿（Florence Boot）的發想，她的丈夫是一家知名連鎖藥房的創辦人。在營運鼎盛時，博姿愛書人圖書館附屬在藥房的四百六十家連鎖店。在一九五〇年代，博姿愛書人圖書館每年大約借出五千萬本書，會員費最低每年十先令六便士。[57]圖書館會員絕大多數都是需要嚴格控管家庭開銷的女性，這樣的收費比買書划算許多，也不需要去公共圖書館閱覽室接觸三教九流的使用者。

書籍俱樂部跟藥房結合可說十分合宜，從古至今，藥房一直是社區各種祕事的寶庫。會員來到書籍俱樂部的服務台之後，就會被引導進入排滿書籍的閱覽室。他們可以在那裡瀏覽書籍，不會被打擾，也只有其他會員看到他們。這種方式給讀者方便，對米爾斯與布恩也有好處，因為他們的初版書的銷售大多仰仗書籍俱樂部。博姿愛書人圖書館通常每一本書會購買三百到五百本，而阿格西（Argosy）和桑岱爾（Sundial）等批發商更是一口氣買下七百本，再轉售給兩便士圖書館。兩便士看一本米爾斯與布恩，是很多勞工階級家庭主婦負擔得起的價錢，而堅實牢固的棕色書籍也不容易損壞。一本米爾斯與布恩平均借出一百六十五次，不過根據湯頓市（Taunton）一名業者的紀錄，一九三五年出版的《危機停泊》（*Anchor at Hazard*）共借出七百四十次。

　　言情小說也為作者帶來財富。很多作者原本也是讀者，讀多了自己嘗試創作。米爾斯與布恩承諾會仔細閱讀創作者送交的文稿，旗下幾名最多產的作家都是這樣挖掘出來的。其中瑪麗・波雪（Mary Burchell, 1904-86）就寫了四十一本小說，每年收入可觀的一千英鎊。如果作品也在女性週刊連載，收入還會更上一層樓。這份工作獲利豐厚，卻也不輕鬆。編輯清楚表明他們要什麼樣的作品。米爾斯與布恩一名作家曾說，鄧迪市湯姆森出版社（D. C. Thomson，發行《我的週刊》〔My Weekly〕和《大眾之友》〔The People's Friend〕雜誌的出版商）的編輯控管嚴格，「如果女主角在第三章末尾已經喝下第二杯雪利酒，我就會收到電報，要我『把那杯雪利刪掉』。」[58]

　　米爾斯與布恩的作家收入豐厚，卻沒有名氣。一般的讀者不會留意他們剛讀完的書是什麼人寫的。他們買書看的是出版社的品牌，不是像芭芭拉・卡特蘭（Barbara Cartland, 1901-2000）這種暢銷書作者的姓名（芭芭拉・卡特蘭是言情小說產業的知名作家，沒有為米爾斯與布恩寫過書）。相反地，米爾斯與布恩鼓勵旗下作家經常更換筆名，以便迴避博姿愛書人圖書館同一位作家的書一年只限採購兩本的規定。[59]

　　一九六〇年代流通圖書館逐漸式微，主要原因在於公共圖書館漸漸對讀者讓步，採購更多言情小說。流通圖書館退出市場（史密斯在一九六一年，博姿在一九六六年），米爾斯與布恩只好調整經營模式，在一九五八年嘗試跨足平裝書市場。這個決定帶來豐碩成果。到了一九九二年，米爾斯與布恩仍然主導言情小說市場，市占率高達百分之八十五。該公司的平裝書最初是針對北美市場推出，由一九四九年在多倫多成立的禾林出版社（Harlequin）發行。到了一九六四年，禾林只出版米爾斯與布恩推出的書，一九七一年更是直接被米爾斯與布恩收購。到了一九八二年，禾林每年銷售量已經高達一億八千兩百萬本。[5]

一九七九年十二月，美國學者珍妮絲・拉德威（Janice Radway）找上在通訊雜誌撰寫言情小說評論的多樂希・艾文斯（Dorothy Evans），艾文斯介紹拉德威認識她的幾名訂戶，聽訂戶分享閱讀言情小說的體驗，以及言情小說在她們生活中扮演的角色。對於某些讀者，讀小說帶給她們一種內疚的愉悅感：趁孩子上學時暫時放下家務，忙裡偷閒。另一半通常不喜歡她們讀小說，但在群組裡其他人的慫恿和鼓勵下，她們漸漸變成言情小說的忠實擁護者，對小說的品質也有相當高的期待。

言情小說的情節有一定的公式：思想獨立的女主角遇上不算完美但終究表現出色的男主角。讀者投注可觀的金錢換來逃離生活壓力的難得機會，當然希望自己的期待得到滿足。她們討厭作家或出版商耍花招，比如將不遵循這類小說的模式的書裝訂成標準的言情小說。情節突然改變或出人意表，會遭到譴責。女主角的死亡根本不可思議。美好的結局或許早就注定，但讀者希望女主角與一開始顯得唐突或傲慢的男主角慢慢發展出相互理解的情誼。

為了避免不愉快的震撼，讀者經常會重讀喜歡的作品。有時為了確定新小說適合閱讀，讀者會先看結局。當然，想要偷瞄結局，在圖書館會比在書店老闆不贊同的目光下更方便。再者，如果還沒花錢購買，放棄不合心意的書也容易得多。如今圖書館已經不再拒絕言情小說，更有網路專文教導圖書館員如何推廣言情小說，比如擺在言情小說區的顯著位置，或特製的展示架。[60] 走進任何一家圖書館，都能看到有點年紀的忠實讀者一口氣借幾本外觀熟悉的米爾斯與布恩或禾林小說，下星期再回來換另一批。[61]

文學評論家對言情小說從來沒有好感，或根本不予理會。然而，某個層面上言情小說也代表女性力量的展現。女性讀者本著小說中果敢的女主角的執著奉獻，不畏懼評論家與官方的蔑視，終於贏得非凡勝利。當圖書館意識到，不僅言情小說讀者需要圖書館，圖書館也需

要這些讀者，言情小說就會取得最終的勝利。當源源不斷的新書湧向市場，數以百萬計的常客對圖書館的依賴程度越來越高。而圖書館擔心預算縮減，是以由衷歡迎任何持續走進來的讀者。

第十八章
圖書館、書籍與政治

　　所有的藏書都是明智審慎篩選的結果。我們視這種過程為理所當然，認為是整個收藏史的常態。另一方面，外在的限制通常遭到強烈反對，比如哪些書可以接受、哪些書應該經過審查。根據美國歷史學家羅伯‧丹頓（Robert Darnton）的敏銳觀察，審查制度的困難點在於，「事情看起來是那麼簡單，就像讓光明的孩子與黑暗的孩子對抗。」[1]因此，從二十世紀初國家圖書館協會發給所屬圖書館的建議書單，到二〇〇一年美國通過的〈愛國者法案〉（Patriot Act），整個二十世紀裡，有關書籍的選擇、區分與排除，一直是圖書館界關注的議題。根據〈愛國者法案〉，美國國土安全部（Homeland Security）如果要求圖書館提供借書證個資，圖書館不得拒絕。[2]整個二十世紀裡，圖書館界有時會抗拒官方的干預，其他時候圖書館員的想法卻又與正統價值觀一致。不管是哪一種情況，圖書館員始終相信，他們的職責是建構藏書內容，進而塑造公眾的閱讀品味。

　　書籍審查在集權國家最為嚴格，但在西方民主國家和圖書館文化剛剛萌芽的發展中國家也不少見。區別、篩選與官方干預的問題在二十世紀後半葉相當嚴重，就跟在歷史上任何時期一樣。在核戰浩劫的陰影下，圖書館有時可以緩解生活的憂慮，有時則可以強化東方或西方意識形態的可信度。對於負責建構、整理與保存書籍的人，這是個艱難的時代。因為即使整個世界徘徊在核武災難的邊緣，即使民眾

一動不動守著電視機螢幕,他們也得向社會證明圖書館仍然有存在的必要。書籍如何發揮消除焦慮或促進愛國情操的功能,是特別急迫的當代議題。然而,問題的根源在於個人需求與公共責任之間懸而未決的拉鋸,而這種拉鋸在二十世紀的意識形態對立中暴露無遺。很多人認為,審查是為了捍衛面臨威脅的寶貴價值觀,並不是壞事。那些威脅來自煽動性書籍、劣質文學或內容有欠完善的公共圖書館藏書。

大比爾

　　一八七一年十月八日星期日晚上,芝加哥發生一場改變整個城市面貌的大火。那時的芝加哥已經是全新工業世界的奇蹟之一,是橫貫美洲大陸運輸網的交會點,也是這片飢餓大陸的食物配給中心。芝加哥是一座強悍的城市,吸引來自歐洲各地的移民。但城裡精英階級的財富仍然投注在成熟都會區慣見的設施,比如教堂與公共建築、芝加哥科學院(Chicago Academy of Sciences)、芝加哥歷史學會(Chicago Historical Society)和伊利諾州圖書館協會(Illinois Library Association)。其中芝加哥歷史學會擁有十六萬五千本書籍。大火一發不可收拾,延燒到星期一,吞噬上述所有機構,也燒毀一萬七千四百五十戶民宅,造成九萬五千人無家可歸。這場火災除了讓百姓蒙受重大苦難,圖書館的損失也不小。根據當時五十九座圖書館的共同估計,總共損失多達三百萬本書,而且這個數字可能偏於保守。芝加哥書商損失的庫存總值約一百萬美元。九家日報和一百多家期刊的出版商也在大火中淪為廢墟。

　　芝加哥在命運殘酷的一擊中面目全非,這件事在大西洋兩岸掀起一波同情的巨浪。英國的目標是幫助芝加哥打造一座至今未曾擁有的免費公共圖書館。募書行動由國會議員兼《湯姆求學記》(Tom Brown's Schooldays, 1857)的作者湯瑪斯·休斯(Thomas Hughes)領軍,總共募得八千本書,包括首相威廉·格萊斯頓(William

Gladstone）、他的主要政敵迪斯雷利和維多利亞女王都慷慨捐輸。特別值得一提的是，迪斯雷利也出現在贊助者名單，因為美國不承認英國版權法，身為作家的他一直無法接受。英格蘭捐贈的書籍都附有一張雅致的藏書票，略述這番齊心協力的人道行動。更難得的是，當時英國正好也在協助遭德軍轟炸的法國史特拉斯堡圖書館重建。這些書籍受到芝加哥的圖書館使用者熱烈歡迎，藏書票收藏家顯然更是歡喜，因為原本的八千本書目前只剩三百本，除非像第一位為這家圖書館撰寫史料的歷史學家機智地解釋，那些書都「在日常使用中耗損了」。[4]

　　如果這些維多利亞時代的大人物以為芝加哥百姓從此對他們感恩戴德，那他們忽略了芝加哥市長大比爾・湯普森（Big Bill Thompson）。大比爾猛烈抨擊禁酒令，從不掩飾他跟黑幫老大艾爾・卡彭（Al Capone）的友誼，在芝加哥政壇深深烙下特立獨行的足跡。他一度被迫下台，一九二七年以新奇的競選口號捲土重來。當時他信誓旦旦地說，如果英格蘭國王來到芝加哥，他會一拳揮向他的鼻子。與人為善的英格蘭國王喬治五世無意造訪美國，所以大比爾的威脅沒有實質意義，但他的誓言卻足以打動芝加哥選民，於是他以勝利者之姿重返市政府。[5]

　　喬治五世的鼻子安然無恙，但大比爾市長的單方面敵意並沒有結束。他下令市立圖書館必須清除所有親不列顛書籍，但他自己忙著趕督學下台，這個任務就指派給他任命的官員厄爾賓・赫爾曼（Urbine 'Sport' Herrmann）。圖書館館長卡爾・羅登（Carl Roden）反應冷淡，只說要找出所有摻雜反美情緒的書籍工程浩大，不如將那些書劃歸閉架書籍，不開放借閱。最後因為赫爾曼的怠惰，這些書才能保存下來。他帶走四本愛國者聯盟（Patriots League）標記的書籍，卻發現自己沒有能力找出書中的不當言論，隔天乖乖地把書還回去。

　　這件事和後續肅清芝加哥圖書館的行動顯示，圖書館委員會需要

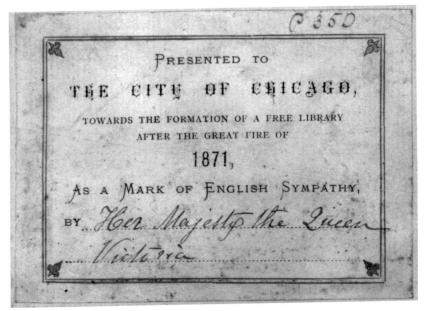

圖29　這批雅致的藏書票記錄一八七一年芝加哥大火後英國的慷慨義舉,其中很多都被收藏家偷走,剩下的則沒有逃過大比爾的怒火。

更強勢地維護自己的言論自由。[6]於是美國圖書館協會起草一份措辭簡練的文件,義正辭嚴地命名為「圖書館權利宣言」(Library Bill of Rights),開宗明義強調圖書館員選擇書籍的權利不容剝奪。這份文件在歐洲情勢烏雲密布的一九三九年發行,之後多次修訂,薄弱地主張圖書館應該是兼容並蓄的聖殿,守護各種不同立場。不是所有圖書館員都會英勇地捍衛這個理念。一九二七年羅登坦白表示,只要上級下令,他會交出不被認同的書籍,次年他當選圖書館協會主席。他的同行芝加哥市立參考圖書館館長費德列克・瑞克斯(Frederick Rex)更進一步,親自動手清理所有親不列顛書籍,之後得意地宣稱:「我的圖書館『美國優先』」。[7]

　　一九四五年以後,勝利的喜悅迅速消失,冷戰的焦慮漸漸襲

來，大環境對圖書館員十分不利。一九五〇年奧克拉荷馬州巴特爾斯維爾（Bartlesville）資深館員露絲・布朗（Ruth Brown）遭到撤職，表面理由是館內藏匿反動刊物，真正的原因卻是她公然表達對當地非裔美籍族群的同情。[8]圖書館協會沒有為她主持公道，這件事顯然由協會的兩個委員會裁決，一是知識自由委員會（Intellectual Freedom Committee），另一個是人事管理委員會（Board on Personnel Administration）。當時美國總統杜魯門（Harry S. Truman）有意要求公職人員宣誓效忠，圖書館協會的所有精力都在反對這件事。由於有證據顯示美國資深官員向俄國洩露核武祕密，更有消息指出俄國已經製出原子彈，加上南北韓戰爭爆發，大多數百姓覺得要求公務人員宣誓擁護美國理念沒什麼不對。[9]洛杉磯圖書館員遲遲不簽署宣誓書，有個圖書館委員公開質疑，是否「我們的圖書館員……免於沾染我們不希望出現在圖書館裡的那些自由思想。」[10]

　　效忠宣誓書導致圖書館協會分裂，部分有影響力的成員贊成簽署。事實上，雖然有些圖書館員勇敢支持多元化，但大多數則認同他們服務的社區更普遍的價值觀。另外，在約瑟夫・麥卡錫[11]的時代，人們對共產主義的滲透懷有高度憂慮。根據一九五八年一項調查，三分之二的圖書館員承認，曾經因為某本書或某位作者有爭議性，決定放棄採購。這似乎證實以下這個偏頗推論：圖書館員一方面堅持「民主化言論自由與多元見解的刻板觀念」，另一方面卻「密切留意在圖書館行使這些權力的政治代價」。出乎意料地，最後化解這些紛擾的是自由派總統艾森豪（Dwight Eisenhower, 1890–1969），他在達斯茅斯學院（Dartmouth）對畢業生致詞時提出忠告，希望他們別加入焚書行列。「勇敢走進圖書館讀書，只要書本內容不違反我們國家的行為準則。」[12]

　　至於行為準則如何界定，當然還有辯論空間。在美國，這種事會由最高法院九位莊嚴男士決定（或無法決定）。這些人被迫選擇是否

禁止他們不希望自己家人閱讀的出版品，最後裁定國會只能禁止「對社會沒有任何可取價值」的印刷品，或者換另一種說法，「以當代社區標準衡量，一般人會不會覺得這份印刷品整體上帶有色情意味。」這種含糊其詞的司法語言根本無法對抗直到甘迺迪（John Kennedy, 1917–1963）時代依然強勢的民間激進主義。一九六一年美國作家傑洛姆・沙林傑（J. D. Salinger）的作品《麥田捕手》（*Catcher in the Rye*, 1951）和約翰・史坦貝克（John Steinbeck）的經典作品《人鼠之間》（*Of Mice and Men*, 1937）受到家長團體持續不歇的攻擊。佛羅里達州只因一通匿名電話，就將英國作家喬治・歐威爾的《一九八四》（*1984*, 1949）和赫胥黎的《美麗新世界》（*Brave New World*, 1932）從中學閱讀書單中刪除。[13]

最高法院猶豫不決，倫敦的高等法院卻高效率地在短短六天的鬧劇中敲定書籍審查制，篩選不合宜的書籍。[14]一九六〇年企鵝書屋宣布有意出版英國作家大衛・勞倫斯的《查泰萊夫人的情人》（*Lady Chatterley's Lover*），有幸被依〈猥褻出版品法案〉（Obscene Publications Act）提出控告。勞倫斯在一九二〇年代以灰暗筆調描繪勞工階級生活享譽文壇，之後他的名氣穩定下滑，這跟英國作家史黛拉・吉本斯（Stella Gibbons）在《冷舒適農場》（*Cold Comfort Farm*）中以陰鬱憂愁的鄉土人物搞笑嘲諷當時的田園小說有極大關係。[15]在《查泰萊夫人的情人》中，女主角的地主丈夫在戰爭中受傷，女主角煩悶之餘和丈夫的獵場看守人發生婚外情。這本書在英國只有刪節版，想要閱讀某些生動場景的少數讀者只能設法找到在巴黎或佛羅倫斯發行的版本。當時倫敦的文學界精英爭相站出來作證，聲稱這本書具有極高的文學價值。想當然耳，幾乎沒有人走進證人席表明自己因為讀了這本書變得放蕩墮落。當控方律師請陪審團思考，他們自己願不願意讓妻子和僕人讀這本書，大勢就底定了：原本只是為一本書辯護，現在變成為現代英國辯護。法官宣告企鵝書屋無罪，企鵝書屋一

個月內就推出新版《查泰萊夫人的情人》，總共印刷二十萬本。這是除了《哈利波特》之外宣傳最廣的書籍，二十萬本書在兩天內銷售一空。一般認為這個案件開啟了放任時代的序幕，放任時代又稱「搖擺的六〇年代」（Swinging Sixties）。即使如此，英國小說家愛德華・福斯特（Edward M. Forster）在一九一三年到一四年創作、描寫同性戀情的半自傳小說《墨利斯的情人》（*Maurice*）還得再等十一年才有機會出版。

美國南方的種族隔離議題成為圖書館協會最大的挑戰，而且明顯無法克服。南方各州公共圖書館的數量一直落後其他地區，其中絕大多數都不對黑人開放，敢於走向圖書館櫃台的黑人都會被無禮驅趕。[16] 所謂的「隔離但平等」（separate but equal）已經淪為口號，很多地方在黑人區設置一座通常以善款設立、內部設施極其匱乏的圖書館，更讓口號蒙上汙名。在美國南方的圖書館，種族隔離政策的廢除進展緩慢。[17] 在這段時期，當權的官員沒有任何值得讚揚的表現，尤其是圖書館協會。只要有人試圖為非裔美籍族群爭取社會正義，圖書館協會就會強調同心同德的重要性，當然也達到趨吉避凶的目的。

在圖書館協會中，種族隔離主要是個不可說的議題。一九五九年協會決定「不對這件事採取任何行動」。知識自由委員會主委憤怒地表示：「少數人無中生有製造問題，我個人非常憂心。」一九六〇年三月協會宣稱「不能干涉地方管轄權」。同一年稍晚，協會《公報》（*Bulletin*）的社論聲明，美國圖書館協會的存在「是為了促進圖書館發展，而不是控制圖書館的運作」。[18]

說句公道話，隨著憤怒的聲浪日益升高，上面那些說辭都受到圖書館協會基層人員的質疑。只是，即使南方的圖書館百般勉強地對黑人開放，要達到真心接納還有待漫長而艱苦的奮鬥。最終的轉變對年輕黑人男女具有什麼意義，黑人男孩艾瑞克・莫特利（Eric Motley）的故事做了詮釋。莫特利成長於阿拉巴馬州蒙哥馬利（Montgomery）

城外的麥迪遜公園區（Madison Park），那是個關係緊密的社區，成員都是解放後的奴隸。一九八五年莫特利十二歲，他的父親開始每星期六開車送他進城，在圖書館裡度過一整天。有一天他發現身邊有個坐在輪椅裡的衰弱老人。那老人是喬治・華萊士（George Wallace），以前的阿拉巴馬州州長和總統候選人，更是一九六〇年代南方白種人反對廢除種族隔離的代表人物。要是再早個幾年，莫特利根本進不了圖書館。[19]

心靈的勞改營

一九六一年五月的冷戰高峰期，一群心情振奮的美國圖書館員參觀了許多俄國圖書館。這趟旅程花費不小，館員也大開眼界。

> 蘇聯書店的數量、規模和每平方英寸的顧客人數（不是光看不買）令人驚奇，他們的圖書館和使用者的數量也是。據說光是莫斯科就有一百七十家大型書店和三百四十個書報攤，每年銷售九千萬本書。[20]

美國來的訪客參觀了精心挑選的圖書館，發現圖書館開放時間相當長，每個部門都有志工提供協助，閱覽室幾乎座無虛席。沒錯，書架上沒有近期出版的美國文學令人失望。以美國的標準來說，圖書館的硬體設施也稍嫌簡略。不過，這些精心安排的行程顯然讓參訪團留下深刻印象。在從莫斯科返國的飛機上，參訪團寫下的第一篇報告標題是：「沒錯，俄國人讀書」。

俄國人是不是也用同樣樂觀的角度看待這件事，值得商榷。來自西方的訪客都認同俄國閱讀風氣盛行：他們遇見的每個人，無論是搭公車或地鐵，或在公園裡散心，好像都專注讀著手裡的書報。書店裡的人潮也不是假的。但在此同時，很多俄國人抱怨無書可讀，[21]因為

國家容許的作家寫出的作品單調又謹慎。蘇聯控制的衛星國家波蘭、匈牙利、捷克斯洛伐克和共產東德都有類似現象。

　　然而，他們確實讀書。這種矛盾現象的關鍵在於，即使在高度控制的社會，閱讀也是私人行為。閱讀讓人逃離日常生活（尤其是擁擠的居家環境）帶來的壓力。當個人發展的每一步都受到嚴密監控，閱讀也讓人建立某種程度的知性自主權。閱讀是一把雙面刃，共產主義政權的思想理論家很清楚這點，也運用各種機制降低它的危險性。對於很多讀者，這種檢查與控制的統治方式，是共產制度生活最壓抑的面向之一。

　　圖書館一直是俄國的工作重點項目。一九一七年聖彼得堡的冬宮風暴[22]結束，黎明到來，蘇聯領導人弗拉迪米爾·列寧（Vladimir Lenin）告訴新上任的教育委員，圖書館是征服情感與思想的關鍵武器。

　　　先把重點放在圖書館。我們必須效法先進資產階級國家，學
　　　習如何讓更多人都能運用圖書館的書籍。我們必須盡快讓大
　　　眾接觸到書籍，讓整個俄國都有書可讀，數量越多越好。[23]

沙皇時代的圖書館雖然在接下來的內戰飽受摧殘，但列寧的目標大致都實現了，整個俄國的識字率也大幅提升。一九一七年只有百分之十九點七的人識字，女性更只有百分之八點六。到了一九四〇年，據估計蘇俄已經有二十五萬座圖書館，超過四億五千萬本書。這是驚人的變化，只用了大約二十年的時間。[24]緊接著德國入侵。德軍的進攻與含怨撤退造成嚴重破壞，讓俄國人民和文化機構蒙受重大損失。成千上萬的圖書館被大火燒毀、被炮彈轟炸，或橫遭劫掠，通常是德軍懷恨撤退時的蓄意報復。俄國圖書館損失超過一億本書，白俄羅斯的圖書館更是無一倖免。

　　戰後蘇俄圖書館藏書的重建是痛苦又憤怒的過程。數百萬冊德國書籍被搶過來做為賠償，包括珍貴的第一代印刷書。其中一大部分藏了幾十年，沒有編目也沒有使用。直到一九八九年[25]以後，俄國圖書館員才嘗試跟那些書籍過去的物主聯絡：目前柏林國家圖書館的目錄中記錄，該館曾經擁有的七十萬本書此刻身在俄國的新家。

　　這些戰利品幾乎都是德文或拉丁文書籍，對現代俄國人民毫無用處，公共圖書館體系必須重新建立。大約十年後，奇蹟就出現了。一九六一年美國圖書館員到訪時，俄國已經有四十一座大學圖書館，收藏五千萬本書，供三十萬名學生和教職員使用。這是一系列圖書館的最高機構。根據一九七三年的數據，底下還有三十六萬座圖書館，包括十二萬八千座公共圖書館、五萬八千座科技圖書館和十七萬座中小學圖書館。[26]其他為人民提供服務的還有軍人圖書館、工會與工廠的圖書館，以及在偏遠地區巡迴的行動圖書館。監獄裡也有圖書館，甚至連勞改營都有。只是，這些地方的書少得可憐，突顯愛讀書的政治犯無書可讀的窘境。[27]

　　即使不曾冒犯過國家，閱讀也絕非易事，尤其如果想讀政府強迫接受的意識形態之外的東西。列寧依照他欣賞的西方模式打造俄國的圖書館，堅持採開放取用模式。但這個政策一九三三年就取消了，之後使用者借書只能先查閱目錄卡，再向館員申請。這種方式有助於塑造讀者行為。強制性的借書證演進為更重要的文件，記載大量個人資訊，偶爾甚至包括個人家中藏書內容。一開始沉迷探險故事的年輕讀者成功地轉向更有教化功能的書籍，而這種改變會記錄在借書證裡表示肯定。規模比較大的圖書館只有一部分書目會呈現在閱覽室的目錄裡。令研究人員挫折的是，他們經常被告知，圖書館其實從來沒有某位遭到厭棄的作家的書。[28]

　　圖書館員的處境並不討喜，他們承擔書籍審查的任務。當讀者申請借閱禁書，他們只能向上級報告，以免遭到撤職。借書證資料的

存取權是維護國家安全的利器，正因如此，美國國土安全部才會在二
○○一年的〈愛國者法案〉中堅持擁有這項權力。有些俄國圖書館員
與讀者串通，勇敢地在借書證裡登載虛假的書名。但大多數人都會服
從，導致圖書館員的專業自尊逐漸下滑。[29]到了一九八○年代，俄國
的讀者漸漸排斥公共圖書館。我們已經討論過，這並不是共產社會特
有的現象。不過，即使到一九八九年以後，還是很少讀者回頭。由於
沒有資源補充書籍，甚至連搖搖欲墜的建築物都沒辦法整修，讀者於
是轉向非正式的會員制圖書館，順利借到之前申請被拒的書籍。

　　在嚴密監控的社會中管理閱讀並不容易，在二次大戰後交由俄國
控制的歐洲「兄弟」國家，難度更高。波蘭、捷克斯洛伐克和匈牙
利都是中歐高度成熟的社會，在讀書識字、書籍出版和圖書館建立方
面有悠久歷史。德國東北部割讓了舊有普魯士邦的大部分土地後，
僅存的殘破江山重新命名為德意志民主共和國（German Democratic
Republic），慢慢從戰爭的蹂躪與支付俄國的賠償中復元。依照馬克
思主義的新規則打造這些國家，是一項艱鉅任務，而且不管是讀者或
書籍業者都會受到傷害。

　　波蘭在戰爭期間損失大多數書籍，新政權承諾重建圖書館體系，
一開始圖書館界表示歡迎。從很多方面看來，重建工作相當成功。
一九四六年到一九四九年，公共圖書館的數量從四百二十六座增加到
將近四千座，總計藏書六百五十萬冊。[30]不過，大家很快發現這些書
籍的管理方式大不相同，而且其中一部分是從私人或法人團體強行取
得。[31]第一份需要下架的禁書名單出現在一九四五年十月。有些戰爭
前就在圖書館任職的館員不滿這項新措施，都陸續被撤職。

　　被禁的書籍包括「煽情與神祕小說，或多愁善感的言情小說」。
如果西方圖書館員不曾對這些書有所顧慮，就不會以「通篇都是中產
階級的空想、勢利眼和一無是處的懶蟲」為理由譴責這些書。共產社
會最大的特點就是滴水不漏。一九四八年有個諷刺作家團體誓言避開

所有「資產階級的不滿」，承諾要以作品嘲諷「資本主義的心態與貴族行為的殘餘」。[32]

在共產黨接管後的捷克斯洛伐克，公共圖書館被清理掉兩千七百五十萬本書。私有出版商遭到裁撤時，大約百分之八十五的庫存也被毀。當地作家因此得到大好機會，因為捷克大部分知識分子支持共產黨的接管。雖然能讀的書變少，書籍印刷數量有時比共產黨掌權以前高出六倍。[33]到最後，捷克斯洛伐克宣布脫離官方出版機構的作家比匈牙利和東德更多，尤其是在一九六八年名為「布拉格之春」（Prague Spring）的自由改革運動遭到暴力鎮壓之後。後續的鎮壓深入知性生活的所有層面：二十五家文學雜誌停刊、五成記者和百分之八十的出版社編輯被撤職。其中很多人於是開始交換詩或散文的打字稿，尋求慰藉。受雇的低薪女祕書複印這些詩文，成為知名的地下出版品。只不過，地下出版社發行的書有些確實品質欠佳，不可能通過商業市場的標準篩選程序。值得注意的是，一九八九年之後市場正常化，對共產黨禁書的高度需求也迅速消失。

無論如何，捷克、匈牙利和波蘭廣大人民需要的書籍仍然仰賴公營市場提供，每逢星期四上午新書上市時，書店外就會大排長龍。讀者緊盯出版社的書單。他們不得不這麼做，因為書店賣書是在櫃台交易，而且書本通常事先包裝過。這種禁止瀏覽的做法為二手書店創造新商機，二手書店也因此大發利市。這段時期最大的特點在於，私人藏書成為支持知性生活最重要的環節。很多捷克和匈牙利家庭收藏幾百本書，即使作者不被共產黨認同，那些書也不容易被清理掉。捷克裔法國作家米蘭‧昆德拉（Milan Kundera）的作品《玩笑》（The Joke）一九六七年出版，隔年賣出十一萬九千本。一九七〇年他被逐出共產黨，這本書也被禁了。公共圖書館將這本書下架，但還是有十萬本留存在民間。私人藏書內容多樣，有讓人逃離現實的虛構文類，也有一九六八年以後被禁的書籍。這些書支持捷克文學界度過「正常

化」[34]的灰暗時期。公共圖書館必然遵循黨的路線，讀者卻以行動報復，讓俄國作家的著作留在書架上備受冷落。[35]

一九八九年共產黨垮台，激起一股對西方一切事物的渴求。這個現象在出版產業掀起狂潮，公共圖書館幾乎等於被打入冷宮。捷克人雖然也推崇他們的知識分子，比如作家瓦茨拉夫·哈維爾（Václav Havel, 1936-2011）擔任捷克斯洛伐克和後來的捷克共和國的總統，歷時總共十四年。不過，全國人民幾乎毫無例外地避開嚴肅的文學作品，偏愛烹飪書籍、犯罪小說和美國西部故事，這個現象給地下出版社的資深工作人員上了寶貴的一課。捷克人也狼吞虎嚥地讀了不可勝數的旅遊指南、字典和自我成長書籍。電視擺脫了社會主義推崇的單調噪音之後，閱讀分配到的時間更是少得可憐。悲觀喪氣的報紙標題預言「書籍末日到來」，或感嘆這是「國家之恥」。[36]這其實沒有看出問題所在。捷克的出版業嚴重受挫，是因為他們拒絕外國的資金。匈牙利出版業因為外國資金的援助安度危機，波蘭情況類似，只是程度少一些。到如今，這些國家和波羅的海各國平均每人擁有的圖書館數量高於西歐所有國家。[37]

在共產黨主義下的東德，一九八九年柏林圍牆倒塌，暴露了東西德公共圖書館截然不同的狀態。那一年東德有一萬三千五百三十五座公共圖書館，為全國一千六百萬人民提供服務。西德人口是東德的四倍，卻只有四千九百八十八座公共圖書館（雖然書籍數量比較多）。相反地，西德投注在學術圖書館的經費是公共圖書館的三倍，尤其是六十所大學圖書館。東德的學術圖書館得到的經費比公共圖書館少。[38]這種差別待遇原因不一而足，比較明顯的是西德的人民比較有餘錢買書，而且可選擇的書也比較多。東德貨幣不夠強勢，也不願意提供不符合社會主義意識形態的文本，因此限制了學術圖書館的成長。結果是，東西德統一後，東德大學百分之八十到九十的藏書都失去作用。

　　公共圖書館也避免不了費力的清理。法蘭克福市立圖書館清理掉三分之一的藏書；威登堡圖書館的藏書乾脆放在手推車上推到街上讓路人自由拿取。[39]東德的出版社倉庫堆滿賣不出去的存貨，其中很多打成紙漿，或直接送進掩埋場。在這座不名譽的墳墓裡，莎士比亞、左拉和托爾斯泰（1828-1910）的作品跟被罷免的東德領導人埃里希·何內克（Erich Honecker, 1912-94）的演講稿全集依偎在一起。套用一名目擊者的話，彷彿「書店和出版社的員工透過丟棄書籍來揮別東德的過去」。[40]這也是圖書館死亡的方式之一。

全新領域

　　東歐解放的人民忙著將家中藏書扔進市立掩埋場時，其他很多國家才首度建構公共圖書館體系。當西方預言公共圖書館的滅亡，公共圖書館卻在全球掀起熱潮，這實在是一大諷刺。到最後，無論是開發中國家的期盼，或西方國家的掃興預言，都沒有成真。在西方，公共圖書館經歷媒體變遷的風暴後，仍然苟延殘喘，而開發中國家在當權者、慈善界與非政府組織的努力下，公共圖書館運動的潛力始終沒能完全發揮。

　　在印度和其他前英國殖民地，圖書館一開始是為了服務來自歐洲的統治階級。隨著時間過去，這些設施也逐漸對越來越多受過教育的印度人開放，前提是那些人擁護殖民地統治者的價值觀。時日一久，這些印度讀者成立自己的流通圖書館，只是這些圖書館的書目仍然以英國人喜愛的進口英國書籍為主。以當地語言出版的印度文學作品受到嚴密監控，以防止出現煽動文字。[41]由於有必要訓練新的行政官員，殖民地統治者於是為孟買、加爾各答和清奈的大學圖書館提供書籍。到了一九四七年獨立時，全印度總共有十九所大學、六百三十三所學院，學生十萬六千人。[42]雖然巴羅達土邦（Baroda）邦主全力倡導在邦內設立完整的公共圖書館網絡，整個印度針對一般大眾的書籍

服務腳步依然落後。負責為巴羅達打造公共圖書館體系的是威廉・艾朗森・博登（William Alanson Borden），他原本是康乃狄克州紐哈芬（New Haven）青年學會（Young Men's Institute）的圖書館員，一九一〇年開始主持巴羅達土邦的公共圖書館大計。博登大功告成離開巴羅達時，巴羅達已經有一座藏書四萬冊的總館，邦內三十八個城鎮之中的三十六個城鎮和兩百一十六個主要村莊都設了分館。這些圖書館的經費完全仰賴邦主的資助，一九三六年邦主過世後就無以為繼。

公共圖書館最令人驚豔的發展完全依靠某個人的力量，而這個人是十八世紀歐洲所謂的開明專制君主，這對獨立後印度圖書館的未來不是好現象。印度和巴基斯坦這兩個新國家問題層出不窮：貧窮、殖民主義的遺毒、基礎保健服務的欠缺、國家安全、兩國之間的衝突，都是更迫切的政治議題。識字率低落的國家很難優先考量圖書館事宜，因為這對大多數人沒有太大功用。根據全國人口普查，一九三一年只有百分之十五點六的男性識字，女性更是只有百分之二點九。一九八一年男性識字率提升到百分之五十六，女性卻仍然落後一大截。即使到了二〇一一年，原始數據大幅向上修正，仍然有十分之三的女性是文盲。

在這種情況下，資源優先運用在設立學校與培訓師資上當然是合理安排。如同十九世紀法國的做法，一九五二年出現一項樂觀提議，就是開放學校圖書館給社區民眾使用，而學校圖書館的定義是藏書五十本以上。大多數情況下，只有大城市才有完整的公共圖書館服務。首都德里的公共圖書館網絡穩坐龍頭地位，一九九七年共有一座總館和七十三座分館，藏書一百四十萬冊，館員四百五十一名。然而，申辦借書證的人數卻只有六萬四千，包括兩萬兩千名兒童。[43] 印度的公共圖書館史主要內容是各邦頒布的一連串授權法，而行使這些法令所需的資源卻未必到位。一份二〇〇八年的調查依然滿懷希望地呼籲投入更多資源：「公共圖書館需要龐大的資金，才能真正成為一

般民眾的資訊中心。」[44]

　　戰後開發中國家建立圖書館的動力主要來自促進和平的世界組織，尤其是聯合國的文化推手：教科文組織。教科文組織一九四九年發表公共圖書館宣言，主要撰稿人是法國的公共知識分子（public intellectual）安德烈・莫洛亞（André Maurois）。莫洛亞主張，圖書館是和平的工具，應該免除各種宣傳與偏見。他的這番言論巧妙地閃避過去十年不勝枚舉的相反例證。他又說，公共圖書館源於對民主的渴望，有助於將（西方的）民主散播到全球。接下來十年，教科文組織幾乎以傳福音的熱情推動這項計畫，像極了殖民時代的傳教工作。而這波熱情宣揚的不是基督教義，而是「現代性」（modernity）這個俗世價值觀。

　　正如教科文組織的一貫風格，這些文件眼界過高，沒有考慮大型圖書館計畫必然面對的無情現實。歐洲以外的國家大多不是民主國家，而且面臨更急迫的問題，比如貧窮、識字率偏低、不同種族爭奪主權，以及政府機關的貪汙腐敗。教科文組織打造的三座模範圖書館，恰如其分地展現計畫本身的缺失。其中第一座一九五〇年在德里成立，成果最豐碩。第二座一九五四年在哥倫比亞的麥德林（Medellín）成立，哥倫比亞毒梟巴布羅・艾斯科巴（Pablo Escobar, 1949-1993）後來在這裡創辦惡名昭彰的販毒集團。第三座一九五七年在奈及利亞成立。這些圖書館的存在只是為了呈現歐洲圖書館的優質運作方式，完全不考慮它們所在的國家的現實環境。以奈及利亞圖書館為例，使用者多半是住在當地的歐洲人：本國人口識字率不到百分之十。圖書館的地點選在奈及利亞東南部的埃努古（Enugu）也有可議之處，因為這裡的居民以伊博族（Igbo）為主，而伊博族因為生活富裕，在獨立後的奈及利亞掌握權勢，受到其他族群的憎恨。一九六七年埃努古變成比亞法拉共和國（Republic of Biafra）這個短命國家的首都，在一場醜陋的戰爭中慘遭炮火轟炸，糧食斷絕，不得

不屈服，整個世界視而不見。在現實政治（realpolitik）的惡劣環境中，對奈及利亞石油的需求戰勝圖書館的薰陶。[45]

　　即使在比亞法拉之後，後殖民冷戰時代的圖書館服務也是一團混亂，充滿傲慢的野心、天真與落空的希望。毫無疑問，在某些情況下，圖書館為國家主義運動提供知性武器。印度圖書館員阮甘納桑（S. R. Ranganathan, 1892–1972）明確地以這個角度看待圖書館。但在其他地方，比如越南和柬埔寨，圖書館很容易在嚴重的權力衝突中連帶受損。[46]在非洲，圖書服務通常變成後殖民勢力爭奪權力的另一個場域。[47]書籍出版的統計數字透露出全球失衡的重大問題。一九七〇年已開發國家出版的書籍以冊數而言占全球百分之八十七，以本為單位計算，更是占百分之九十三，而這些國家的人口只占全世界的百分之二十九。

夥伴，圖書館棒極了！

　　書籍能不能趕上世界的腳步，不被進步的時代淘汰，至今沒有定論。澳洲是最早遭遇這個問題的國家之一。澳洲跟印度或加拿大一樣，早期圖書館象徵著移植過來的歐洲價值觀。臨海的大城市很快建起一座座壯觀的圖書館，廣大的內陸地區人口分散，不利圖書館的設立。雖然官方持續努力，希望讓圖書服務普遍化，但到了一九七〇年代，圖書館明顯漸趨沒落。總理高夫・惠特蘭（Gough Whitlam）要求調查委員會提出解決方案。這個委員會的主委是頗受推崇的圖書館員阿倫・霍爾頓（Allan Horton），他寫了一份報告獻策，報告的名稱十分親切：《夥伴，圖書館棒極了！但還可以更好》。

　　霍爾頓建議中央政府擔起大部分責任，相對地，圖書館必須成為社區中心，兼具多重功能，比如娛樂、資訊與諮詢。民眾應該跟過去一樣，把圖書館當成提供閱讀與視聽等娛樂資源的設施，但圖書館也應當是大眾尋找資訊與諮詢服務的據點，比如引導使用者找到能夠協

助他們解決問題的組織或機構。另外，圖書館也應該收藏終身教育和在職教育方面的資源。[48] 聽起來好像有種古怪的熟悉感，那是因為早在一九七六年，霍爾頓就看到了圖書館的功能危機，也就是數位時代帶來的威脅。本書開頭提到蘭貝斯市民要求市政當局繼續補助肯寧頓區德寧圖書館，霍爾頓對澳洲納稅人的訴求沒有多大不同。澳洲的圖書館可以存活，前提是必須成為社區的活動中心。

圖書館的策略專家顯然任重道遠，既要迎合當代的使用者，又得預測未來的需求，偏偏在變幻莫測的媒體環境中，消費習慣不斷演變。一九七六年的第一代影音圖書館就是最佳例證，等到卡式錄影帶、光碟片和數位科技到來，挑戰就更艱鉅了。圖書館必須與時並進，但過度自信地踏出錯誤的一步，結果可能是一場災難。最知名也最慘烈的例子是頂尖圖書館先將館內收藏的過期報紙拍攝下來，再將所有報紙丟棄。這個做法的好處相當明顯，因為舊報紙十分占空間，也容易衰敗。但館方選擇的救援技術微縮膠片卻同樣不耐久存。短短幾十年，微縮膠片已經不堪使用，報紙也找不回來。最後館方只好移除閱覽室裡的微縮膠片閱讀機，曾經的明日科技已經變得多餘。[49]

最重要的是，圖書館員忙於預測與適應新時代的同時，很容易就忽略書籍這種現有技術明顯又可靠的價值。圖書館員給人的印象通常與世無爭，對自己的行業卻是充滿企圖心，對教育格外積極，居高位的人更是急於留下永恆的功績。爬上高位的人通常是靈活的政客，他們善於跟民選官員周旋，也知道對方能夠接納恢宏計畫。能展現資訊科技的新概念，再搭配嶄新的建築物更是完美，這樣的提議通常很難抗拒。舊金山的新圖書館充分顯示這樣的政策會演變成什麼樣的災難。這個圖書館集傲慢、錯誤判斷與管理不當於一身，結果只是建造了一棟數位新時代的建築紀念碑。

舊金山一直有意汰換老舊的圖書館總館，舊總館雖然看得出歲月的痕跡，卻是一棟相當不錯的當代建築。市立圖書館館長提議整修，

董事會卻決定建一棟耀眼的新建築。舊金山圖書館幾經磨難，一九〇六年在地震中全毀，一九八九年的地震把五十萬本書震落書架，花了幾個月時間和大筆經費才恢復舊觀。新館的工程在一九九三年展開，三年後高科技新總館落成啟用。[50]

新館帶給訪客美好的體驗，這點無庸置疑。新館面積是舊館的兩倍，正中央設計蜂巢式天井，上方是高聳的天窗，讓人聯想到塞滿各種尖端科技的火箭裝配中心。舉凡電腦終端機、會議廳和分組討論室，應有盡有。問題在於，圖書館的設計不足以容納三百萬本書，而舊館必須清空轉型為博物館，原來的書於是草率地送進臨時倉庫，更有一部分直接扔進垃圾場，沒有留下任何紀錄。有人估計被扔掉的書有二十萬本，也有人認為有五十萬本。

這個動作規模太大，沒辦法隱瞞，尤其不可能瞞得過震驚的圖書館員。雪上加霜的是，原有的卡片目錄也被扔了，所以沒有人知道究竟扔掉哪些書，也不知道當初依據什麼標準決定書本的去留。行政官員驚慌失措，邀請抗議民眾一起去堆積廢料的地方搶救書籍，這才發現很多等待銷毀的書籍都是舊金山圖書館體系唯一的一本。身為後書籍資訊時代（post-book information age）忠實信徒的圖書館館長被迫辭職。幾年後這位館長和其他資深同仁接受作家尼古拉斯・巴斯貝恩（Nicholas Basbanes）訪談，沒有人說得清當初究竟有多少書被毀：「我不知道，行嗎？因為我沒有一本一本去數，圖書館也沒有留下紀錄。」[51]

該從哪裡說起？理想的圖書館營運有個原則，那就是絕不在重大建築工程期間出清書籍。當然，你還得知道哪些書被清理掉，基於什麼理由，並且取得社區的認同與支持。遮遮掩掩、蓄意蒙蔽、混亂與驚慌是舊金山圖書館醜聞的特色，資深的管理階層是始作俑者，他們不再相信書籍是圖書館功能的核心。如果這是進步的代價，那麼好處是什麼？

　　要回答這個問題，我們需要把視線轉向法國。兩千年來圖書館經歷了創造、災難、毀壞、惡意與承諾，以及偶爾的愚昧無知，法國是這段大起大落旅程末端的好消息。公共圖書館誕生以來的大多數時間裡，法國圖書館一直是怠忽與疏漏的代名詞。沒錯，法國大革命期間沒收的書籍移交給地方政府時，法國率先成立公共圖書館。但這些遺產不是祝福，而是詛咒：到了一八六〇年，法國各地的市立圖書館不再假裝有志為大眾服務。從一九七五年開始，經過一波耀眼的創意措施，這種情況徹底改觀：法國政府插手干預，撥出大筆經費全力革新破舊的公共圖書館。

　　這項革新造就了新一代的多媒體圖書館，這些圖書館通常是坐落在市中心的美麗新建築，有社區需要的完善功能，也預留了未來的發展空間。新建築的位置充分顯示，這項計畫是市民榮譽感的寄託：拉羅歇爾（La Rochelle）的多媒體圖書館正對港口，尼姆（Nîmes）的則俯瞰市區的古羅馬競技場遺跡。有些地方感性地改裝古典建築，比如普羅旺斯艾克斯的多媒體圖書館是火柴工廠改建而成。老祖宗留下來的古書並沒有被遺忘，每座圖書館都有個設備齊全的珍稀書籍區，通常距離兒童圖書、音樂和一般書籍不遠。許多時代的書籍和不同世代的圖書館在這裡和諧並存。最重要的是，這些圖書館十分忙碌，反映了各地社區真實而鮮活的一面。到了二〇一九年，法國總共有一萬六千五百座公立圖書館，比二〇一七年增加四百座。法國的圖書館使用者十分活躍，全國的公立圖書館總計借出兩億八千萬次。百分之七十六的法國人民仍然認為圖書館是實用的社會機構。在這個時代，歐洲各地的圖書館焦慮地預做準備，以因應資源日益縮減的未來，過去十五年來法國圖書館的使用率卻成長百分之二十三。[52]

後記
無紙閱讀

　　話題繞回亞歷山大圖書館，那棟壯觀建築匯集了二十世紀圖書館運動如此多的矛盾概念：既頌揚歷史的傳承，又迫不及待地擁抱未來。新亞歷山大圖書館落成二十年來，已經成為重要文化機構，舉辦大型會議、研討會、音樂會、戲劇表演和亞歷山大國際書展。館內十五項常設展覽和炫目的建築每年吸引一百五十萬名遊客入館參觀，直到二〇二〇年因為新冠疫情暫時閉館。亞歷山大圖書館的藏書量一直維持大約兩百萬冊，遠低於八百萬冊的最高容量，因為該館跟其他圖書館一樣，漸漸轉移重點，改以數位方式為全球讀者提供服務。

　　最重要的是，亞歷山大圖書館是一項標誌：象徵全球共同推廣學習，增長個人能力，也象徵對資訊的重視。該館也強而有力地展現相對落後的南方國家（global south）在圖書館未來的歷史與發展中占有什麼樣的地位。過去二十年來，在全球最知名的科技先驅比爾‧蓋茲（Bill Gates）的參與下，圖書館的發展得到強大動力。一九九七年以來，比爾與梅琳達‧蓋茲基金會（Bill and Melinda Gates Foundation）已經為全球圖書館投注數十億美元，最早是為美國公共圖書館架設免費 Wi-Fi，後來擴展到五十多個國家。蓋茲的全球圖書館計畫認為，公共圖書館是天然的社區中心，是渴望學習的人唯一能找到的友善空間，也有具備專業能力、親切體貼的工作人員。這不是另一個卡內基圖書館興建計畫，而是改造現有基礎設施，提供現代數位資源，也讓

初學者學習使用數位工具。從波札那和保加利亞到智利、哥倫比亞、墨西哥和越南，蓋茲基金會也獎勵當地圖書館現有的計畫，認為在發展機會與數位化未來的結合中，卓越的領導不可或缺。[1]蓋茲基金會也鼓勵圖書館發展出符合民主精神的理想典型：過去的圖書館是精英階級教化大眾的工具，如今操控權徹底轉移到使用者手上。

我們很難找出全球圖書館計畫的缺點，但在其他地方，科技業巨擘進軍書籍圈的情況卻令人憂心。出版業驚駭又陶醉地看著亞馬遜公司的成長，就像第一次見到斷頭台的法國貴族。更令人憂心的是，據說亞馬遜創辦人傑夫・貝佐斯（Jeff Bezos）曾經告訴員工，跟小型出版社打交道時，要像印度豹獵食病弱的鹿。[2]在此同時，谷歌搜尋引擎漸漸取得主導地位，聲勢大好，卻因為計畫將全球圖書數位化，跟書籍業展開長達十年的戰鬥。有趣的是，亞馬遜和谷歌都聲稱自己是受到古代亞歷山大圖書館的啟發，亞馬遜的人工智慧虛擬助理Alexa的名字就是取自亞歷山大圖書館。谷歌創辦人也明確表示，將全球所有書籍數位化的計畫靈感來自亞歷山大圖書館囊括全世界知識的遠大企圖，只是，亞歷山大圖書館的企圖前路坎坷。

我們不能忘記，當谷歌創辦人賴利・佩吉（Larry Page）和謝爾蓋・布林（Sergey Brin）公布他們解鎖五百年印刷史的計畫時，圖書館界熱情回應。到了二〇一〇年，谷歌以自鳴得意的精準度計算，從古騰堡發明印刷術以來，全世界總共出版一億兩千九百八十六萬四千八百本書。這些書谷歌都要，而世界各地規模最大的圖書館樂意配合。密西根、哈佛、史丹佛、牛津和紐約公共圖書館都加入這個計畫。直到現在，安特衛普、根特、阿姆斯特丹和大英圖書館仍然持續與谷歌合作。對於谷歌，這是一項巨額投資，附帶龐大的後勤工作，最後總共拍攝兩千萬本書，其中包括許多最古老的書籍。

只是，疑慮很快出現。[3]頂尖圖書館開始思考，將全世界的知識交付給單一公司是不是明智的做法。而後還有版權問題。谷歌認為這

個問題已經解決，因為Google Books是搜尋引擎，是內容龐大的百科全書，不是供人閱讀文本的網站，符合「合理使用」原則。所謂「合理使用」，是未經同意使用他人創作在法律上的關鍵辯詞。但作家不認同，他們在二○○五年發起集體訴訟，保護他們的智慧財產。原本雙方商定由谷歌支付一億兩千五百萬美元，取得運用這些書籍營利的權利，但這個一度談成的協議終究宣告失敗。

　　谷歌這個案子本質上是信任問題：我們能將珍貴的書籍遺產交託給依然不確定的數位化未來嗎？如果谷歌將來設定收費關卡呢？或者直接消失？或者，允許使用者存取某些書籍，保留其他的呢？我們已經做好準備，讓單一公司決定哪些著作可以被接受？再來是比較俗氣的問題：如果任由書籍在不受控制的環境裡共享，重演音樂產業的浩劫，作家要如何維持生計？更根本的問題是，在現代社會中，智慧型手機主宰人類的思維空間，我們每天不間斷地查看那個小小的矩形電子裝置，書本的速度太緩慢了嗎？二○一六年一項調查顯示，我們平均每天碰觸手機兩千六百一十七次。[4]有人主張，真正的問題不在於書籍這種媒體受到排擠，而在我們注意力持續的時間受影響。[5]話說回來，收音機和電視也曾被冠上這種罪名，十六世紀的文人學者也以同樣理由指控過小冊子。另一個針對智慧型手機的更嚴重批評是，它的成癮性不是偶然的附帶結果，而是經過刻意設計，讓使用者產生依賴性，這種依賴性限制了閱讀時的反思能力。

澆熄火焰

　　一九八六年四月二十九日洛杉磯公共圖書館發生大火，如今讀者對這場火災已經不陌生。火勢延燒一整天之後，四十萬本書化為灰燼，另外七十萬本受到水與煙的破壞。當時這是一場不為人知的圖書館災難，因為火災發生的那天，西方媒體首度獲知發生在四月二十六日的蘇聯車諾比（Chernobyl）核電廠事故的規模。不出所料，全世

界的新聞媒體全力報導這則重大消息，唯一的例外是俄國共產黨官方媒體《真理報》（*Pravda*），因為俄國對內封鎖車諾比消息，有足夠的版面可以報導洛杉磯的苦難。[6]

　　圖書館火災其實不少見：美國圖書館每年發生兩百起火災。災情比較嚴重的火災起火原因通常是電路系統老舊。一九八二年北好萊塢圖書分館毀於電路故障，二〇〇四年德國威瑪富有盛名的安娜・阿瑪莉亞圖書館也因為類似原因損失許多價值連城的書籍。一九九四年英格蘭諾里奇的市立圖書館遭遇祝融，燒毀三十五萬本書。一九八八年聖彼得堡的俄羅斯科學院在大火中損失四十萬筆書報雜誌，火苗起於報紙區。[7]

　　直到不久之前，我們仍然願意相信圖書館是庇護所，書籍一旦安穩地收藏進去，就能得到保護。事實證明，這個安全處所只是暫時的。書籍隨時都可能離開圖書館，偶爾是因為我們在這本書裡談到的各種災禍，但也可能是圖書館員的正常操作：乏人問津的書會被移除，騰出空間存放新進的書本，破舊的書本會被新版本取代。「淘汰」是圖書館員的工作重點之一，他們遵循詳細的規則認真執行。本書作者曾經有機會取得大量這種過剩的書，透過非營利二手書網站Better World Books[8]供學術機構再利用，從中受益匪淺。

　　有個圖書館使用者經營二手書店長達四十年，只賣從圖書館偷出來的書。偶爾也有圖書館員監守自盜，他們本身就愛書，也深知書籍的稀有性和價值，其中的誘惑可想而知。不過，館員偷書大多是為了私下賞玩，而非出售。一九八二年洛杉磯有個圖書館員家中被起出一萬本書，面對詢問時順從地坦承他有囤積癖，後來他交出贓物，遞出辭職書。[9]另一個駭人聽聞的事件近期才被披露：義大利那不勒斯吉羅拉米尼圖書館（Girolamini Library）館長系統化地侵吞館內藏書，總共偷出約四千本珍稀書籍，透過不肖書商銷售謀利。[10]東歐許多圖書館收藏著哥白尼的傑作，這些書是世上最珍貴的古老書籍，但由於

圖書館安全措施不夠嚴密，也成為失竊率最高的珍本。二十世紀後期至少有七本消失無蹤。[11]

　　幸運的是，這樣的案例少之又少。更可議的是蓄意破壞，而且執行者不是精神錯亂或患有偷竊癖的個人，而是圖書館的行政人員。[12]通常這種事都打著現代化的名義：圖書館員化身未來學家，急於搶得先機，提供最現代化、最具前瞻性的設施。如果所有辦法都不成，他們會說某個理想目標勢在必行，因為沒有人能阻擋前進的腳步。因此，數位系統圖書館員麥可・斯凱勒（Michael Schuyler）在《圖書館電腦》（*Computers in Libraries*）發表文章指出：「圖書館（尤其是公共圖書館）的矛盾在於，有些人從小相信書籍是神聖的⋯⋯不管書本多麼陳舊，他們都不願意丟棄⋯⋯科技（包括它醜陋的一面）會贏得最後的勝利。」[13]

　　成排成排的電腦、會議廳、新媒體，都需要空間容納，唯一的辦法通常是將書籍清除。在這個過程中，最先犧牲的是被視為多餘的卡片索引和目錄。但卡片索引和目錄通常記載著線上搜尋無法複製的資訊。阿姆斯特丹大學圖書館就有一份這樣的目錄，為我們提供數千本十七世紀書籍的資訊，在任何網路上都不可能找得到。[14]

　　想知道各種現代化術語在圖書館專業的氾濫程度，看看這個行業的權威期刊不斷更換的名稱就明白了。這份期刊一九六六年創刊時是《圖書館史刊》（*The Journal of Library History*），一九八八年變身為《圖書館與文化》（*Libraries & Culture*）：「這是一份跨學科刊物，在文化與社會史脈絡中探討收集書面知識的重要性，包括文本的創造、組織、保存與利用，不受時空限制。」重新出發後的期刊第一篇文章討論的主題是微縮卡片（microcard），這是一種不透明的微縮資料。這個刊名沿用到二〇〇六年，而後再一次進化成《圖書館與文化紀錄》（*Libraries & the Cultural Record*）。為了讓讀者明白期刊改名並非換湯不換藥，主編大衛・格雷西（David B. Gracy II）發表全新聲明。「在

全新刊名下，我們會以歷史為根據，單獨或合併探討圖書館與圖書館從業人員、檔案與紀錄、博物館與博物館管理，以及保存與保護等主題。這些主題都屬於資訊領域，也與文化紀錄的管理息息相關。」

　　這份篇幅不短的發刊詞清楚表明，這次刊名的小規模更動是經過審慎思考，反映出該期刊決心因應圖書館專業重點的變遷。事實上，編輯台覺得改名刻不容緩，選在第四十一卷中途執行。回想起來，這份發刊詞最重要的部分應該是在最後一個句子，以及「資訊」（Information）這個英文字的第一個字母用了強勢的大寫。因為短短六年後，《圖書館與文化紀錄》變成《資訊與文化》（*Information & Culture*），索性將圖書館逐出刊名。主編威廉・阿斯普雷（William Aspray）盡心盡力地解釋，《資訊與文化》仍然刊登圖書館學術論文，只是增加探討資訊學院運動（iSchool movement）的文章。某種程度上，這話不假。不難想像，無論這份刊物冠上什麼名稱，像〈一八五〇年以前俄亥俄河谷書籍使用探討〉這樣的文章都會受歡迎，但〈人工智慧的遊戲圍欄〉和〈蘇聯模控學標準化〉卻未必，另外還有〈以世界為資料庫〉和〈史蒂芬・威拉茲藝術作品裡的資訊流表現〉，這些都是《資訊與文化》第一期的文章。

　　對於圖書館界，孤注一擲地選擇數位化不無風險。因為他們其實是將全部身家投注在一種很快就會無所不在的科技上，到最後圖書館在這種環境中變得可有可無。再過十年，科技業或許就能讓 Wi-Fi 分享雲覆蓋整座城市，甚至整個國家。亞馬遜計畫透過三千兩百三十六個衛星為全世界提供高速網路。[15] 那麼人們為什麼要去圖書館使用數位資源？過去五百年來，書籍一直是圖書館存在的目的。將免費Wi-Fi當做圖書館未來的存續關鍵，恐怕撐不到十年。

　　一九八六年洛杉磯公共圖書館的書籍借出九十萬次，七十萬人次造訪圖書館。大多數人來到圖書館是為了向知識豐富的館員請教問題。一九八六年該館館員總共回答六百萬個問題，內容包羅萬象。[16]

館員很願意長期坐守諮詢櫃台，累積出百科全書般的知識，足以媲美蘇格蘭小說家約翰・布肯（John Buchan, 1875–1940）的作品《三十九級台階》（*Thirty-Nine Steps*）裡的記憶先生（Mr. Memory）。附帶一提，記憶先生是電影版本加入的角色，沒有出現在原著中。如今我們有維基百科、谷歌和Alexa，向參考諮詢櫃台提出的六百萬個問題隨時可以得到答覆，不需要耗時費力趕到城市另一端。事實上，二〇一九年亞馬遜的Alexa**每天**回答全球八十多個國家的使用者提出的五億個問題。[17]

　　最重要的是，圖書館員為數位革命注入力量的同時，放棄了自己獨一無二的賣點，而他們守護這個賣點的時間幾乎跟圖書館史一樣久。這個賣點就是運用他們的知識、品味與辨識力來幫助使用者做選擇。這是個重點，可以幫助我們理解本書討論到的很多主題，比如最早的書商目錄、諾德的建言、美國圖書館協會提出的書籍收藏指導方針、讀書俱樂部。這個重點背後的概念是，在資源豐富的時代，永遠都有個助手適時引導讀者選擇合適的書。網際網路應有盡有，但它真能取代這種深思熟慮、精挑細選、熱切的期待與情節緩緩開展的過程嗎？沒錯，網際網路是這個急躁時代的完美工具：我們喜歡當天遞送的便利，卻越來越常抱怨緊湊的生活步調帶來壓力。而且情況只會更糟，國際數據資訊公司（International Data Corporation）預估，未來五年內全球人口平均每十八秒會使用一次網路裝置。[18]圖書館和書籍促進反思。找回平衡的生活是個重責大任，光靠各種課程或團體治療效果有限。一本書，就是一堂個人專屬的覺察減壓課程。

存續

　　本著這種精神，我們深吸一口氣，想想我們依然擁有的東西。根據國際圖書館協會和機構聯合會（International Federation of Library Associations and Institutions）統計，二〇二〇年全世界還有超過兩

百六十萬座機構圖書館，包括四十萬四千四百八十七座公共圖書館。[19]
這些圖書館幾乎全部都還有書。新圖書館也持續興建。上一章提到
的法國是歐洲的特例，但歐洲也有不少壯觀的新圖書館，比如哥本哈
根的黑鑽石國家圖書館（Black Diamond），拉脫維亞受到黑鑽石的啟
發，在首都里加建造了國家圖書館。毀於大火的諾里奇圖書館已經重
建為社區中心，曼徹斯特近期完成了中央圖書館敏感的改建工程，這
是全英格蘭最古老的公共圖書館之一。改建後的圖書館多了輕鬆愉快
的會議空間，圖書館的一側則是市政服務櫃台，民眾走一趟圖書館可
以順便找市政府官員洽詢房屋或護照事宜。紐約市放棄福斯特建築事
務所（Foster and Partners）的公共圖書館重建案，在第五十三街打造
了一座亮眼的全新分館。[20]

　　科技的腳步風馳電掣，新科技從推出到在地化的時間一代比一
代大幅縮短。每一種全新通訊方式問世，總有人信心滿滿地預測書
籍的死亡，但這種預言從未應驗。一九七九年美國智庫蘭德公司
（RAND）的領導人宣布，圖書館很快就會走入歷史。[21]一份立意良
善的科技滅絕報表預測，全世界最後一座圖書館會在二〇一九年關
門。[22]然而，這些破爛陳舊、飽受摧殘的傳統技術拒絕斷氣。而對於
企圖超越科技的人，未來有時候十分短暫。看看唯讀光碟的興起和
默默離去，那曾經是書籍的未來。亞馬遜的電子閱讀器Kindle好像會
走上同樣的命運。[23]已經有未來學家對圖書館有不同看法：「我以為
圖書館會虛擬化，館員會被演算法取代。顯然不會。」圖書館為什麼
生存下來？「圖書館是個慢思慢想的空間，遠離日常生活的喧囂與忙
碌。」[24]

　　書本也活下來了，原因就跟貝佐斯創辦亞馬遜時選定書籍做為核
心商品一樣。書本耐久存，方便運送，尺寸大小相當一致，消費者也
清楚自己想要什麼。[25]你還可以補充其他理由，比如書本結實耐用、
不需要維修保養或更換零件。另外，書籍也是文化資產，可以當成住

宅或辦公室賞心悅目的擺飾，也可以分享、借出或珍藏。只是，這些對追求重複銷售的科技企業家效益不大。

　　圖書館從業人員深知這點，至少那些每天與使用者互動的人是如此。在搜尋資料並撰寫這本書的過程中，我們訪談過許多圖書館員，也在二十多個國家的各類型圖書館做過研究。要區分圖書館的館員和管理階層並不難，負責基層工作的館員仍然明白書本的重要性，而負責管理的主管則想要走在時代前端，似乎很嚮往沒有書本的圖書館。聽著狂熱分子暢談變革的不可避免，以及無限數位資源的全新未來，我們很難不聯想到第一代人文主義者。他們也暢談未來，但心中所想的主要是希望自己和同類能取得更多書籍。網路上有一支詳盡的宣傳影片介紹全球第一座無紙化公共圖書館：美國德州聖安東尼奧（San Antonio）的Bibliotech圖書館。[26]這座圖書館設置了規劃完善、照明充足的電腦區，影片中的使用者笑容滿面，在圖書館裡如魚得水。他們幾乎都是年輕人，清一色穿著T恤與休閒褲，多半是中學或大學生。這些人都是數位世代，屬於這個精英團體，彼此之間除了人種跟星艦企業號（Enterprise）的高級軍官一樣多元之外，沒有其他差別。這個環境遺忘了帶著孩子去兒童圖書室的年輕父母：在兒童圖書室裡，與書本的接觸對孩子的認知發展跟書本內容一樣重要。另一批被遺忘的則是拿著一疊書換回另一疊書的退休人員。這些人仍然是公共圖書館和各分館日常的使用者。

　　假想另一種情境。不是提供更多這種全新、先進的數位實驗，而是我們目前的城鎮和圖書分館清理掉所有書籍，挪出空間給圖書館現有的其他服務項目，比如教學課程、團體聚會、電腦、社會服務等。那還會是圖書館嗎？拿掉書本之後，很難看出這些機構跟社區其他公共空間或政府辦公室有什麼不同。那樣的圖書館會失去許多使用者。因為書本有個特質，讓借書的人跟在圖書館裡聚會的其他團體有所區別：任何人只要願意，都可以在生命中的任何時點加入書籍閱讀的行

列，同樣可以隨時選擇離開，或暫停會員資格（圖書館的這個特質跟宗教組織雷同）。很多人在生命中的某個階段密集使用圖書館，比如就讀大學或新手母親養育幼兒時，之後或許從此不再接觸，也有人退休後才第一次踏入圖書館。

很多人的閱讀生活都像這樣出於自願、非刻意、時斷時續，跟基於特定目的到圖書館參加會議或課程的人大不相同。任何時候走進全世界四十萬座公共圖書館閱讀、借書或查閱資料的人，未必有著相同的興趣、需求或社會特徵。而有著相同問題、政治觀點、期望或抱負的人在其他地方也有碰面機會，最可能是在網路上。圖書館關注到這些團體，提供他們定期聚會的空間，這是好事，但這樣的聚會本質上排除了跟這個團體沒有共同點的人。

在公共圖書館問世的第一個世紀，也就是從一八八〇年代開始，情況截然不同。當時走進圖書館的人確實有個至關緊要的共通點：他們大致上志向遠大，因為圖書館能夠促進社會或個人向上提升。在公共圖書服務相對新穎的地區，圖書館的生命力就是靠這樣的傳統維繫。在西方，圖書館如果不考慮書籍，轉型為聚會空間，結果就是吸引各式各樣的小眾團體，為他們提供寶貴的社會服務，卻不會跟他們有太多互動。正是書籍、個人品味與好奇心的隨機性，圖書館才會繼續吸引社會各階層的人走進來、信步閒逛、瀏覽、想走便走。將圖書館與其他公共場所劃分開來的，正是這份隨機性和尋找提振心靈的書刊（不管是什麼）的意願。

瀏覽是機構圖書館成功的關鍵，也是機構圖書館與私人藏書的主要差別。自從電子商務開發出新的販售模式，業者投注大量心力複製瀏覽體驗，成果十分豐碩（雖然有點讓人頭皮發麻）。研究人員建議結合搜尋結果與精準行銷（microtargeting）的付費廣告（「你買了這個，可能也會喜歡這個」）。但如果我們想要不同的東西，而不是更多相同的東西呢？或者如果我們不知道自己想要不同的東西，只是偶

然瞥見勾起興趣？數位科技也沒有辦法複製這種意外發現，更沒辦法模擬翻書的實質節奏，或時間的標記，或閱讀文本的進度。人類成為數位服務的理想消費者的同時，自己也變得更機械化、可預測、受到限制，也更馴服。

　　我們很難不把圖書館的健全跟書籍的健全連結在一起。事實證明書籍這種人工產物的生命力格外頑強，經歷了羅馬帝國的崩落，從手抄時代過渡到印刷時代，走過宗教改革和啟蒙時代，撐過地毯式轟炸和層出不窮的限制閱讀禁令。到了更近期，它還送走許多被派來送它進火葬場的科技抬棺人，包括微縮膠片、唯讀光碟和如今的電子閱讀器。書籍本身的實質性就是它成功的要素，另外就是它的多元功能，可以是手冊、圖騰和百科全書，也可以是娛樂活動。圖書館做為一個場所或一種概念，也跟書本一樣豐富多變。

致謝辭

　　在撰寫這本書或其他著作的過程中，本書兩位作者曾經各自或共同在三百多座圖書館和檔案室做過研究，所以我們首先要感謝的是圖書館工作人員：幫我們拿幾百本書的特藏室館員，跟我們分享現代圖書館工作內容變化的小型分館助理人員，跟我們討論媒體快速變遷帶來的挑戰的資深館員。感謝他們犧牲寶貴時間給予我們巧妙的引導。

　　寫這本書的過程中，我們得到圖書館界另一份重大助力，那就是他們發表的圖書館史與讀者相關著作。沒有人比負責整理編目的館員或檔案管理員更了解圖書館的收藏。其中很多人都在他們發表的著作中分享這個查詢管道的優點，我們寫這本書時也受益良多，尤其是本書的後半部。這些著作通常發表在學術期刊上：圖書館員不像學者那麼幸運，工作契約裡預留了研究時間。我們由衷感謝他們，也感謝我們搜集本書資料時爬梳過的十幾份圖書館與資訊文化期刊和其他相關著作。

　　我們還要感謝位於圖書館界邊緣的另一個機構：Better World Books。本書讀者已經知道，書籍擺上公共圖書館或大學圖書館的書架後，未必永遠留在那裡。新書源源不絕送進來，存放空間卻有限，只有適當的處置才能解決這個無休無止的困擾。事實上，仔細評估某本書的去留，是圖書館員的例行公事之一。這些清理出來的書有一大部分會交由Better World Books這類商家出售。寫這本書的期間，大多數研究型圖書館都處於閉館狀態，Better World Books和AbeBooks這類二手書商的文本為我們提供一線生機。本書兩名作者總共收藏了來自五十多座公共與學術圖書館的文本，通常保留了完整的借閱紀錄。這幾乎等於環遊世界一圈，為這本書的創作過程增添許多樂趣。

　　二〇二〇年春天爆發的新冠疫情導致研究環境劇烈改變，慶幸的是，本書的研究工作在那之前已經完成。我們要謝謝沃爾芬比特爾奧古斯特公爵圖書館、萊登大學圖書館、阿姆斯特丹自由大學、都柏林三一學院的夥伴，允許我們查閱重要著作。我們來得及跟沃爾芬比特爾、塔林和倫敦的朋友分享

我們對圖書館史的看法，可惜里加、費城、多倫多和紐約的行程都因為疫情取消。也謝謝蘇格蘭聖安德魯斯大學選修我們的圖書館史課程的兩個班級，他們為這本書幾個章節提供寶貴回饋。

Jacob Baxter、Jessica Dalton、John Sibbald、Peter Truesdale和Fran der Weduwen熱心閱讀本書初稿，也提供敏銳的見解，介紹額外的參考資料，讓本書的最後成品更為完善。Jane Pettegree與Fran der Weduwen在這本書的研究與寫作過程中給予作者極大鼓勵，Megan和Sophie Pettegree跟我們一起造訪英國和法國各地的圖書館，留下許多愉快的回憶。我們在聖安德魯斯大學的友善環境中構思並撰寫這本書，也得到我們自己的書籍史研究團隊滿滿的支持。我們與書籍寫作小組優秀同仁和研究生日復一日的討論，讓這本書在很多方面得到益處。我們特別感謝通用簡明目錄（Universal Short Title Catalogue）的副主任兼專案經理Dr. Graeme Kemp，他以高超專業技能掌握源源不絕湧入的新資料，也以豐富的創造力構思未來的發展性。USTC現有的規模幾乎是他一手打造而成。我們也要感謝Brill出版社的Arjan van Dijk和ProQuest的Farhana Hoque，他們協助我們使用Book Sales Catalogues Online與Early European Books的一流數位資源。

正式交稿前，我們的原稿經過Profile的編輯Cecily Gayford大刀闊斧的整頓。我們深深感謝她對編輯工作的熱情，也謝謝她提供創意十足的建議，幫助我們重塑某些素材。也要感謝Penny Gardiner精準又敏銳的編校，以及Samantha Johnson設計的出色封面。我們的經紀人菲麗希緹・布萊恩（Felicity Bryan）發揮極重要的影響力，是她鼓勵我們擴大視野，將圖書館史全面納入。我們在布拉格城堡的堡壘下方跟菲麗希緹通電話時，確定了這本書的書名。她對這種事格外講究，而且絕不妥協。當然，也是透過她的介紹，我們才接觸到Profile和Cecily Gayford。

菲麗希緹擁有大英帝國勳章，二〇二〇年六月二十一日辭世。我們將這本書獻給她，感謝並欽佩她對書籍界的卓越貢獻。

二〇二〇年十二月
於聖安德魯斯

附圖列表

彩色圖片

20　米爾斯與布恩公司分別在1977、1983與1989年出版的三本書。Private Collection, Andrew Pettegree.

21　〈閱讀是男人的義務〉（Reading is a man's obligation），謝爾格・伊凡維奇・伊凡諾夫（Sergei Ivanovich Ivanov）創作的共產黨海報（聖彼得堡，約1919）。Poster Plakat.com, PP 764.

22　舊金山公共圖書館總館中庭（2009）。Wikimedia Commons © Joe Mabel.

23　消防車與吞噬洛杉磯公共圖書館的大火奮戰，1986年。Ben Martin/Archive Photos/Getty Images.

插圖

1　《驚奇故事！》（*Tales of Wonder!*），詹姆斯・吉爾雷（James Gillray）繪（1802）。Library of Congress, Washington DC: LC-USZ62-139066.

2　聖本篤將他的《本篤會規》交給追隨者。這幅小畫像收錄在1130年抄寫的一本《本篤會規》之中。© British Library Board: Add MS 16979.

3　九世紀初聖加倫修道院平面圖。Stiftsbibliothek Sankt Gallen, Ms 1092.

4　英國赫里福德主教座堂圖書館以鏈條固定的書本。Epics/Hulton Archive/Getty Images.

5　米開洛佐設計的佛羅倫斯聖馬可修道院圖書館內部。Leemage/Universal Images Group/Getty Images.

6　《古騰堡聖經》的一頁，內容是《西拉書》（*Sirach*）第43章第25節到第45章第2節。《西拉書》又稱《傳道書》（*Ecclesiasticus*）。Wikimedia Commons / Miami University Libraries.

7　Coenraet Decker, *View of the Ruins of the Cloister Koningsveld, near Delft* (1680). Rijksmuseum, Amsterdam: RP-P-1905-5697.

8　《禁書目錄》卷首插畫（1758）。Library of Congress, Washington DC: LC-USZ62-95166.

9　Hendrik Bary, *Portrait of the Dutch theologian Jacobus Taurinus* (1576–1618) (c.1657–1707). Rijksmuseum, Amsterdam: RP-P-1894-A-18220.

10　*Catalogus variorum et insignium librorum Pauli Johan: Resenii* (Copenhagen: Henrici Gödiani, 1661). Det Kongelige Biblioteket, Copenhagen.

11　Willem Isaacsz van Swanenburg, *Bibliotheek van de Universiteit van Leiden* (1610). Rijksmuseum, Amsterdam: RP-P-1893-A-18092.

12　伯斯郡內佩福雷圖書館。Wikimedia Commons © Tom Parnell.

13　海外福音傳道會藏書票（1704）。Courtesy of the Free Library of Philadelphia, Rare Book Department, bkp00006: https://libwww.freelibrary.org/digital/item/55446.

14　Claude Mellan, *Gabriel Naudé* (c.1650). National Gallery of Art, Washington DC: 1991.164.15 / Wikimedia Commons.

15　Conrad Buno, *Duke Augustus the Younger of Braunschweig-Lüneburg in his library* (1650). Wikimedia Commons.

16　曼徹斯特波提哥圖書館閱讀室（2016）。Wikimedia Commons, © Michael D. Beckwith.

17　穆迪圖書館標籤，貼在羅伯特・路易斯・史帝文森（Robert Louis Stevenson）

的《給家人與朋友的信》（*Letters to his Family and Friends*, London: Methuen, 1900）封面上。Private Collection, Andrew Pettegree.

18 國會圖書館（1902）。Library of Congress, Washington DC:LC-DIGdet-4a09422.

19 佛爾格莎士比亞圖書館閱覽室。Folger Shakespeare Library Digital Image Collection.

20 坐在書桌內側的安德魯・卡內基（1913）。Library of Congress, Washington DC: LC-USZ62-58581.

21 德州沃思堡卡內基圖書館平面圖（約1900）。Library of Congress, Washington DC: LC-DIG-ppmsca-15365.

22 1902年建造的布萊恩卡內基圖書館（2014）。卡內基在德州捐建的三十二座圖書館現存十三座。Library of Congress, Washington DC: LC-DIG-highsm-29724.

23 美國士兵排隊領取卡車運來的書籍，德州凱莉・菲爾德圖書館（約1917）。Library of Congress, Washington DC: LC-USZ62-105281.

24 毀於炮火的荷蘭米德爾堡圖書館（1940）。Rijksdienst voor het Cultureel Erfgoed, Amersfoort: OF-01450.

25 倫敦肯辛頓荷蘭別墅的圖書館，被德軍燃燒彈炸毀（1940）。Central Press/Stringer/Hulton Archive/Getty Images.

26 鄉間小學生圍著圖書車看書，紐約州西北部湯普金斯郡（1930）。PhotoQuest/Archive Photos/Getty Images.

27 阿帕拉契山區四名馬背上的圖書館員準備出發執勤（1937）。University of Kentucky Libraries.

28 紐約州水牛城公共圖書館兒童閱覽室（約1900）。Library of Congress, Washington DC: LC-DIG-ds-06507.

29 一八七一年芝加哥大火後英國贈書的藏書票。Chicago Public Library Archives: DA559.A1G7 1868.

附注

序
1 引用自 Anthony Hobson, *Great Libraries* (London: Weidenfeld & Nicolson, 1970), p. 143.
2 譯注：Inquisition，一四七八年西班牙國王亞拉岡的費爾南多二世（Ferdinand II of Aragon）成立的天主教組織，目的在糾舉並懲罰異端信仰。
3 *Advis pour dresser une bibliothèque* (Paris: François Targa, 1627). Gabriel Naudé, *Advice on Establishing a Library*, ed. Archer Taylor (Berkeley, CA: University of California Press, 1950).
4 譯注：一五五〇年代英國推行宗教改革，查抄圖書館的書籍，以消滅羅馬天主教的遺緒。據說當時圖書館的書籍大多被燒毀。
5 參考第十二章。
6 譯注：Thirty Years' War，一六一八年到一六四八年發生在歐洲中部的戰爭，改信喀爾文教派的波希米亞人起而反抗神聖羅馬帝國。戰後各方勢力崛起，神聖羅馬帝國自此式微。
7 見 Kristian Jensen, *Revolution and the Antiquarian Book: Reshaping the Past, 1780–1815* (Cambridge: Cambridge University Press, 2011).
8 精彩手抄本見 Christopher de Hamel, *Meetings with Remarkable Manuscripts* (London: Allen Lane, 2016).
9 見第十四章。
10 W. B. Stevenson, 'The Selection of Fiction for Public Libraries', in Raymond Astbury (ed.), *The Writer in the Market Place* (London: Clive Bingley, 1969), p. 148.
11 Andrew Pettegree and Arthur der Weduwen, *The Bookshop of the World: Making and Trading Books in the Dutch Golden Age* (London and New Haven: Yale University Press, 2019), pp. 172–94.
12 Rebecca Knuth, *Burning Books and Leveling Libraries: Extremist Violence and Cultural Destruction* (Westport, CT: Praeger, 2006), pp. 80–86.
13 Michael Kevane and William A. Sundstrom, 'The Development of Public Libraries in the United States, 1870–1930: A Quantitative Assessment' *Information & Culture*, 49 (2014), pp. 117–44.
14 John Carey, *The Intellectuals and the Masses: Pride and Prejudice among the Literary Intelligentsia, 1880–1939* (London: Faber & Faber, 1992), pp. 3–19.
15 Jonathan Rose, 'A Conservative Canon: Cultural Lag in British Working-Class Reading Habits', *Libraries & Culture*, 33 (1998), pp. 98–104.

第一章
1 譯注：一九七二年美國民主黨全國委員會的水門綜合大廈遭人侵入，是為知名的水門醜聞（Watergate scandal）。尼克森及內閣企圖掩蓋真相，面臨國會彈劾，於一九七四年八月請辭下台。
2 Beverley Butler, *Return to Alexandria: An Ethnography of Cultural Heritage, Revivalism and Museum Memory* (Walnut Creek, CA: Left Coast Press, 2007).

3　譯注：Arab Spring，指二〇一〇年底和二〇一一年發生在中東和北非的一系列民主運動。

4　參考第五章。

5　Jeremy Black, 'Lost Libraries of Ancient Mesopotamia', in James Raven (ed.), *Lost Libraries: The Destruction of Great Book Collections since Antiquity* (Basingstoke: Palgrave, 2004), pp. 41–57, here p. 41.

6　William V. Harris, *Ancient Literacy* (Cambridge, MA: Harvard University Press, 1989).

7　Lionel Casson, *Libraries in the Ancient World* (London and New Haven: Yale University Press, 2001), p. 22.

8　Rory MacLeod (ed.), *The Library of Alexandria: Centre of Learning in the Ancient World* (London and New York: I. B. Tauris, 2000).

9　參考第二章。

10　Bernard Lewis, 'The Arab Destruction of the Library of Alexandria: Anatomy of a Myth', in Mostafa El-Abbadi and Omnia Fathallah (eds.), *What Happened to the Ancient Library of Alexandria?* (Leiden: Brill, 2008), pp. 213–17.

11　T. Keith Dix, '"Public Libraries" in Ancient Rome: Ideology and Reality', *Libraries & Culture*, 29 (1994), pp. 282–96, here p. 283.

12　T. Keith Dix, 'Pliny's Library at Comum', *Libraries & Culture*, 31 (1996), pp. 85–102.

13　Felix Reichmann, 'The Book Trade at the Time of the Roman Empire', *Library Quarterly*, 8 (1938), pp. 40–76, here p. 73. P. White, 'Bookshops in the Literary Culture of Rome', in William A. Johnson and Holt N. Parker (eds.), *Ancient Literacies: The Culture of Reading in Greece and Rome* (Oxford: Oxford University Press, 2009), pp. 268–87.

14　Anthony J. Marshall, 'Library Resources and Creative Writing at Rome', *Phoenix*, 30 (1976), pp. 252–64. 關於西賽羅的藏書見T. Keith Dix, '"Beware of Promising Your Library to Anyone": Assembling a Private Library at Rome', in Jason König, Katerina Oikonomopoulou and Greg Woolf (eds.), *Ancient Libraries* (Cambridge: Cambridge University Press, 2013), pp. 209–34.

15　Lorne Bruce, 'Palace and Villa Libraries from Augustus to Hadrian', *Journal of Library History*, 21 (1986), pp. 510–52, here pp. 544–5.

16　譯注：Epicurean，古希臘哲學家伊比鳩魯（Epicurus, 341–270 BC）創立的學派，認為最大的善是驅除恐懼，追求快樂，達到平靜自由的狀態。

17　Sandra Sider, 'Herculaneum's Library in 79 AD: The Villa of the Papyri', *Libraries & Culture*, 25 (1990), pp. 534–42.

18　Reichmann, 'Book Trade', p. 43.

19　Victor M. Martínez and Megan Finn Senseney, 'The Professional and His Books: Special Libraries in the Ancient World', in König, *Ancient Libraries*, pp. 401–17.

20　Vivian Nutton, 'Galen's Library', in Christopher Gill, Tim Whitmarsh and John Wilkins (eds.), *Galen and the World of Knowledge* (Cambridge: Cambridge University Press, 2009), pp. 18–36. Susan P. Mattern, *The Prince of Medicine: Galen in the Roman Empire* (Oxford: Oxford University Press, 2013).

21 參考第二、三、四章。

22 參考第七章。

23 George W. Houston, *Inside Roman Libraries: Book Collections and Their Management in Antiquity* (Chapel Hill, NC: University of North Carolina Press, 2014).

第二章

1 引用自 J. Berthoud, 'The Italian Renaissance Library', *Theoria: A Journal of Social and Political Theory*, 26 (1966), pp. 61–80, here p. 68.

2 Dom Romanus Rios 對這件事做了扼要敘述，見 'Monte Cassino, 529–1944', *Bulletin of the John Rylands Library*, 29 (1945), pp. 49–68,這篇文章寫於卡西諾山修道院在二次大戰中遭受破壞之後。

3 相關個案研究見 Adrian Papahagi, 'Lost Libraries and Surviving Manuscripts: The Case of Medieval Transylvania', *Library & Information History*, 31 (2015), pp. 35–53.

4 見欽定本《聖經‧提摩太後書》第四章第十三節。

5 John Barton, *A History of the Bible: The Book and Its Faiths* (London: Allen Lane, 2019).

6 Herman A. Peterson, 'The Genesis of Monastic Libraries', *Libraries & the Cultural Record*, 45 (2010), pp. 320–32.

7 引用自 James Westfall Thompson, *The Medieval Library* (New York, NY: Hafner, 1957), p. 34.

8 Bruce L. Venarde (ed.), *The Rule of Saint Benedict* (Cambridge, MA: Harvard University Press, 2011), chapter 48, pp. 161–3.

9 引用自 Jacob Hammer, 'Cassiodorus, the Savior of Western Civilization', *Bulletin of the Polish Institute of Arts and Sciences in America*, 3 (1945), pp. 369–84, p. 380.

10 L. D. Reynolds and N. G. Wilson, *Scribes and Scholars: A Guide to the Transmission of Greek and Latin Literature* (Oxford: Oxford University Press, 1968), pp. 34–5.

11 Reynolds and Wilson, *Scribes and Scholars*, p. 76.

12 Thompson, *The Medieval Library*, p. 35.

13 譯注：Celt，古代分布在西歐的民族，現今愛爾蘭、蘇格蘭、威爾斯、英格蘭和法國的不列塔尼人多屬於這個種族。

14 Sven Meeder, *The Irish Scholarly Presence at St. Gall: Networks of Knowledge in the Early Middle Ages* (London: Bloomsbury, 2018).

15 Yaniv Fox, *Power and Religion in Merovingian Gaul: Columbanian Monasticism and the Frankish Elites* (Cambridge: Cambridge University Press, 2014).

16 Rosamond McKitterick, *Charlemagne: The Formation of a European Identity* (Cambridge: Cambridge University Press, 2008), p. 306.

17 Rosamond McKitterick, *The Carolingians and the Written Word* (Cambridge: Cambridge University Press, 1989).

18 McKitterick, *Charlemagne, p. 316.*

19 James Stuart Beddie, 'The Ancient Classics in the Mediaeval Libraries', *Speculum*, 5 (1930), pp. 3−20.

20 McKitterick, *Charlemagne*, pp. 331−2.

21 Donald Bullough, 'Charlemagne's court library revisited', *Early Mediaeval Europe*, 12 (2003), pp. 339−63, here p. 341.

22 Laura Cleaver, 'The circulation of history books in twelfth-century Normandy', in Cynthia Johnston (ed.), *The Concept of the Book: The Production, Progression and Dissemination of Information* (London: Institute of English Studies, 2019), pp. 57−78.

23 Thompson, *The Medieval Library*, p. 628.

24 同前注 pp. 51, 618。更廣泛的討論見 Florence Edler de Roover, 'The Scriptorium', in the same, pp. 594−612, and see Cynthia J. Cyrus, *The Scribes for Women's Convents in Late Medieval Germany* (Toronto: University of Toronto Press, 2009), pp. 18−47.

25 Thompson, *The Medieval Library*, p. 606.

26 Cyrus, *The Scribes for Women's Convents*, especially pp. 48−89, 132−65.

27 Christopher Given-Wilson, *Chronicles: The Writing of History in Medieval England* (London: Hambledon, 2004).

28 Johannes Duft, *The Abbey Library of Saint Gall* (St Gallen: Verlag am Klosterhof, 1985).

29 關於修道院建築的發展，見 John Willis Clark, *The Care of Books: An Essay on the Development of Libraries and Their Fittings, from the Earliest Times to the End of the Eighteenth Century* (Cambridge: Cambridge University Press, 1901), Henry Petroski, *The Book on the Bookshelf* (New York, NY: Knopf, 1999) and K. Sp. Staikos, *The Architecture of Libraries in Western Civilization: From the Minoan Era to Michelangelo* (New Castle, DE: Oak Knoll Press, 2017).

30 關於後續的演變見 Eva Schlotheuber and John T. McQuillen, 'Books and Libraries within Monasteries', in Alison I. Beach and Isabelle Cochelin (eds.), *The Cambridge History of Medieval Monasticism in the Latin West* (Cambridge: Cambridge University Press, 2020), pp. 975−97.

31 Edward T. Brett, 'The Dominican Library in the Thirteenth Century', *The Journal of Library History*, 15 (1980), pp. 303−308, here p. 305.

32 引用自 Staikos, *Architecture of Libraries*, pp. 248−9.

33 Schlotheuber and McQuillen, 'Books and Libraries', p. 981.

34 見第三章。

35 K. W. Humphreys, 'The Effects of Thirteenth-century Cultural Changes on Libraries', *Libraries & Culture*, 24 (1989), pp. 5−20.

36 N. R. Ker, 'The Beginnings of Salisbury Cathedral Library', in his *Books, Collectors and Libraries: Studies in the Medieval Heritage*, ed. Andrew G. Watson (London and Ronceverte: Hambledon, 1983), pp. 143−74, 同時參考他的 'Cathedral Libraries', in the same, pp. 293−300.

37 Richard H. Rouse, 'The early library of the Sorbonne', *Scriptorium*, 21 (1967), pp. 42−71. J. O. Ward, 'Alexandria and Its Medieval Legacy: The Book, the Monk and the Rose', in Roy MacLeod (ed.), *The Library of Alexandria: Centre of Learning in the Ancient World* (London and New York: I. B. Tauris, 2000), pp. 163–79, here p. 171.

38　N. R. Ker, 'Oxford College Libraries before 1500', in his *Books, Collectors and Libraries*, pp. 301–20.

39　同前注 p. 302.

40　Staikos, *Architecture of Libraries*, p. 253.

41　Burnett Hillman Streeter, *The Chained Library: A Survey of Four Centuries in the Evolution of the English Library* (London: Macmillan, 1931).

42　S. K. Padover, 'German libraries in the fourteenth and fifteenth centuries', in Thompson, *The Medieval Library*, pp. 453–76, here p. 455.

43　Anthony Hobson, *Great Libraries* (London: Weidenfeld & Nicolson, 1970), p. 22.

44　見第三章。

45　Phyllis Goodhart Gordan, *Two Renaissance Book Hunters: The Letters of Poggius Bracciolini to Nicolaus de Niccolis* (New York, NY: Columbia University Press, 1974). 第三章也有相關資料。

46　同前注 pp. 188–9。

47　同前注 p. 192。

48　同前注 pp. 42, 46。

49　同前注 p. 99。

50　同前注 pp. 100, 102。

第三章

1　Richard H. Rouse and Mary A. Rouse, 'The Commercial Production of Manuscript Books in Late-Thirteenth-century and Early-Fourteenthcentury Paris', in Linda L. Brownrigg (ed.), *Medieval Book Production: Assessing the Evidence* (London: Red Gull Press, 1990), pp. 103–15, here p. 103.

2　見第四章。

3　這方面的典型例子可以參考 Adrian Papahagi, 'The Library of Petrus Gotfart de Corona, Rector of the University of Vienna in 1473', *The Library*, 7th series, 20 (2019), pp. 29–46, p. 39.

4　Graham Pollard, 'The pecia system in the medieval universities', in M. B. Parkes and Andrew G. Watson (eds.), *Medieval Scribes, Manuscripts and Libraries: Essays Presented to N. R. Ker* (London: Scolar Press, 1978), pp. 145–61.

5　Nikolaus Weichselbaumer, '"Quod Exemplaria vera habeant et correcta": Concerning the Distribution and Purpose of the Pecia System', in Richard Kirwan and Sophie Mullins (eds.), *Specialist Markets in the Early Modern Book World* (Leiden and Boston: Brill, 2015), pp. 331–50, here p. 343.

6　Richard H. Rouse and Mary A. Rouse, *Manuscripts and Their Makers: Commercial Book Producers in Medieval Paris, 1200–1500* (London: Harvey Miller, 2000).

7　譯注：Hundred Years' War，指一三三七到一四五三年斷斷續續發生在英格蘭與法蘭西之間的戰爭，戰爭的爭執點是法蘭西王國的統治權。

8　這方面的精彩研究見 Frits Pieter van Oostrom, *Court and Culture: Dutch Literature,*

1350–1450 (Berkeley, CA: University of California Press, 1992).

9   Eamon Duffy, *Marking the Hours: English People and Their Prayers, 1240–1570* (London and New Haven: Yale University Press, 2006).

10 Roger S. Wieck, *Time Sanctified: The Book of Hours in Medieval Art and Life* (New York, NY: George Braziller, 2001), p. 39.

11 Christopher de Hamel, *Meetings with Remarkable Manuscripts* (London: Allen Lane, 2016), pp. 376–425.

12 Georges Dogaer and Marguerite Debae, *La Librairie de Philippe le Bon* (Brussels: Bibliothèque royale, 1967), p. 1.

13 Godfried Croenen and Peter Ainsworth (eds.), *Patrons, Authors and Workshops: Books and Book Production in Paris around 1400* (Leuven: Peeters, 2006).

14 Hanno Wijsman, *Luxury Bound: Illustrated Manuscript Production and Noble and Princely Book Ownership in the Burgundian Netherlands (1400–1550)* (Turnhout: Brepols, 2010), p. 23.

15 這本書目前典藏在大英圖書館，編目 Add MS 18850。

16 Alessandra Petrina, *Cultural Politics in Fifteenth-century England: The Case of Humphrey, Duke of Gloucester* (Leiden: Brill, 2004), pp. 153–258.

17 見第六章。

18 相關個案研究見 Andrew Taylor, 'Manual to Miscellany: Stages in the Commercial Copying of Vernacular Literature in England', *The Yearbook of English Studies*, 33 (2003), pp. 1–17.

19 Dogaer and Debae, *La Librairie de Philippe le Bon*. Wijsman, *Luxury Bound*, pp. 244–53.

20 Hanno Wijsman, *Handschriften voor het hertogdom. De mooiste verluchte manuscripten van Brabantse hertogen, edellieden, kloosterlingen en stedelingen* (Alphen: Veerhuis, 2006).

21 James P. Carley (ed.), *The Libraries of King Henry VIII* (London: British Library, 2000), p. 3.

22 Duffy, *Marking the Hours*, p. 25.

23 同前注 p. 22。

24 Dora Thornton, *The Scholar in His Study: Ownership and Experience in Renaissance Italy* (London and New Haven: Yale University Press, 1997).

25 同前注 p. 32。

26 同前注 p. 4。

27 同前注 pp. 133–4。

28 見第二章。

29 有個不錯的例子，見 David Rundle, 'A Renaissance Bishop and His Books: A Preliminary Survey of the Manuscript Collection of Pietro del Monte (c.1400–57)', *Papers of the British School at Rome*, 69 (2001), pp. 245–72, here p. 256.

30 見第一章。

31 R. J. Mitchell, 'A Renaissance Library: The Collection of John Tiptoft, Earl of Worcester', *The Library*, 4th series, 18 (1937), pp. 67–83.

32　Albinia C. de la Mare, 'Vespasiano da Bisticci, Historian and Bookseller' (PhD thesis, London University, 1966). Idem, 'Vespasiano da Bisticci as Producer of Classical Manuscripts in Fifteenth-century Florence', in Claudine A. Chavannes-Mazel and Margaret M. Smith (eds.), *Medieval Manuscripts of the Latin Classics: Production and Use* (London: Red Gull Press, 1996), pp. 166–207. 最近期的資料見 Ross King, *The bookseller of Florence* (London: Chatto & Windus, 2021).

33　譯注：Florin，佛羅倫斯共和國的金幣，流通時間從十三世紀中期到十六世紀，大約含有三點五公克黃金。

34　De la Mare, 'Vespasiano da Bisticci, Historian and Bookseller', p. 214.

35　同前注 pp. 215–16。

36　Vespasiano da Bisticci, *Renaissance Princes, Popes and Prelates: The Vespasiano Memoirs–Lives of Illustrious Men of the XVth Century*, trans. William George and Emily Waters (New York, NY: Harper & Row, 1963).

37　同前注 pp. 102–104。

38　Thornton, *The Scholar in His Study*, p. 120. K. Sp. Staikos, *The Architecture of Libraries in Western Civilization: From the Minoan Era to Michelangelo* (New Castle, DE: Oak Knoll Press, 2017), pp. 316–19.

39　Vespasiano da Bisticci, *Renaissance Princes, Popes and Prelates*, pp. 114–15, 118, 155–6, 171, 237.

40　更詳盡的描述見 Berthold L. Ullman and Philip A. Stadler, *The Public Library of Renaissance Florence: Niccolò Niccoli, Cosimo de' Medici and the Library of San Marco* (Padova: Editrice Antenore, 1972).

41　De la Mare, 'Vespasiano da Bisticci, Historian and Bookseller', p. 219.

42　Vespasiano da Bisticci, *Renaissance Princes, Popes and Prelates*, p. 221.

43　Ullman and Stadler, *The Public Library of Renaissance Florence*, p. 28.

44　Elias Muhanna, *The World in a Book: Al-Nuwayri and the Islamic Encylopedic Tradition* (Princeton, NJ: Princeton University Press, 2018).

45　Arnold H. Green, 'The History of Libraries in the Arab World: A Diffusionist Model', *Libraries & Culture*, 23 (1988), pp. 454–73. Ribhi Mustafa Elayyan, 'The History of the Arabic-Islamic Libraries: 7th to 14th Centuries', *International Library Review*, 22 (1990), pp. 119–35.

46　Brent D. Singleton, 'African Bibliophiles: Books and Libraries in Medieval Timbuktu', *Libraries & Culture*, 39 (2004), pp. 1–12.

47　譯注：Christian Reconquista，指西元七一八年到一四九二年之間基督教政權逐步將阿拉伯勢力逐出西歐伊比利半島。

48　Paul E. Walker, 'Literary Culture in Fatimid Egypt', in Assadullah Souren Melikian-Chirvani (ed.), *The World of the Fatimids* (Toronto: Aga Khan Museum, 2018), pp. 160–75. Johannes Pedersen, *The Arabic Book* (Princeton, NJ: Princeton University Press, 1984), pp. 118–19，更廣泛的討論見 pp. 113–30.

49　Kuang Neng-fu, 'Chinese Library Science in the Twelfth Century', *Libraries & Culture*, 26 (1991), pp. 357–71. 關於日本的藏書見 Peter Kornicki, *The Book in Japan: A Cultural History from the Beginnings to the Nineteenth Century* (Honolulu:

University of Hawai'i Press, 2001), pp. 363–412.

50 Mark Kurlansky, *Paper: Paging through History* (New York, NY: W. W. Norton, 2016), pp. 76–97.

51 Kai-wing Chow, *Publishing, Culture and Power in Early Modern China* (Stanford, CA: Stanford University Press, 2004). C. J. Brokaw, 'On the history of the book in China', in C. J. Brokaw and Kai-wing Chow (eds.), *Printing and Book Culture in Late Imperial China* (Berkeley, CA: University of California Press, 2005), pp. 3–55.

52 見大英圖書館等單位共同主辦的「國際敦煌研究」（*International Dunhuang Project*），http://idp.bl.uk/。

53 近期學者提出了權威性觀點，見 Joseph P. McDermott and Peter Burke (eds.), *The Book Worlds of East Asia and Europe, 1450–1850: Connections and Comparisons* (Hong Kong: Hong Kong University Press, 2015). 另見第四章。

第四章

1 引用自 Eric Marshall White, Editio Princeps: *A History of the Gutenberg Bible* (London and Turnhout: Harvey Miller, 2017), p. 23.

2 同前注 pp. 23–4。更廣泛的討論見 Albert Kapr, *Johann Gutenberg: The Man and His Invention* (Aldershot: Scolar Press, 1996).

3 Andrew Pettegree, *The Book in the Renaissance* (London and New Haven: Yale University Press, 2010), pp. 21–62. Susan Noakes, 'The Development of the Book Market in Late Quattrocento Italy: Printers' Failures and the Role of the Middleman', *The Journal of Medieval and Renaissance Studies*, 11 (1981), pp. 23–55.

4 Mary A. Rouse and Richard H. Rouse, 'Backgrounds to print: aspects of the manuscript book in northern Europe of the fifteenth century', in their *Authentic Witnesses: Approaches to Medieval Texts and Manuscripts* (Notre Dame, IN: University of Notre Dame Press, 1991), pp. 449–66.

5 Elizabeth L. Eisenstein, *Divine Art, Infernal Machine: The Reception of Printing in the West from First Impressions to the Sense of an Ending* (Philadelphia, PA: University of Pennsylvania Press, 2011), p. 13.

6 精彩的個案研究見 Paul Saenger, 'Colard Mansion and the Evolution of the Printed Book', *Library Quarterly*, 45 (1975), pp. 405–18.

7 Falk Eisermann, 'A Golden Age? Monastic Printing Houses in the Fifteenth Century', in Benito Rial Costas (ed.), *Print Culture and Peripheries in Early Modern Europe* (Leiden: Brill, 2012), pp. 37–67, here p. 41.

8 Eisermann, 'A Golden Age?', p. 63.（譯注：indulgence certificate，或譯赦罪證，源於中古世紀羅馬教會，給予罪不至死的人贖罪的機會。十四世紀初教會對外兜售此卷，後來漸漸變質，於十六世紀停止發行。）

9 Melissa Conway, *The Diario of the Printing Press of San Jacopo di Ripoli, 1476–1484* (Florence: Olschki, 1999), pp. 28, 56–61.

10 Eisermann, 'A Golden Age?', p. 37.

11 Lotte Hellinga, 'Book Auctions in the Fifteenth Century', in her Incunabula in *Transit: People and Trade* (Leiden and Boston: Brill, 2018), pp. 6–19, here p. 6.

12 White, *Editio Princeps*, p. 49.

13 Eisermann, 'A Golden Age?', p. 37.

14 Curt F. Bühler, *The Fifteenth-century Book: The Scribes, the Printers, the Decorators* (Philadelphia, PA: Philadelphia University Press, 1960), p. 41.

15 Hannes Kleineke, '*The Library* of John Veysy (d. 1492), Fellow of Lincoln College, Oxford, and Rector of St James, Garlickhythe, London', *The Library*, 7th series, 17 (2016), pp. 399–423. Wolfgang Undorf, 'Print and Book Culture in the Danish Town of Odense', in Costas (ed.), *Print Culture and Peripheries*, pp. 227–48.

16 N. R. Ker, 'Oxford College Libraries in the Sixteenth Century', in his *Books, Collectors and Libraries: Studies in the Medieval Heritage* (London and Ronceverte: Hambledon, 1985), pp. 379–436, here p. 395.

17 Filippo de Strata, *Polemic against Printing*, ed. Martin Lowry (Birmingham: Hayloft Press, 1986).

18 見第十三、十五章。

19 Vespasiano da Bisticci, *Renaissance Princes, Popes and Prelates*, p. 104.

20 Albinia C. de la Mare, 'Vespasiano da Bisticci as Producer of Classical Manuscripts in Fifteenth-century Florence', in Claudine A. Chavannes- Mazel and Margaret M. Smith (eds.), *Medieval Manuscripts of the Latin Classics: Production and Use* (London: Red Gull Press, 1996), pp. 166–207, here p. 206.

21 Berthold L. Ullman and Philip A. Stadler, *The Public Library of Renaissance Florence: Niccolò Niccoli, Cosimo de' Medici and the Library of San Marco* (Padova: Editrice Antenore, 1972), pp. 46–7.

22 Marcus Tanner, *The Raven King: Matthias Corvinus and the Fate of His Lost Library* (London and New Haven: Yale University Press, 2008).

23 Hanno Wijsman, 'Philippe le Beau et les livres: rencontre entre une époque et une personnalité', in his *Books in Transition at the Time of Philip the Fair: Manuscripts and Printed Books in the Late Fifteenth and Early Sixteenth Century Low Countries* (Turnhout: Brepols, 2010), pp. 17–92, here pp. 88, 91.

24 Hanno Wijsman, 'Une bataille perdue d'avance? Les manuscrits après l'introduction de l'imprimerie dans les anciens Pays-Bas', in his *Books in Transition*, pp. 257–72, here p. 263.

25 Hanno Wijsman, *Luxury Bound: Illustrated Manuscript Production and Noble and Princely Book Ownership in the Burgundian Netherlands (1400–1550)* (Turnhout: Brepols, 2010), pp. 337–8.

26 Marguerite Debae, *La Librairie de Marguerite d'Autriche* (Brussels: Bibliothèque royale, 1987).

27 Roger Chartier, *The Cultural Uses of Print in Early Modern France* (Princeton, NJ: Princeton University Press, 1987), p. 150.

28 Julia Boffey, *Manuscript and Print in London, c.1475–1530* (London: British Library, 2012), pp. 1–2.

29 James P. Carley (ed.), *The Libraries of King Henry VIII* (London: British Library, 2000).

30 見第六章。

第五章

1 Noel L. Brann, *The Abbot Trithemius (1462-1516): The Renaissance of Monastic Humanism* (Leiden: Brill, 1981), pp. 4-53.

2 英文譯本見Johannes Trithemius, *In Praise of Scribes*, trans Elizabeth Bryson Bongie (Vancouver: Alcuin Society, 1977).

3 通用簡明目錄（USTC）749471。

4 Trithemius, *In Praise of Scribes*, p. 4.

5 Anthony Grafton, *Worlds Made by Words: Scholarship and Community in the Modern West* (Cambridge, MA: Harvard University Press, 2009), chapter 3.

6 有關費爾南多的精彩人生見Edward Wilson-Lee, *The Catalogue of Shipwrecked Books: Young Columbus and the Quest for a Universal Library* (London: Harper Collins, 2018).

7 Mark P. McDonald, *Ferdinand Columbus: Renaissance Collector* (London: British Museum, 2005).

8 Klaus Wagner, 'Le commerce du livre en France au début du XVIe siècle d'après les notes manuscrites de Fernando Colomb', *Bulletin du bibliophile*, 2 (1992), pp. 305-29.

9 通用簡明目錄收錄了七個版本，分別在巴賽隆納、華拉杜列（Valladolid）、羅馬、巴賽爾和安特衛普發行。另有Giuliano Dati創作的義大利詩歌，見Martin T. Davies, *Columbus in Italy* (London: British Library, 1991)。

10 Egbertus van Gulik, *Erasmus and his Books* (Toronto: University of Toronto Press, 2018).

11 Wilson-Lee, *Catalogue of Shipwrecked Books*, pp. 314-16.

12 Henry Harrisse, *Excerpta Colombiniana: Bibliographie de 400 pièces du 16e siècle; précédée d'une histoire de la Bibliothèque colombine et de son fondateur* (Paris: Welter, 1887).

13 Andrew Pettegree, *Foreign Protestant Communities in Sixteenthcentury London* (Oxford: Oxford University Press, 1986).

14 目前這些書大多數都在荷蘭格羅寧根大學圖書館裡。

15 Ladislaus Buzás, *German Library History*, 800-1945 (Jefferson, NC: McFarland, 1986), p. 16.

第六章

1 Andrew Pettegree, *Brand Luther: 1517, Printing, and the Making of the Reformation* (New York: Penguin, 2015).

2 Drew B. Thomas, 'Circumventing Censorship: the Rise and Fall of Reformation Print Centres', in Alexander S. Wilkinson and Graeme J. Kemp (eds.), *Negotiating Conflict and Controversy in the Early Modern Book World* (Leiden and Boston: Brill, 2019), pp. 13-37.

3 Karl Schottenloher, 'Schicksale von Büchern und Bibliotheken im Bauernkrieg', *Zeitschrift für Bücherfreunde*, 12 (1909), pp. 396-408. Ladislaus Buzás, *German*

Library History, 800–1945 (Jefferson, NC: McFarland, 1986), pp. 31–85. S. K. Padover, 'German libraries in the fourteenth and fifteenth centuries', in James Westfall Thompson (ed.), *The Medieval Library* (New York, NY: Hafner, 1957), pp. 453–76, here pp. 475–6.

4　Schottenloher, 'Schicksale von Büchern', p. 399.

5　Martin Germann, 'Zwischen Konfiskation, Zerstreuung und Zerstörung: Schicksale der Bücher und Bibliotheken in der Reformationszeit in Basel, Bern und Zürich', *Zwingliana*, 27 (2000), pp. 63–77, here p. 65.

6　Schottenloher, 'Schicksale von Büchern', p. 398.

7　Padover, 'German libraries', p. 476.

8　Germann, 'Zwischen Konfiskation', p. 65.

9　同前注 p. 70。

10　見第八章和第十章。

11　譯注：亨利八世和第一任妻子凱薩琳只有一個女兒，亨利八世與安妮‧博林（Anne Boleyn）發生婚外情，為了扶正安妮向教廷訴請離婚，教宗遲遲不肯批准，亨利八世宣布脫離羅馬教廷，推重宗教改革，成立英國國教。

12　Nigel Ramsay, '"The Manuscripts Flew about Like Butterflies": The Break-up of English Libraries in the Sixteenth Century', in James Raven (ed.), *Lost Libraries: The Destruction of Great Book Collections since Antiquity* (Basingstoke: Palgrave, 2004), pp. 125–44, here p. 126.

13　Ronald Harold Fritze, '"Truth Hath Lacked Witness, Tyme Wanted Light": The Dispersal of the English Monastic Libraries and Protestant Efforts at Preservation, ca. 1535–1625', *Journal of Library History*, 18 (1983), pp. 274–91, here p. 276. Ramsay, '"The Manuscripts Flew about Like Butterflies"', p. 125.

14　Mark Purcell, *The Country House Library* (London and New Haven: Yale University Press, 2017), p. 59.

15　見第十二章。

16　譯注：Ceolfrith Bible，西元七世紀末到八世紀初的《聖經》殘篇，是英國蒙克威爾蒙茅斯傑羅修道院（Monkwearmouth–Jarrow）院長聖切爾弗里斯（St. Ceolfrith）訂製的手抄本《聖經》。

17　Purcell, *Country House Library*, p. 76.

18　Ramsay, '"The Manuscripts Flew about Like Butterflies"', p. 129.

19　C. E. Wright, 'The Dispersal of the Monastic Libraries and the Beginnings of Anglo-Saxon Studies: Matthew Parker and His Circle', *Transactions of the Cambridge Bibliographical Society*, 1 (1951), pp. 208–37, here p. 211.

20　同前注。

21　引用自 Fritze, '"Truth Hath Lacked Witness, Tyme Wanted Light"', p. 282.

22　James P. Carley, 'The Dispersal of the Monastic Libraries and the Salvaging of the Spoils', in Elisabeth Leedham-Green and Teresa Webber (eds.), *The Cambridge History of Libraries in Britain and Ireland, vol. I: To 1640* (Cambridge: Cambridge University Press, 2006), pp. 265–91, here p. 268.

23　Wright, 'The Dispersal of the Monastic Libraries', p. 210.

24 Carley, 'The Dispersal of the Monastic Libraries', pp. 274−5.

25 引用自 Ramsay, '"The Manuscripts Flew about Like Butterflies"', p. 131.

26 James P. Carley (ed.), *The Libraries of King Henry VIII* (London: British Library, 2000), p. lxxvii.

27 Sarah Gray and Chris Baggs, 'The English Parish Library: A Celebration of Diversity', *Libraries & Culture*, 35 (2000), pp. 414−33, p. 416.

28 引用自 Ramsay, '"The Manuscripts Flew about Like Butterflies"', p. 133.

29 Kristian Jensen, 'Universities and Colleges', in Leedham-Green and Webber, *The Cambridge History of Libraries in Britain and Ireland*, pp. 345−62, here p. 350.

30 J. C. T. Oates, *Cambridge University Library, a History: From the Beginnings to the Copyright Act of Queen Anne* (Cambridge: Cambridge University Press, 1986), p. 70.

31 N. R. Ker, 'Oxford College Libraries in the Sixteenth Century', in his *Books, Collectors and Libraries: Studies in the Medieval Heritage*, ed. Andrew G. Watson (London and Ronceverte: Hambledon, 1985), pp. 379−436, here p. 389.

32 見第八章。

33 引用自 Renaud Adam, 'The profession of printer in the Southern Netherlands before the Reformation: Considerations on professional, religious and state legislations (1473−1520)', in Violet Soen, Dries Vanysacker and Wim François (eds.), *Church, Censorship and Reform in the Early Modern Habsburg Netherlands* (Turnhout: Brepols, 2017), pp. 13−25, here p. 13.

34 Grantley McDonald, '"Burned to Dust": Censorship and repression of theological literature in the Habsburg Netherlands during the 1520s', in ibid, pp. 27−45, here pp. 29−31.

35 Pierre Delsaerdt, 'A Bookshop for a New Age: The Inventory of the Bookshop of the Louvain Bookseller Hieronymus Cloet, 1543', in Lotte Hellinga, et al. (eds.), *The Bookshop of the World: The Role of the Low Countries in the Book-Trade, 1473−1941* ('t Goy-Houten: Hes & De Graaf, 2001), pp. 75−86.

36 César Manrique Figueroa, 'Sixteenth-century Spanish Editions Printed in Antwerp Facing Censorship in the Hispanic World: The Case of the Antwerp Printers Nutius and Steelsius', in Soen, Vanysacker and François, *Church, Censorship and Reform*, pp. 107−21, here pp. 116−18. 更廣泛的討論見 Clive Griffin, *Journeymen-Printers, Heresy, and the Inquisition in Sixteenth-century Spain* (Oxford: Oxford University Press, 2005).

37 Federico Barbierato, *The Inquisitor in the Hat Shop: Inquisition, Forbidden Books and Unbelief in Early Modern Venice* (Farnham: Ashgate, 2012), p. 59.

38 譯注：Calvinist，以法國神學家約翰・喀爾文（John Calvin, 1509−1564）為首的教派。喀爾文是宗教改革的領導人物之一。

39 George Haven Putnam, *The Censorship of the Church of Rome and its Influence upon the Production and Distribution of Literature* (2 vols., New York, NY: Benjamin Blom, 1967). Jesús Martínez de Bujanda, Francis M. Higman and James K. Farge (eds.), *Index de l'Université de Paris* (Geneva: Droz, 1985)，以及這一系列其他現代版十六世紀目錄。

40　Paul F. Grendler and Marcella Grendler, 'The Survival of Erasmus in Italy', *Erasmus in English*, 8 (1976), pp. 2–22.

41　義大利的RICI計畫（*Ricerca sull'Inchiesta della Congregazione dell'Indice dei libri proibiti*）正在整理這方面的研究結果。

42　Idalia García Aguilar, 'Before We are Condemned: Inquisitorial Fears and Private Libraries of New Spain', in Natalia Maillard Álvarez (ed.), *Books in the Catholic World during the Early Modern Period* (Leiden: Brill, 2014), pp. 171–90.

43　Paul F. Grendler, *The Roman Inquisition and the Venetian Press* (Princeton, NJ: Princeton University Press, 1977).

44　Ian Maclean, *Episodes in the Life of the Early Modern Learned Book* (Leiden: Brill, 2020), chapters 1 and 2.

45　Roger Kuin, 'Private library as public danger: the case of Duplessis-Mornay', in Andrew Pettegree, Paul Nelles and Philip Conner (eds.), *The Sixteenth-century French Religious Book* (Aldershot: Ashgate, 2001), pp. 319–57, here p. 325.

46　詳盡的個案討論見Barbierato, *The Inquisitor in the Hat Shop*, pp. 295–334.

第七章

1　譯注：東羅馬帝國皇帝查士丁尼（Justinian, 483–565）命人匯整羅馬法律編纂而成的民法法典。

2　Ann Blair, *Too Much to Know: Managing Scholarly Information before the Modern Age* (London and New Haven: Yale University Press, 2010). R. J. W. Evans and Alexander Marr (eds.), *Curiosity and Wonder from the Renaissance to the Enlightenment* (Aldershot: Ashgate, 2006).

3　David Rundle, 'English Books and the Continent', in Alexandra Gillespie and Daniel Wakelin (eds.), *The Production of Books in England, 1350–1500* (Cambridge: Cambridge University Press, 2011), pp. 276–91.

4　譯注：本名Philippus Aureolus Theophrastus Bombastus von Hohenheim（1493–1541），文藝復興時期瑞士醫師兼煉金術士，自認比古羅馬醫學家凱爾蘇斯（Aulus Cornelius Celsus, 25 BC–50）更偉大，因此自稱Paracelsus，意思是「超越凱爾蘇斯」。

5　R. J. Fehrenbach and E. S. Leedham-Green, *Private Libraries in Renaissance England: A Collection and Catalogue of Tudor and Early Stuart Book-Lists* (9 vols., Binghamton, N.Y.: Medieval & Renaissance Texts & Studies, 1992–), III, pp. 36–44. E. S. Leedham-Green, *Books in Cambridge Inventories: Book Lists from Vice-Chancellor's Court Probate Inventories in the Tudor and Stuart Periods* (2 vols., Cambridge: Cambridge University Press, 1986), I, pp. 492–508; II, pp. 839–42.

6　Leedham-Green, *Cambridge Inventories*, I, pp. 508–22; *Private Libraries*, IX.

7　譯注：Easter term，英國與愛爾蘭某些大學的夏季學期，時間大約是四到六月。

8　譯注：Hippocrates（約460–375 BC）古希臘醫生，為醫學史上的傑出人物。

9　Leedham-Green, *Cambridge Inventories*, I, pp. 102–104, II, p. 316.

10　Andrea Finkelstein, 'Gerard de Malynes and Edward Misselden: The Learned Library of the Seventeenth-Century Merchant', *Book History*, 3 (2000), pp. 1–20.

11　Andrew Pettegree and Arthur der Weduwen, *The Bookshop of the World: Making and Trading Books in the Dutch Golden Age* (London and New Haven: Yale University Press, 2019).

12　偶爾會把隨身提袋遺落在船上，待招領的貴重物品見 Arthur der Weduwen and Andrew Pettegree, *The Dutch Republic and the Birth of Modern Advertising* (Leiden: Brill, 2020), pp. 176–7.

13　Pettegree and der Weduwen, *Bookshop of the World*, p. 305. See also, William Bouwsma, 'Lawyers and Early Modern Culture', *American Historical Review*, 78 (1973), pp. 303–27.

14　Norbert Furrer, *Des Burgers Bibliothek. Personliche Buchbestände in der stadt Bern des 17. Jahrhunderts* (Zurich: Chronos Verlag, 2018).

15　早期拍賣會實例見 Lotte Hellinga, 'Book Auctions in the Fifteenth Century', in her *Incunabula in Transit: People and Trade* (Leiden: Brill, 2018), pp. 6–19.

16　譯注：Dutch Revolt，又稱八十年戰爭，發生在一五六八年，西班牙統治下的荷蘭起義爭取獨立。

17　拍賣目錄流通到國外的實例見 Arthur der Weduwen and Andrew Pettegree, *News, Business and Public Information: Advertisements and Announcements in Dutch and Flemish Newspapers, 1620–1675* (Leiden: Brill, 2020), pp. 616–17.

18　這方面的實例見 Forrest C. Strickland, 'The Devotion of Collecting: Ministers and the Culture of Print in the Seventeenth-Century Dutch Republic' (PhD thesis, University of St Andrews, 2019), p. 76.

19　一六八一年出版商丹尼爾・埃爾澤維爾（Daniel Elzevier）過世，許多書商仍然積欠他款項，欠款名單見 B. P. M. Dongelmans, 'Elzevier addenda et corrigenda', in B. P. M. Dongelmans, P. G. Hoftijzer and O. S. Lankhorst (eds.), *Boekverkopers van Europa* (Zutphen: Walburg Pers, 2000), pp. 53–8.

20　見第十二章。

21　*Bewys dat het een predicant met zyn huysvrouw alleen niet mogelijck en is op vijfhondert guld eerlijck te leven* [Proof that it is impossible for a minister and his wife to live on 500 guilders a year] (Delft: Pieter de Menagie, 1658), USTC 1839412.

22　Hellinga, 'Book Auctions in the Fifteenth Century', pp. 10, 14–17, 18–19.

23　譯注：Kappel，這裡指的是宗教改革期間天主教與新教之間的戰爭。

24　Urs B. Leu, and Sandra Weidmann, *Huldrych Zwingli's Private Library* (Leiden: Brill, 2019). The Luther imprints are nos. A120–144.

25　Urs B. Leu, Raffael Keller and Sandra Weidmann, *Conrad Gessner's Private Library* (Leiden and Boston: Brill, 2008).

26　Strickland, 'The Devotion of Collecting'.

27　同前注 pp. 65–6。

28　Henriëtte A. Bosman-Jelgersma, 'De inventaris van een Leidse apotheek uit het jaar 1587', *Leids Jaarboekje*, 86 (1994), pp. 51–68, here pp. 54–5.

29　Caroline Duroselle-Melish and David A. Lines, 'The Library of Ulisse Aldrovandi (†1605): Acquiring and Organizing Books in Sixteenthcentury Bologna', *The Library*,

7th series, 16 (2015), pp. 133–61. Angela Nuovo, 'Private Libraries in Sixteenth-Century Italy', in Bettina Wagner and Marcia Reed (eds.), *Early Printed Books as Material Objects* (Berlin and New York: De Gruyter Saur, 2010), pp. 231–42.

30 Dresden, Sächsisches Hauptstaatsarchiv, Bestand 10088 Oberkonsistorium, Loc. 1979, fol. 1015r. 本書作者感謝聖安德魯斯大學的同仁 Bridget Heal 教授提供這條參考書目。

31 Lisa T. Sarasohn, 'Thomas Hobbes and the Duke of Newcastle: A Study in the Mutuality of Patronage before the Establishment of the Royal Society', *Isis*, 90 (1999), pp. 715–37. Mark Purcell, *The Country House Library* (London and New Haven: Yale University Press, 2017), pp. 89–90.

32 譯注：Whig，十七世紀後半葉英國國會的派系，共同理念是反對有天主教背景的約克公爵詹姆士繼承王位，後來成為英國重要政黨。

33 John Harrison and Peter Laslett, *The Library of John Locke*, 2nd edn (Oxford, Clarendon Press, 1971).

34 Marcella Grendler, 'A Greek Collection in Padua: The Library of Gian Vincenzo Pinelli (1535–1601)', *Renaissance Quarterly*, 33 (1980), pp. 386–416. Idem, 'Book Collecting in Counter-Reformation Italy: The Library of Gian Vincenzo Pinelli (1535–1601)', *Journal of Library History*, 16 (1981), pp. 144–51.

35 Paulo Gualdo, *Vita Joannis Vincentii Pinelli, Patricii Genuensis: In qua studiosis bonarum artium, proponitur typus viri probi et eruditi* (Augsburg: Markus Welser, 1607). USTC 2040570.

36 詳細經過見 Anthony Hobson, 'A Sale by Candle in 1608', *The Library*, 5th series, 26 (1971), pp. 215–33. See also Angela Nuovo, 'The Creation and Dispersal of the Library of Gian Vincenzo Pinelli', in Giles Mandelbrote, et al. (eds.), *Books on the Move: Tracking Copies through Collections and the Book Trade* (New Castle, DE: Oak Knoll Press, 2007), pp. 39–68.

37 見第十章。

38 Duroselle-Melish and Lines, 'The Library of Ulisse Aldrovandi'.

39 譯注：倫敦有史以來最嚴重的火災，一家麵包店起火，火勢在強風助長下迅速蔓延，延燒四天，一萬多棟房屋燒毀。

40 Geoffrey Davenport et al (eds.), *The Royal College of Physicians and its Collections* (London: James & James, 2001).

41 *Critical Review*, 55 (1783), pp. 391–2. Harrison and Laslett, *The Library of John Locke*.

42 Jan Pirozynski, 'Royal Book Collections in Poland during the Renaissance', *Libraries & Culture*, 24 (1989), pp. 21–32. Peter H. Reid, 'Patriots and Rogues: Some Scottish Lairds and Their Libraries', *Library & Information History*, 35 (2019), pp. 1–20.

43 Purcell, *The Country House Library* 收錄有關貴族收藏的可靠研究。第十二章也有相關資料。

第八章

1 Mary Clapinson, *A Brief History of the Bodleian Library* (Oxford: The Bodleian

Library, 2015), p. 7.

2　譯注：華特・雷利（Sir Walter Raleigh, 1552–1618）是英國伊莉莎白時代的冒險家兼作家，一五九一年未經許可與女王的侍女祕密結婚獲罪，被送進倫敦塔，後來獲釋。

3　Ian Philip, *The Bodleian Library in the Seventeenth and Eighteenth Centuries* (Oxford: Clarendon Press, 1983), pp. 1–22.

4　同前注 p. 3。

5　J. Dirks, 'Aanteekeningen van Z.C. von Uffenbach gedurende zijn verblijf in Friesland in 1710', *De Vrije Fries*, 6 (1853), pp. 305–90, here p. 344.

6　Clapinson, *A Brief History*, p. 32.

7　同前注 p. 14。

8　引用自 Anna E. C. Simoni, 'The librarian's cri de coeur: rules for readers (1711)', *Quaerendo*, 32 (2002), pp. 199–203.

9　哈佛大學火災見第九章。

10　Richard W. Clement, 'Librarianship and Polemics: The Career of Thomas James (1572–1629)', *Library & Culture*, 26 (1991), pp. 269–82.

11　如今收藏在匈牙利首都布達佩斯的國家圖書館，索書號 627.947。

12　Carolyn O. Frost, 'The Bodleian Catalogs of 1674 and 1738: An Examination in the Light of Modern Cataloging Theory', *Library Quarterly*, 46 (1976), pp. 248–70.

13　關於馬薩林圖書館，見第十一章。

14　John Harrison and Peter Laslett, *The Library of John Locke*, 2nd edn (Oxford: Clarendon Press, 1971).

15　Elaine Gilboy, 'Les exemplaires interfoliés du catalogue de la Bodléienne', in Frédéric Barbier, Thierry Dubois and Yann Sordet (eds.), *De l'argile au nuage, une archéologie des catalogues* (Paris: Éditions des Cendres, 2015), pp. 274–80.

16　John Warwick Montgomery, *A Seventeenth-century View of European Libraries: Lomeier's De Bibliothecis, Chapter X* (Berkeley, CA: University of California Press, 1962), p. 51.

17　見第九章。

18　見第十章。

19　Jens Bruning and Ulrike Gleixner (eds.), *Das Athen der Welfen: Die Reformuniversität Helmstedt, 1576–1810* (Wiesbaden: Harrassowitz, 2010), pp. 248–83.

20　Thomas Hendrickson, *Ancient Libraries and Renaissance Humanism: The 'De Bibliothecis' of Justus Lipsius* (Leiden: Brill, 2017).

21　Christian Coppens, 'Auspicia bibliothecae: donators at the foundation of the Central Library in Louvain (1636–9)', *Quaerendo*, 34 (2004), pp. 169–210.

22　Clapinson, *A Brief History*, p. 9.

23　譯注：Jacobites，英格蘭與愛爾蘭國王詹姆斯二世（James II, 1633–1701）在一六八八年的光榮革命中被迫下台，其子威爾斯親王詹姆斯（James, 1688–1766）的追隨者在一七一五年起事，其孫查爾斯（Charles, 1720–1788）也在一七四五年參與詹姆斯黨人的叛亂行動，均告失敗。

24　David McKitterick, 'History of the Library', in Peter Fox (ed.), *Cambridge University*

Library: The Great Collections (Cambridge: Cambridge University Press, 1998), pp. 5–32, here p. 15. Jayne Ringrose, 'The Royal Library: John Moore and his books', in the same, pp. 78–89.

25　Ringrose, 'The Royal Library', p. 84.

26　P. C. Molhuysen, *Bronnen tot de geschiedenis der Leidsche universiteit 1574–1811* (7 vols., Den Haag: Martinus Nijhoff, 1913–24), II, p. 59.

27　P. G. Hoftijzer, 'A Study Tour into the Low Countries and the German States: William Nicolson's *Iter Hollandicum and Iter Germanicum*, 1678–1679', Lias, 15 (1988), pp. 73–128, here p. 93.

28　E. Hulshoff Pol, 'What about the library? Travellers' comments on the Leiden Library in the 17th and 18th centuries', *Quaerendo*, 5 (1975), pp. 39–51, especially pp. 44, 46–7.

29　相關實例見 J. Vallinkoski, *The History of the University Library at Turku. I, 1640–1722* (Helsinki: University Library at Helsinki, 1948), p. 119.

30　O. S. Lankhorst, 'De Bibliotheek van de Gelderse Academie te Harderwijk – thans te Deventer', in J. A. H. Bots, et al. (eds.), *Het Gelders Athene. Bijdragen tot de geschiedenis van de Gelderse universiteit in Harderwijk (1648–1811)* (Hilversum: Verloren, 2000), pp. 95–118, here p. 101.

31　這方面的數據見 Arvo Tering, 'The Tartu University Library and Its Use at the End of the Seventeenth and the Beginning of the Eighteenth Century', *Libraries & Culture*, 28 (1993), pp. 44–54 and Paul Raabe, 'Bibliothekskataloge als buchgeschichtliche Quellen. Bemerkungen über gedruckte kataloge öffentlicher Bibliotheken in der frühen Neuzeit', in Reinhard Wittmann (ed.), *Bücherkataloge als buchgeschichtliche Quellen in der frühen Neuzeit* (Wiesbaden: Harrassowitz, 1984), pp. 275–97, here pp. 295–7.

32　Robert S. Freeman, 'University Library of Tübingen', in David H. Stam (ed.), *International Dictionary of Library Histories* (2 vols., Chicago and London: Fitzroy Dearborn, 2001), pp. 793–5.

33　Manfred Komorowski, 'Bibliotheken', in Ulrich Rasche (ed.), *Quellen zur frühneuzeitlichen Universitätsgeschichte* (Wiesbaden: Harrassowitz, 2011), pp. 55–81, here pp. 58–9.

34　Zacharias Conrad von Uffenbach, *Merkwürdige Reisen durch Niedersachsen Holland und Engelland, Zweyter Theil* (Ulm: Johann Friederich Baum, 1753), II, p. 249. Albrecht von Haller, *Tagebücher seiner Reisen nach Deutschland, Holland und England 1723–1727*, ed. Ludwig Hirzel (Leipzig: Hirzel, 1883), p. 94. 感謝 Jacob van Sluis 提供這些資料。

35　Vallinkoski, *History of the University Library at Turku*, p. 44.

36　見第十一章。

37　John Dury, *The Reformed Librarie-Keeper* (London: William Du-Gard, 1650), p. 16. 更廣泛的討論見 Catherine J. Minter, 'John Dury's *Reformed Librarie-Keeper*: Information and Its Intellectual Contexts in Seventeenth-century England', *Library & Information History*, 31 (2015), pp. 18–34.

38 引用自 Jacob van Sluis, *The Library of Franeker University in Context, 1585–1843* (Leiden: Brill, 2020), pp. 217–18.

39 同前注 pp. 185–90。

40 Tering, 'The Tartu University Library', pp. 44–54.

41 譯注：Great Northern War，發生在一七〇〇年到一七二一年，是沙皇俄國與西班牙為爭奪波羅的海出海口掀起的戰爭，結果俄國獲勝，成為海上霸權。

42 Andrew Pettegree, 'The Dutch Baltic: The Dutch book trade and the Building of Libraries in the Baltic and Central Europe during the Dutch Golden Age', in Arthur der Weduwen, Andrew Pettegree and Graeme Kemp (eds.), *Book Trade Catalogues in Early Modern Europe* (Leiden: Brill, 2021), pp. 286–316.

43 McKitterick, 'History of the Library', p. 24.

44 Kate Loveman, *Samuel Pepys and his Books: Reading, Newsgathering and Sociability, 1660–1703* (Oxford: Oxford University Press, 2015), p. 245.

45 Nicolas K. Kiessling, *The Library of Anthony Wood* (Oxford: Oxford Bibliographical Society, 2002).

46 同前注 pp. xv–xx。

第九章

1 Ian Morrison, 'The History of the Book in Australia', in Michael F. Suarez and H. R Woudhuysen (eds.), *The Oxford Companion to the Book* (Oxford: Oxford University Press, 2010), pp. 394–402, also now available as *The Book: A Global History* (Oxford: Oxford University Press, 2013).

2 引用自 Lucien X. Polastron, *Books on Fire: The Destruction of Libraries throughout History* (Rochester, VT: Inner Traditions, 2004), p. 126. Michael Arbagi, 'The Catholic Church and the Preservation of Mesoamerican Archives: An Assessment', *Archival Issues*, 33 (2011), pp. 112–21.

3 Andrés de Olmos, *Arte de la lengua mexicana* (Mexico City: s.n., [1547]). USTC 351748. Alonso de Molina, *Aquí comiença un vocabulario en la lengua castellana y mexicana* (Mexico City: Joan Pablos, 1555). USTC 344084. Arbagi, 'Catholic Church', p. 114.

4 Hortensia Calvo, 'The Politics of Print: The Historiography of the Book in Early Spanish America', *Book History*, 6 (2003), pp. 277–305, here p. 279.

5 Julie Greer Johnson, *The Book in the Americas: The Role of Books and Printing in the Development of Culture and Society in Colonial Latin America* (Providence, RI: John Carter Brown Library, 1988).

6 Magdalena Chocano Mena, 'Colonial Printing and Metropolitan Books: Printed Texts and the Shaping of Scholarly Culture in New Spain, 1539–1700', *Colonial Latin American Historical Review*, 6 (1997), pp. 69–90. Hensley C. Woodbridge and Lawrence S. Thompson, *Printing in Colonial Spanish America* (Troy, NY: Whitson, 1976).

7 Antonio Rodriguez-Buckingham, 'Monastic Libraries and Early Printing in Sixteenth-century Spanish America', *Libraries & Culture*, 24 (1989), pp. 33–56, here p. 52.

Valentina Sebastiani, *Johann Froben, Printer of Basel: A Biographical Profile and Catalogue of His Editions* (Leiden: Brill, 2018).

8　墨西哥城的印刷機也扮演類似角色，見Pedro Guibovich, 'The Printing Press in Colonial Peru: Production Process and Literary Categories in Lima, 1584–1699', *Colonial Latin American Historical Review*, 10 (2001), pp. 167–88.

9　Teodoro Hampe-Martínez, 'The Diffusion of Books and Ideas in Colonial Peru: A Study of Private Libraries in the Sixteenth and Seventeenth Centuries', *The Hispanic American Historical Review*, 73 (1993), pp.211–33.

10　Allan P. Farrell, *The Jesuit Code of Liberal Education* (Milwaukee, WI: Bruce, 1939).

11　引用自Mark L. Grover, 'The Book and the Conquest: Jesuit Libraries in Colonial Brazil', *Libraries & Culture*, 28 (1993), pp. 266–83, p. 268. Brendan Connolly, 'Jesuit Library Beginnings', *Library Quarterly*, 30 (1960), pp. 243–52.

12　Grover, 'The Book and the Conquest', p. 271.

13　Michiel van Groesen, 'The Printed Book in the Dutch Atlantic World', in his *Imagining the Americas in Print: Books, Maps and Encounters in the Atlantic World* (Leiden: Brill, 2019), pp. 164–80, here p. 173.

14　引用自Louis B. Wright, 'The Purposeful Reading of Our Colonial Ancestors', *ELH: A Journal of English Literary History*, 4 (1937), pp. 85–111, here p. 91.

15　Jeremy Dupertuis Bangs, *Plymouth Colony's Private Libraries* (Leiden: American Pilgrim Museum, 2016).

16　Rendel Harris and Stephen K. Jones, *The Pilgrim Press: A Bibliographical and Historical Memorial of the Books Printed at Leyden by the Pilgrim Fathers* (Nieuwkoop: De Graaf, 1987).

17　Bangs, *Private Libraries*, p. 218.

18　這批書總共四百一十八本，其中只有八十四本個別列舉。

19　David Cressy, 'Books as Totems in Seventeenth-century England and New England', *Journal of Library History*, 21 (1986), pp. 92–106.

20　Joe W. Kraus, 'Private Libraries in Colonial America', *Journal of Library History*, 9 (1974), pp. 31–53, here p. 31.

21　W. H. Bond and Hugh Amory, *The Printed Catalogues of the Harvard College Library, 1723–1790* (Boston: Colonial Society of Massachusetts, 1996).

22　湯瑪斯·霍里斯轉述在倫敦新英格蘭咖啡館（New England Coffee-House）聽到的談話。見Bond and Amory, *Printed Catalogues*, p. xxx.

23　Bond and Amory, *Printed Catalogues*, p. xv.

24　據我們所知，從一五七八年到一六二一年就出版了三十個版本的《日本報告書》（*Lettere del Giapone*或*Litterae Japonicae*），翻譯成多種語言，大多在義大利印製，也有些在荷蘭南部和法國。這些通常被稱為「日本年度報告書」，由日本的耶穌會傳教士出版。傳教士描述的不只日本，還有中國和東亞其他地區。USTC收藏有原本。相關背景見Ronnie Po-chia Hsia (ed.), *A Companion to Early Modern Catholic Global Missions* (Leiden: Brill, 2018)。

25　引用自Paul Begheyn, *Jesuit Books in the Dutch Republic and its Generality Lands, 1567–1773* (Leiden: Brill, 2014), p. 17.

26 Emma Hagström Molin, 'To Place in a Chest: On the Cultural Looting of Gustavus Adolphus and the Creation of Uppsala University Library in the Seventeenth Century', *Barok*, 44 (2016), pp. 135−48, here pp. 142−5.

27 Emma Hagström Molin, 'The Materiality of War Booty Books: The Case of Strängnäs Cathedral Library', in Anna Källén (ed.), *Making Cultural History: New Perspectives on Western Heritage* (Lund: Nordic Academic Press, 2013), pp. 131−40.

28 Molin, 'Materiality of War Booty Books', p. 131.

29 Molin, 'To Place in a Chest'. Idem, 'Spoils of Knowledge: Looted Books in Uppsala University Library in the Seventeenth Century', in Gerhild Williams, et al. (eds.), *Rethinking Europe: War and Peace in the Early Modern German Lands* (Leiden: Brill, 2019). See also her forthcoming *Plundered Books and Documents in Seventeenth-century Europe* (Leiden: Brill, 2022).

30 Józef Trypućko, *The Catalogue of the Book Collection of the Jesuit College in Braniewo Held in the University Library in Uppsala* (3 vols., Warsaw: Biblioteka Narodowa/Uppsala: Universitetsbibliotek, 2007). 里加藏書的目錄預計二〇二一年出版。

31 Jan Pirozynski, 'Royal Book Collections in Poland during the Renaissance', *Libraries & Culture*, 24 (1989), pp. 21−32, here pp. 25, 27.

32 Alma Braziuniene, '*Bibliotheca Sapiehana* as a mirror of European culture of the Grand Duchy of Lithuania', in Ausra Rinkunaite (ed.), *Bibliotheca Sapiehana. Vilniaus universiteto bibliotekos rinkinys katalogas* (Vilnius: Lietuviu literaturos ir tautosakos institutas, 2010).

33 這批書籍的目錄是手抄本，目前收藏在維爾紐斯大學圖書館。見http://www.virtus.mb.vu.lt/en/。

34 H. Oldenhof, 'Bibliotheek Jezuïetenstatie Leeuwarden', in Jacob van Sluis (ed.), *PBF. De Provinsjale Bibliteek fan Fryslân, 150 jaar geschiedenis in collecties* (Leeuwarden: Tresoar, 2002), pp. 75−80.

35 這方面的資料見Begheyn, *Jesuit Books in the Dutch Republic*, pp. 10−12。

36 Hannah Thomas, '"Books Which are Necessary for Them": Reconstructing a Jesuit Missionary Library in Wales and the English Borderlands, ca. 1600−1679', in Teresa Bela et al. (eds.), *Publishing Subversive Texts in Elizabethan England and the Polish-Lithuanian Commonwealth* (Leiden: Brill, 2016), pp. 110−28. Hendrik Dijkgraaf, *The Library of a Jesuit Community at Holbeck, Nottinghamshire (1679)* (Cambridge: LP Publications, 2003).

37 Jill Bepler, '*Vicissitudo Temporum*: Some Sidelights on Book Collecting in the Thirty Years' War', *Sixteenth Century Journal*, 32 (2001), pp. 953−68.

第十章

1 見第十一章。

2 見第二章。

3 Ladislaus Buzás, *German Library History, 800−1945* (Jefferson, NC: McFarland, 1986), pp. 97−100.

4　同前注 p. 98。

5　Theodoor Sevens, 'Bibliotheken uit vroeger tijd. I: Eene openbare Bibliotheek te Kortrijk in de 16ᵉ eeuw', *Tijdschrift voor Boek- en Bibliotheekwezen*, 1 (1903), pp. 196–8.

6　Buzás, *German Library History*, pp. 208, 215.

7　見第六章。

8　Christian Scheidegger, 'Buchgeschenke, Patronage und protestantische Allianzen: Die Stadtbibliothek Zürich und ihre Donatoren im 17. Jahrhundert', *Zwingliana*, 44 (2017), pp. 463–99.

9　Elisabeth Landolt, *Kabinettstücke der Amerbach im Historischen Museum Basel* (Basel: Historisches Museum, 1984).

10　Robert Zepf (ed.), *Historische Kirchenbibliotheken in Mecklenburg- Vorpommern* (Rostock: Universitätsbibliothek Rostock, 2019). Renate Stier-Meinhof, 'Die Geschichte der Bibliothek der St. Katharinenkirche in der Neuen Stadt Salzwedel', in Uwe Czubatynski, Adolf Laminski and Konrad von Rabenau (eds.), *Kirchenbibliotheken als Forschungsaufgabe* (Neustadt an der Aisch: Degener, 1992), pp. 47–68. Joachim Stüben and Falk Eisermann (eds.), *Rundblicke: Kirchenbibliotheken und Reformation im kulturellen Kontext* (Schwerin: Thomas Helms, 2019).

11　接下的敘述主要取材於 Ad Leerintveld and Jan Bedaux (eds.), *Historische Stadsbibliotheken in Nederland* (Zutphen: Walburg Pers, 2016).

12　譯注：指文藝復興時期荷蘭地理學家威廉・布勞（Willem Janszoon Blaeu, 1571–1638）製作的地球儀。

13　J. W. E. Klein, *Geen vrouwen ofte kinderen, maer alleenlijk eerbare luijden: 400 jaar Goudse librije, 1594–1994* (Delft: Eburon, 1994), p. 34.

14　John Blatchly, *The Town Library of Ipswich, Provided for the Use of the Town Preachers in 1599: A History and Catalogue* (Woodbridge: Boydell, 1989).

15　John Fitch et al., *Suffolk Parochial Libraries: A Catalogue* (London: Mansell, 1977).

16　同前注 p. xii。

17　引用自 Thomas Kelly, *Early Public Libraries: A History of Public Libraries in Great Britain before 1850* (London: The Library Association, 1966), p. 69.

18　同前注 p. 76。

19　E. S. de Beer (ed.), *The Diary of John Evelyn*, IV (Oxford: Clarendon Press, 1955), pp. 367–8.

20　W. J. Petchey, *The Intentions of Thomas Plume* (Maldon: Trustees of the Plume Library, 2004).

21　John Glenn and David Walsh, *Catalogue of the Francis Trigge Chained Library* (Cambridge: Brewer, 1988).

22　Esther Mourits, *Een kamer gevuld met de mooiste boeken: De bibliotheek van Johannes Thysius* (1622–1653) (Nijmegen: Vantilt, 2016).

23　Matthew Yeo, *The Acquisition of Books by Chetham's Library, 1655–1700* (Leiden: Brill, 2011). Kelly, *Early Public Libraries*, p. 77.

24 James Kirkwood, *An overture for founding and maintaining of bibliothecks in every paroch throughout this kingdom* (S.I.: s.n., 1699), pp. 14–15.

25 James Kirkwood, *A copy of a letter anent a project, for erecting a library in every presbytery, or at least county, in the Highlands* (Edinburgh: s.n., 1702).

26 Keith Manley, 'They Never Expected the Spanish Inquisition! James Kirkwood and Scottish Parochial Libraries', in Caroline Archer and Lisa Peters (eds.), *Religion and the Book Trade* (Newcastle-upon-Tyne: Cambridge Scholars, 2015), pp. 83–98, here pp. 90–91.

27 同前注 pp. 96–7。

28 Paul Kaufman, 'Innerpeffray: Reading for all the People', in his *Libraries and Their Users* (London: Library Association, 1969), pp. 153–62.

29 William D. Houlette, 'Parish Libraries and the Work of the Reverend Thomas Bray', *Library Quarterly*, 4 (1934), pp. 588–609. Samuel Clyde McCulloch, 'Dr. Thomas Bray's Commissary Work in London, 1696– 1699', *William and Mary Quarterly*, 2 (1945), pp. 333–48.

30 Sarah Gray and Chris Baggs, 'The English Parish Library: A Celebration of Diversity', *Libraries & Culture*, 35 (2000), pp. 414–33. David Allan, *A Nation of Readers: The Lending Library in Georgian England* (London: British Library, 2008), p. 167.

31 Allan, *Nation of Readers*, p. 172.

32 Fitch, *Suffolk Parochial Libraries*, p. xv.

33 Gray and Baggs, 'English Parish Library', pp. 423–6.

34 Charles T. Laugher, *Thomas Bray's Grand Design: Libraries of the Church of England in America, 1695–1785* (Chicago, IL: American Library Association, 1973).

35 Laugher, *Thomas Bray's Grand Design*, pp. 35, 40.

第十一章

1 詳盡的個案探討，見 Erik Thomson, 'Commerce, Law and Erudite Culture: The Mechanics of Théodore Godefroy's Service to Cardinal Richelieu', *Journal of the History of Ideas*, 68 (2007), pp. 407–27.

2 Jeremy Lawrance, Oliver Noble Wood and Jeremy Roe (eds.), *Poder y saber. Bibliotecas y bibliofilia en la época del conde-duque de Olivares* (Madrid: Centro de Estudios Europa Hispánica, 2011).

3 Jacqueline Artier, 'La bibliothèque du Cardinal de Richelieu', in Claude Jolly (ed.), *Histoire des bibliothèques françaises, II: Les bibliothèques sous l'Ancien Régime, 1530–1789* (Paris: Electre, 2008), pp. 158–66.

4 現代英語譯本見 Gabriel Naudé, *Advice on Establishing a Library*, ed. Archer Taylor (Berkeley, CA: University of California Press, 1950). 有關諾德本人見 Jack A. Clarke, 'Gabriel Naudé and the Foundations of the Scholarly Library', *Library Quarterly*, 39 (1969), pp. 331–43.

5 Yann Sordet, 'Reconstructing Mazarin's Library / Libraries in Time and Space', *Quaerendo*, 46 (2016), pp. 151–64.

6 譯注：livre，法國古代貨幣，相當於當時一磅白銀的價格。

7 Clarke, 'Gabriel Naudé', p. 338.

8 譯注：Fronde，發生在一六四八年到五三年之間的法國內戰，巴黎市民以投石器攻擊馬薩林主教的支持者。

9 Gabriel Naudé, *News from France. Or, a description of the library of Cardinall Mazarini: before it was utterly ruined* (London: Timothy Garthwait, 1652).

10 見第十二章。

11 E. Stewart Saunders, 'Public Administration and the Library of Jean-Baptiste Colbert', *Libraries & Culture*, 26 (1991), pp. 283–300, here p. 287. Sordet, 'Reconstructing Mazarin's Library', p. 153.

12 E. Stewart Saunders, 'Politics and Scholarship in Seventeenth-century France: The Library of Nicolas Fouquet and the College Royal', *Journal of Library History*, 20 (1985), pp. 1–24.

13 Jacob Soll, *The Information Master: Jean-Baptiste Colbert's Secret State Intelligence System* (Ann Arbor, MI: University of Michigan Press, 2009).

14 Naudé, *Advice*, p. 11.

15 Heiko Droste, 'Diplomacy as Means of Cultural Transfer in Early Modern Times–the Swedish Evidence', *Scandinavian Journal of History*, 31 (2006), pp. 144–50. Marika Keblusek and Badeloch Vera Noldus (eds.), *Double Agents: Cultural and Political Brokerage in Early Modern Europe* (Leiden: Brill, 2011).

16 John Warwick Montgomery, *The Libraries of France at the Ascendency of Mazarin: Louis Jacob's Traicté des plus belles Bibliothèques* (Bonn: Verlag für Kultur und Wissenschaft, 2015).

17 同前注 p. 35。

18 Donna Bohanan, 'The Education of Nobles in Seventeenth-Century Aixen-Provence', *Journal of Social History*, 20 (1987), pp. 757–64.

19 John Warwick Montgomery, *A Seventeenth-century View of European Libraries: Lomeier's De Bibliothecis, Chapter X* (Berkeley, CA: University of California Press, 1962).

20 Giulia Martina Weston, 'Universal Knowledge and Self-Fashioning: Cardinal Bernardino Spada's Collection of Books', in Annika Bautz and James Gregory (eds.), *Libraries, Books, and Collectors of Texts, 1600–1900* (Abingdon: Routledge, 2018), pp. 28–47. Margaret Daly Davis, 'Giovan Pietro Bellori and the *Nota delli musei, librerie, galerie, et ornamenti di statue e pitture ne' palazzi, nelle case, e ne' giardini di Roma* (1664): Modern libraries and ancient painting in Seicento Rome', *Zeitschrift für Kunstgeschichte*, 68 (2005), pp. 191–233.

21 Peter Rietbergen, 'Lucas Holste (1596–1661), Scholar and Librarian, or: the Power of Books and Libraries', in his *Power and Religion in Baroque Rome: Barberini Cultural Politics* (Leiden: Brill, 2006), pp. 256–95.

22 Herman de la Fontaine Verwey, 'Adriaan Pauw en zijn bibliotheek', in his *Uit de Wereld van het Boek*, IV ('t Goy: HES, 1997), pp. 183–96.

23 Helwig Schmidt-Glintzer (ed.), *A Treasure House of Books: The Librar of Duke August of Brunswick-Wolfenbüttel* (Wiesbaden: Harrassowitz, 1998).

24 引用自 Margaret Connolly, 'A Plague of Books: The Dispersal and Disappearance of the Diocesan Libraries of the Church of Ireland', in James Raven (ed.), *Lost Libraries: The Destruction of Great Book Collections since Antiquity* (Basingstoke: Palgrave, 2004), pp. 197–218, here p. 209.

25 Peter J. A. N. Rietbergen, 'Founding a University Library: Pope Alexander VII (1655–1667) and the Alessandrina', *Journal of Library History*, 22 (1987), pp. 190–205, here p. 192.

26 Mathilde V. Rovelstad, 'Claude Clement's Pictorial Catalog: A Seventeenth-century Proposal for Physical Access and Literature Evaluation', *Library Quarterly*, 61 (1991), pp. 174–87. Idem, 'Two Seventeenth-century Library Handbooks, Two Different Library Theories', *Libraries & Culture*, 35 (2000), pp. 540–56.

27 Frédéric Barbier, István Monok and Andrea De Pasquale (eds.), *Bibliothèques décors (XVIIe–XIXe siècle)* (Paris: Éditions des Cendres, 2016). André Masson, *Le Décor des Bibliothèques du Moyen Age à la Révolution* (Geneva and Paris: Droz, 1972).

28 Guy le Thiec, 'Dialoguer avec des hommes illustres. Le rôle des portraits dans les décors de bibliothèques (fin XVe–début XVIIe siècle)', *Revue française d'histoire du livre*, 130 (2009), pp. 7–52, here p. 22.

29 Eric Garberson, *Eighteenth-century Monastic Libraries in Southern Germany and Austria: Architecture and Decorations* (Baden-Baden: Valentin Koerner, 1998). Rolf Achilles, 'Baroque Monastic Library Architecture', *Journal of Library History*, 11 (1976), pp. 249–55.

30 見第六章。

31 Garberson, *Eighteenth-century Monastic Libraries*, p. 12.

32 同前注 p. 104。

33 同前注 pp. 86–7。

34 Wolf-Dieter Otte, 'The Unknown Collector: Duke August and his Cabinet of Art and Curiosities', in Schmidt-Glintzer (ed.), *A Treasure House of Books*, pp. 173–92, here pp. 187–8.

35 Angela Delaforce, *The Lost Library of the King of Portugal* (London: Ad Ilissvm, 2019), p. 23.

36 同前注 pp. 59–60。

第十二章

1 Lotte Hellinga and Margaret Nickson, 'An Early-Eighteenth-Century Sale of Mainz Incunabula by the Frankfurt Dominicans', in Lotte Hellinga, *Incunabula in Transit: People and Trade* (Leiden: Brill, 2018), pp. 353–60.

2 Daniel Bellingradt, 'Book Lotteries as Sale Events for Slow-Sellers: The Case of Amsterdam in the Late Eighteenth Century', in Shanti Graheli (ed.), *Buying and Selling: The Business of Books in Early Modern Europe* (Leiden: Brill, 2019), pp. 154–77.

3 Herman de la Fontaine Verwey, 'Grolier-banden in Nederland', in his *Uit de Wereld van het Boek*, IV ('t Goy: HES uitgevers, 1997), pp. 155–82, here pp. 158–9.

4 這些例子取自 Gaspar Fagel (1689) 和 Adriaen Smout (1646) 的藏書拍賣會，相關資料見 Brill's *Book Sales Catalogues Online*。

5 Kristian Jensen, *Revolution and the Antiquarian Book: Reshaping the Past, 1780–1815* (Cambridge: Cambridge University Press, 2011), pp. 79–80.

6 席克提納斯的故事見 Herman de la Fontaine Verwey, 'The history of the Amsterdam Caesar codex', *Quaerendo*, 9 (1979), pp. 179–207.

7 這批拍賣書籍的清單見 *Catalogus Bibliothecae Viri Clarissimi, D. Suffridi Sixtini J. V. D.* (Amsterdam: Johannes Colom, 1650).

8 De La Fontaine Verwey, 'The history of the Amsterdam Caesar codex', p. 188.

9 F. F. Blok, *Isaac Vossius and his Circle: His Life until his Farewell to Queen Christina of Sweden, 1618–1655* (Groningen: Egbert Forsten, 2000), p. 339.

10 這本書目前收藏在阿姆斯特丹大學圖書館，代號 Codex Amstelodamensis 73。

11 Jos van Heel, 'Gisbertus Voetius on the Necessity of Locating, Collecting and Preserving Early Printed Books', *Quaerendo*, 39 (2009), pp. 45–56, here p. 56.

12 Blok, *Isaac Vossius*, p. 329.

13 同前注 p. 356。

14 同前注 p. 453。

15 Astrid C. Balsem, 'Collecting the Ultimate Scholar's Library: The *Bibliotheca Vossiana*', in Eric Jorink and Dirk van Miert (eds.), *Isaac Vossius (1618–1689): Between Science and Scholarship* (Leiden: Brill, 2012), pp. 281–309.

16 Christiane Berkvens-Stevelinck, *Magna Commoditas: Leiden University's Great Asset* (Leiden: Leiden University Press, 2012), pp. 102–109.

17 引用自 Ian Maclean, 'Andreas Fries (Frisius) of Amsterdam and the search for a niche market, 1664–1675', in his *Episodes in the Life of the Early Modern Learned Book* (Leiden: Brill, 2020), chapter 5.

18 Mary Clapinson, *A Brief History of the Bodleian Library* (Oxford: The Bodleian Library, 2015), pp. 31, 118–19. 亦見第十四章。

19 Andrew Pettegree and Arthur der Weduwen, *The Bookshop of the World. Making and Trading Books in the Dutch Golden Age* (London: Yale University Press, 2019), chapters 1 and 11.

20 *Bibliotheca Hulsiana* (The Hague: Johannes Swart and Pieter de Hondt, 1730).

21 *The Tatler*, No. 158. Thursday 13 April 1710.

22 引用自 Jensen, *Revolution and the Antiquarian Book*, p. 117。

23 Theodor Harmsen, *Antiquarianism in the Augustan Age: Thomas Hearne, 1678–1735* (Bern: Peter Lang, 2000).

24 Cornelius à Beughem, *Incunabula typographiae* (Amsterdam: Joannes Wolters, 1688).

25 Otto Lankhorst, 'Dutch auctions in the seventeenth and eighteenth centuries', in Robin Myers, Michael Harris and Giles Mandelbrote (eds.), *Under the Hammer: Book Auctions since the Seventeenth Century* (New Castle, DE: Oak Knoll Press, 2001), pp. 65–87, p. 76. *Bibliotheca universalis vetus et nova* (The Hague: Pierre Gosse, 1740).

26 Christiane Berkvens-Stevelinck, '"Rarus, rarior, rarissimus" ou de la qualification exagérée des livres dans les catalogues de vente', in J. van Borm and L. Simons (eds.), *Het oude en het nieuwe boek: De oude en de nieuwe bibliotheek* (Kapellen: DNB/Pelckmans, 1988), pp. 235–40.

27　Balsem, 'Collecting the Ultimate Scholar's Library', p. 281.

28　Herman de la Fontaine Verwey, 'Pieter van Damme, de eerste Nederlandse antiquaar', in his *Uit de Wereld van het Boek*, IV ('t Goy: HES uitgevers, 1997), pp. 197–220, here pp. 197, 203.

29　Lotte Hellinga, 'Buying Incunabula in Venice and Milan: The Bibliotheca Smithiana', in her *Incunabula in Transit*, pp. 370–92.

30　Anthony Hobson, *Great Libraries* (London: Weidenfeld & Nicolson, 1970), p. 15.

31　Friedrich Buchmayr, 'Secularization and Monastic Libraries in Austria', in James Raven (ed.), *Lost Libraries: The Destruction of Great Book Collections since Antiquity* (Basingstoke: Palgrave, 2004), pp. 145–62. Derek Beales, 'Joseph II and the Monasteries of Austria and Hungary', in N. Aston (ed.), *Religious Change in Europe, 1650–1914* (Oxford: Oxford University Press, 1997), pp. 161–84.

32　Buchmayr, 'Secularization and Monastic Libraries in Austria', p. 151.

33　同前注 p. 156。

34　同前注 p. 146。

35　Jensen, *Revolution and the Antiquarian Book*, pp. 58–9.

36　Andrew Pettegree, 'Rare Books and Revolutionaries: The French Bibliothèques Municipales', in his *The French Book and the European Book World* (Leiden: Brill, 2007), pp. 1–16.

37　Pierre Riberette, *Les Bibliothèques françaises pendant la revolution (1789–1795)* (Paris: Bibliothèque Nationale, 1970), pp. 10–11, 40.

38　Pettegree, 'Rare Books and Revolutionaries', p. 7.

39　見第十五章。

40　Anthony Hobson, 'Appropriations from foreign libraries during the French Revolution and Empire', *Bulletin du bibliophile*, 2 (1989), pp. 255–72, here p. 257.

41　Hobson, 'Appropriations from foreign libraries', p. 269. Jensen, *Revolution and the Antiquarian Book*, p. 11.

42　引用自 Mark Purcell, *The Country House Library* (London and New Haven: Yale University Press, 2017), pp. 100–101.

43　Jensen, *Revolution and the Antiquarian Book*, p. 130

44　引用自 Shayne Husbands, 'The Roxburghe Club: Consumption, Obsession and the Passion for Print', in Emma Cayley and Susan Powell (eds.), *Manuscripts and Printed Books in Europe, 1350–1550: Packaging, Presentation and Consumption* (Liverpool: Liverpool University Press, 2013), pp. 120–32, here p. 122. 並參考 Idem, *The Early Roxburghe Club, 1812–1835: Book Club Pioneers and the Advancement of English Literature* (London: Anthem Press, 2017).

45　E. J. O'Dwyer, *Thomas Frognall Dibdin: Bibliographer and Bibliomaniac Extraordinary, 1776–1847* (Pinner: Private Libraries Association, 1967). 更近期的資料見 John A. Sibbald, 'Book Bitch to the Rich – the Strife and Times of the

Revd. Dr. Thomas Frognall Dibdin (1776–1847)', in Shanti Graheli (ed.), *Buying and Selling: The Business of Books in Early Modern Europe* (Leiden: Brill, 2019), p. 489–521.

46 Jensen, *Revolution and the Antiquarian Book*, p. 186.

47 Owen Chadwick, 'The Acton Library', in Peter Fox (ed.), *Cambridge University Library: The Great Collections* (Cambridge: Cambridge University Press, 1998), pp. 136–52, p. 139.

第十三章

1 Margaret Barton Korty, 'Benjamin Franklin and Eighteenth-century American Libraries', *Transactions of the American Philosophical Society*, 55 (1965), pp. 1–83.

2 更詳盡的題材分類見Ronald F. Batty, *How to Run a Twopenny Library* (London: John Gifford, 1938)。

3 見第十四章。

4 Richard D. Altick, *The English Common Reader: A Social History of the Mass Reading Public, 1800–1900* (Chicago: University of Chicago Press, 1957; 2nd edn, Columbus, OH: Ohio State University Press, 1998).

5 Robert K. Webb, *The British Working Class Reader, 1790–1848: Literacy and Social Tension* (London: Allen & Unwin, 1955). Louis James, *Fiction for the Working Man, 1830–1850* (Oxford: Oxford University Press, 1963).

6 J. H. Shera, *Foundations of the Public Library: The Origins of the Public Library Movement in New England 1629–1855* (Chicago, IL: University of Chicago Press, 1949), pp. 32–3.

7 Mark Towsey and Kyle B. Roberts (eds.), *Before the Public Library: Reading, Community and Identity in the Atlantic World, 1650–1850* (Leiden: Brill, 2018).

8 譯注：指美國第七任總統安德魯‧傑克森（Andrew Jackson, 1767–1845），一八二九年至一八三七年執政，創立民主黨。

9 Michael A. Baenen, 'A Great and Natural Enemy of Democracy? Politics and Culture in the Antebellum Portsmouth Athenaeum', in Thomas Augst and Kenneth Carpenter (eds.), *Institutions of Reading: The Social Life of Libraries in the United States* (Amherst, MA: University of Massachusetts Press, 2007), pp. 73–98.

10 Shera, *Foundations*, p. 73.

11 Korty, 'Benjamin Franklin', p. 24. James Raven, *London Booksellers and American Customers: Transatlantic Literary Community and the Charleston Library Society, 1748–1811* (Columbia, SC.: University of South Carolina Press, 2002).

12 Markman Ellis, 'Coffee-House Libraries in Mid-Eighteenth-century London', *The Library*, 7th series, 10 (2009), pp. 3–40. Hyder Abbas, '"A fund of entertaining and useful information": Coffee Houses, Early Public Libraries, and the Print Trade in Eighteenth-century Dublin', *Library & Information History*, 30 (2014), pp. 41–61.

13 譯注：指英格蘭國王喬治一世到喬治四世在位期間，也就是從一七一四年到一八三七年。

14 David Allan, *A Nation of Readers: The Lending Library in Georgian England* (London:

British Library, 2008), pp. 24–61.

15　Allan, *Nation of Readers*, p. 71.

16　譯注：Peterloo，位於曼徹斯特。一八一九年大約六萬名民眾聚集示威，要求國會改革，騎兵隊衝入人群鐵腕鎮壓，造成十五人死亡。

17　譯注：Jacobinism，法國革命期間最有政治影響力的激進組織，鼓吹愛國與自由思想。

18　Harry Earl Whitmore, 'The "Cabinet De Lecture" in France, 1800–1850', *Library Quarterly*, 48 (1978), pp. 20–35, here pp. 27–8.

19　James Smith Allen, 'The "Cabinets de Lecture" in Paris, 1800–1850', *The Journal of Library History*, 16 (1981), pp. 199–209, here p. 201.

20　見第十五章。

21　Charles F. Gosnell and Géza Schütz, 'Goethe the Librarian', *Library Quarterly*, 2 (1932), pp. 367–74.

22　Uwe Puschner, 'Lesegesellschaften', in Bernd Sösemann (ed.), *Kommunikation und Medien in Preussen vom 16. Bis zum 19. Jahrhundert* (Stuttgart: Franz Steiner, 2002), pp. 194–205.

23　Alberto Martino, *Die Deutsche Leihbibliothek* (Wiesbaden: Harrassowitz, 1990). Georg Jäger, Alberto Martino and Reinhard Wittmann, *Die Leihbibliothek der Goetheziet* (Hildesheim: Gerstenberg, 1979).

24　Jäger, Martino and Wittmann, *Die Leihbibliothek der Goetheziet*, pp. 383–4.

25　K. A. Manley, *Books, Borrowers and Shareholders: Scottish Circulating and Subscription Libraries before 1825* (Edinburgh: Edinburgh Bibliographical Society, 2012), pp. 9–10.

26　James Raven, 'The Noble Brothers and Popular Publishing', *The Library*, 6th series, 12 (1990), pp. 293–345, here p. 303.

27　Hilda M. Hamlyn, 'Eighteenth-century Circulating Libraries in England', *The Library*, 5th series (1946–1947), pp. 197–222, here p. 204.

28　Raven, 'Noble Brothers', p. 308.

29　Allan, *Nation of Readers*, p. 134.

30　Raven, 'Noble Brothers', p. 308.

31　Maria Edgeworth, *Letters for Literary Ladies* (London: J. M. Dent, 1993), p. 15.

32　Norbert Schürer, 'Four Catalogues of the Lowndes Circulating Library, 1755–66', *Papers of the Bibliographical Society of America*, 101 (2007), pp. 327–57.

33　Manley, *Books, Borrowers and Shareholders*, pp. 2–3.

34　Allan, *Nation of Readers*, p. 124.

35　同前注 p. 105。

36　Hamlyn, 'Eighteenth-century Circulating Libraries', pp. 220–21.

37　Schürer, 'Four Catalogues', p. 344.

38　Hamlyn, 'Eighteenth-century Circulating Libraries', p. 215.

39　Jan Fergus, 'Eighteenth-century Readers in Provincial England: The Customers of Samuel Clay's Circulating Library and Bookshop in Warwick, 1770–72', *Papers of the Bibliographical Society of America*, 78 (1984), pp. 155–213. See also her *Provincial*

Readers in Eighteenth-century England (Oxford: Oxford University Press, 2007).

40 David Kaser, *A Book for a Sixpence: The Circulating Library in America* (Pittsburgh, PA: Phi Beta Mu, 1980).

41 Guinevere L. Griest, *Mudie's Circulating Library and the Victorian Novel* (London: David & Charles, 1970).

42 Guinevere L. Griest, 'A Victorian Leviathan: Mudie's Select Library', *Nineteenth-Century Fiction*, 20 (1965), pp. 103‒26, here pp. 108, 113.

43 Charles Wilson, *First with the News: The History of W. H. Smith*, 1792‒1972 (London: Jonathan Cape, 1985).

44 蘇利文否認，不過當時的英國首相班傑明‧迪斯雷利戲稱史密斯為「皮納福‧史密斯」。

45 George Moore, 'A New Censorship of Literature', *Pall Mall Gazette*, 10 December 1884。另一本小冊子*Literature at Nurse*重新激起衝突，見Pierre Coustillas (ed.), *George Moore, Literature at Nurse: A Polemic on Victorian Censorship* (Brighton: EER, 2017).

46 Griest, *Mudie's Circulating Library*, pp. 75, 83.

47 同前注p. 61。

第十四章

1 J. E. Traue, 'The Public Library Explosion in Colonial New Zealand', *Libraries & the Cultural Record*, 42 (2007), pp. 151‒64, here p. 154.

2 譯注：Treaty of Waitangi，最早在一八四〇年二月六日簽訂，將西方法律對主權、土地與權利等概念引進紐西蘭，毛利族擁有一切自然資源，毛利人則成為英國子民，接受英國保護。這份協議被視為紐西蘭的建國文件。

3 見第九章。

4 Adrien Delmas, '*Artem Quaevis Terra Alit*: Books in the Cape Colony during the Seventeenth and Eighteenth Centuries', in Natalia Maillard Álvarez (ed.), *Books in the Catholic World during the Early Modern Period* (Leiden: Brill, 2014), pp. 191‒214, here p. 203.

5 William St Clair, *The Grand Slave Emporium: Cape Coast Castle and the British Slave Trade* (London: Profile, 2007), pp. 67‒8.

6 Katharine Gerbner, *Christian Slavery: Conversion and Race in the Protestant Atlantic World* (Philadelphia, PA: University of Pennsylvania Press, 2018).

7 Archie Dick, *The Hidden History of South Africa's Books and Reading Cultures* (Toronto: University of Toronto Press, 2012), pp. 12‒53.

8 Alan G. Cobley, 'Literacy, Libraries, and Consciousness: The Provision of Library Services for Blacks in South Africa in the Pre-Apartheid Era', *Libraries & Culture*, 32 (1997), pp. 57‒80.

9 Elizabeth B. Fitzpatrick, 'The Public Library as Instrument of Colonialism: The Case of the Netherlands East Indies', *Libraries & the Cultural Record*, 43 (2008), pp. 270‒85.

10 譯注：robber baron，十九世紀後半葉對美國商人的蔑稱，暗指那個時期的美國商人不擇手段聚斂錢財。

11　Kalpana Dasgupta, 'How Learned Were the Mughals: Reflections on Muslim Libraries in India', *The Journal of Library History*, 10 (1975), pp. 241–54. A. K. Ohdedar, *The Growth of the Library in Modern India, 1498–1836* (Calcutta: World Press, 1966).

12　引用自 Ohdedar, *The Growth of the Library in Modern India*, p. 10。

13　Sharon Murphy, 'Imperial Reading? The East India Company's Lending Libraries for Soldiers, c. 1819–1834', *Book History*, 12 (2009), pp. 74–99. Idem, *The British Soldier and his Libraries, c. 1822–1901* (London: Palgrave Macmillan, 2016).

14　Murphy, 'Imperial Reading?', p. 78.

15　Sharon Murphy, 'Libraries, Schoolrooms, and Mud Gadowns: Formal Scenes of Reading at East India Company Stations in India, c. 1819–1835', *Journal of the Royal Asiatic Society*, 21 (2011), pp. 459–67, here p. 459.

16　Murphy, 'Imperial Reading?', p. 76.

17　Dora Lockyer, 'The Provision of Books and Libraries by the East India Company in India, 1611–1858' (PhD thesis, Fellowship of the Library Association, 1977), pp. 183–8. Priya Joshi, *In Another Country: Colonialism, Culture, and the English Novel in India* (New York, NY: Columbia University Press, 2002), p. 39.

18　Ohdedar, *The Growth of the Library in Modern India*, p. 57.

19　譯注：Paternoster Row，倫敦市出版業聚集的地點。

20　引用自 Ohdedar, *The Growth of the Library in Modern India*, pp. 117–20.

21　同前注 p. 141。

22　Joshi, *In Another Country*, p. 56.

23　Lara Atkin, et al., *Early Public Libraries and Colonial Citizenship in the British Southern Hemisphere* (London: Palgrave Macmillan, 2019).

24　同前注 p. 9。

25　Lorne D. Bruce, 'Subscription Libraries for the Public in Canadian Colonies, 1775–1850', *Library & Information History*, 34 (2018), pp. 40–63, here pp. 53–4.

26　Heather Dean, '"The persuasion of books": The Significance of Libraries in Colonial British Columbia', *Libraries & the Cultural Record*, 46 (2011), pp. 50–72.

27　引用自 Bruce, 'Subscription Libraries', p. 52。

28　Traue, 'The Public Library Explosion', p. 160.

29　Atkin, *Early Public Libraries*, pp. 82–7.

30　Paul Eggert, 'Robbery Under Arms: The Colonial Market, Imperial Publishers and the Demise of the Three-Decker Novel', *Book History*, 6 (2003), pp. 127–46, here p. 135.

31　詳盡的分析見 Joshi, *In Another Country*, pp. 93–138.

32　引用自 H. B. Vogel, *A Maori Maid* (London: Macmillan, 1898)。

33　Joshi, *In Another Country*, p. 47.

34　P. R. Harris, *A History of the British Museum Library, 1753–1973* (London: British Library, 1998). Giles Mandelbrote and Barry Taylor, *Libraries within the Library: The Origins of the British Library's Printed Collections* (London: British Library, 2009).

35　見第十一章。

36　James Delbourgo, *Collecting the World: The Life and Curiosity of Hans Sloane*

(London: Allen Lane, 2017), p. xxv.

37 Arundell Esdaile, *National Libraries of the World: Their History, Administration and Public Services*, 2nd edn (London: Library Association, 1957). Ian R. Willison, 'The National Library in Historical Perspective', *Libraries & Culture*, 24 (1989), pp. 75–95.

38 Harris, *A History of the British Museum Library*, pp. 15, 20.

39 Paul M. Priebe, 'From Bibliothèque du Roi to Bibliothèque Nationale: The Creation of a State Library, 1789–1793', *The Journal of Library History*, 17 (1982), pp. 389–408, here p. 394.

40 Esdaile, *National Libraries*, p. 185.

41 Elizabeth A. Dean, 'The Organization of Italian Libraries from the Unification until 1940', *Library Quarterly*, 53 (1983), pp. 399–419.

42 Mary Stuart, *Aristocrat-Librarian in Service to the Tsar: Aleksei Nikolaevich Olenin and the Imperial Public Library* (Boulder, CO: East European Monographs, 1986).

43 Mary Stuart, 'Creating Culture: The Rossica Collection of the Imperial Public Library and the Construction of National Identity', *Libraries & Culture*, 30 (1995), pp. 1–25, here pp. 1–5.

44 有關這方面的當代論述見Edward Edwards, 'A Statistical View of the Principal Public Libraries in Europe and the United States of North America', *Journal of the Statistical Society of London*, 11 (1848), pp. 250–81.

45 Harris, *A History of the British Museum Library*, p. 104. Willison, 'The National Library', p. 75.

46 James P. Niessen, 'Museums, Nationality, and Public Research Libraries in Nineteenth-century Transylvania', *Libraries & the Cultural Record*, 41 (2006), pp. 298–336.

47 引用自Harris, *A History of the British Museum Library*, p. 133。

48 見第十二章。

49 Stuart, *Aristocrat-Librarian*, pp. 37–62.

50 Esdaile, *National Libraries*, p. 98.

51 譯注：Rosetta Stone，西元前一九六年的石碑，以三種語言銘刻古埃及法老托勒密五世（Ptolemy V, 210–180 BC）的詔書，考古學家因此得以解讀失傳千餘年的埃及象形文字的字義與結構。

52 譯注：Elgin marbles，又稱萬神殿石雕，是由古希臘雕塑家菲狄亞斯（Phidias, 480–430 BC）和助手創作的一組大理石雕，原本收藏在萬神殿等建築裡，一八〇一年起陸續被英國第七代埃爾金伯爵湯瑪斯·布魯斯（Thomas Bruce, 1766–1841）運回英國。

53 Delbourgo, *Collecting the World*, pp. 333, 337.

54 Harris, *A History of the British Museum Library*, p. 147.

55 Esdaile, *National Libraries*, p. 327.

56 Harris, *A History of the British Museum Library*, p. 180.

57 譯注：Pantheon，西元前二十七年興建的羅馬古建築，七世紀初東羅馬帝國將這座建築獻給教廷，改名為聖母及諸殉道者教堂。

58 同前注pp. 187-90。

59 同前注 pp. 84, 322, 389-90。

60 Stuart, *Aristocrat-Librarian*, pp. 90-95.

61 Mary Stuart, 'The Crimes of Dr Pichler: A Scholar-Biblioklept in Imperial Russia and his European Predecessors', *Libraries & Culture*, 23 (1988), pp. 401-26.

62 譯注：War of the Pacific，又稱硝石戰爭，一八七九年智利與玻利維亞發生硝石關稅爭議，在英國支持下向玻利維亞與其盟友秘魯宣戰。戰爭在一八八三年結束，智利與英國獲勝。

63 Esdaile, *National Libraries*, p. 346.

64 譯注：Bosnian War，發生在一九九二年到九五年，南斯拉夫解體，波士尼亞與赫塞哥維納（Bosnia and Herzegovina）宣布獨立，但境內的塞爾維亞人反對獨立，戰爭因此爆發。

65 Carl Ostrowski, 'James Alfred Pearce and the Question of a National Library in Antebellum America', *Libraries & Culture*, 35 (2000), pp. 255-77, here pp. 267-8.

66 John Y. Cole, 'The Library of Congress Becomes a World Library, 1815-2005', *Libraries & Culture*, 40 (2005), pp. 385-98.

67 Albert L. Hurtado, 'Professors and Tycoons: The Creation of Great Research Libraries in the American West', *Western Historical Quarterly*, 41 (2010), pp. 149-69.有關紐伯利圖書館，見Paul Finkelman, 'Class and Culture in Late Nineteenth-century Chicago: The Founding of the Newberry Library', *American Studies*, 16 (1975), pp. 5-22.

68 Stephen H. Grant, *Collecting Shakespeare: The Story of Henry and Emily Folger* (Baltimore, MD: Johns Hopkins University Press, 2014), p. 156.

69 Donald C. Dickinson, *Henry E. Huntington's Library of Libraries* (San Marino, CA: Huntington Library, 1995).

70 Grant, *Collecting Shakespeare*. Andrea Mays, *The Millionaire and the Bard: Henry Folger's Obsessive Hunt for Shakespeare's First Folio* (New York, NY: Simon & Schuster, 2015).

71 Grant, *Collecting Shakespeare*, p. xii.

72 同前注p. 120。

第十五章

1 David Nasaw, *Andrew Carnegie* (London: Penguin, 2006).

2 John Minto, *A History of the Public Library Movement in Great Britain and Ireland* (London: George Allen & Unwin, 1932).

3 Edward Edwards, 'A Statistical View of the Principal Public Libraries in Europe and the United States of North America', *Journal of the Statistical Society of London*, 11 (1848), pp. 250-81.

4 Stanley M. Max, 'Tory Reaction to the Public Libraries Bill, 1850', *Journal of Library History*, 19 (1984), pp. 504-24.

5 'The Manchester Free Library', *The Spectator*, 12 November 1853.

6 Ken Severn, *The Halfpenny Rate: A Brief History of Lambeth Libraries* (London: Lambeth Archives, 2006).

7　H. E. Meller, *Leisure and the Changing City, 1870–1914* (London: Routledge, 1976).

8　Linda Jean Parr, 'The History of Libraries in Halifax and Huddersfield from the Mid-Sixteenth Century to the Coming of the Public Libraries' (PhD thesis, University College London, 2003).

9　見第九章。

10　J. H. Shera, *Foundations of the Public Library: The Origins of the Public Library Movement in New England 1629–1855* (Chicago, IL: University of Chicago Press, 1949).

11　Susan Orlean, *The Library Book* (London: Atlantic Books, 2018), pp. 177–8.

12　Harold M. Otness, 'Baedeker's One-Star American Libraries', *Journal of Library History*, 12 (1977), pp. 222–34.

13　Tom Glynn, *Reading Publics: New York City's Public Libraries*, 1754– 1911 (New York, NY: Fordham University Press, 2015), p. 2.

14　譯注：Whig，一八三三年到一八五八年在美國運作的政黨，反對傑克森總統和民主黨的政策。

15　Glynn, *Reading Publics*, pp. 17–42.

16　William J. Rhees, *Manual of Public Libraries, Institutions and Societies in the United States and British Provinces of North America* (Philadelphia, PA: J. B. Lippincott, 1889).

17　Richard D. Altick, *The English Common Reader: A Social History of the Mass Reading Public* (Chicago, IL: University of Chicago Press, 1957; 2nd edn, Columbus, OH: Ohio State University Press, 1998), p. 192. Edward Royle, 'Mechanics' Institutes and the Working Classes, 1840–1860', *Historical Journal*, 14 (1971), pp. 305–21.

18　Altick, *The English Common Reader*, p. 192.

19　Chris Baggs, '"The Whole Tragedy of Leisure in Penury": The South Wales Miners' Institute Libraries during the Great Depression', *Libraries & Culture*, 39 (2004), pp. 115–36. 也可以參考他的 'The Miners' Institute libraries of south Wales 1875–1939'，收錄在 Philip Henry Jones, et al. (eds.), *A Nation and Its Books: A History of the Book in Wales* (Aberystwyth: National Library of Wales, 1998)，以及 'How Well Read Was My Valley? Reading, Popular Fiction, and the Miners of South Wales, 1875–1939', *Book History*, 4 (2001), pp. 277–301.

20　John Phillip Short, 'Everyman's Colonial Library: Imperialism and Working-Class Readers in Leipzig, 1890–1914', *German History*, 21 (2003), pp. 445–75. Hans-Josef Steinberg and Nicholas Jacobs, 'Workers' Libraries in Germany before 1914', *History Workshop*, 1 (1976), pp. 166–80.

21　Steinberg and Jacobs, 'Workers' Libraries', pp. 172–3.

22　譯注：德國是個充滿自信的民族，以「思想家與詩人的國度」自居。

23　譯注：pfennig，德國舊輔幣，相當於零點零一德國馬克。

24　Ronald A. Fullerton, 'Creating a Mass Book Market in Germany: The Story of the "Colporteur Novel", 1870–1890', *Journal of Social History*, 10 (1977), pp. 265–83.

25　Short, 'Everyman's Colonial Library', pp. 452–453.

26　Steinberg and Jacobs, 'Workers' Libraries', p. 177.

27 J. L. A. Bailly, *Notices historiques sur les bibliothèques anciennes et modernes* (Paris: Rousselon, 1828).

28 Barbara McCrimmon, 'The Libri Case', *Journal of Library History*, 1 (1966), pp. 7–32. P. Alessandra Maccioni Ruju and Marco Mostert, *The Life and Times of Guglielmo Libri (1802–1869)* (Hilversum: Verloren, 1995).

29 Graham Keith Barnett, 'The History of Public Libraries in France from the Revolution to 1939' (PhD thesis, Fellowship of the Library Association, 1973).

30 Nasaw, *Carnegie*, pp. 193, 204.

31 同前注 p. 607。

32 George S. Bobinski, 'Carnegie Libraries: Their History and Impact on American Public Library Development', *American Library Association Bulletin*, 62 (1968), pp. 1361–7.

33 Daniel F. Ring, 'Carnegie Libraries as Symbols for an Age: Montana as a Test Case', *Libraries & Culture*, 27 (1992), pp. 1–19, here p. 7. 有關公益捐款的實例，見他的 'Men of Energy and Snap: The Origins and Early Years of the Billings Public Library', *Libraries & Culture*, 36 (2001), pp. 397–412。

34 Abigail A. Van Slyck, *Free to All: Carnegie Libraries & American Culture, 1890–1920* (Chicago, IL: University of Chicago Press, 1995), pp. 35–40.

35 Karl Baedeker, *The United States, with excursions to Mexico, Cuba, Porto Rico and Alaska* (Leipzig: Karl Baedeker, 1909), p. 25.

36 Glynn, *Reading Publics*, p. 5.

37 Lee Erickson, 'The Economy of Novel Reading: Jane Austen and the Circulating Library', *Studies in English Literature, 1500–1900*, 30 (1990), pp. 573–90.

38 引用自 Arthur P. Young, *Books for Sammies: The American Library Association and World War I* (Pittsburgh, PA: Beta Phi Mu, 1981), p. 10.

39 Altick, *The English Common Reader*, p. 231.

40 Evelyn Geller, *Forbidden Books in American Public Libraries, 1876–1939* (Westport, CT: Greenwood, 1984), pp. 54–5. Esther Jane Carrier, *Fiction in Public Libraries 1876–1900* (New York, NY: Scarecrow Press, 1965).

41 Robert Snape, *Leisure and the Rise of the Public Library* (London: The Library Association, 1995), pp. 56–7.

42 Geller, *Forbidden Books*, p. 84.

43 Orlean, *The Library Book*, pp. 130–32, 141–4.

44 Geller, *Forbidden Books*, pp. 42–3. See also Charles Johanningsmeier, 'Welcome Guests or Representatives of the "Mal-Odorous Class"? Periodicals and Their Readers in American Public Libraries, 1876–1914', *Libraries & Culture*, 39 (2004), pp. 260–92.

第十六章

1 Erik Kirschbaum, *Burning Beethoven: The Eradication of German Culture in the United States during World War I* (New York, NY: Berlinica, 2015).

2 Susan Orlean, *The Library Book* (London: Atlantic Books, 2018), p. 176. Wayne Wiegand, *"An Active Instrument for Propaganda": The American Public Library* *during World War I* (New York, NY: Greenwood, 1989).

3　Arthur P. Young, *Books for Sammies: The American Library Association and World War I* (Pittsburgh, PA: Beta Phi Mu, 1981).

4　Orlean, *The Library Book*, p. 202.

5　Margaret F. Stieg, 'The Second World War and the Public Libraries of Nazi Germany', *Journal of Contemporary History*, 27 (1992), pp. 23–40. 並參考她的 *Public Libraries in Nazi Germany* (Tuscaloosa, AL: University of Alabama Press, 1992).

6　《西線無戰事》（*All Quiet on the Western Front*），一九二九年出版，是以一次大戰為題材、知名度最高的反戰書籍。曾經參與一次大戰並因功受勛的希特勒對這本書深惡痛絕。

7　Pamela Spence Richards, 'German Libraries and Scientific and Technical Information in Nazi Germany', *Library Quarterly*, 55 (1985), pp. 151–73. Idem, 'Aslib at War: The Brief but Intrepid Career of a Library Organization as a Hub of Allied Scientific Intelligence 1942–1945', *Journal of Education for Library and Information Science*, 29 (1989), pp. 279–96.

8　Stieg, 'Second World War', p. 27.

9　Wayne Wiegand, 'In Service to the State: Wisconsin Public Libraries during World War I', *Wisconsin Magazine of History*, 72 (1989), pp. 199–224. Daniel F. Ring, 'Fighting for Their Hearts and Minds: William Howard Brett, the Cleveland Public Library, and World War I', *Journal of Library History*, 18 (1983), pp. 1–20.

10　Graham Keith Barnett, 'The History of Public Libraries in France from the Revolution to 1939' (PhD thesis, Fellowship of the Library Association, 1973), pp. 352–3.

11　Sarah Wentzel, 'National and University Library of Strasbourg', in David H. Stam (ed.), *International Dictionary of Library Histories* (2 vols., Chicago and London: Fitzroy Dearborn, 2001), pp. 459–61.

12　Barnett, 'Public Libraries', pp. 353–4, 603–4.

13　同前注。

14　Margaret E. Parks, 'Catholic University of Louvain Library', in Stam, *International Dictionary of Library Histories*, pp. 244–7.

15　Chris Coppens, Mark Derez and Jan Roegiers (eds.), Leuven University Library, 1425–2000 (Leuven: Leuven University Press, 2005), pp. 196–298.

16　不得不說，魯汶大學遭受到的破壞，是比利時的政治導致的結果。一九六八年魯汶大學一分為二，新成立的法國大學遷往新魯汶（Louvain-la-Neuve）。圖書館也平均分給兩所學校，分配方法簡單卻特別，分類號碼是單數的書籍留在魯汶大學，雙數撥給法國大學，兩邊各得八十萬本書。

17　在整場戰爭中，法國各地圖書館總共損失大約兩百萬冊書籍。Hilda Urén Stubbings, *Blitzkrieg and Books: British and European Libraries as Casualties of World War II* (Bloomington, IN: Rubena Press, 1993), pp. 235–69. Martine Poulain, *Livres pillés, lectures surveillées: Les bibliothèques françaises sous l'Occupation* (Paris: Gallimard, 2008).

18　Donal Sheehan, 'The Manchester Literary and Philosophical Society', *Isis*, 33 (1941), pp. 519−23. Stubbings, *Blitzkrieg*, pp. 313−15.

19　Valerie Holman, *Book Publishing in England, 1939−1945* (London: British Library, 2008), p. 30.

20　譯注：Battle of Britain，指納粹空軍從一九四〇年七月十日起對英國發動的大規模空襲，這也是二戰期間規模最大的空戰。

21　Henry Irving, '"Propaganda bestsellers": British Official War Books, 1941−1946', in Cynthia Johnston (ed.), *The Concept of the Book: The Production, Progression and Dissemination of Information* (London: Institute of English Studies, 2019), pp. 125−46.

22　譯注：Baedeker raids，據說當時德國外交部宣傳人員聲稱，這一連串空襲要以德國貝德克旅遊指南中的三星景點為目標。

23　Stubbings, *Blitzkrieg*, p. 320.

24　譯注：Stalingrad 位於前蘇聯南部，一九四二年七月納粹及其盟國計畫奪下這座城市，經過將近八個月的惡戰宣告失敗。這場戰役是二次大戰的轉折點。

25　Dale C. Russell, '"Our Special Province": Providing a Library Service for London's Public Shelters, 1940−1942', *Library History*, 13 (1997), pp. 3−15. Stubbings, *Blitzkrieg*, p. 309.

26　Anders Rydell, *The Book Thieves: The Nazi Looting of Europe's Libraries and the Race to Return a Literary Inheritance* (New York, NY: Viking, 2015), pp. 86−7.

27　譯注：National Socialism，融合民族主義、國家主義與社會主義，十九世紀末在歐洲出現，二十世紀前半葉在德國盛行，又稱納粹主義。

28　Marek Sroka, 'The Destruction of Jewish Libraries and Archives in Cracow during World War II', *Libraries & Culture*, 38 (2003), pp. 147−65.

29　Jacqueline Borin, 'Embers of the Soul: The Destruction of Jewish Books and Libraries in Poland during World War II', *Libraries & Culture*, 28 (1993), pp. 445−60.

30　Rydell, *Book Thieves*, p. 199.

31　同前注 p. 197。

32　Borin, 'Embers', pp. 452−3.

33　Rydell, *Book Thieves*, p. 215.

34　譯注：Lebensraum，源於德國地理學家費德里希・拉采爾（Friedrich Ratzel, 1844−1904）的學說，將國家比擬為具有生命的有機體，需要生存空間，而健全的國家透過武力擴張生存空間是必然的現象。

35　Ernst Piper, *Alfred Rosenberg: Hitlers Chefideologe* (Munich: Karl Blessing, 2005).

36　Donald E. Collins and Herbert P. Rothfeder, 'The Einsatzstab Reichsleiter Rosenberg and the Looting of Jewish and Masonic Libraries during World War II', *Journal of Library History*, 18 (1983), pp. 21−36, here p. 23.

37　Patricia Kennedy Grimsted, *The Odyssey of the Turgenev Library from Paris, 1940−2002: Books as Victims and Trophies of War* (Amsterdam: IISH, 2003).

38　Patricia Kennedy Grimsted, *Library Plunder in France by the Einsatzstab Reichsleiter Rosenberg: Ten ERR Seizure Lists of Confiscated French Libraries* (Amsterdam: IISH, 2017).

39　Reinhard Bollmus, *Das Amt Rosenberg und seine Gegner: Studien zum Machtkampf im nationalsozialistischen Herrschaftssystem* (Munich: Oldenbourg, 2006).

40　Poulain, *Livres pillés*. Patricia Kennedy Grimsted, 'Roads to Ratibor: Library and Archival Plunder by the Einsatzstab Reichsleiter Rosenberg', *Holocaust Genocide Studies*, 19 (2005), pp. 390–458.

41　David E. Fishman, *The Book Smugglers: Partisans, Poets and the Race to Save Jewish Treasures from the Nazis* (Lebanon, NH: ForeEdge, 2017).

42　Dov Schidorsky, 'Confiscation of Libraries and Assignments to Forced Labour: Two Documents of the Holocaust', *Libraries & Culture*, 33 (1998), pp. 347–88.

43　Joshua Starr, 'Jewish Cultural Property under Nazi Control', *Jewish Social Studies*, 12 (1950), pp. 27–48, here p. 34. Cornelia Briel, *Beschlagnahmt, Erpresst, Erbeutet. NS-Raubgut, Reichstauschstelle und Preussische Staatsbibliothek zwischen 1933 und 1945* (Berlin: Akademie Verlag, 2013).

44　Marta L. Dosa, *Libraries in the Political Scene* (Westport, CT: Greenwood, 1974), pp. 84–7.

45　Jan L. Alessandrini, 'Lost Books of "Operation Gomorrah": Rescue, Reconstruction and Restitution at Hamburg's Library in the Second World War', in Flavia Bruni and Andrew Pettegree (eds.), *Lost Books: Reconstructing the Print World of Pre-Industrial Europe* (Leiden: Brill, 2016), pp. 441–61.

46　譯注：reichsmark，一次大戰後德國通貨膨脹，於是在一九二四年發行帝國馬克取代原有的貨幣。帝國馬克使用到一九四八年六月，分別被東、西德的馬克取代。

47　Rydell, *Book Thieves*, p. 20.

48　同前注 pp. 51–6。

49　Dosa, *Libraries in the Political Scene*, p. 94.

50　Nicola Schneider, 'The Losses of the Music Collection of the Hessische Landesbibliothek in Darmstadt in 1944', in Anja-Silvia Goeing, Anthony T. Grafton and Paul Michel (eds.), *Collectors' Knowledge: What is Kept, What is Discarded* (Leiden: Brill, 2013), pp. 381–412.

51　Werner Schocow, *Bücherschicksale: die Verlagerungsgeschichte der Preussischen Staatsbibliothek; Auslagerung, Zerstörung, Rückführung* (Berlin: de Gruyter, 2003).

52　Grimsted, 'Roads to Ratibor'.

53　Patricia Kennedy Grimsted, 'The Road to Minsk for Western "Trophy" Books: Twice Plundered but Not Yet "Home from the War"', *Libraries & Culture*, 39 (2004), pp. 351–404.

54　Patricia Kennedy Grimsted, 'Tracing Trophy Books in Russia', *Solanus*, 19 (2005), pp. 131–45.

55　Rydell, *Book Thieves*, p. 272. Robert G. Waite, 'Returning Jewish Cultural Property: The Handling of Books Looted by the Nazis in the American Zone of Occupation, 1945 to 1952', *Libraries & Culture*, 37 (2002), pp. 213–28.

56　Grimsted, *The Odyssey of the Turgenev Library*.

57　Margaret Stieg Dalton, 'The Postwar Purge of German Public Libraries, Democracy and the American Reaction', *Libraries & Culture*, 28 (1993), pp. 143–64.

58 Alex Boodrookas, 'Total Literature, Total War: Foreign Aid, Area Studies, and the Weaponization of US Research Libraries', *Diplomatic History*, 43 (2019), pp. 332–52.

59 Miriam Intrator, *Books Across Borders: UNESCO and the Politics of Postwar Cultural Reconstruction, 1945–1951* (London: Palgrave Macmillan, 2019), p. 140.

60 同前注 p. 62。

61 W. C. Berwick Sayers, 'Britain's Libraries and the War', *Library Quarterly*, 14 (1944), pp. 95–9. Henry Irving, 'Paper Salvage in Britain during the Second World War', *Historical Research*, 89 (2016), pp. 373– 93. Sayers 和後來的研究認為當時被毀的書籍有六億冊，但這個數字太龐大，似乎不太可信。

62 Peter Thorsheim, 'Salvage and Destruction: The Recycling of Books and Manuscripts in Great Britain during the Second World War', *Contemporary European History*, 22 (2013), pp. 431–52, here p. 448.

第十七章

1   Warren Susman, 'Communication and Culture', in Catherine L. Covert and John D. Stevens (eds.), *Mass Media Between the Wars: Perceptions of Cultural Tension, 1918–1941* (Syracuse, NY: Syracuse University Press, 1984), p. xxiv.

2   譯注：一九三三年上映的黑白片電影《金剛》（*King Kong*）裡的大猩猩。

3   Ian McIntyre, *The Expense of Glory: A Life of John Reith* (London: Harper Collins, 1993).

4   Covert and Stevens, *Mass Media*, p. 209.

5   James D. Hart, *The Popular Book: A History of America's Literary Taste* (New York, NY: Oxford University Press, 1950), p. 228

6   Alice Goldfarb Marquis, *Hopes and Ashes: The Birth of Modern Times* (New York, NY: Free Press, 1986).

7   譯注：Depression，指發生在一九二九到一九三三年的全球經濟大衰退。

8   同前注 pp. 63–4。

9   關於媒體記者撰寫廉價小說，見 Michael Denning, *Mechanic Accents: Dime Novels and Working-Class Culture in America* (London: Verso, 1987), pp. 18–24.

10 Tanya Gold, 'The Outsiders', *The Spectator*, 14 November 2020, pp. 50–51.

11 Marquis, *Hope and Ashes*, p. 86.

12 Covert and Stevens, *Mass Media*, p. xiii.

13 Alistair Black, *The Public Library in Britain, 1914–2000* (London: British Library, 2000).

14 Patrick Leary, *The Punch Brotherhood: Table Talk and Print Culture in Mid-Victorian London* (London: British Library, 2010). Frank E. Huggett, *Victorian England as Seen by Punch* (London: Book Club Associates, 1978).

15 Chris Baggs, '"In the Separate Reading Room for Ladies Are Provided Those Publications Specially Interesting to Them": Ladies' Reading Rooms and British Public Libraries 1850–1914', *Victorian Periodicals Review*, 38 (2005), pp. 280–306, here p. 281.

16 Marquis, *Hope and Ashes*, pp. 124, 127.

17　Hart, *Popular Book*, pp. 236, 261–3.

18　同前注 pp. 219, 256, 261–3。

19　同前注 p. 273；Megan Benton, '"Too Many Books": Book Ownership and Cultural Identity in the 1920s', *American Quarterly*, 49 (1997), pp. 268–97.

20　Janice A. Radway, *A Feeling for Books: The Book-of-the-Month Club, Literary Taste and Middle-Class Desire* (Chapel Hill, NC: University of North Carolina Press, 1997). Hart, *Popular Book*, p. 273.

21　Hart, *Popular Book*, pp. 237, 286.

22　Christopher Hilliard, 'The Twopenny Library: The Book Trade, Working-Class Readers and "Middlebrow" Novels in Britain, 1930–42', *Twentieth Century British History*, 25 (2014), pp. 199–220.

23　Ronald Barker, 'Book Distribution in the United Kingdom', *ALA Bulletin*, 57 (June 1963), pp. 523–7.

24　John Sutherland, *Reading the Decades: Fifty Years of the Nation's Bestselling Books* (London: BBC, 2002).

25　Joanne E. Passet, 'Reaching the Rural Reader: Traveling Libraries in America, 1892–1920', *Libraries & Culture*, 26 (1991), pp. 100–118, here p. 103.

26　Lisa Lindell, 'Bringing Books to a "Book-Hungry Land": Print Culture on the Dakota Prairie', *Book History*, 7 (2004), pp. 215–38.

27　Wayne Wiegand, *Irrepressible Reformer: A Biography of Melvil Dewey* (Chicago, IL: American Library Association, 1996).

28　Passet, 'Reaching the Rural Reader', p. 105.

29　Jennifer Cummings, '"How Can we Fail?" The Texas State Library's Travelling Libraries and Bookmobiles, 1916–1966', *Libraries & the Cultural Record*, 44 (2009), pp. 299–325, here, p. 301.

30　Passet, 'Reaching the Rural Reader', p. 111.

31　Susan Orlean, *The Library Book* (London: Atlantic Books, 2018), p. 195. Tanya Ducker Finchum and Allen Finchum, 'Not Gone with the Wind: Libraries in Oklahoma in the 1930s', *Libraries & the Cultural Record*, 46 (2011), pp. 276–94.

32　Deanna B. Marcum, 'The Rural Public Library in America at the Turn of the Century', *Libraries & Culture*, 26 (1991), pp. 87–99.

33　本書作者之一曾在一九六〇年代初期的施洛普郡（Shropshire）鄉間目睹這番情景。

34　Cummings, '"How Can we Fail?"', p. 312.

35　男性借書的比例只占百分之二。Christine Pawley, *Reading Places: Literacy, Democracy and the Public Library in Cold War America* (Amherst, MA: University of Massachusetts Press, 2010), p. 121.

36　Ralph A. Wagner, 'Not Recommended: A List for Catholic High School Libraries, 1942', *Libraries & Culture*, 30 (1995), pp. 170–98.

37　https://www.pewtrusts.org/en/research-and-analysis/blogs/stateline/2018/03/28/yes-bookmobiles-are-still-a-thing-we-checked.

38　Dane M. Ward, 'The Changing Role of Mobile Libraries in Africa', *International*

Information and Library Review, 28 (1996), pp. 121–33.

39 https://www.aljazeera.com/features/2018/4/23/for-the-love-of-books-mobile-libraries-around-the-world.

40 Ellis Alec, *Library Services for Young People in England and Wales, 1830–1970* (Oxford: Pergamon Press, 1971).

41 同前注 p. 28。

42 F. J. Harvey Darton, *Children's Books in England: Five Centuries of Social Life* (London: British Library, 1999). Michael Denning, *Mechanical Accents: Dime Novels and Working-Class Culture in America* (London: Verso, 1987).

43 Jon Savage, *Teenage: The Creation of Youth* Culture (London: Pimlico, 2008).

44 同前注 pp. 141–2。

45 同前注 p. 301。

46 同前注 pp. 353–4. Cynthia L. White, *Women's Magazines, 1693–1968* (London: Michael Joseph, 1970).

47 Thelma McCormack, '*The Intelligent Woman's Guide to Socialism and Capitalism* by George Bernard Shaw', *American Journal of Sociology*, 91 (1985), pp. 209–11.

48 Baggs, 'Separate Reading Room', p. 282.

49 同前注 pp. 286–7。

50 Sterling Joseph Coleman, '"Eminently Suited to Girls and Women": The Numerical Feminization of Public Librarianship in England, 1914–1931', *Library & Information History*, 30 (2014), pp. 195–209.

51 同前注 p. 201。

52 Esther Jane Carrier, *Fiction in Public Libraries 1900–1950* (Littleton, CO: Libraries Unlimited, 1985).

53 Evelyn Geller, *Forbidden Books in American Public Libraries, 1876–1939* (Westport, CT: Greenwood, 1984), pp. 54–6, 93–7, 105–108.

54 Joseph McAleer, *Popular Reading and Publishing in Britain, 1914–1950* (Oxford: Oxford University Press, 1992), pp. 100–132. Idem, *Passion's Fortune: The Story of Mills & Boon* (Oxford: Oxford University Press, 1999).

55 McAleer, *Popular Reading*, p. 106.

56 見第十三章。

57 Nicola Wilson, 'Boots Book-lovers' Library and the Novel: The Impact of a Circulating Library Market on Twentieth-century Fiction', *Information & Culture*, 49 (2014), pp. 427–49.

58 McAleer, *Popular Reading*, p. 114.

59 Janice A. Radway, *Reading the Romance: Women, Patriarchy and Popular Literature* (Chapel Hill, NC: University of North Carolina Press, 1984), p. 20.

60 http://publiclibrariesonline.org/2013/05/promoting-romance-novels-in-american-public-libraries/.

11 這些內容來自與英格蘭和蘇格蘭圖書館員的訪談。

第十八章

1 Robert Darnton, 'Censorship, a Comparative View: France 1789 – East Germany 1989', *Representations*, 49 (1995), pp. 40–60, here p. 40.

2 Emily Drabinski, 'Librarians and the Patriot Act', *The Radical Teacher*, 77 (2006), pp. 12–14.

3 Gladys Spencer, *The Chicago Public Library: Origins and Backgrounds* (Boston, MA: Gregg Press, 1972).

4 Spencer, *Chicago Public Library* p. 344. Constance J. Gordon, 'Cultural Record Keepers: The English Book Donation, Chicago Public Library', *Libraries & the Cultural Record*, 44 (2009), pp. 371–4.

5 Dennis Thompson, 'The Private Wars of Chicago's Big Bill Thompson', *Journal of Library History*, 15 (1980), pp. 261–80.

6 Joyce M. Latham, 'Wheat and Chaff: Carl Roden, Abe Korman and the Definitions of Intellectual Freedom in the Chicago Public Library', *Libraries & the Cultural Record*, 44 (2009), pp. 279–98.

7 Thompson, 'Big Bill', p. 273.

8 Louise S. Robbins, *The Dismissal of Miss Ruth Brown: Civil Rights, Censorship and the American Library* (Norman, OK: University of Oklahoma Press, 2000).

9 Christine Pawley, *Reading Places: Literacy, Democracy and the Public Library in Cold War America* (Amherst, MA: University of Massachusetts Press, 2010). Lisle A. Rose, *The Cold War Comes to Main Street: America in 1950* (Lawrence, KS: University Press of Kansas, 1999).

10 Louise S. Robbins, *Censorship and the American Library: The American Library Association's Response to Threats to Intellectual Freedom, 1939–1969* (Westport, CT: Greenwood, 1996), p. 37. Idem, 'After Brave Words, Silence: American Librarianship Responds to Cold War Loyalty Programs, 1947–1957', *Libraries & Culture*, 30 (1995), pp. 345–65.

11 譯注：Joe McCarthy（1908–1957），是冷戰期間風頭最健的反共人士，聲稱美國公私機關團體都被共產黨間諜滲透。

12 Robbins, *Censorship* pp. 71, 74.

13 同前注 p. 122。

14 Christopher Hilliard, '"Is It a Book That You Would Even Wish Your Wife or Your Servants to Read?" Obscenity Law and the Politics of Reading in Modern England', *American Historical Review*, 118 (2013), pp. 653–78. H. Montgomery Hyde, *The Lady Chatterley's Lover Trial* (London: Bodley Head, 1990).

15 吉本斯的仿作是不是針對勞倫斯有待商榷，但必然造成打擊。Faye Hammill, 'Cold Comfort Farm, D. H. Lawrence, and English Literary Culture Between the Wars', *Modern Fiction Studies*, 47 (2001), pp. 831–54.

16 Michael Fultz, 'Black Public Libraries in the South in the Era of De Jure Segregation', *Libraries & the Cultural Record*, 41 (2006), pp. 337–59. Stephen Cresswell, 'The Last Days of Jim Crow in Southern Libraries', *Libraries & Culture*, 31 (1996), pp. 557–72.

17 更精彩的描述見Shirley Wiegand and Wayne Wiegand, *The Desegregation of Public Libraries in the Jim Crow South: Civil Rights and Local Activism* (Baton Rouge, LA: LSU Press, 2018).

18 Robbins, *Censorship*, p. 107. Wayne Wiegand, '"Any Ideas?"': The American Library Association and the Desegregation of Public Libraries in the American South', *Libraries: Culture, History, and Society*, 1 (2017), pp. 1–22.

19 Eric L. Motley, *Madison Park: A Place of Hope* (Grand Rapids, MI: Zondervan, 2017), pp. 129–36.

20 Melville J. Ruggles and Raynard Coe Swank, *Soviet libraries and librarianship; report of the visit of the delegation of U.S. librarians to the Soviet Union, May–June, 1961, under the U.S.–Soviet cultural exchange agreement* (Chicago, IL: American Library Association, 1962). Rutherford D. Rogers, 'Yes, Ivan Reads: A First Report of the American Library Mission to Russia', *American Library Association Bulletin*, 55 (1961), pp. 621–4.

21 Jenny Brine, 'The Soviet Reader, the Book Shortage and the Public Library', *Solanus*, 2 (1988), pp. 39–57.

22 譯注：指一九一七年的俄國十月革命，巡洋艦曙光號（Avrora）向布爾什維克黨投誠，炮轟冬宮，推翻當時的臨時政府，建立世上第一個共產國家。

23 引用自Jennifer Jane Brine, 'Adult readers in the Soviet Union' (PhD thesis, University of Birmingham, 1986), p. 8. http://etheses.bham.ac.uk/1398/.

24 Ralph A. Leal, 'Libraries in the U.S.S.R', unpublished survey accessible at https://files.eric.ed.gov/fulltext/ED098959.pdf (last accessed 27 July 2020), p. 6.

25 譯注：一九八九年波蘭、捷克斯洛伐克和東德分別發生革命或脫離俄國控制。

26 同前注p. 12。

27 L. I. Vladimirov, 'The Accomplishments of University Libraries in the Soviet Union', *Library Trends*, 4 (1964), pp. 558–82. Ilkka Mäkinen, 'Libraries in Hell: Cultural Activities in Soviet Prisons and Labor Camps from the 1930s to the 1950s', *Libraries & Culture*, 28 (1993), pp. 117–42.

28 Andrei Rogachevskii, 'Homo Sovieticus in the Library', *Europe-Asia Studies*, 54 (2002), pp. 975–88. Boris Korsch, 'The Role of Readers' Cards in Soviet Libraries, *Journal of Library History*, 13 (1978), pp. 282–97.

29 Boris Korsch, 'Soviet Librarianship under Gorbachev: Change and Continuity', *Solanus*, 4 (1990), pp. 24–49.

30 Marek Sroka, 'The Stalinization of Libraries in Poland, 1945–1953', *Library History*, 16 (2000), pp. 105–25.

31 Idem, '"Forsaken and Abandoned": The Nationalization and Salvage of Deserted, Displaced, and Private Library Collections in Poland, 1945–1948', *Library & Information History*, 28 (2012), pp. 272–88.

32 Sroka, 'Stalinization', pp. 113, 117.

33 Jiřina Šmejkalová, *Cold War Books in the 'Other Europe' and What Came After* (Leiden: Brill, 2011), p. 115.

34 譯注：normalisation，布拉格之春失敗後，捷克保守派勢力取代開明派，致力清除改革派，恢復極權統治。
35 同前注pp. 161, 196−8。
36 同前注p. 324。
37 根據歐洲國會遊說組織Public Libraries 2030提供的數據，東歐與波羅的海各國占了人均圖書館數量排行榜前八名。https://publiclibraries2030.eu/resources/eu-library-factsheets/.
38 Kathleen A. Smith, 'Collection Development in Public and University Libraries of the Former German Democratic Republic since German Unification', *Libraries & Culture*, 36 (2001), pp. 413−31.
39 本書作者之一在一九九一年現場目擊。
40 Smith, 'Collection Development', p. 422.
41 Priya Joshi, *In Another Country: Colonialism, Culture, and the English Novel in India* (New York, NY: Columbia University Press, 2002). Robert Darnton, *Censors at Work: How States Shaped Literature* (London: British Library, 2014).
42 Jashu Patel and Krishan Kumar, *Libraries and Librarianship in India* (Westport, CT: Greenwood, 2001), p. 52.
43 同前注p. 91。
44 Zahid Ashraf Wani, 'Development of Public Libraries in India', *Library Philosophy and Practice* (ejournal, 2008).
45 A. Dirk Moses and Lasse Heerten, *Postcolonial Conflict and the Question of Genocide: The Nigeria-Biafra War, 1967−1970* (London: Routledge, 2017). Chinua Achebe, *There Was a Country: A Personal History of Biafra* (London: Allen Lane, 2012).
46 Helen Jarvis, 'The National Library of Cambodia: Surviving for Seventy Years', *Libraries & Culture*, 30 (1995), pp. 391−408.
47 Mary Niles Maack, 'Books and Libraries as Instruments of Cultural Diplomacy in Francophone Africa during the Cold War', *Libraries & Culture*, 36 (2001), pp. 58−86.
48 Allan Horton, *'Libraries are great mate!' But they could be greater. A report to the nation on Public Libraries in Australia* (Melbourne: Australian Library Promotional Council, 1976).
49 Nicholson Baker, *Double Fold: Libraries and the Assault on Paper* (New York, NY: Random House, 2001).
50 Nicholas Basbanes, 'Once and Future Library', in his *Patience and Fortitude* (New York, NY: Harper Collins, 2001), pp. 386−424.
51 Basbanes, *Patience and Fortitude*, p. 401.
52 https://publiclibraries2030.eu/wp-content/uploads/2019/12/France-2019.pdf.

後記
1 https://www.gatesfoundation.org/what-we-do/global-development/global-libraries.
2 Brad Stone, *The Everything Store: Jeff Bezos and the Age of Amazon* (New York, NY: Little, Brown, 2013), p. 302.
3 Robert Darnton, *The Case for Books: Past, Present, and Future* (New York: Public

Affairs, 2009), pp. 3–64.

4　Rana Foroohar, *Don't Be Evil: The Case Against Big Tech* (London: Allen Lane, 2019), p. 28.

5　Maryanne Wolf, Reader, *Come Home: The Reading Brain in a Digital World* (New York, NY: Harper, 2018).

6　Susan Orlean, *The Library Book* (London: Atlantic Books, 2018).

7　UNESCO report: 'Lost memory: libraries and archives destroyed in the twentieth century' (1996).

8　https://www.betterworldbooks.com/.

9　Orlean, *Library Book*, p. 87.

10　https://www.nytimes.com/2013/11/30/books/unraveling-huge-thefts-from-girolamini-library-in-naples.html.

11　https://www.latimes.com/archives/la-xpm-2000-feb-20-mn-762-story.html. Owen Gingerich, *The Book Nobody Read: Chasing the Revolutions of Nicolas Copernicus* (London: Heinemann, 2004), pp. 220–38.

12　以下這篇文章慷慨激昂地討論這個主題：William H. Wisner, *Whither the Postmodern Library? Libraries, Technology, and Education in the Information Age* (Jefferson, NC: McFarland, 2000)

13　Nicholas Basbanes, *Patience and Fortitude* (New York, NY: Harper Collins, 2001), p. 405.

14　我們查閱這套卡片目錄（Apparatus Van der Woude）的過程見Andrew Pettegree and Arthur der Weduwen, 'What was published in the seventeenth-century Dutch Republic?', *Livre. Revue Historique* (2018), pp. 1–22.

15　Brian Dumaine, *Bezonomics: How Amazon Is Changing Our Lives and What the World's Best Companies Are Learning from It* (London: Simon & Schuster, 2020), p. 238.

16　Orlean, *Library Book*, p. 39.

17　Dumaine, *Bezonomics*, p. 110.

18　同前注 p. 91。

19　https://librarymap.ifla.org/.

20　https://www.nypl.org/about/locations/53rd-street.

21　Orlean, *Library Book*, p. 157.

22　https://rossdawson.com/wp-content/uploads/2007/10/extinction_timeline.pdf.

23　'The e-reader device is dying a rapid death', 11 November 2019. https://justpublishingadvice.com/the-e-reader-device-is-dying-a-rapid-death/.

24　Richard Watson, *Future Files: A Brief History of the Next 50 Years*, 3rd edn (London: Nicholas Brealey, 2012).

25　Dumaine, *Bezonomics*, p. 39.

26　https://bexarbibliotech.org/.https://www.youtube.com/watch?v=QtvytxreYlc.

參考文獻

序

Buzás, Ladislaus, *German Library History*, 800–1945 (Jefferson, NC: McFarland, 1986).

Crawford, Alice (ed.), *The Meaning of the Library: A Cultural History* (Princeton and Oxford: Princeton University Press, 2015).

Harris, Michael H., *History of Libraries in the Western World*, 4th edn (Metuchen, NJ: Scarecrow Press, 1995).

Hoare, Peter (ed.), *The Cambridge History of Libraries in Britain and Ireland* (3 vols., Cambridge: Cambridge University Press, 2006).

Hobson, Anthony, *Great Libraries* (London: Weidenfeld & Nicolson, 1970).

The Library Book (London: Profile, 2012).

Raven, James (ed.), *Lost Libraries: The Destruction of Great Book Collections since Antiquity* (Basingstoke: Palgrave, 2004).

Stam, David H. (ed.), *International Dictionary of Library Histories* (2 vols., Chicago and London: Fitzroy Dearborn, 2001).

Wiegand, Wayne A., and Donald G. Davis Jr. (eds.), *Encyclopedia of Library History* (New York and London: Garland, 1994).

第一章

Black, Jeremy, 'Lost Libraries of Ancient Mesopotamia', in James Raven (ed.), *Lost Libraries: The Destruction of Great Book Collections since Antiquity* (Basingstoke: Palgrave, 2004), pp. 41–57.

Boyd, Clarence Eugene, *Public Libraries and Literary Culture in Ancient Rome* (Chicago, IL: University of Chicago Press, 1915).

Bruce, Lorne, 'Palace and Villa Libraries from Augustus to Hadrian', *Journal of Library History*, 21 (1986), pp. 510–52.

Butler, Beverley, *Return to Alexandria: An Ethnography of Cultural Heritage, Revivalism and Museum Memory* (Walnut Creek, CA: Left Coast Press, 2007).

Casson, Lionel, *Libraries in the Ancient World* (London and New Haven: Yale University Press, 2001).

Dix, T. Keith, '"Public Libraries"in Ancient Rome: Ideology and Reality', *Libraries & Culture*, 29 (1994), pp. 282–96.

Dix, T. Keith, 'Pliny's Library at Comum', in *Libraries & Culture*, 31 (1996), pp. 85–102.

Dix, T. Keith, '"Beware of Promising Your Library to Anyone": Assembling a Private Library at Rome', in König, *Ancient Libraries*, pp. 209–34.

Dix, T. Keith, and George W. Houston, 'Public Libraries in the City of Rome: from the Augustan Age to the time of Diocletian', *Mélanges de l'École de Rome. Antiquité*, 118 (2006), pp. 671–717.

El-Abbadi, Mostafa, and Omnia Fathallah (eds.), *What Happened to the Ancient Library of Alexandria?* (Leiden: Brill, 2008).

Hanson, Carl A., 'Were There Libraries in Roman Spain?', *Libraries & Culture*, 24 (1989), pp. 198–216.

Harris, William V., *Ancient Literacy* (Cambridge, MA: Harvard University Press, 1989).

Hendrickson, Thomas, *Ancient Libraries and Renaissance Humanism: The 'De Bibliothecis' of Justus Lipsius* (Leiden: Brill, 2017).

Houston, George W., *Inside Roman Libraries: Book Collections and Their Management in Antiquity* (Chapel Hill, NC: University of North Carolina Press, 2014).

Johnson, William A., 'Libraries and Reading Culture in the High Empire', in König, *Ancient Libraries*, pp. 347−63.

König, Jason, Katerina Oikonomopoulou and Greg Woolf (eds.), *Ancient Libraries* (Cambridge: Cambridge University Press, 2013).

Lewis, Bernard, 'The Arab Destruction of the Library of Alexandria: Anatomy of a Myth', in Mostafa El-Abbadi and Omnia Fathallah (eds.), *What Happened to the Ancient Library of Alexandria?* (Leiden: Brill,2008), pp. 213−17.

MacLeod, Roy (ed.), *The Library of Alexandria: Centre of Learning in the Ancient World* (London and New York: I. B. Tauris, 2000).

Marshall, Anthony J., 'Library Resources and Creative Writing at Rome', *Phoenix*, 30 (1976), pp. 252−64.

Martínez, Victor M., and Megan Finn Senseney, 'The Professional and His Books: Special Libraries in the Ancient World', in König, *Ancient Libraries*, pp. 401−17.

Mattern, Susan P., *The Prince of Medicine: Galen in the Roman Empire* (Oxford: Oxford University Press, 2013).

Nutton, Vivian, 'Galen's Library', in Christopher Gill, Tim Whitmarsh and John Wilkins (eds.), *Galen and the World of Knowledge* (Cambridge:Cambridge University Press, 2009).

Parsons, Edward Alexander, *The Alexandrian Library, Glory of the Hellenic World: Its Rise, Antiquities and Destruction* (Amsterdam: Elsevier, 1952).

Pinner, H. L., *The World of Books in Classical Antiquity* (Leiden: Sijthoff, 1958).

Posner, Ernst, *Archives in the Ancient World* (Cambridge, MA: Harvard University Press, 1972).

Reichmann, Felix, 'The Book Trade at the Time of the Roman Empire', *Library Quarterly*, 8 (1938), pp. 40−76.

Sider, Sandra, 'Herculaneum's Library in 79 AD: The Villa of the Papyri', *Libraries & Culture*, 25 (1990), pp. 534−42.

White, P., 'Bookshops in the Literary Culture of Rome', in William A. Johnson and Holt N. Parker (eds.), *Ancient Literacies: The Culture of Reading in Greece and Rome* (Oxford: Oxford University Press, 2009)

Woolf, Greg, 'Introduction: Approaching the Ancient Library', in König, *Ancient Libraries*, pp. 1−20.

第二章

Barton, John, *A History of the Bible: The Book and Its Faiths* (London: Allen Lane, 2019).

Beddie, James Stuart, 'The Ancient Classics in the Mediaeval Libraries', *Speculum*, 5 (1930), pp. 3−20.

Berthoud, J., 'The Italian Renaissance Library', *Theoria: A Journal of Social and Political Theory*, 26 (1966), pp. 61−80.

Bischoff, Bernhard, *Manuscripts and Libraries in the Age of Charlemagne* (Cambridge: Cambridge University Press, 1994).

Brett, Edward T., 'The Dominican Library in the Thirteenth Century', *The Journal of Library History*, 15 (1980), pp. 303−308.

Bullough, Donald, 'Charlemagne's court library revisited', *Early Medieval Europe*, 12 (2003), pp. 339−63.

Christ, Karl, *The Handbook of Medieval Library History*, ed. and trans. Theophil M. Otto

(Metuchen, NJ: The Scarecrow Press, 1984).

Clark, John Willis, *The Care of Books: An Essay on the Development of Libraries and Their Fittings, from the Earliest Times to the End of the Eighteenth Century* (Cambridge: Cambridge University Press, 1901).

Cleaver, Laura, 'The circulation of history books in twelfth-century Normandy', in Cynthia Johnston (ed.), *The Concept of the Book: The Production, Progression and Dissemination of Information* (London: Institute of English Studies, 2019), pp. 57−78.

Cyrus, Cynthia J., *The Scribes for Women's Convents in Late Medieval Germany* (Toronto: University of Toronto Press, 2009).

Duft, Johannes, *The Abbey Library of Saint Gall* (St Gallen: Verlag am Klosterhof, 1985).

Dunning, Andrew N. J., 'John Lakenheath's Rearrangement of the Archives of Bury St Edmunds Abbey, c.1380', *The Library*, 19 (2018), pp. 63−8.

Fox, Yaniv, *Power and Religion in Merovingian Gaul: Columbanian Monasticism and the Frankish Elites* (London and New Haven: Yale University Press, 2014).

Given-Wilson, Christopher, *Chronicles: The Writing of History in Medieval England* (London: Hambledon, 2004).

Goodhart Gordan, Phyllis, *Two Renaissance Book Collectors: The Letters of Poggius Bracciolini to Nicolaus de Niccolis* (New York: Columbia University Press, 1974).

Hamel, Christopher de, *A History of Illuminated Manuscripts*, 2nd edn (London, Phaidon, 1994).

Hammer, Jacob, 'Cassiodorus, the Savior of Western Civilization', *Bulletin of the Polish Institute of Arts and Sciences in America*, 3 (1945), pp. 369−84.

Hobson, Anthony, *Great Libraries* (London: Weidenfeld & Nicolson, 1970).

Humphreys, K. W., 'The Effects of Thirteenth-century Cultural Changes on Libraries', *Libraries & Culture*, 24 (1989), pp. 5−20.

Ker, N. R., *Medieval Libraries of Great Britain*, 2nd edn (London: Royal Historical Society, 1964).

Ker, N. R., *Books, Collectors and Libraries: Studies in the Medieval Heritage*, ed. Andrew G. Watson (London and Ronceverte: Hambledon, 1985).

Kibre, Pearl, *The Library of Pico della Mirandola* (New York, NY: Columbia University Press, 1936).

Labowsky, Lotte, *Bessarion's Library and the Biblioteca Marciana: Six Early Inventories* (Rome: Edizioni di storia e letteratura, 1979).

Martin, Henri-Jean, and Roger Chartier, *Histoire de l'édition francaise. Le livre conquerant. Du Moyen Age au milieu du XVIIe siècle* (Paris: Promodis, 1982).

McKitterick, Rosamond, *The Carolingians and the Written Word* (Cambridge: Cambridge University Press, 1989).

McKitterick, Rosamond, *Charlemagne: The Formation of a European Identity* (Cambridge: Cambridge University Press, 2008).

Meeder, Sven, *The Irish Scholarly Presence at St. Gall: Networks of Knowledge in the Early Middle Ages* (London: Bloomsbury, 2018).

Padover, S. K., 'German libraries in the fourteenth and fifteenth centuries', in James Westfall Thompson (ed.), *The Medieval Library* (New York: Hafner, 1957), pp. 453−76.

Papahagi, Adrian, 'Lost Libraries and Surviving Manuscripts: The Case of Medieval Transylvania', *Library & Information History*, 31 (2015), pp. 35−53.

Peterson, Herman A., 'The Genesis of Monastic Libraries', *Libraries & the Cultural Record*, 45

(2010), pp. 320−32.

Petroski, Henry, *The Book on the Bookshelf* (New York: Knopf, 1999).

Reynolds, L. D., and N. G. Wilson, *Scribes and Scholars: A Guide to the Transmission of Greek and Latin Literature* (Oxford: Oxford University Press, 1968).

Rios, Dom Romanus, 'Monte Cassino, 529−1944', *Bulletin of the John Rylands Library*, 29 (1945), pp. 49−68

Robothan, Dorothy M., 'Libraries of the Italian Renaissance', in James Westfall Thompson (ed.), *The Medieval Library* (New York: Hafner, 1957), pp. 509−88.

Rouse, Richard H., 'The early library of the Sorbonne', *Scriptorium*, 21 (1967), pp. 42−71.

Schlotheuber, Eva, and John T. McQuillen, 'Books and Libraries within Monasteries', in *The Cambridge History of Medieval Monasticism in the Latin West* (Cambridge: Cambridge University Press, 2020), pp.975−97.

Staikos, K. Sp., *The Architecture of Libraries in Western Civilization: From the Minoan Era to Michelangelo* (New Castle, DE: Oak Knoll Press, 2017).

Streeter, Burnett Hillman, *The Chained Library: A Survey of Four Centuries in the Evolution of the English Library* (London: Macmillan, 1931).

Thompson, James Westfall, *The Medieval Library* (New York: Hafner, 1957).

Thornton, Dora, *The Scholar in His Study: Ownership and Experience in Renaissance Italy* (London and New Haven: Yale University Press, 1997).

Ullman, Berthold Louis, *The Humanism of Coluccio Salutati* (Padua: Antenore, 1963).

Venarde, Bruce L. (ed.), *The Rule of Saint Benedict* (Cambridge, MA: Harvard University Press, 2011).

Ward, J. O., 'Alexandria and Its Medieval Legacy: The Book, the Monk and the Rose', in Roy MacLeod (ed.), *The Library of Alexandria: Centre of Learning in the Ancient World* (London and New York: I. B. Tauris, 2000), pp. 163−79.

第三章

Alexander, J. J. G. (ed.), *The Painted Page: Italian Renaissance Book Illustration, 1450−1550* (London: Prestel, 1994).

Baswell, Christopher (ed.), *Medieval Manuscripts, Their Makers and Users: a special issue of Viator in honor of Richard and Mary Rouse* (Turnhout: Brepols, 2011).

BenAicha, Hedi, 'The Mosques as Libraries in Islamic Civilization, 700−1400 AD', *Journal of Library History*, 21 (1986), pp. 252−60.

Berthoud, J., 'The Italian Renaissance Library', *Theoria: A Journal of Social and Political Theory*, 26 (1966), pp. 61−80.

Bisticci, Vespasiano di, *Renaissance Princes, Popes and Prelates: The Vespasiano Memoirs− Lives of Illustrious Men of the XVth Century, trans. William George and Emily Waters* (New York, NY: Harper & Row, 1963).

Brokaw, C. J., 'On the history of the book in China', in C. J. Brokaw and Kai-wing Chow (eds.), *Printing and Book Culture in Late Imperial China* (Berkeley, CA: University of California Press, 2005), pp. 3−55.

Brown, Cynthia J., *The Queen's Library: Image-Making at the Court of Anne of Brittany, 1477−1514* (Philadelphia, PA: University of Pennsylvania Press, 2011).

Brown, Cynthia J. (ed.), *The Cultural and Political Legacy of Anne de Bretagne: Negotiating Convention in Books and Documents* (Woodbridge: Boydell and Brewer, 2010).

Bühler, Curt F., *The Fifteenth-century Book: The Scribes, the Printers, the Decorators*

(Philadelphia, PA: Philadelphia University Press, 1960).

Buringh, Eltjo, *Medieval Manuscript Production in the Latin West* (Leiden: Brill, 2010).

Buringh, Eltjo, and Jan Luiten Van Zanden, 'Charting the"Rise of the West": Manuscripts and Printed Books in Europe, a Long-Term Perspective from the Sixth through Eighteenth Centuries', *Journal of Economic History*, 69 (2009), pp. 409－45.

Carley, James P. (ed.), *The Libraries of King Henry VIII* (London: British Library, 2000).

Cayley, Emma, and Susan Powell (eds.), *Manuscripts and Printed Books in Europe, 1350－1550: Packaging, Presentation and Consumption* (Liverpool: Liverpool University Press, 2013).

Chow, Kai-wing, *Publishing, Culture and Power in Early Modern China* (Stanford, CA: Stanford University Press, 2004).

Croenen, Godfried, and Peter Ainsworth (eds.), *Patrons, Authors and Workshops: Books and Book Production in Paris around 1400* (Louvain: Peeters, 2006).

Dasgupta, Kalpana, 'How Learned Were the Mughals: Reflections on Muslim Libraries in India', *Journal of Library History*, 10 (1975), pp. 241－54.

De la Mare, Albinia C., 'Vespasiano da Bisticci, Historian and Bookseller'(PhD thesis, London University, 1966).

De la Mare, Albinia C., 'New Research on Humanistic Scribes in Florence', in A. Garzelli (ed.), *Miniatura fiorentina del Rinascimento 1440－1525, un primo censimento* (Florence: Giunta Regionale Toscana, 1985), I, pp.393－600.

De la Mare, Albinia C., 'Vespasiano da Bisticci as Producer of Classical Manuscripts in Fifteenth-century Florence', in Claudine A. Chavannes-Mazel and Margaret M. Smith (eds.), *Medieval Manuscripts of the Latin Classics: Production and Use* (London: Red Gull Press, 1996), pp. 166－207.

Dogaer, Georges, and Marguerite Debae, *La Librairie de Philippe le Bon* (Brussels: Bibliothèque royale, 1967).

Duffy, Eamon, *Marking the Hours: English People and their Prayers, 1240－1570* (London and New Haven: Yale University Press, 2006).

Elayyan, Ribhi Mustafa, 'The History of the Arabic-Islamic Libraries: 7th to 14th Centuries', *International Library Review*, 22 (1990), pp. 119－35.

Green, Arnold H., 'The History of Libraries in the Arab World: A Diffusionist Model', *Libraries & Culture*, 23 (1988), pp. 454－73.

Hamel, Christopher de, *Meetings with Remarkable Manuscripts* (London: Allen Lane, 2016).

Hunt, R. W., and A. C. de la Mare, *Duke Humfrey and English Humanism in the Fifteenth Century* (Oxford: Bodleian Library, 1970).

Hunwick, John O., *The Hidden Treasures of Timbuktu: Historic City of Islamic Africa* (London: Thames & Hudson, 2008).

Kibre, Pearl, 'The Intellectual Interests Reflected in Libraries of the Fourteenth and Fifteenth Centuries', *Journal of the History of Ideas*, 7 (1946), pp. 257－97.

King, Ross, *The Bookseller of Florence* (London: Chatto & Windus, 2021).

Kornicki, Peter, *The Book in Japan: A Cultural History from the Beginnings to the Nineteenth Century* (Honolulu: University of Hawai‘I Press, 2001), pp. 363－412.

Kurlansky, Mark, *Paper: Paging through History* (New York: W. W. Norton, 2016).

McDermott, Joseph P., and Peter Burke (eds.), *The Book Worlds of East Asia and Europe, 1450－1850: Connections and Comparisons* (Hong Kong: Hong Kong University Press, 2015).

McKendrick, S., 'Lodewijk van Gruuthuse en de librije van Edward IV', in M. P. J. Martens (ed.), *Lodewijk van Gruuthuse. Mecenas en Europees Diplomaat ca. 1427−1492* (Bruges: Stiching Kuntsboek, 1992), pp. 153−9.

Mitchell, R. J., 'A Renaissance Library: The Collection of John Tiptoft, Earl of Worcester', *The Library*, 4th series, 18 (1937), pp. 67−83.

Neng-fu, Kuang, 'Chinese Library Science in the Twelfth Century', *Libraries & Culture*, 26 (1991), pp. 357−71.

Oostrom, Frits Pieter van, *Court and Culture: Dutch Literature, 1350−1450* (Berkeley, CA: University of California Press, 1992).

Overty, Joanne Filippone, 'The Cost of Doing Scribal Business: Prices of Manuscript Books in England, 1300−1483', *Book History*, 11 (2008), pp.1−32.

Papahagi, Adrian, '*The Library* of Petrus Gotfart de Corona, Rector of the University of Vienna in 1473', *The Library*, 7th series, 20 (2019), pp.29−46.

Pedersen, Johannes, *The Arabic Book* (Princeton: Princeton University Press, 1984).

Petrina, Alessandra, *Cultural Politics in Fifteenth-century England: The Case of Humphrey, Duke of Gloucester* (Leiden: Brill, 2004).

Pollard, Graham, 'The pecia system in the medieval universities', in M. B. Parkes and Andrew G. Watson (eds.), *Medieval Scribes, Manuscripts and Libraries: Essays Presented to N. R. Ker* (London: Scolar Press,1978), pp. 145−61.

Rouse, Mary A., and Richard H. Rouse, *Cartolai, Illuminators, and Printers in Fifteenth-century Italy: The Evidence of the Ripoli Press* (Los Angeles, LA: UCLA, 1988).

Rouse, Richard H., and Mary A. Rouse, 'The Commercial Production of Manuscript Books in Late-Thirteenth-century and Early-Fourteenthcentury Paris', in Linda L. Brownrigg (ed.), *Medieval Book Production: Assessing the Evidence* (London: Red Gull Press, 1990), pp. 103−15.

Rouse, Richard H., and Mary A. Rouse, *Manuscripts and Their Makers: Commercial Book Producers in Medieval Paris, 1200−1500* (London: Harvey Miller, 2000).

Rundle, David, 'A Renaissance Bishop and His Books: A Preliminary Survey of the Manuscript Collection of Pietro Del Monte (*c*.1400−57)', *Papers of the British School at Rome*, 69 (2001), pp. 245−72.

Singleton, Brent D., 'African Bibliophiles: Books and Libraries in Medieval Timbuktu', *Libraries & Culture*, 39 (2004), pp. 1−12.

Staikos, K. Sp., *The Architecture of Libraries in Western Civilization: From the Minoan Era to Michelangelo* (New Castle, DE: Oak Knoll Press, 2017)

Taylor, Andrew, 'Manual to Miscellany: Stages in the Commercial Copying of Vernacular Literature in England', *The Yearbook of English Studies*, 33 (2003), pp. 1−17.

Thornton, Dora, *The Scholar in His Study: Ownership and Experience in Renaissance Italy* (London and New Haven: Yale University Press, 1997).

Ullman, Berthold L., and Philip A. Stadler, *The Public Library of Renaissance Florence: Niccolò Niccoli, Cosimo de'Medici and the Library of San Marco* (Padova: Editrice Antenore, 1972).

Weichselbaumer, Nikolaus, '"Quod Exemplaria vera habeant et correcta": Concerning the Distribution and Purpose of the Pecia System', in Richard Kirwan and Sophie Mullins (eds.), *Specialist Markets in the Early Modern Book World* (Leiden: Brill, 2015), pp. 331−50.

Wieck, Roger S., *Time Sanctified: The Book of Hours in Medieval Art and Life* (New York, NY: George Braziller, 2001).

Wijsman, Hanno, *Handschriften voor het hertogdom. De mooiste verluchte manuscripten van Brabantse hertogen, edellieden, kloosterlingen en stedelingen* (Alphen: Veerhuis, 2006).

Wijsman, Hanno, *Luxury Bound: Illustrated Manuscript Production and Noble and Princely Book Ownership in the Burgundian Netherlands (1400-1550)* (Turnhout: Brepols, 2010).

Woods, Marjorie Curry, *Weeping for Dido: The Classics in the Medieval Classroom* (Princeton, NJ: Princeton University Press, 2019).

第四章

Berkovits, Ilona, *Illuminated Manuscripts from the Library of Matthias Corvinus* (Budapest: Corvina Press, 1964)

Birrell, T. A., *English Monarchs and Their Books: From Henry VII to Charles II* (London: British Library, 1987).

Boffey, Julia, *Manuscript and Print in London, c.1475-1530* (London: British Library, 2012).

Booton, Diane E., *Manuscripts, Market and the Transition to Print in Late Medieval Brittany* (Farnham: Ashgate, 2009).

Bühler, Curt F., *The Fifteenth-century Book: The Scribes, the Printers, the Decorators* (Philadelphia, PA: Philadelphia University Press, 1960).

Carley, James P. (ed.), *The Libraries of King Henry VIII* (London: British Library, 2000).

Chartier, Roger, *The Cultural Uses of Print in Early Modern France* (Princeton, NJ: Princeton University Press, 1987).

Conway, Melissa, *The Diario of the Printing Press of San Jacopo di Ripoli, 1476-1484: Commentary and Transcription* (Florence: Olschki, 1999).

Cox-Rearick, J., *The Collection of Francis I: Royal Treasures* (New York, NY: Abrams, 1995).

Debae, Marguerite, *La Librairie de Marguerite d'Autriche* (Brussels: Bibliothèque Royale, 1987).

Eisenstein, Elizabeth L., *Divine Art, Infernal Machine: The Reception of Printing in the West from First Impressions to the Sense of an Ending* (Philadelphia: University of Pennsylvania Press, 2011).

Eisermann, Falk, 'A Golden Age? Monastic Printing Houses in the Fifteenth Century', in Benito Rial Costas (ed.), *Print Culture and Peripheries in Early Modern Europe* (Leiden: Brill, 2012), pp. 37-67.

Haemers, J., C. van Hoorebeeck and H. Wijsman (eds.), *Entre la ville, la noblesse et l'état: Philippe de Cleves (1456-1528), homme politique et bibliophile* (Turnhout: Brepols, 2007).

Hellinga, Lotte, 'Book Auctions in the Fifteenth Century', in her *Incunabula in Transit: People and Trade* (Leiden: Brill, 2018), pp. 6-19.

Hindman, Sandra, and James Douglas Farquhar, *Pen to Press: Illustrated Manuscripts and Printed Books in the First century of Printing* (College Park: University of Maryland, 1977).

Jensen, Kristian (ed.), *Incunabula and Their Readers: Printing, Selling and Using Books in the Fifteenth Century* (London: British Library, 2003).

Kapr, Albert, *Johann Gutenberg: The Man and His Invention* (Aldershot: Scolar Press, 1996).

Ker, N. R., 'Oxford College Libraries in the Sixteenth Century', in his *Books, Collectors and Libraries: Studies in the Medieval Heritage* (London and Ronceverte: Hambledon, 1985), pp. 379-436.

Kleineke, Hannes, '*The Library* of John Veysy (d. 1492), Fellow of Lincoln College, Oxford, and Rector of St James, Garlickhythe, London', *The Library*, 7th series, 17 (2016), pp. 399–423.

Lowry, Martin, 'Two great Venetian libraries in the age of Aldus Manutius', *Bulletin of the John Rylands Library*, 57 (1974–5), pp. 128–66.

Neddermeyer, Uwe, 'Why were there no riots of the scribes? First results of a quantitative analysis of the book-production in the century of Gutenberg', *Gazette du livre medieval*, 31 (1997), pp. 1–8.

Noakes, Susan, 'The development of the book market in Late Quattrocento Italy: printers'failures and the role of the middleman', *Journal of Mediaeval and Renaissance Studies*, 11 (1981), pp. 23–55.

Pettegree, Andrew, *The Book in the Renaissance* (London and New Haven: Yale University Press, 2010).

Pettegree, Andrew, 'The Renaissance Library and the Challenge of Print', in Alice Crawford (ed.), *The Meaning of the Library: A Cultural History* (Princeton: Princeton University Press, 2015), pp. 72–90.

Rouse, M. A., and R. H. Rouse, *Cartolai, Illuminators, and Printers in Fifteenth-century Italy* (Los Angeles, CA: UCLA, 1988).

Rouse, Mary A., and Richard H. Rouse, 'Backgrounds to print: aspects of the manuscript book in northern Europe of the fifteenth century', in their *Authentic Witnesses: Approaches to Medieval Texts and Manuscripts* (Notre Dame, IN: University of Notre Dame Press, 1991), pp. 449–66.

Saenger, Paul, 'Colard Mansion and the Evolution of the Printed Book', *Library Quarterly*, 45 (1975), pp. 405–18.

Scholderer, Victor, 'The petition of Sweynheym and Pannartz to Sixtus IV', *The Library*, 3rd series, 6 (1915), pp. 186–90.

Strata, Filippo de, *Polemic against Printing*, ed. Martin Lowry (Birmingham: Hayloft Press, 1986).

Sutton, Anne F., and Livia Visser-Fuchs, *Richard III's Books: Ideals and Reality in the Life and Library of a Mediaeval Prince* (Stroud: Sutton, 1997).

Tanner, Marcus, *The Raven King: Matthias Corvinus and the Fate of His Lost Library* (London and New Haven: Yale University Press, 2008).

Tedeschi, Martha, 'Publish and Perish: The Career of Lienhart Holle in Ulm', in Sandra Hindman (ed.), *Printing the Written Word: The Social History of Books, circa 1450–1520* (Ithaca, NY: Cornell University Press, 1991), pp. 41–67.

Undorf, Wolfgang, 'Print and Book Culture in the Danish Town of Odense', in Benito Rial Costas (ed.), *Print Culture and Peripheries in Early Modern Europe* (Leiden: Brill, 2012), pp. 227–48.

White, Eric Marshall, *Editio Princeps. A History of the Gutenberg Bible* (London and Turnhout: Harvey Miller, 2017).

Wijsman, Hanno (ed.), *Books in Transition at the Time of Philip the Fair: Manuscripts and Printed Books in the Late Fifteenth and Early Sixteenth Century Low Countries* (Turnhout: Brepols, 2010).

第五章

Brann, Noel L., *The Abbot Trithemius (1462–1516): The Renaissance of Monastic Humanism* (Leiden: Brill, 1981).

Davies, Martin, *Columbus in Italy: An Italian Versification of the Letter on the Discovery of the New World* (London: British Library, 1991).

De Smet, Rudolf (ed.), *Les humanistes et leur bibliotheque. Humanists and their libraries* (Leuven: Peeters, 2002).

Grafton, Anthony, *Worlds made by Words: Scholarship and Community in the Modern West* (Cambridge, MA: Harvard University Press, 2009).

Gulik, Egbertus van, *Erasmus and his Books* (Toronto: University of Toronto Press, 2018).

Harrisse, Henry, *Excerpta Colombiniana: Bibliographie de 400 pièces du 16e siècle; précédée d'une histoire de la Bibliothèque colombine et de son fondateur* (Paris: Welter, 1887).

Hobson, Anthony, *Apollo and Pegasus: An Enquiry into the Formation and Dispersal of a Renaissance Library* (Amsterdam: Van Heusden, 1975).

Hobson, Anthony, *Renaissance Book Collecting: Jean Grolier and Diego Murtado de Mendoza, their Books and Bindings* (Cambridge: Cambridge University Press, 1999).

Kibre, Pearl, *The Library of Pico della Mirandola* (New York, NY: Columbia University Press, 1936).

McDonald, Mark P., *Ferdinand Columbus: Renaissance Collector* (London: British Museum, 2005).

Molino, Paola, 'World bibliographies: Libraries and the reorganization of knowledge in late Renaissance Europe', in Anthony Grafton and Gless Most (eds.), *Canonical Texts and Scholarly Practices: A Global Comparative Approach* (Cambridge: Cambridge University Press, 2016), pp. 299–322.

Pérez Fernández, José Maria and Edward Wilson-Lee, *Hernando Colón's New World of Books: Toward a Cartography of Knowledge* (London and New Haven: Yale University Press, 2020).

Sherman, William H., 'A New World of Books: Hernando Colón and the *Biblioteca Colombina*', in Ann Blair and Anja-Silvia Goeing (eds.), *For the Sake of Learning: Essays in Honor of Anthony Grafton* (2 vols., Leiden: Brill, 2016), pp. 404–14.

Trithemius, Johannes, *In Praise of Scribes*, tr. Elizabeth Bryson Bongie (Vancouver: Alcuin Society, 1977).

Wagner, Klaus, 'Le commerce du livre en France au début du XVIe siècle d'après les notes manuscrites de Fernando Colomb', *Bulletin du bibliophile*, 2 (1992), pp. 305–29.

Wilson-Lee, Edward, *The Catalogue of Shipwrecked Books: Young Columbus and the Quest for a Universal Library* (London: Harper Collins, 2018).

第六章

Aguilar, Idalia García, 'Before We are Condemned: Inquisitorial Fears and Private Libraries of New Spain', in Natalia Maillard Álvarez (ed.), *Books in the Catholic World during the Early Modern Period* (Leiden: Brill, 2014), pp. 171–90.

Barbierato, Federico, *The Inquisitor in the Hat Shop: Inquisition, Forbidden Books and Unbelief in Early Modern Venice* (Farnham: Ashgate, 2012).

Carley, James P., 'The Dispersal of the Monastic Libraries and the Salvaging of the Spoils', in Elisabeth Leedham-Green and Teresa Webber (eds.), *The Cambridge History of Libraries in Britain and Ireland, vol. I: To 1640* (Cambridge: Cambridge University Press, 2006), pp. 265–91.

Delsaerdt, Pierre, 'A bookshop for a new age: the inventory of the bookshop of the Louvain bookseller Hieronymus Cloet, 1543', in Lotte Hellinga, et al. (eds.), *The Bookshop of the*

World: The Role of the Low Countries in the Book-Trade, 1473–1941 ('t Goy-Houten: Hes & De Graaf, 2001), pp. 75–86.

Fritze, Ronald Harold, '"Hath Lacked Witness, Tyme Wanted Light": The Dispersal of the English Monastic Libraries and Protestant Efforts at Preservation, ca. 1535–1625', *Journal of Library History*, 18 (1983), pp. 274–91.

Germann, Martin, 'Zwischen Konfiskation, Zerstreuung und Zerstörung. Schicksale der Bücher und Bibliotheken in der Reformationszeit in Basel, Bern und Zürich', *Zwingliana*, 27 (2000), pp. 63–8.

Gray, Sarah, and Chris Baggs, 'The English Parish Library: A Celebration of Diversity', *Libraries & Culture*, 35 (2000), pp. 414–33.

Grendler, Paul F., *The Roman Inquisition and the Venetian Press* (Princeton, NJ: Princeton University Press, 1977).

Grendler, Paul F., 'The Destruction of Hebrew Books in Venice, 1568', *Proceedings of the American Academy for Jewish Research*, 45 (1978), pp. 103–130.

Grendler, Paul F., *Culture and Censorship in late Renaissance Italy and France* (London: Variorum, 1981).

Grendler, Paul F., and Marcella Grendler, 'The Survival of Erasmus in Italy', *Erasmus in English*, 8 (1976), pp. 2–22.

Griffin, Clive, *Journeymen-Printers, Heresy, and the Inquisition in Sixteenth-century Spain* (Oxford: Oxford University Press, 2005).

Jensen, Kristian, 'Universities and Colleges', in Elisabeth Leedham-Green and Teresa Webber (eds.), *The Cambridge History of Libraries in Britain and Ireland, vol. I: To 1640* (Cambridge: Cambridge University Press, 2006), pp. 345–62.

Ker, N. R., 'Oxford College Libraries in the Sixteenth Century', *Bodleian Library Record*, 6 (1957–61), pp. 459–513, reprinted in his *Books, Collectors and Libraries: Studies in the Medieval Heritage* (London and Ronceverte: Hambledon, 1985).

Kuin, Roger, 'Private library as public danger: the case of Duplessis-Mornay', in Andrew Pettegree, Paul Nelles and Philip Conner (eds.), *The Sixteenth-century French Religious Book* (Aldershot: Ashgate, 2001), pp. 319–57.

Leedham-Green, Elisabeth, 'University libraries and book-sellers', in Lotte Hellinga and J. B. Trapp (eds.), *The Cambridge History of the Book in Britain. III: 1400–1557* (Cambridge: Cambridge University Press, 1999), pp. 316–53.

Mattioli, Anselmo, and Sandra da Conturbia, 'The Ecclesiastical Libraries in Italy: History and Present Situation', *Libraries & Culture*, 25 (1990), pp. 312–33.

Mittler, Elmar, *Bibliotheca Palatina: Katalog zur Ausstellung von 8. Juli bis 2. November 1986* (Heidelberg: Braus, 1986).

Oates, J. C. T., *Cambridge University Library: A History from the Beginnings to the Copyright Act of Queen Anne* (Cambridge: Cambridge University Press, 1986).

Padover, S. K., 'German libraries in the fourteenth and fifteenth centuries', in James Westfall Thompson (ed.), *The Medieval Library* (New York, NY: Hafner, 1957), pp. 453–76.

Pettegree, Andrew, *Brand Luther: 1517, Printing, and the Making of the Reformation* (New York, NY: Penguin, 2015).

Purcell, Mark, *The Country House Library* (London and New Haven: Yale University Press, 2017).

Putnam, George Haven, *The Censorship of the Church of Rome and its Influence upon the Production and Distribution of Literature*, 2 vols. (New York, NY: Benjamin Blom, 1967).

Ramsay, Nigel, '"The Manuscripts Flew about Like Butterflies": The Breakup of English Libraries in the Sixteenth Century', in James Raven (ed.), *Lost Libraries: The Destruction of Great Book Collections since Antiquity* (Basingstoke: Palgrave, 2004), pp. 125−44.

Schottenloher, Karl, 'Schicksale von Büchern und Bibliotheken im Bauernkrieg', *Zeitschrift für Bücherfreunde*, 12 (1909), pp. 396−408.

Smidt, Tom de, 'An elderly, noble lady. The old books collection in the library of the Supreme Court of the Netherlands', in J. G. B. Pikkemaat (ed.), *The Old Library of the Supreme Court of the Netherlands* (Hilversum: Verloren, 2008), pp. 39−68.

Soen, Violet, Dries Vanysacker and Wim François (eds.), *Church, Censorship and Reform in the Early Modern Habsburg Netherlands* (Turnhout: Brepols, 2017).

Thomas, Drew B., 'Circumventing Censorship: the Rise and Fall of Reformation Print Centres', in Alexander S. Wilkinson and Graeme J. Kemp (eds.), *Negotiating Conflict and Controversy in the Early Modern Book World* (Leiden: Brill, 2019), pp. 13−37.

Wright, C. E., 'The dispersal of the monastic libraries and the beginnings of Anglo-Saxon studies: Matthew Parker and his circle', *Transactions of the Cambridge Bibliographical Society*, 1 (1951), pp. 208−37.

Wright, C. E., 'The dispersal of the Libraries in the Sixteenth Century', in Francis Wormald and C. E. Wright (eds.), *The English Library before 1700* (London: Athlone Press, 1958), pp. 148−75.

第七章

Blair, Ann, *Too Much to Know: Managing Scholarly Information before the Modern Age* (London and New Haven: Yale University Press, 2010).

Bosman-Jelgersma, Henriëtte A., 'De inventaris van een Leidse apotheek uit het jaar 1587', *Leids Jaarboekje*, 86 (1994), pp. 51−68.

Collins, Brenda, 'Family Networks and Social Connections in the Survival of a Seventeenth-century Library Collection', *Library & Information History*, 33 (2017), pp. 123−42.

Davenport, Geoffrey, et al (eds.), *The Royal College of Physicians and its Collections* (London: James & James, 2001).

Delsaerdt, Pierre, *Suam quisque bibliothecam. Boekhandel en particulier boekenbezit aan de oude Leuvense universiteit, 16de−18deeeuw* (Leuven: Universitaire Pers Leuven, 2001).

Duroselle-Melish, Caroline, and David A. Lines, 'The Library of Ulisse Aldrovandi (†1605): Acquiring and Organizing Books in Sixteenthcentury Bologna', *The Library*, 7th series, 16 (2015), pp. 134−61.

Evans, R. J. W., and Alexander Marr (eds.), *Curiosity and Wonder from the Renaissance to the Enlightenment* (Aldershot: Ashgate, 2006).

Fehrenbach, R. J., and E. S. Leedham-Green, *Private Libraries in Renaissance England: A Collection and Catalogue of Tudor and Early Stuart Book-lists* 9 vols. (Binghamton, NY: Medieval & Renaissance Texts & Studies, 1992−).

Finkelstein, Andrea, 'Gerard de Malynes and Edward Misselden: The Learned Library of the Seventeenth-century Merchant', *Book History*, 3 (2000), pp. 1−20.

Furrer, Norbert, *Des Burgers Bibliothek. Personliche Buchbestände in der stadt Bern des 17. Jahrhunderts* (Zurich: Chronos Verlag, 2018).

Grendler, Marcella, 'A Greek collection in Padua: the library of Gian Vincenzo Pinelli (1535−1601)', *Renaissance Quarterly*, 33 (1980), pp. 386−416.

Grendler, Marcella, 'Book Collecting in Counter-Reformation Italy: The Library of Gian

Vincenzo Pinelli (1535–1601)', *Journal of Library History*, 16 (1981), pp. 144–51.

Harrison, John, and Peter Laslett, *The Library of John Locke* 2nd edn (Oxford: Clarendon Press, 1971).

Hellinga, Lotte, 'Book Auctions in the Fifteenth Century', in her *Incunabula in Transit: People and Trade* (Leiden: Brill, 2018), pp. 6–19.

Hobson, Anthony, 'A sale by candle in 1608', *The Library*, 5th series, 26 (1971), pp. 215–33.

Lankhorst, Otto, 'Dutch auctions in the seventeenth and eighteenth centuries', in Robin Myers, Michael Harris and Giles Mandelbrote (eds.), *Under the Hammer: Book Auctions since the Seventeenth Century* (New Castle, DE: Oak Knoll Press, 2001), pp. 65–87.

Leedham-Green, E. S., *Books in Cambridge Inventories: Book Lists from Vice-Chancellor's Court Probate Inventories in the Tudor and Stuart Periods*, 2 vols. (Cambridge: Cambridge University Press, 1986).

Leu, Urs B., Raffael Keller and Sandra Weidmann, *Conrad Gessner's Private Library* (Leiden: Brill, 2008).

Leu, Urs B., and Sandra Weidmann, *Huldrych Zwingli's Private Library* (Leiden: Brill, 2019).

Martin, Henri-Jean, *The French Book: Religion, Absolutism and Readership* (Baltimore, MD: Johns Hopkins University Press, 1996).

Niedzwiedz, Jakub, 'The use of books in 16th-century Vilnius', *Terminus*, 15 (2013), pp. 167–84.

Nuovo, Angela, 'Gian Vincenzo Pinelli's collection of catalogues of private libraries in sixteenth-century Europe', *Gutenberg Jahrbuch* (2007), pp. 129–44.

Nuovo, Angela, 'The Creation and Dispersal of the Library of Gian Vincenzo Pinelli', in Giles Mandelbrote, et al. (eds.), *Books on the Move: Tracking Copies through Collections and the Book Trade* (New Castle, DE: Oak Knoll Press, 2007), pp. 39–68.

Nuovo, Angela, 'Private Libraries in Sixteenth-century Italy', in Bettina Wagner and Marcia Reed (eds.), *Early Printed Books as Material Objects* (Berlin and New York: De Gruyter Saur, 2010), pp. 231–42.

Pearson, David, 'Patterns of Book Ownership in Late Seventeenth-century England', *The Library*, 11 (2010), pp. 139–67.

Pettegree, Andrew, and Arthur der Weduwen, *The Bookshop of the World: Making and Trading Books in the Dutch Golden Age* (London and New Haven: Yale University Press, 2019).

Pirozynski, Jan, 'Royal Book Collections in Poland during the Renaissance', *Libraries & Culture*, 24 (1989), pp. 21–32.

Pollard, Graham, and Albert Ehrman, *The Distribution of Books by Catalogue from the Invention of Printing to AD 1800* (Cambridge: Roxburghe Club, 1965).

Purcell, Mark, *The Country House Library* (London and New Haven: Yale University Press, 2017).

Reid, Peter H., 'Patriots and Rogues: Some Scottish Lairds and Their Libraries', *Library & Information History*, 35 (2019), pp. 1–20.

Selm, Bert van, 'The introduction of the printed book auction catalogue', *Quaerendo*, 15 (1985), pp. 16–53, 115–49.

Sibbald, John A., 'The *Heinsiana*–almost a seventeenth-century universal short title catalogue', in Malcolm Walsby and Natasha Constantinidou (eds.), *Documenting the Early Modern Book World: Inventories and Catalogues in Manuscript and Print* (Leiden: Brill, 2013), pp. 141–59.

Strickland, Forrest C., 'The Devotion of Collecting: Ministers and the Culture of Print in the Seventeenth-century Dutch Republic' (PhD thesis, University of St Andrews, 2019).

Weduwen, Arthur der, and Andrew Pettegree, *The Dutch Republic and the Birth of Modern Advertising* (Leiden: Brill, 2020).

Weduwen, Arthur der, and Andrew Pettegree, *News, Business and Public Information: Advertisements and Announcements in Dutch and Flemish Newspapers, 1620–1675* (Leiden: Brill, 2020).

第八章

Adams, R. J., 'Building a Library without Walls: the Early Years of the Bodleian Library', in A. Bautz and I. Gregory (eds.), *Libraries, Books, and Collectors of Texts, 1600–1900* (London: Routledge, 2018).

Beddard, R. A., 'The Official Inauguration of the Bodleian Library on 8 November 1602', *The Library*, 3 (2002), pp. 255–83.

Berkvens-Stevelinck, Christiane, *Magna Commoditas: Leiden University's Great Asset* (Leiden: Leiden University Press, 2012).

Clapinson, Mary, 'The Bodleian Library and its Readers, 1602–1652', *Bodleian Library Record*, 19 (2006), pp. 30–46.

Clapinson, Mary, *A Brief History of the Bodleian Library* (Oxford: Bodleian Library, 2015).

Clement, Richard W., 'Librarianship and Polemics: the career of Thomas James (1572–1629)', *Library & Culture*, 26 (1991), pp. 269–82.

Coppens, Chris, 'Auspicia bibliothecae: donators at the foundation of the Central Library in Louvain (1636–9)', *Quaerendo*, 34 (2004), pp. 169–210.

Coppens, Chris, Mark Derez and Jan Roegiers, *Leuven University Library, 1425–2000* (Leuven: Leuven University Press, 2005).

Finlayson, C. P., and S. M. Simpson, 'The History of the Library, 1580–1710', in Jean R. Guild and Alexander Law (eds.), *Edinburgh University Library, 1580–1980: A Collection of Historical Essays* (Edinburgh: Edinburgh University Library, 1982), pp. 45–7.

Fox, Peter (ed.), *Cambridge University Library: The Great Collections* (Cambridge: Cambridge University Press, 1998).

Frost, Carolyn O., 'The Bodleian Catalogs of 1674 and 1738: An Examination in the Light of Modern Cataloging Theory', *Library Quarterly*, 46 (1976), pp. 248–70.

Gilboy, Elaine, 'Les exemplaires interfoliés du catalogue de la Bodléienne', in Frédéric Barbier, Thierry Dubois and Yann Sordet (eds.), *De l'argile au nuage, une archéologie des catalogues* (Paris: Éditions des Cendres, 2015), pp. 274–80.

Hamilton, Tom, *Pierre de l'Estoile and his World in the Wars of Religion* (Oxford: Oxford University Press, 2017).

Hampshire, Gwen, *The Bodleian Library Account Book, 1613–1646* (Oxford: Oxford Bibliographical Society, 1983).

Harrison, John, and Peter Laslett, *The Library of John Locke*, 2nd edn (Oxford: Clarendon Press, 1971).

Hendrickson, Thomas, *Ancient Libraries and Renaissance Humanism: The 'De Bibliothecis' of Justus Lipsius* (Leiden: Brill, 2017).

Hulshoff Pol, E., 'What about the library? Travellers' comments on the Leiden Library in the 17th and 18th centuries', *Quaerendo*, 5 (1975), pp. 39–51.

Kiessling, Nicolas K., *The Library of Anthony Wood* (Oxford: Oxford Bibliographical Society, 2002).

Komorowski, Manfred, 'Bibliotheken', in Ulrich Rasche (ed.), *Quellen zur frühneuzeitlichen*

Universitätsgeschichte (Wiesbaden: Harrassowitz, 2011), pp. 55−81.

Lankhorst, O. S., 'De Bibliotheek van de Gelderse Academie te Harderwijk−thans te Deventer', in J. A. H. Bots, et al. (eds.), *Het Gelders Athene. Bijdragen tot de geschiedenis van de Gelderse universiteit in Harderwijk (1648−1811)* (Hilversum: Verloren, 2000), pp. 95−118.

Loveman, Kate, *Samuel Pepys and his Books: Reading, Newsgathering and Sociability, 1660−1703* (Oxford: Oxford University Press, 2015).

Lunsingh-Scheurleer, Th.H., et al. (eds.), *Leiden University in the Seventeenth Century: An Exchange of Learning* (Leiden: Universitaire Pers Leiden, 1975).

Miert, Dirk van, *Humanism in an Age of Science: The Amsterdam Athenaeum in the Golden Age, 1632−1704* (Leiden: Brill, 2009).

Minter, Catherine J., 'John Dury's *Reformed Librarie-Keeper*: Information and its Intellectual Contexts in Seventeenth-century England', *Library & Information History*, 31 (2015), pp. 18−34.

Nowak, Maria J., 'The History of the Jagiellonian Library', *Libraries & Culture*, 32 (1997), pp. 94−106.

Oates, J. C. T., *Cambridge University Library: A History from the Beginnings to the Copyright Act of Queen Anne* (Cambridge: Cambridge University Press, 1986).

Pettegree, Andrew (ed.), *Broadsheets: Single-Sheet Publishing in the First Age of Print* (Leiden: Brill, 2017).

Pettegree, Andrew, 'The Dutch Baltic: The Dutch book trade and the Building of Libraries in the Baltic and Central Europe during the Dutch Golden Age', in Arthur der Weduwen, Andrew Pettegree and Graeme Kemp (eds.), *Book Trade Catalogues in Early Modern Europe* (Leiden: Brill, 2021), pp. 286−316.

Philip, Ian, *The Bodleian Library in the Seventeenth and Eighteenth Centuries* (Oxford: Clarendon Press, 1983).

Raabe, Paul, 'Bibliothekskataloge als buchgeschichtliche Quellen. Bermerkungen über gedruckte kataloge öffentlicher Bibliotheken in der frühen Neuzeit', in Reinhard Wittmann (ed.), *Bücherkataloge als buchgeschichtliche Quellen in der frühen Neuzeit* (Wiesbaden: Harrassowitz, 1984), pp. 275−97.

Simoni, Anna E. C., 'The librarian's *cri de coeur*: rules for readers (1711)', *Quaerendo*, 32 (2002), pp. 199−203.

Sluis, Jacob van, *The Library of Franeker University in Context, 1585−1843* (Leiden: Brill, 2020).

Tering, Arvo, 'The Tartu University Library and Its Use at the End of the Seventeenth and the Beginning of the Eighteenth Century', *Libraries & Culture*, 28 (1993), pp. 44−54.

Tomalin, Claire, *Samuel Pepys: The Unequalled Self* (London: Viking, 2002).

Vallinkoski, J., *The History of the University Library at Turku. I, 1640−1722* (Helsinki: University Library at Helsinki, 1948).

第九章

Amory, Hugh, and David D. Hall, *A History of the Book in America. I; The Colonial Book in the Atlantic World* (Cambridge: Cambridge University Press, 2000).

Bangs, Jeremy Dupertuis, *Plymouth Colony's Private Libraries* (Leiden: American Pilgrim Museum, 2016).

Begheyn, Paul, *Jesuit Books in the Dutch Republic and its Generality Lands, 1567−1773* (Leiden: Brill, 2014).

Bepler, Jill, 'Vicissitudo Temporum: Some Sidelights on Book Collecting in the Thirty Years' War', *Sixteenth Century Journal*, 32 (2001), pp. 953–68.

Bond, W. H., and Hugh Amory, *The Printed Catalogues of the Harvard College Library, 1723–1790* (Boston, MA: Colonial Society of Massachusetts, 1996).

Bordsen, Alice L., 'Scottish Attitudes Reflected in the Library History of North Carolina', *Libraries & Culture*, 27 (1992), pp. 121–42.

Braziuniene, Alma, '*Bibliotheca Sapiehana* as a mirror of European culture of the Grand Duchy of Lithuania', in Ausra Rinkunaite (ed.), *Bibliotheca Sapiehana. Vilniaus universiteto bibliotekos rinkinys katalogas* (Vilnius: Lietuviu literaturos ir tautosakos institutas, 2010), pp. vii–xliii.

Calvo, Hortensia, 'The Politics of Print: the historiography of the book in early Spanish America', *Book History*, 6 (2003), pp. 277–305.

Connolly, Brendan, 'Jesuit Library Beginnings', *Library Quarterly*, 30 (1960), pp. 243–52.

Cressy, David, 'Books as Totems in Seventeenth-century England and New England', *Journal of Library History*, 21 (1986), pp. 92–106.

Diehl, Katharine Smith, *Printers and Printing in the East Indies to 1850. I. Batavia* (New Rochelle, NY: Aristide D. Cararzas, 1990).

Dijkgraaf, Hendrik, *The Library of a Jesuit Community at Holbeck, Nottinghamshire* (1679) (Cambridge: LP Publications, 2003).

Farrell, Allan P., *The Jesuit Code of Liberal Education* (Milwaukee, WI: Bruce, 1939).

Ferch, David L., '"Good Books are a Very Great Mercy to the World": Persecution, Private Libraries, and the Printed Word in the Early Development of the Dissenting Academies, 1663–1730', *Journal of Library History*, 21 (1986), pp. 350–61.

Finlayson, C. P., and S. M. Simpson, 'The History of the Library, 1580–1710', in Jean R. Guild and Alexander Law (eds.), *Edinburgh University Library, 1580–1980: A Collection of Historical Essays* (Edinburgh: Edinburgh University Library, 1982), pp. 43–54.

Groesen, Michiel van, 'The Printed Book in the Dutch Atlantic World', in his *Imagining the Americas in Print: Books, Maps and Encounters in the Atlantic World* (Leiden: Brill, 2019), pp. 164–80.

Grover, Mark L., 'The Book and the Conquest: Jesuit Libraries in Colonial Brazil', *Libraries & Culture*, 28 (1993), pp. 266–83.

Guibovich, Pedro, 'The Printing Press in Colonial Peru: Production Process and Literary Categories in Lima, 1584–1699', *Colonial Latin American Historical Review*, 10 (2001), pp. 167–88.

Hampe-Martínez, Teodoro, 'The Diffusion of Books and Ideas in Colonial Peru: A Study of Private Libraries in the Sixteenth and Seventeenth Centuries', *The Hispanic American Historical Review*, 73 (1993), pp. 211–33.

Hannesdottir, Sigrun Klara, 'Books and Reading in Iceland in a Historical Perspective', *Libraries & Culture*, 28 (1993), pp. 13–21.

Harris, Rendel, and Stephen K. Jones, *The Pilgrim Press: A Bibliographical and Historical Memorial of the Books Printed at Leyden by the Pilgrim Fathers* (Nieuwkoop: De Graaf, 1987).

Johnson, Julie Greer, *The Book in the Americas: The Role of Books and Printing in the Development of Culture and Society in Colonial Latin America* (Providence, RI: John Carter Brown Library, 1988).

Kraus, Joe W., 'Private Libraries in Colonial America', *Journal of Library History*, 9 (1974), pp. 31−53.

Mena, Magdalena Chocano, 'Colonial Printing and Metropolitan Books: Printed Texts and the Shaping of Scholarly Culture in New Spain, 1539−1700', *Colonial Latin American Historical Review*, 6 (1997), pp. 69−90.

Molin, Emma Hagström, 'The Materiality of War Booty Books: The Case of Strängnäs Cathedral Library', in Anna Källén (ed.), *Making Cultural History: New Perspectives on Western Heritage* (Lund: Nordic Academic Press, 2013), pp. 131−40.

Molin, Emma Hagström, 'To Place in a Chest: On the Cultural Looting of Gustavus Adolphus and the Creation of Uppsala University Library in the Seventeenth Century', *Barok*, 44 (2016), pp. 135−48.

Molin, Emma Hagström, 'Spoils of Knowledge: Looted Books in Uppsala University Library in the Seventeenth Century', in Gerhild Williams, et al. (eds.), *Rethinking Europe: War and Peace in the Early Modern German Lands* (Leiden: Brill, 2019).

Morrison, Ian, 'The History of the Book in Australia', in Michael F. Suarez and H. R. Woudhuysen (eds.), *The Oxford Companion to the Book* (Oxford: Oxford University Press, 2010), pp. 394−402.

Oldenhof, H., 'Bibliotheek Jezuïetenstatie Leeuwarden', in Jacob van Sluis (ed.), *PBF. De Provinsjale Biblioteek fan Fryslân, 150 jaar geschiedenis in collecties* (Leeuwarden: Tresoar, 2002), pp. 75−80.

Pirozynski, Jan, 'Royal Book Collections in Poland during the Renaissance', *Libraries & Culture*, 24 (1989), pp. 21−32.

Rodriguez-Buckingham, Antonio, 'Monastic Libraries and Early Printing in Sixteenth-century Spanish America', *Libraries & Culture*, 24 (1989), pp. 33−56.

Shera, J. H., *Foundations of the Public Library: The Origins of the Public Library Movement in New England 1629−1855* (Chicago, IL: University of Chicago Press, 1949).

Thomas, Hannah, '"Books Which are Necessary for Them": Reconstructing a Jesuit Missionary Library in Wales and the English Borderlands, ca. 1600−1679', in Teresa Bela, et al. (eds.), *Publishing Subversive Texts in Elizabethan England and the Polish-Lithuanian Commonwealth* (Leiden: Brill, 2016), pp. 110−28.

Trypucko, Josef, *The Catalogue of the Book Collection of the Jesuit College in Braniewo held in the University Library in Uppsala* (3 vols., Uppsala: Universitetsbibliotek, 2007).

Wilkie, Everett C., '"Une Bibliothèque Bien Fournie": The Earliest Known Caribbean Library', *Libraries & Culture*, 25 (1990), pp. 171−93.

Woodbridge, Hensley C., and Lawrence S. Thompson, *Printing in Colonial Spanish America* (Troy, NY: Whitson, 1976).

Wright, Louis B., 'The purposeful reading of our Colonial Ancestors', *ELH*, 4 (1937), pp. 85−111.

第十章

Biemans, Jos A. A. M., *Boeken voor de geleerde burgerij. De stadsbibliotheek van Amsterdam tot 1632* (Nijmegen: Vantilt, 2019).

Blatchly, John, *The Town Library of Ipswich, Provided for the Use of the Town Preachers in 1599: A History and Catalogue* (Woodbridge: Boydell, 1989).

Comerford, Kathleen M., 'What Did Early Modern Priests Read? The Library of the Seminary of Fiesole, 1646−1721', *Libraries & Culture*, 34 (1999), pp. 203−21.

Dondi, Christina, and Maria Alessandra Panzanelli Fratoni, 'Researching the Origin of Perugia's

Public Library (1582/1623) before and after *Material Evidence in Incunabula*', *Quaerendo*, 46 (2016), pp. 129–50.

Fitch, John, et al., *Suffolk Parochial Libraries: A Catalogue* (London: Mansell, 1977).

Fontaine Verwey, Herman de la, 'The City Library of Amsterdam in the Nieuwe Kerk, 1578–1632', *Quaerendo*, 14 (1984), pp. 163–205.

Glenn, John, and David Walsh, *Catalogue of the Francis Trigge Chained Library, St Wulfram's Church, Grantham* (Cambridge: Brewer, 1988).

Gray, Sarah, and Chris Baggs, 'The English Parish Library: A Celebration of Diversity', *Libraries & Culture*, 35 (2000), pp. 414–33.

Houlette, William D., 'Parish Libraries and the Work of the Reverend Thomas Bray', *Library Quarterly*, 4 (1934), pp. 588–609.

Kaufman, Paul, 'Innerpeffray: Reading for all the People', in his *Libraries and Their Users* (London: Library Association, 1969).

Kelly, Thomas, *Early Public Libraries: A History of Public Libraries in Great Britain before 1850* (London: Library Association, 1966).

Klein, J. W. E., *Geen vrouwen ofte kinderen, maer alleenlijk eerbare luijden. 400 jaar Goudse librije, 1594–1994* (Delft: Eburon, 1994).

Landolt, Elisabeth, *Kabinettstücke der Amerbach im Historischen Museum Basel* (Basel: Historisches Museum, 1984).

Laugher, Charles T., *Thomas Bray's Grand Design: Libraries of the Church of England in America, 1695–1785* (Chicago, IL: American Library Association, 1973).

Leerintveld, Ad, and Jan Bedaux (eds.), *Historische Stadsbibliotheken in Nederland* (Zutphen: Walburg Pers, 2016).

Manley, Keith, 'They Never Expected the Spanish Inquisition! James Kirkwood and Scottish Parochial Libraries', in Caroline Archer and Lisa Peters (eds.), *Religion and the Book Trade* (Newcastle-upon-Tyne: Cambridge Scholars, 2015), pp. 83–98.

McCulloch, Samuel Clyde, 'Dr. Thomas Bray's Commissary Work in London, 1696–1699', *William and Mary Quarterly*, 2 (1945), pp. 333–48.

Morgan, P., 'A 16th century Warwickshire Library: A Problem of Provenance', *Book Collector*, 22 (1973), pp. 337–55.

Mourits, Esther, *Een kamer gevuld met de mooiste boeken: De bibliotheek van Johannes Thysius (1622–1653)* (Nijmegen: Vantilt, 2016).

Murison, W. J., *The Public Library: Its Origins, Purpose, and Significance*, 3rd edn (London: Clive Bingley, 1988).

Petchey, W. J., *The Intentions of Thomas Plume* (Maldon: Trustees of the Plume Library, 2004).

Renting, A. D., and J. T. C. Renting-Kuijpers, *Catalogus Librije Zutphen, de kettingbibliotheek van de Walburgiskerk* (Groningen: Philip Elchers, 2008).

Roberts, Dunstan, 'The Chained Parish Library of Chirbury, with Reference to Herbert Family Provenances', *The Library*, 7th series, 19 (2018), pp. 469–83.

Scheidegger, Christian, 'Buchgeschenke, Patronage und protestantische Allianzen: Die Stadtbibliothek Zürich und ihre Donatoren im 17. Jahrhundert', *Zwingliana*, 44 (2017), pp. 463–99.

Schrijver, Emile, and Heide Warncke, *Ets Haim. The oldest Jewish library in the world* (Zutphen: Walburg Pers, 2018).

Sevens, Theodoor, 'Bibliotheken uit vroeger tijd. I: Eene openbare Bibliotheek te Kortrijk in de 16e eeuw', *Tijdschrift voor Boek-en Bibliotheekwezen*, 1 (1903), pp. 196–8.

Steiner, Bernard C., 'Rev Thomas Bray and his American Libraries', *American Historical Review*, 2 (1896), pp. 58−75.

Stier-Meinhof, Renate, 'Die Geschichte der Bibliothek der St. Katharinenkirche in der Neuen Stadt Salzwedel', in Uwe Czubatynski, Adolf Laminski and Konrad von Rabenau (eds.), *Kirckenbibliotheken als Forschungsaufgabe* (Neustadt an der Aisch: Verlag Degener, 1992), pp. 47−68.

Stüben, Joachim, and Falk Eisermann (eds.), *Rundblicke: Kirchenbibliotheken und Reformation im kulturellen Kontext* (Schwerin: Thomas Helms Verlag, 2019).

Yeo, Matthew, *The Acquisition of Books by Chetham's Library, 1655−1700* (Leiden: Brill, 2011).

Zauer, Christine, 'Reformation der Bücher: Die Gründung der Stadbibliothek als Folge des Anschlusses Nürnbergs an die neue Glaubenslehre', *Mitteilungen des Vereins für Geschichte der Stadt Nürnberg*, 104 (2017), pp. 101−36.

Zepf, Robert (ed.), *Historische Kirchenbibliotheken in Mecklenburg−Vorpommern* (Rostock: Universitätsbibliothek Rostock, 2019).

第十一章

Achilles, Rolf, 'Baroque Monastic Library Architecture', *Journal of Library History*, 11 (1976), pp. 249−55.

Barbier, Frédéric, Istvan Monok and Andrea De Pasquale (eds.), *Bibliothèques décors (XVIIe−XIXe siècle)* (Paris: Éditions des Cendres, 2016).

Bultmann Lemke, Antje, 'Gabriel Naudé and the Ideal Library', *Syracuse University Library Associates Courier*, 26 (1991), pp. 27−44.

Clarke, Jack A., 'Gabriel Naudé and the Foundations of the Scholarly Library', *Library Quarterly*, 39 (1969), pp. 331−43.

Clarke, Jack A., *Gabriel Naudé, 1600−1653* (Hamden, CT: Archon Books, 1970).

Davis, Margaret Daly, 'Giovan Pietro Bellori and the *Nota delli musei, librerie, galerie, et ornamenti di statue e pitture ne' palazzi, nelle case, e ne' giardini di Roma* (1664): Modern libraries and ancient painting in Seicento Rome', *Zeitschrift für Kunstgeschichte*, 68 (2005), pp. 191−233.

Delaforce, Angela, *The Lost Library of the King of Portugal* (London: Ad Ilissvm, 2019).

Fontaine Verwey, Herman de la, 'Adriaan Pauw en zijn bibliotheek', in his *Uit de Wereld van het Boek*, IV ('t Goy: HES, 1997), pp. 183−96.

Garberson, Eric, *Eighteenth-century Monastic Libraries in Southern Germany and Austria: Architecture and Decorations* (Baden-Baden: Valentin Koerner, 1998).

Jay, Emma, 'Queen Caroline's Library and its European Contexts', *Book History*, 9 (2006), pp. 31−55.

Jolly, Claude (ed.), *Histoire des bibliothèques françaises, II: Les bibliothèques sous l'Ancien Régime, 1530−1789* (Paris: Electre, 2008).

Keblusek, Marika, 'Books at the Stadholder's Court', in Marika Keblusek and Jori Zijlmans (eds.), *Princely Display: The Court of Frederik Hendrik of Orange and Amalia van Solms* (The Hague: Historical Museum, 1997), pp. 143−60.

Lawrance, Jeremy, Oliver Noble Wood and Jeremy Roe (eds.), *Poder y saber. Bibliotecas y bibliofilia en la época del conde-duque de Olivares* (Madrid: Centro de Estudios Europa Hispánica, 2011).

Lindorfer, Bianca, 'Aristocratic Book Consumption in the Seventeenth Century: Austrian

Aristocratic Book Collectors and the Role of Noble Networks in the Circulation of Books from Spain to Austria', in Natalia Maillard Álvarez (ed.), *Books in the Catholic World during the Early Modern Period* (Leiden: Brill, 2014), pp. 145−70.

Masson, André, *Le Décor des Bibliothèques du Moyen Age à la Révolution* (Geneva and Paris: Droz, 1972).

Minter, Catherine J., 'John Dury's *Reformed Librarie-Keeper*: Information and its Intellectual Contexts in Seventeenth-century England', *Library & Information History*, 31 (2015), pp. 18−34.

Molino, Paola, *L'impero di carta. Storia di una biblioteca e di un bibliotecario (Vienna, 1575−1608)* (Rome: Viella, 2017).

Montgomery, John Warwick, *A Seventeenth-Century View of European Libraries: Lomeier's De Bibliothecis, Chapter X* (Berkeley, CA: University of California Press, 1962).

Montgomery, John Warwick, *The Libraries of France at the Ascendency of Mazarin: Louis Jacob's Traicté des plus belles Bibliothèques* (Bonn: Verlag für Kultur und Wissenschaft, 2015).

Naudé, Gabriel, *Advice on Establishing a Library*, ed. Archer Taylor (Berkeley, CA: University of California Press, 1950).

Nelles, Paul, *The Public Library and Late Humanist Scholarship in Early Modern Europe: Antiquarianism and Encyclopaedism* (Ann Arbor, MI: University Microfilms, 1994).

Pirozynski, Jan, 'Royal Book Collections in Poland during the Renaissance', *Libraries & Culture*, 24 (1989), pp. 21−32.

Rietbergen, Peter J. A. N., 'Founding a University Library: Pope Alexander VII (1655−1667) and the Alessandrina', *Journal of Library History*, 22 (1987), pp. 190−205.

Rietbergen, Peter, 'Lucas Holste (1596−1661), Scholar and Librarian, or: the Power of Books and Libraries', in his *Power and Religion in Baroque Rome: Barberini Cultural Politics* (Leiden: Brill, 2006), pp. 256−95.

Rovelstad, Mathilde V., 'Claude Clement's Pictorial Catalog: A Seventeenth-century Proposal for Physical Access and Literature Evaluation', *Library Quarterly*, 61 (1991), pp. 174−87.

Rovelstad, Mathilde V., 'Two Seventeenth-century Library Handbooks, Two Different Library Theories', *Libraries & Culture*, 35 (2000), pp. 540−56.

Saunders, E. Stewart, 'Politics and Scholarship in Seventeenth-century France: The Library of Nicolas Fouquet and the College Royal', *Journal of Library History*, 20 (1985), pp. 1−24.

Saunders, E. Stewart, 'Public Administration and the Library of Jean-Baptiste Colbert', *Libraries & Culture*, 26 (1991), pp. 283−300.

Schmidt-Glintzer, Helwig (ed.), *A Treasure House of Books: The Library of Duke August of Brunswick-Wolfenbüttel* (Wiesbaden: Harrassowitz, 1998).

Soll, Jacob, *The Information Master: Jean-Baptiste Colbert's Secret State Intelligence System* (Ann Arbor, MI: University of Michigan Press, 2009).

Sordet, Yann, 'Reconstructing Mazarin's Library / Libraries in Time and Space', *Quaerendo*, 46 (2016), pp. 151−64.

Thiec, Guy le, 'Dialoguer avec des hommes illustres. Le rôle des portraits dans les décors de bibliothèques (fin XVe−début XVIIe siècle)', *Revue française d'histoire du livre*, 130 (2009), pp. 7−52.

Weston, Giulia Martina, 'Universal Knowledge and Self-Fashioning. Cardinal Bernardino Spada's Collection of Books', in Annika Bautz and James Gregory (eds.), *Libraries, Books, and Collectors of Texts, 1600−1900* (New York and Abingdon: Routledge, 2018), pp.

28−47.

第十二章

Balsem, Astrid C., 'Collecting the Ultimate Scholar's Library: the *Bibliotheca Vossiana*', in Eric Jorink and Dirk van Miert (eds.), *Isaac Vossius (1618−1689) between Science and Scholarship* (Leiden: Brill, 2012), pp. 281−309.

Bellingradt, Daniel, 'Book Lotteries as Sale Events for Slow-Sellers: the Case of Amsterdam in the Late Eighteenth Century', in Shanti Graheli (ed.), *Buying and Selling: The Business of Books in Early Modern Europe* (Leiden: Brill, 2019), pp. 154−77.

Berkvens-Stevelinck, Christiane, '"Rarus, rarior, rarissimus"ou de la qualification exagérée des livres dans les catalogues de vente', in J. van Borm and L. Simons (eds.), *Het oude en het nieuwe boek: De oude en de nieuwe bibliotheek* (Kapellen: DNB/Pelckmans, 1988), pp. 235−40.

Berkvens-Stevelinck, Christiane, *Magna Commoditas: Leiden University's Great Asset* (Leiden: Leiden University Press, 2012).

Blok, F. F., *Isaac Vossius and his Circle: His Life until his Farewell to Queen Christina of Sweden 1618−1655* (Groningen: Egbert Forsten, 2000).

Buchmayr, Friedrich, 'Secularization and Monastic Libraries in Austria', in James Raven (ed.), *Lost Libraries: The Destruction of Great Book Collections since Antiquity* (Basingstoke: Palgrave, 2004), pp. 145−62.

Davies, David W., *The World of the Elzeviers* (Leiden: Nijhoff, 1954).

Dibdin, Thomas Frognall, *The Bibliomania or Book-Madness* (Richmond: Tiger of the Stripe, 2007).

Fontaine Verwey, Herman de la, 'The history of the Amsterdam Caesar codex', *Quaerendo*, 9 (1979), pp. 179−207.

Fontaine Verwey, Herman de la, 'Grolier-banden in Nederland', in his *Uit de Wereld van het Boek*, IV ('t Goy: HES, 1997), pp. 155−82.

Fontaine Verwey, Herman de la, 'Pieter van Damme, de eerste Nederlandse antiquaar', in his *Uit de Wereld van het Boek*, IV ('t Goy: HES, 1997), pp. 197−220.

Gatch, Milton M., 'John Bagford, bookseller and antiquary', *British Library Journal*, 12 (1986), pp. 150−171.

Harmsen, Theodor, *Antiquarianism in the Augustan Age: Thomas Herne*, 1678−1735 (Bern: Peter Lang, 2000).

Hartz, S. L., *The Elseviers and their contemporaries: an illustrated commentary* (Amsterdam: Elsevier, 1955).

Heel, Jos van, 'Gisbertus Voetius on the Necessity of Locating, Collecting and Preserving Early Printed Books', *Quaerendo*, 39 (2009), pp. 45−56.

Hellinga, Lotte, *Caxton in Focus: The Beginnings of Printing in England* (London: British Library, 1982).

Hellinga, Lotte, *Incunabula in Transit: People and Trade* (Leiden: Brill, 2018).

Hobson, Anthony, 'Appropriations from foreign libraries during the French Revolution and Empire', *Bulletin du bibliophile*, 2 (1989), pp. 255−72.

Husbands, Shayne, 'The Roxburghe Club: Consumption, Obsession and the Passion for Print', in Emma Cayley and Susan Powell (eds.), *Manuscripts and Printed Books in Europe, 1350−1550: Packaging, Presentation and Consumption* (Liverpool: Liverpool University Press, 2013), pp. 120−32.

Husbands, Shayne, *The Early Roxburghe Club, 1812–1835: Book Club Pioneers and the Advancement of English Literature* (London: Anthem Press, 2017).

Jensen, Kristian, *Revolution and the Antiquarian Book* (Cambridge: Cambridge University Press, 2011).

Korsten, Frans, 'The Elzeviers and England', in Lotte Hellinga et al. (eds.), *The Bookshop of the World: The Role of the Low Countries in the Book-Trade, 1473–1941* ('t Goy-Houten: HES & De Graaf, 2001), pp.131–43.

Kraye, Jill, and Paolo Sachet (eds.), *The Afterlife of Aldus: Posthumous Fame, Collectors and the Book Trade* (London: Warburg Institute, 2018).

Lankhorst, Otto, 'Dutch auctions in the seventeenth and eighteenth centuries', in Robin Myers, Michael Harris and Giles Mandelbrote (eds.), *Under the Hammer: Book Auctions since the Seventeenth Century* (New Castle, DE: Oak Knoll Press, 2001), pp. 65–87.

Maclean, Ian, *Episodes in the Life of the Early Modern Learned Book* (Leiden: Brill, 2020).

McKitterick, David, *The Invention of Rare Books: Private Interest and Public Memory, 1600–1840* (Cambridge: Cambridge University Press, 2018).

Morrison, Stuart, 'Records of a Bibliophile: the catalogues of Consul Joseph Smith and Some Aspects of his Collecting', *The Book Collector*, 43 (1994), pp. 27–58.

O'Dwyer, E. J., *Thomas Frognall Dibdin: Bibliographer and Bibliomaniac Extraordinary, 1776–1847* (Pinner: Private Libraries Association, 1967).

Pettegree, Andrew, 'Rare Books and Revolutionaries: The French Bibliothèques Municipales', in his *The French Book and the European Book World* (Leiden: Brill, 2007), pp. 1–16.

Potten, Edward, 'Beyond Bibliophilia: Contextualizing Private Libraries in the Nineteenth Century', *Library & Information History*, 31 (2015), pp. 73–94.

Purcell, Mark, *The Country House Library* (London and New Haven: Yale University Press, 2017).

Ramsay, Nigel, 'English Book Collectors and the Salerooms in the Eighteenth Century', in Robin Myers, Michael Harris and Giles Mandelbrote (eds.), *Under the Hammer: Book Auctions since the Seventeenth Century* (New Castle, DE: Oak Knoll Press, 2001), pp. 89–110.

Riberette, Pierre, *Les Bibliothèques Françaises pendant la Révolution (1789–1795)* (Paris: Bibliothèque Nationale, 1970).

Ricci, Seymour de, *The Book Collector's Guide* (Philadelphia and New York: Rosenbach, 1921).

Ricci, Seymour de, *English Collectors of Books and Manuscripts, 1530–1930* (New York: Burt Franklin, 1969).

Swift, Katherine, 'Poggio's Quintilian and the Fate of the Sunderland Manuscripts', *Quaerendo*, 13 (1983), pp. 224–38.

Swift, Katherine, 'Dutch Penetration of the London market for books, *c.*1690–1730', in C. Berkvens-Stevelinck, et al. (eds.), *Le Magasin de l'Univers: The Dutch Republic as the Centre of the European Book Trade* (Leiden: Brill, 1992), pp. 265–79.

West, Susie, 'An architectural typology for the early modern country house library 1660–1720', *The Library*, 7th series, 14 (2013), pp. 441–64.

Williams, Kelsey Jackson, *The Antiquary: John Aubrey's Historical Scholarship* (Oxford: Oxford University Press, 2016).

第十三章

Abbas, Hyder, "'A fund of entertaining and useful information": Coffee Houses, Early Public Libraries, and the Print Trade in Eighteenth-century Dublin', *Library & Information History*, 30 (2014), pp. 41−61.

Allan, David, 'Provincial Readers and Book Culture in the Scottish Enlightenment: The Perth Library, 1784−*c*.1800', *The Library*, 3 (2002), pp. 367−89.

Allan, David, *A Nation of Readers: The Lending Library in Georgian England* (London: British Library, 2008).

Allen, James Smith, 'The"Cabinets de Lecture"in Paris, 1800−1850', *Journal of Library History*, 16 (1981), pp. 199−209.

Altick, Richard D., *The English Common Reader: A Social History of the Mass Reading Public* (Chicago, IL: University of Chicago Press, 1957; 2nd edn, Columbus, OH: Ohio State University Press, 1998).

Baenen, Michael A., 'A Great and Natural Enemy of Democracy? Politics and Culture in the Antebellum Portsmouth Athenaeum', in Thomas Augst and Kenneth Carpenter (eds.), *Institutions of Reading: The Social Life of Libraries in the United States* (Amherst, MA: University of Massachusetts Press, 2007), pp. 73−98.

Carpenter, Kenneth E., 'Libraries', in Robert A. Gross and Mary Kelley(eds.), *History of the Book in America*, 2 (Chapel Hill, NC: University of North Carolina Press, 2010), pp. 273−85.

Coulton, Richard, Matthew Mauger and Christopher Reid, *Stealing Books in Eighteenth-century London* (London: Palgrave Macmillan, 2016).

Coustillas, Pierre (ed.), *George Moore, Literature at Nurse: A Polemic on Victorian Censorship* (Brighton: EER, 2017).

Ellis, Markman, 'Coffee-House Libraries in Mid-Eighteenth-century London', *The Library*, 7th series, 10 (2009), pp. 3−40.

Erickson, Lee, 'The Economy of Novel Reading: Jane Austen and the Circulating Library', *Studies in English Literature, 1500−1900*, 30 (1990), pp. 573−90.

Falconer, Graham, 'New light on the Bibliothèque Cardinal', *Nineteenth-century French Studies*, 41 (2013), pp. 292−304.

Fergus, Jan, 'Eighteenth-century Readers in Provincial England: The Customers of Samuel Clay's Circulating Library and Bookshop in Warwick, 1770−72', *Papers of the Bibliographical Society of America*, 78 (1984), pp. 155−213.

Fergus, Jan, *Provincial Readers in Eighteenth-century England* (Oxford: Oxford University Press, 2007).

Furlong, Jennifer, 'Libraries, Booksellers, and Readers: Changing Tastes at the New York Society Library in the Long Eighteenth Century', *Library & Information History*, 31 (2015), pp. 198−212.

Furrer, Norbert, *Des Burgers Buch. Stadtberner Privatbibliotheken im 18. Jahrhundert* (Zurich: Chronos Verlag, 2012).

Glynn, Tom, 'The New York Society Library: Books, Authority, and Publics in Colonial and Early Republican New York', *Libraries & Culture*, 40 (2005), pp. 493−529.

Gosnell, Charles F., and Géza Schütz, 'Goethe the Librarian', *Library Quarterly*, 2 (1932), pp. 367−74.

Grenby, M. O., 'Adults Only? Children and Children's Books in British Circulating Libraries, 1748−1848', *Book History*, 5 (2002), pp. 19−38.

Griest, Guinevere L., 'A Victorian Leviathan: Mudie's Select Library', *Nineteenth-Century*

Fiction, 20 (1965), pp. 103－26.

Griest, Guinevere L., *Mudie's Circulating Library and the Victorian Novel* (London: David & Charles, 1970).

Hamlyn, Hilda M., 'Eighteenth-century circulating libraries in England', *The Library*, 5th series, 1 (1946－7), pp. 197－222.

Jacobs, Edward H., 'Eighteenth-century British Circulating Libraries and Cultural Book History', *Book History*, 6 (2003), pp. 1－22.

Jäger, Georg, Alberto Martino and Reinhard Wittmann, *Die Leihbibliothek der Goetheziet* (Hildesheim: Gerstenberg, 1979).

James, Louis, *Fiction for the Working Man* (Oxford: Oxford University Press, 1963).

Kaser, David, *A Book for a Sixpence: The Circulating Library in America* (Pittsburgh, PA: Phi Beta Mu, 1980).

Kaufman, Paul, *Circulating Libraries and Book Clubs in the Eighteenth Century* (Philadelphia, PA: American Philosophical Society, 1961).

Kaufman, Paul, 'The Community Library: a chapter in English Social History', *Transactions of the American Philosophical Society*, 57(1967), reprinted in his *Libraries and Their Users* (London: Library Association, 1969), pp. 188－222.

Korty, Margaret Barton, 'Benjamin Franklin and Eighteenth Century American Libraries', *Transactions of the American Philosophical Society*, 55 (1965), pp. 1－83.

Kraus, Joe W., 'Private Libraries in Colonial America', *The Journal of Library History*, 9 (1974), pp. 31－53.

Lewis, John Frederick, *History of the Apprentices' Library of Philadelphia, 1820－1920: The Oldest free Circulating Library in America* (Philadelphia, PA: Apprentices' Library Company, 1924).

Manley, K. A., *Books, Borrowers and Shareholders: Scottish circulating and subscription libraries before 1825: a survey and listing* (Edinburgh: Edinburgh Bibliographical Society, 2012).

Manley, K. A., *Irish Reading Societies and Circulating Libraries founded before 1825: Useful Knowledge and Agreeable Entertainment* (Dublin: Four Courts Press, 2018).

Manley, K. A., 'Booksellers, peruke-makers, and rabbit-merchants: the growth of circulating libraries in the eighteenth century', in Robyn Myers, Michael Harris and Giles Mandelbrote (eds.), *Libraries and the Book Trade* (New Castle, DE: Oak Knoll Press, 2000), pp. 29－50.

Martino, Alberto, *Die Deutsche Leihbibliothek* (Wiesbaden: Harrassowitz, 1990).

McKitterick, David, *Print, Manuscript and the Search for Order, 1450－1830* (Cambridge: Cambridge University Press, 2005).

McMullen, Haynes, *American Libraries before 1876* (Westport, CT: Greenwood, 2000).

Moore, Sean D., *Slavery and the Making of Early American Libraries: British Literature, Political Thought and the Transatlantic Book Trade, 1731－1814* (Oxford: Oxford University Press, 2019).

Olsen, Mark, and Louis-Georges Harvey, 'Reading in Revolutionary Times: Book Borrowing from the Harvard College Library, 1773－1782', *Harvard Library Bulletin*, 4 (1993), pp. 57－72.

Peterson, C. E., 'The Library Hall: Home of the Library Company of Philadelphia, 1790－1880', *Proceedings of the American Philosophical Society*, 95 (1951), pp. 266－85.

Puschner, Uwe, 'Lesegesellschaften', in Bernd Sösemann (ed.), *Kommunikation und Medien in Preussen vom 16. Bis zum 19. Jahrhundert* (Stuttgart: Franz Steiner, 2002), pp. 194－205.

Raven, James, 'The Noble Brothers and popular publishing', *The Library*, 6th series, 12 (1990), pp. 293–345.

Raven, James, 'Libraries for Sociability: the advance of the subscription library', in *Cambridge History of Libraries in Britain and Ireland*, II, pp. 241–63.

Raven, James, 'From promotion to proscription: arrangements for reading and eighteenth-century libraries', in Raven, Helen Small and Naomi Tadmor (eds.), *The Practice and Representation of Reading in England* (Cambridge: Cambridge University Press, 1996), pp. 175–201.

Raven, James, *London Booksellers and American Customers: Transatlantic Literary Community and the Charleston Library Society, 1748–1811* (Columbia, SC.: University of South Carolina Press, 2002).

Raven, James, *The Business of Books: Booksellers and the English Book Trade, 1450–1850* (London and New Haven: Yale University Press, 2007).

Schürer, Norbert, 'Four Catalogues of the Lowndes Circulating Library, 1755–66', *Proceedings of the Bibliographical Society of America*, 101 (2007), pp. 327–57.

Shera, J. H., *Foundations of the Public Library: The Origins of the Public Library Movement in New England 1629–1855* (Chicago, IL: University of Chicago Press, 1949).

St Clair, William, *The Reading Nation in the Romantic Period* (Cambridge: Cambridge University Press, 2004).

Stiffler, Stuart A., 'Books and Reading in the Connecticut Western Reserve: The Small-Settlement Social Library, 1800–1860', *Libraries & the Cultural Record*, 46 (2011), pp. 388–411.

Taylor, John Tinnon, *Early Opposition to the English Novel: The Popular Reaction from 1760 to 1830* (New York, NY: King's Crown Press, 1943).

Towsey, Mark, and Kyle B. Roberts, *Before the Public Library: Reading, Community and Identity in the Atlantic World, 1650–1850* (Leiden: Brill, 2018).

Webb, Robert K., *The British Working Class Reader, 1790–1848: Literacy and Social Tension* (London: Allen & Unwin, 1955).

Whitmore, Harry Earl, 'The "Cabinet de Lecture" in France, 1800–1850', *Library Quarterly*, 48 (1978), pp. 20–35.

Williams, Abigail, *The Social Life of Books: Reading Together in the Eighteenth-century Home* (London and New Haven: Yale University Press, 2017).

Wilson, Charles, *First with the News: The History of W. H. Smith, 1792–1972* (London: Jonathan Cape, 1985).

Wolf, Edwin, 'The First Books and Printed Catalogues of the Library Company of Philadelphia', *Pennsylvania Magazine of History and Biography*, 78 (1954), pp. 45–70.

Wolf, Edwin, *'At the Instance of Benjamin Franklin': A Brief History of the Library Company of Philadelphia, 1731–1976* (Philadelphia, PA: Library Company of Philadelphia, 1976).

第十四章

Arduini, Franca, 'The Two National Central Libraries of Florence and Rome', *Libraries & Culture*, 25 (1990), pp. 383–405.

Atkin, Lara, et al., *Early Public Libraries and Colonial Citizenship in the British Southern Hemisphere* (London: Palgrave Macmillan, 2019).

Bruce, Lorne D., 'Subscription Libraries for the Public in Canadian Colonies, 1775–1850', *Library & Information History*, 34 (2018), pp. 40–63.

Cobley, Alan G., 'Literacy, Libraries, and Consciousness: The Provision of Library Services for Blacks in South Africa in the Pre-Apartheid Era', *Libraries & Culture*, 32 (1997), pp. 57－80.

Cole, John Y., 'The Library of Congress Becomes a World Library, 1815－2005', *Libraries & Culture*, 40 (2005), pp. 385－98.

Dasgupta, Kalpana, 'How Learned Were the Mughals: Reflections on Muslim Libraries in India', *Journal of Library History*, 10 (1975), pp. 241－54.

Davis, Donald G., 'The Status of Library History in India: A report of an informal survey and a selective bibliographic essay', *Libraries & Culture*, 25 (1990), pp. 575－89.

Dean, Elizabeth A., 'The Organization of Italian Libraries from the Unification until 1940', *Library Quarterly*, 53 (1983), pp. 399－419.

Dean, Heather, '"The persuasion of books": The Significance of Libraries in Colonial British Columbia', *Libraries & the Cultural Record*, 46 (2011), pp. 50－72.

Delbourgo, James, *Collecting the World: The Life and Curiosity of Hans Sloane* (London: Allen Lane, 2017).

Delmas, Adrien, '*Artem Quaevis Terra Alit*: Books in the Cape Colony during the seventeenth and eighteenth centuries', in Natalia Maillard Álvarez (ed.), *Books in the Catholic World during the Early Modern Period* (Leiden: Brill, 2014), pp. 191－214.

Dick, Archie, *The Hidden History of South Africa's Books and Reading Cultures* (Toronto: University of Toronto Press, 2012).

Dickinson, Donald C., *Henry E. Huntington's Library of Libraries* (San Marino, CA: Huntington Library, 1995).

Edwards, Edward, 'A Statistical View of the Principal Public Libraries in Europe and the United States of North America', *Journal of the Statistical Society of London*, 11 (1848), pp. 250－81.

Eggert, Paul, 'Robbery Under Arms: The Colonial Market, Imperial Publishers and the Demise of the Three-Decker Novel', *Book History*, 6 (2003), pp. 127－46.

Esdaile, Arundell, *National Libraries of the World: Their History, Administration and Public Services* (London: Grafton & Co., 1934).

Finkelman, Paul, 'Class and Culture in late nineteenth-century Chicago: the Founding of the Newberry Library', *American Studies*, 16 (1975), pp. 5－22.

Fitzpatrick, Elizabeth B., 'The Public Library as Instrument of Colonialism: The Case of the Netherlands East Indies', *Libraries & the Cultural Record*, 43 (2008), pp. 270－85.

Ghosh, Anindita, *Power in Print: Popular Publishing and the Politics of Language and Culture in a Colonial Society, 1778－1905* (New Delhi: Oxford University Press, 2006).

Grant, Stephen H., *Collecting Shakespeare: The Story of Henry and Emily Folger* (Baltimore, MD: Johns Hopkins University Press, 2014).

Harris, P. R., *A History of the British Museum Library, 1753－1973* (London: British Library, 1998).

Hopkins, Judith, 'The 1791 Cataloguing Code and the Origins of the Card Catalog', *Libraries & Culture*, 27 (1992), pp. 378－404.

Hurtado, Albert L., 'Professors and Tycoons: The Creation of Great Research Libraries in the American West', *Western Historical Quarterly*, 41 (2010), pp. 149－69.

Joshi, Priya, *In Another Country: Colonialism, Culture and the English Novel in India* (New York, NY: Columbia University Press, 2002).

Liebich, Susann, 'A Sea of Fiction: The Libraries of Trans-Pacific Steamships at the Turn of the Twentieth Century', *The Library*, 7th series, 20 (2019), pp. 3－28.

Lindell, Lisa, 'Bringing Books to a"Book-Hungry Land": Print Culture on the Dakota Prairie', *Book History*, 7 (2004), pp. 215–38.

Lockyer, Dora, *The provision of books and libraries by the East India Company in India, 1611–1858* (PhD thesis, Fellowship of the Library Association, 1977).

Mandelbrote, Giles, and Barry Taylor, *Libraries within the Library: The Origins of the British Library's Printed Collections* (London: British Library, 2009).

Matveeva, Irina G., 'Immigration and the Book: Foreigners as the Founders of the First Libraries in Russia', *Libraries & Culture*, 33 (1998), pp. 62–8.

Mays, Andrea, *The Millionaire and the Bard: Henry Folger's Obsessive Hunt for Shakespeare's First Folio* (New York, NY: Simon & Schuster, 2015).

Misra, Jagdish, *Histories of Libraries and Librarianship in Modern India since 1850* (Delhi: Atma Ram, 1979).

Murphy, Sharon, 'Imperial Reading? The East India Company's Lending Libraries for Soldiers, c. 1819–1834', *Book History*, 12 (2009), pp. 74–99.

Murphy, Sharon, 'Libraries, Schoolrooms, and Mud Gadowns: Formal Scenes of Reading at East India Company Stations in India, c.1819–1835', *Journal of the Royal Asiatic Society*, 21 (2011), pp. 459–67.

Murphy, Sharon, *The British Soldier and his Libraries, c.1822–1901* (London: Palgrave Macmillan, 2016).

Niessen, James P., 'Museums, Nationality, and Public Research Libraries in Nineteenth-century Transylvania', *Libraries & the Cultural Record*, 41 (2006), pp. 298–336.

Ohdedar, A. K., *The Growth of the Library in Modern India, 1498–1836* (Calcutta: World Press, 1966).

Ostrowski, Carl, 'James Alfred Pearce and the Question of a National Library in Antebellum America', *Libraries & Culture*, 35 (2000), pp. 255–77.

Patel, Jashu, and Krishan Kumar, *Libraries and Librarianship in India* (Westport, CT: Greenwood, 2001).

Priebe, Paul M., 'From Bibliothèque du Roi to Bibliothèque Nationale: The Creation of a State Library, 1789–1793', *Journal of Library History*, 17 (1982), pp. 389–408.

Rose, Jonathan, 'The Global Common Reader', in Martin Hewitt (ed.), *The Victorian World* (London: Routledge, 2012), pp. 555–68.

Stuart, Mary, *Aristocrat-Librarian in Service to the Tsar: Aleksei Nikolaevich Olenin and the Imperial Public Library* (Boulder, CO: East European Monographs, 1986).

Stuart, Mary, 'Creating Culture: The Rossica Collection of the Imperial Public Library and the Construction of National Identity', *Libraries & Culture*, 30 (1995), pp. 1–25.

Sutherland, John, 'Literature and the Library in the Nineteenth Century', in Alice Crawford (ed.), *The Meaning of the Library: A Cultural History* (Princeton: Princeton University Press, 2015), pp. 124–50.

Traue, J. E., 'The Public Library Explosion in Colonial New Zealand', *Libraries & the Cultural Record*, 42 (2007), pp. 151–64.

Willison, Ian R., 'The National Library in Historical Perspective', *Libraries & Culture*, 24 (1989), pp. 75–95.

第十五章

Altick, Richard D., *The English Common Reader: A Social History of the Mass Reading Public* (Chicago, IL: University of Chicago Press, 1957; 2nd edn, Columbus, OH: Ohio State

University Press, 1998).

Baggs, Chris, 'The Miners'Institute Libraries of South Wales, 1875−1939', in Philip Henry Jones et al. (eds.), *A Nation and Its Books: A History of the Book in Wales* (Aberystwyth: National Library of Wales, 1998).

Baggs, Chris, 'How Well Read Was My Valley? Reading, Popular Fiction, and the Miners of South Wales, 1875−1939', *Book History*, 4 (2001), pp. 277−301.

Baggs, Chris, '"The Whole Tragedy of Leisure in Penury": The South Wales Miners'Institute Libraries during the Great Depression', *Libraries & Culture*, 39 (2004), pp. 115−36.

Baggs, Chris, '"In the Separate Reading Room for Ladies Are Provided Those Publications Specially Interesting to Them": Ladies'Reading Rooms and British Public Libraries 1850−1914', *Victorian Periodicals Review*, 38 (2005), pp. 280−306.

Barnett, Graham Keith, 'The History of Public Libraries in France from the Revolution to 1939' (PhD thesis, Fellowship of the Library Association, 1973).

Black, Alistair, 'Libraries for the Many: The Philosophical Roots of the Early Public Library Movement', *Library History*, 9 (1991), pp. 27−36.

Black, Alistair, *A New History of the English Public Library: Social and Intellectual Contexts, 1850−1914* (London: Leicester University Press, 1996).

Bobinski, George S., 'Carnegie Libraries: their history and impact on American Public Library Development', *American Library Association Bulletin*, 62 (1968), pp. 1361−7.

Brantlinger, Patrick, 'The Case of the Poisonous Book: Mass Literacy as threat in Nineteenth-century British Fiction', *Victorian Review*, 20 (1994), pp. 117−33.

Brantlinger, Patrick, *The Reading Lesson: The Threat of Mass Literacy in Nineteenth-century British Fiction* (Purdue: India University Press, 1998).

Brantlinger, Patrick, *Bread and Circuses: Theories of Mass Culture as Social Decay* (Cornell, NY: Cornell University Press, 2016).

Carrier, Esther Jane, *Fiction in Public Libraries 1876−1900* (New York, NY: Scarecrow Press, 1965).

Ditzion, Sidney, *Arsenals of a Democratic Culture: A Social History of the American Public Library Movement in New England and the Middle States from 1850 to 1900* (Chicago, IL: American Library Association, 1947).

Eddy, Jacalyn, '"We have become Tender-Hearted": The Language of Gender in the Public Library, 1880−1920', *American Studies*, 42 (2001), pp. 155−72.

Edwards, Edward, 'A Statistical View of the Principal Public Libraries in Europe and the United States of North America', *Journal of the Statistical Society of London*, 11 (1848), pp. 250−81.

Erickson, Lee, 'The Economy of Novel Reading: Jane Austen and the Circulating Library', *Studies in English Literature, 1500−1900*, 30 (1990), pp. 573−90.

Flint, Kate, *The Woman Reader* (Oxford: Clarendon Press, 1993).

Fullerton, Ronald A., 'Creating a Mass Book Market in Germany: The Story of the "Colporteur Novel", 1870−1890', *Journal of Social History*, 10 (1977), pp. 265−83.

Geller, Evelyn, *Forbidden Books in American Public Libraries, 1876−1939* (Westport, CT: Greenwood, 1984).

Glynn, Tom, *Reading Publics: New York City's Public Libraries, 1754−1911* (New York, NY: Fordham University Press, 2015).

Harris, Michael H., 'The Emergence of the American Public Library: a revisionist interpretation of history', *Library Journal*, 98 (1973), pp. 2509−14.

Hildenbrand, Suzanne, 'Revision versus Reality: Women in the History of the Public

Library Movement, 1876–1920', in Kathleen M. Heim (ed.), *The Status of Women in Librarianship: Historical, Sociological, and Economic Issues* (New York, NY: Neal-Schuman, 1983), pp. 7–27.

Johanningsmeier, Charles, 'Welcome Guests or Representatives of the"Mal-Odorous Class"? Periodicals and Their Readers in American Public Libraries, 1876–1914', *Libraries & Culture*, 39 (2004), pp. 260–92.

Kaufman, Paul, *Libraries and Their Users* (London: Library Association, 1969).

Kelly, Thomas, *Books for the People: An Illustrated History of the British Public Library* (London: Andre Deutsch, 1977).

Kevane, Michael, 'The Development of Public Libraries in the United States, 1870–1930: A Quantitative Assessment', *Information & Culture: A Journal of History*, 49 (2014), pp. 117–44.

Lakmaker, Joosje, and Elke Veldkamp, *Amsterdammers en hun bibliotheek. OBA 1919–2019* (Amsterdam: Wereldbibliotheek, 2019).

Levine, Lawrence W., *Highbrow, Lowbrow: The Emergence of Cultural Hierarchy in America* (Cambridge, MA: Harvard University Press, 1988).

'The Manchester Free Library', *Spectator*, 12 November 1853, pp. 30–31.

Manley, K. A., 'Rural Reading in Northwest England: The Sedbergh Book Club, 1728–1928', *Book History*, 2 (1999), pp. 78–95.

Max, Stanley M., 'Tory Reaction to the Public Libraries Bill, 1850', *Journal of Library History*, 19 (1984), pp. 504–24.

McCrimmon, Barbara, 'The Libri Case', *Journal of Library History*, 1 (1966), pp. 7–32.

Meller, H. E., *Leisure and the Changing City, 1870–1914* (London: Routledge, 1976).

Minto, John, *A History of the Public Library Movement in Great Britain and Ireland* (London: George Allen & Unwin, 1932).

Nasaw, David, *Andrew Carnegie* (London: Penguin, 2006).

Oehlerts, Donald, *Books and Blueprints: Building America's Public Libraries* (Westport, CT: Greenwood, 1991).

Orlean, Susan, *The Library Book* (London: Atlantic Books, 2018).

Otness, Harold M., 'Baedeker's One-Star American Libraries', *Journal of Library History*, 12 (1977), pp. 222–34.

Passet, Joanne E., 'Men in a Feminized Profession: The Male Librarian, 1887–1921', *Libraries & Culture*, 28 (1993), pp. 385–402.

Pettegree, Andrew, 'Rare Books and Revolutionaries: The French Bibliothèques Municipales', in his *The French Book and the European Book World* (Leiden: Brill, 2007), pp. 1–16.

Rhees, William J., *Manual of Public Libraries, Institutions and Societies in the United States and British Provinces of North America* (Philadelphia, PA: J. B. Lippincott, 1889).

Ring, Daniel F., 'Carnegie Libraries as Symbols for an Age: Montana as a Test Case', *Libraries & Culture*, 27 (1992), pp. 1–19.

Ring, Daniel F., 'Men of Energy and Snap: The Origins and Early Years of the Billings Public Library', *Libraries & Culture*, 36 (2001), pp. 397–412.

Robson, Ann, 'The Intellectual Background of the Public Library Movement in Britain', *Journal of Library History*, 11 (1976), pp. 187–205.

Royle, Edward, 'Mechanics'Institutes and the Working Classes, 1840–1860', *Historical Journal*, 14 (1971), pp. 305–21.

Ruju, P. Alessandra Maccioni, and Marco Mostert, *The Life and Times of Guglielmo Libri*

(1802−1869) (Hilversum: Verloren, 1995).

Sandal, Ennio, 'The Endowed Municipal Public Libraries', *Libraries & Culture*, 25 (1990), pp. 358−71.

Schidorsky, Dov, 'The Origins of Jewish Workers'Libraries in Palestine, 1880−1920', *Libraries & Culture*, 23 (1988), pp. 39−60.

Schidorsky, Dov, 'The Municipal Libraries of Tel Aviv during the British Mandate, 1920−1948', *Libraries & Culture*, 31 (1996), pp. 540−56.

Severn, Ken, *The Halfpenny Rate: A Brief History of Lambeth Libraries* (London: Lambeth Archives, 2006).

Shera, Jesse, *Foundations of the Public Library: The Origins of the Public Library Movement in New England 1629−1855* (Chicago, IL: University of Chicago Press, 1949).

Short, Hohn Phillip, 'Everyman's Colonial Library: Imperialism and Working-Class Readers in Leipzig', *German History*, 21 (2003), pp. 445−75.

Snape, Robert, *Leisure and the Rise of the Public Library* (London: The Library Association, 1995).

Some Impressions of the Public Library System of the United States of America (Edinburgh: Constable, 1927).

Stauffer, Suzanne M., 'In Their Own Image: The Public Library Collection as a Reflection of its Donors', *Libraries & the Cultural Record*, 42 (2007), pp. 387−408.

Steinberg, Hans-Josef, and Nicholas Jacobs, 'Workers'Libraries in Germany before 1914', *History Workshop*, 1 (1976), pp. 166−80.

Stielow, Frederick J., 'Censorship in the Early Professionalization of American Libraries, 1876 to 1929', *Journal of Library History*, 18 (1983), pp. 37−54.

Thompson, Alastair R., 'The Use of Libraries by the Working Class in Scotland in the Early Nineteenth Century', *Scottish Historical Review*, 42 (1963), pp. 21−9.

Valentine, Patrick M., 'Steel, Cotton, and Tobacco: Philanthropy and Public Libraries in North Carolina, 1900−1940', *Libraries & Culture*, 31 (1996), pp. 272−98.

Van Slyck, Abigail A., *Free to All: Carnegie Libraries & American Culture, 1890−1920* (Chicago, IL: University of Chicago Press, 1995).

Van Slyck, Abigail A., '"The Utmost Amount of Effectiv [sic] Accommodation": Andrew Carnegie and the Reform of the American Library', *Journal of the Society of Architectural Historians*, 50 (1991), pp. 359−83.

Vincent, David, *Literacy and Popular Culture, England 1750−1914* (Cambridge: Cambridge University Press, 1989).

Vincent, David, *The Rise of Mass Literacy: Reading and Writing in Modern England* (Cambridge: Cambridge University Press, 2000).

Webb, Robert K., 'Working Class Readers in Early Victorian England', *English Historical Review*, 65 (1950), pp. 333−51.

Webb, Robert K., *The British Working Class Reader, 1790−1848: Literacy and Social Tension* (London: Allen & Unwin, 1955).

Young, Arthur P., *Books for Sammies: The American Library Association and World War I* (Pittsburgh, PA: Beta Phi Mu, 1981).

第十六章

Alessandrini, Jan L., 'Lost Books of "Operation Gomorrah": Rescue, Reconstruction and Restitution at Hamburg's Library in the Second World War', in Flavia Bruni and Andrew

Pettegree (eds.), *Lost Books: Reconstructing the Print World of Pre-Industrial Europe* (Leiden: Brill, 2016), pp. 441–61.

Baez, Fernando, *A Universal History of the Destruction of Books: From Ancient Sumer to Modern-day Iraq* (London: Atlas, 2008).

Barnett, Graham Keith, 'The History of Public Libraries in France from the Revolution to 1939' (PhD thesis, Fellowship of the Library Association, 1973).

Beal, Peter, 'Lost: the destruction, dispersal and rediscovery of manuscripts', in Giles Mandelbrote et al. (eds.), *Books on the Move: Tracking Copies through Collections and the Book Trade* (New Castle, DE: Oak Knoll Press, 2007), pp. 1–16.

Bevan, Robert, *The Destruction of Memory: Architecture at War* (London: Reaktion, 2006).

Bollmus, Reinhard, *Das Amt Rosenberg und seine Gegner: Studien zur Machtkampt in nationalsozialistische Herrschaftsystem* (Munich: Oldenbourg, 2006).

Boodrookas, Alex, 'Total Literature, Total War: Foreign Aid, Area Studies, and the Weaponization of US Research Libraries', *Diplomatic History*, 43 (2019), pp. 332–52.

Borin, Jacqueline, 'Embers of the Soul: The Destruction of Jewish Books and Libraries in Poland during World War II', *Libraries & Culture*, 28 (1993), pp. 445–60.

Briel, Cornelia, *Beschlagnahmt, Erpresst, Erebeutet. NS-Raubgut, Reichstauchstelle und Preussische Staatsbibliothek zwischen 1933 und 1945* (Berlin: Akademie Verlag, 2013).

Bruni, Flavia, 'All is not lost. Italian Archives and Libraries in the Second World War', in Flavia Bruni and Andrew Pettegree (eds.), *Lost Books: Reconstructing the Print World of Pre-Industrial Europe* (Leiden: Brill, 2016), pp. 469–87.

Chamberlain, Russell, *Loot: the Heritage of Plunder* (New York, NY: Facts on File, 1983).

Collins, Donald E., and Herbert P. Rothfeder, 'The Einsatzstab Reichsleiter Rosenberg and the Looting of Jewish and Masonic Libraries during World War II', *Journal of Library History*, 18 (1983), pp. 21–36.

Coppens, Chris, Mark Derez and Jan Roegiers, *Leuven University Library, 1425–2000* (Leuven: Leuven University Press, 2005).

Dosa, Marta L., *Libraries in the Political Scene* (Westport, CT: Greenwood, 1974).

Fishman, David E., *The Book Smugglers: Partisans, Poets and the Race to Save Jewish Treasures from the Nazis* (Lebanon, NH: ForeEdge, 2017).

Grimsted, Patricia Kennedy, *The Odyssey of the Turgenev Library from Paris, 1940–2002: Books as Victims and Trophies of War* (Amsterdam: IISH, 2003).

Grimsted, Patricia Kennedy, 'The Road to Minsk for Western "Trophy" Books: Twice Plundered but Not Yet "Home from the War"', *Libraries & Culture*, 39 (2004), pp. 351–404.

Grimsted, Patricia Kennedy, 'Roads to Ratibor: Library and Archival Plunder by the Einsatzstab Reichsleiter Rosenberg', *Holocaust Genocide Studies*, 19 (2005), pp. 390–458.

Grimsted, Patricia Kennedy, 'Tracing Trophy Books in Russia', *Solanus*, 19 (2005), pp. 131–45.

Grimsted, Patricia Kennedy, *Library Plunder in France by the Einsatzstab Reichsleiter Rosenberg: Ten ERR Seizure Lists of Confiscated French Libraries* (Amsterdam: IISH, 2017).

Hill, Leonidas E., 'The Nazi attack on "Un-German" literature, 1933–1945', in Jonathan Rose (ed.), *The Holocaust and the Book* (Amherst, MA: University of Massachusetts Press, 2001), pp. 9–46.

Holman, Valerie, *Book Publishing in England, 1939–1945* (London: British Library, 2008).

Intrator, Miriam, *Books Across Borders: UNESCO and the Politics of Postwar Cultural Reconstruction, 1945−1951* (London: Palgrave Macmillan, 2019).

Irving, Henry, 'Paper salvage in Britain during the Second World War', *Historical Research*, 89 (2016), pp. 373−93.

Irving, Henry, '"Propaganda bestsellers": British Official War Books, 1941−1946', in Cynthia Johnston (ed.), *The Concept of the Book: The Production, Progression and Dissemination of Information* (London: Institute of English Studies, 2019), pp. 125−46.

Kirschbaum, Erik, *Burning Beethoven: The Eradication of German Culture in the United States during World War I* (New York, NY: Berlinica, 2015).

Knuth, Rebecca, *Libricide: The Regime-Sponsored Destruction of Books and Libraries in the Twentieth Century* (Westport, CT: Praeger, 2003).

Knuth, Rebecca, *Burning Books and Leveling Libraries: Extremist Violence and Cultural Destruction* (Westport, CT: Praeger, 2006).

Loss, Christopher L., 'Reading between Enemy Lines: Armed Services Editions and World War II', *Journal of Military History*, 67 (2003), pp. 811−34.

Nastulczyk, Tomasz, 'Two Centuries of Looting and the Grand Nazi Book Burning: The Dispersed and Destroyed Libraries of the Polish-Lithuanian Commonwealth', in Flavia Bruni and Andrew Pettegree (eds.), *Lost Books: Reconstructing the Print World of Pre-Industrial Europe* (Leiden: Brill, 2016), pp. 462−68.

Orlean, Susan, *The Library Book* (London: Atlantic Books, 2018).

Ovenden, Richard, *Burning the Books: A History of Knowledge Under Attack* (London: John Murray, 2020).

Piper, Ernst, *Alfred Rosenberg: Hitlers Chefideologe* (Munich: Karl Blessing, 2005).

Polastron, Lucien X., *Books on Fire: The Destruction of Libraries Throughout History* (Rochester, VT: Inner Traditions, 2007).

Poulain, Martine, *Livres pillés, lectures surveillées: les bibliothèques françaises sous l'occupation* (Paris: Gallimard, 2008).

Richards, Pamela Spence, 'German Libraries and Scientific and Technical Information in Nazi Germany', *Library Quarterly*, 55 (1985), pp. 151−73.

Richards, Pamela Spence, 'Aslib at War: The Brief but Intrepid Career of a Library Organization as a Hub of Allied Scientific Intelligence 1942−1945', *Journal of Education for Library and Information Science*, 29 (1989), pp. 279−96.

Ring, Daniel F., 'Fighting for Their Hearts and Minds: William Howard Brett, the Cleveland Public Library, and World War I', *Journal of Library History*, 18 (1983), pp. 1−20.

Russell, Dale C., '"Our Special Province": Providing a Library Service for London's Public Shelters, 1940−1942', *Library History*, 13 (1997), pp. 3−15.

Rydell, Anders, *The Book Thieves: The Nazi Looting of Europe's Libraries and the Race to Return a Literary Inheritance* (New York, NY: Viking, 2015).

Sayers, W. C. Berwick, Britain's Libraries and the War', *Library Quarterly*, 14 (1944), pp. 95−9.

Schidorsky, Dov, 'Confiscation of Libraries and Assignments to Forced Labour: Two Documents of the Holocaust', *Libraries & Culture*, 33 (1998), pp. 347−88.

Schliebs, Siegfried, 'Verboten, verbrannt verfolgt … Wolfgang Herrmann und seine "Schwarze Liste. Schöne Literatur"vom Mai 1933−Der Fall des Volksbibliothekars Dr. Wolfgang Hermann', in Hermann Haarmann, Walter Huder and Klaus Siebenhaar (eds.), *"Das war ein Vorspiel nur"− Bücherverbrennung Deutschland 1933: Voraussetzungen und Folgen*

(Berlin and Vienna: Medusa Verlagsgesellschaft, 1983), pp. 442−4.

Schneider, Nicola, 'The Losses of the Music Collection of the Hessische Landesbibliothek in Darmstadt in 1944', in Anja-Silvia Goeing, Anthony T. Grafton and Paul Michel (eds.), *Collectors'Knowledge: What is Kept, What is Discarded* (Leiden: Brill, 2013), pp. 381−412.

Schocow, Werner, *Bucherschicksale: die Verlagerungsgeschichte der Preussischen Staatsbibliothek; Auslagerung, Zerstörung, Rückführung* (Berlin: de Gruyter, 2003).

Sheehan, Donal, 'The Manchester Literary and Philosophical Society', *Isis*, 33 (1941), pp. 519−23.

Sroka, Marek, 'The Destruction of Jewish Libraries and Archives in Cracow during World War II', *Libraries & Culture*, 38 (2003), pp. 147−65.

Starr, Joshua, 'Jewish Cultural Property under Nazi Control', *Jewish Social Studies*, 12 (1950), pp. 27−48.

Stieg, Margaret F., *Public Libraries in Nazi Germany* (Tuscaloosa, AL: University of Alabama Press, 1992).

Stieg, Margaret F., 'The Second World War and the Public Libraries of Nazi Germany', *Journal of Contemporary History*, 27 (1992), pp. 23−40.

Stieg Dalton, Margaret, 'The Postwar Purge of German Public Libraries, Democracy and the American Reaction', *Libraries & Culture*, 28 (1993), pp. 143−64.

Stubbings, Hilda Uren, *Blitzkrieg and Books: British and European Libraries as Casualties of World War II* (Bloomington, IN: Rubena Press, 1993).

Thorsheim, Peter, 'Salvage and Destruction: The Recycling of Books and Manuscripts in Great Britain during the Second World War', *Contemporary European History*, 22 (2013), pp. 431−52.

Travis, Trysh, 'Books as Weapons and "The Smart Man's Peace": The Work of the Council on Books in Wartime', *Princeton University Library Chronicle*, 60 (1999), pp. 353−99.

Waite, Robert G., 'Returning Jewish Cultural Property: The Handling of Books Looted by the Nazis in the American Zone of Occupation, 1945 to 1952', *Libraries & Culture*, 37 (2002), pp. 213−28.

Wiegand, Wayne, *"An Active Instrument for Propaganda": the American Public Library during World War I* (New York, NY: Greenwood, 1989).

Wiegand, Wayne, 'In Service to the State: Wisconsin Public Libraries during World War I', *Wisconsin Magazine of History*, 72 (1989), pp. 199−224.

Young, Arthur P., *Books for Sammies: The American Library Association and World War I* (Pittsburgh, PA: Beta Phi Mu, 1981).

第十七章

Augst, Thomas, 'American Libraries and Agencies of Culture', *American Studies*, 42 (2001), pp. 5−22.

Augst, Thomas, and Kenneth Carpenter, *Institutions of Reading: The Social Life of Libraries in the United States* (Amherst, MA: University of Massachusetts Press, 2007).

Baggs, Chris, '"In the Separate Reading Room for Ladies Are Provided Those Publications Specially Interesting to Them": Ladies'Reading Rooms and British Public Libraries 1850−1914', *Victorian Periodicals Review*, 38 (2005), pp. 280−306.

Benton, Megan, '"Too Many Books": Book Ownership and Cultural Identity in the 1920s', *American Quarterly*, 49 (1997), pp. 268−97.

Black, Alistair, *The Public Library in Britain, 1914−2000* (London: British Library, 2000).

Carrier, Esther Jane, *Fiction in Public Libraries 1900−1950* (Littleton, CO: Libraries Unlimited, 1985).

Coleman, Sterling Joseph, '"Eminently Suited to Girls and Women": The Numerical Feminization of Public Librarianship in England, 1914−1931', *Library & Information History*, 30 (2014), pp. 195−209.

Cummings, Jennifer, '"How can we Fail?" The Texas State Library's Traveling Libraries and Bookmobiles, 1916−1966', *Libraries & the Cultural Record*, 44 (2009), pp. 299−325.

Denning, Michael, *Mechanical Accents: Dime Novels and Working-Class Culture in America* (London: Verso, 1987).

Dugan, Sally, 'Boots Book-Lovers'Library: Domesticating the Exotic and Building provincial Library Taste', in Nicola Wilson (ed.), *The Book World: Selling and Distributing British Literature* (Leiden: Brill, 2016), pp. 153−70.

Ellis, Alec, *Library Services for Young People in England and Wales, 1830−1970* (Oxford: Pergamon Press, 1971).

Ellsworth, Ralph E., 'Library Architecture and Buildings', *Library Quarterly*, 25 (1955), pp. 66−75.

Escarpit, Robert, *The Book Revolution* (London: Harrap, 1966).

Finchum, Tanya Ducker, and Allen Finchum, 'Not Gone with the Wind: Libraries in Oklahoma in the 1930s', *Libraries & the Cultural Record*, 46 (2011), pp. 276−94.

Geller, Evelyn, *Forbidden Books in American Public Libraries, 1876−1939* (Westport, CT: Greenwood, 1970).

Hart, James D., *The Popular Book: A History of America's Literary Taste* (New York, NY: Oxford University Press, 1950).

Harvey Darton, F. J., *Children's Books in England: Five Centuries of Social Life* (London: British Library, 1999).

Hilliard, Christopher, 'The Twopenny Library: The Book Trade, Working Class Readers and "Middlebrow" Novels in Britain, 1930−42', *Twentieth Century British History*, 25 (2014), pp. 199−220.

Huggett, Frank E., *Victorian England as Seen by Punch* (London: Book Club Associates, 1978).

Leary, Patrick, *The Punch Brotherhood: Table Talk and Print Culture in Mid-Victorian London* (London: British Library, 2010).

Lindell, Lisa, 'Bringing Books to a "Book-Hungry Land": Print Culture on the Dakota Prairie', *Book History*, 7 (2004), pp. 215−39.

Marcum, Deanna B., 'The Rural Public Library in America at the Turn of the Century', *Libraries & Culture*, 26 (1991), pp. 87−99.

Marquis, Alice Goldfarb, *Hope and Ashes: The Birth of Modern Times* (New York: Free Press, 1986).

McAleer, Joseph, *Popular Reading and Publishing in Britain, 1914−1950* (Oxford: Oxford University Press, 1992).

McAleer, Joseph, *Passion's Fortune: The Story of Mills & Boon* (Oxford: Oxford University Press, 1999).

McCormack, Thelma, '*The Intelligent Woman's Guide to Socialism and Capitalism* by George Bernard Shaw', *American Journal of Sociology*, 91 (1985), pp. 209−11.

McIntyre, Ian, *The Expense of Glory: A Life of John Reith* (London: Harper Collins, 1993).

Orlean, Susan, *The Library Book* (London: Atlantic Books, 2018).

Passet, Joanne E., 'Reaching the Rural Reader: Traveling Libraries in America, 1892−1920',

Libraries & Culture, 26 (1991), pp. 100−118.

Pawley, Christine, *Reading Places: Literacy, Democracy and the Public Library in Cold War America* (Amherst, MA: University of Massachusetts Press, 2010).

Radway, Janice A., *Reading the Romance: Women, Patriarchy and Popular Literature* (Chapel Hill, NC: University of North Carolina Press, 1984).

Radway, Janice A., *A Feeling for Books: The Book-of-the-Month Club, Literary Taste and Middle-Class Desire* (Chapel Hill, NC: University of North Carolina Press, 1997).

Savage, Jon, *Teenage: The Creation of Youth Culture* (London: Pimlico, 2008).

Susman, Warren, 'Communication and Culture', in Catherine L. Covert and John D. Stevens (eds.), *Mass Media Between the Wars: Perceptions of Cultural Tension, 1918−1941* (Syracuse, NY: Syracuse University Press, 1984).

Sutherland, John, *Reading the Decades: Fifty Years of the Nation's Bestselling Books* (London: BBC, 2002).

Valentine, Jolie, 'Our Community, Our Library: Women, Schools and Popular Culture in the Public Library Movement', *Public Library Quarterly*, 24 (2005), pp. 45−79.

Vincent, Ida, 'Public Libraries in New South Wales, 1935−1980: A Study in the Origins, Transformation, and Multiplication of Organizational Goals', *Library Quarterly*, 51 (1981), pp. 363−79.

Wagner, Ralph A., 'Not Recommended: A List for Catholic High School Libraries, 1942', *Libraries & Culture*, 30 (1995), pp. 170−98.

Ward, Dane M., 'The Changing Role of Mobile Libraries in Africa', *International Information and Library Review*, 28 (1996), pp. 121−33.

White, Cynthia L., *Women's Magazines, 1693−1968* (London: Michael Joseph, 1970).

Wiegand, Wayne, *Irrepressible Reformer: A Biography of Melvil Dewey* (Chicago, IL: American Library Association, 1996).

Wiegand, Wayne, *Main Street Public Library: Community Places and Reading Spaces in the Rural Heartland, 1876−1956* (Iowa City, IA: University of Iowa Press, 2011).

Wiegand, Wayne, *Part of Our Lives: A People's History of the American Public Library* (New York: Oxford University Press, 2015).

Wilson, Nicola, 'Boots Book-lovers'Library and the Novel: The Impact of a Circulating Library Market on Twentieth-century Fiction', *Information & Culture*, 49 (2014), pp. 427−49.

Winter, Jackie, *Lipsticks and Library Books: The Story of Boots Booklovers Library* (Dorset: Chantries Press, 2016).

第十八章

Baker, Nicholson, *Double Fold: Libraries and the Assault on Paper* (New York, NY: Random House, 2001).

Basbanes, Nicholas, 'Once and Future Library', in his *Patience and Fortitude* (New York, NY: Harper Collins, 2001), pp. 386−424.

Brine, Jennifer Jane, 'Adult readers in the Soviet Union' (PhD thesis, University of Birmingham, 1986).

Brine, Jenny, 'The Soviet reader, the book shortage and the public library', *Solanus*, 2 (1988), pp. 39−57.

Cresswell, Stephen, 'The Last Days of Jim Crow in Southern Libraries', *Libraries & Culture*, 31 (1996), pp. 557−72.

Darnton, Robert, 'Censorship, a Comparative View: France 1789−East Germany 1989',

Representations, 49 (1995), pp. 40−60.

Darnton, Robert, *Censors at Work: How States Shaped Literature* (London: British Library, 2014).

Drabinski, Emily, 'Librarians and the Patriot Act', *The Radical Teacher*, 77 (2006), pp. 12−14.

Fultz, Michael, 'Black Public Libraries in the South in the Era of De Jure Segregation', *Libraries & the Cultural Record*, 41 (2006), pp. 337−59.

Gordon, Constance J., 'Cultural Record Keepers: The English Book Donation, Chicago Public Library', *Libraries & the Cultural Record*, 44 (2009), pp. 371−4.

Hammill, Faye, 'Cold Comfort Farm, D. H. Lawrence, and English Literary Culture Between the Wars', *Modern Fiction Studies*, 47 (2001), pp. 831−54.

Hilliard, Christopher, '"Is It a Book That You Would Even Wish Your Wife or Your Servants to Read?" Obscenity Law and the Politics of Reading in Modern England', *American Historical Review*, 118 (2013), pp. 653−78.

Horton, Allan, *'Libraries are great mate!' But they could be greater. A report to the nation on Public Libraries in Australia* (Melbourne: Australian Library Promotional Council, 1976).

Hyde, H. Montgomery, *The Lady Chatterley's Lover Trial* (London: Bodley Head, 1990).

Jarvis, Helen, 'The National Library of Cambodia: Surviving for Seventy Years', *Libraries & Culture*, 30 (1995), pp. 391−408.

Joshi, Priya, *In Another Country: Colonialism, Culture and the English Novel in India* (New York, NY: Columbia University Press, 2002).

Korsch, Boris, 'The Role of Readers' Cards in Soviet Libraries, *Journal of Library History*, 13 (1978), pp. 282−97.

Korsch, Boris, 'Soviet Librarianship under Gorbachev: Change and Continuity', *Solanus*, 4 (1990), pp. 24−45.

Latham, Joyce M., 'Wheat and Chaff: Carl Roden, Abe Korman and the Definitions of Intellectual Freedom in the Chicago Public Library', *Libraries & the Cultural Record*, 44 (2009), pp. 279−98.

Laugesen, Amanda, 'UNESCO and the Globalization of the Public Library Idea, 1948 to 1965', *Library & Information History*, 30 (2014), pp. 1−19.

Leal, Ralph A., 'Libraries in the U.S.S.R', unpublished survey accessible at https://files.eric. ed.gov/fulltext/ED098959.pdf (last accessed 27 July 2020).

Maack, Mary Niles, 'Books and Libraries as Instruments of Cultural Diplomacy in Francophone Africa during the Cold War', *Libraries & Culture*, 36 (2001), pp. 58−86.

Mäkinen, Ilkka, 'Libraries in Hell: Cultural Activities in Soviet Prisons and Labor Camps from the 1930s to the 1950s', *Libraries & Culture*, 28 (1993), pp. 117−42.

Motley, Eric L., *Madison Park: A Place of Hope* (Grand Rapids, MI: Zondervan, 2017).

Patel, Jashu, and Krishan Kumar, *Libraries and Librarianship in India* (Westport, CT: Greenwood, 2001).

Pawley, Christine, 'Blood and Thunder on the Bookmobile: American Public Libraries and the Construction of "the Reader", 1950−1995', in Thomas Augst and Kenneth Carpenter (eds.), *Institutions of Reading: The Social Life of Libraries in the United States* (Amherst, MA: University of Massachusetts Press, 2007), pp. 264−82.

Pawley, Christine, *Reading Places: Literacy, Democracy and the Public Library in Cold War America* (Amherst, MA: University of Massachusetts Press, 2010).

Pawley, Christine, and Louise S. Robbins, *Libraries and the Reading Public in Twentieth-Century America* (Madison, WI: University of Wisconsin Press, 2013).

Robbins, Louise S., 'Segregating Propaganda in American Libraries: Ralph Ulveling Confronts the Intellectual Freedom Committee', *Library Quarterly*, 63 (1993), pp. 143 – 65.

Robbins, Louise S., 'After Brave Words, Silence: American Librarianship Responds to Cold War Loyalty Programs, 1947 – 1957', *Libraries & Culture*, 30 (1995), pp. 345 – 65.

Robbins, Louise S., *Censorship and the American Library: The American Library Association's Response to Threats to Intellectual Freedom, 1939 – 1969* (Westport, CT: Greenwood, 1996).

Robbins, Louise S., *The Dismissal of Miss Ruth Brown: Civil Rights, Censorship and the American Library* (Norman, OK: University of Oklahoma Press, 2000).

Rogachevskii, Andrei, 'Homo Sovieticus in the Library', *Europe-Asia Studies*, 54 (2002), pp. 975 – 88.

Rogers, Rutherford D., 'Yes, Ivan Reads: A First Report of the American Library Mission to Russia', *American Library Association Bulletin*, 55 (1961), pp. 621 – 4.

Rose, Lisle A., *The Cold War Comes to Main Street: America in 1950* (Lawrence, KS: University Press of Kansas, 1999).

Ruggles, Melville J., and Raynard Coe Swank, *Soviet libraries and librarianship; report of the visit of the delegation of U.S. librarians to the Soviet Union, May – June, 1961, under the U.S. – Soviet cultural exchange agreement* (Chicago, IL: American Library Association, 1962).

Šmejkalová, Jiřina, *Cold War Books in the 'Other Europe' and What Came After* (Leiden: Brill, 2011).

Smith, Kathleen A., 'Collection development in Public and University Libraries of the former Democratic Republic since German Unification', *Libraries & Culture*, 36 (2001), pp. 413 – 31.

Spencer, Gladys, *The Chicago Public Library: Origins and Backgrounds* (Boston, MA: Gregg Press, 1972).

Sroka, Marek, 'The Stalinization of Libraries in Poland, 1945 – 1953', *Library History*, 16 (2000), pp. 105 – 25.

Sroka, Marek, '"Forsaken and Abandoned": The Nationalization and Salvage of Deserted, Displaced, and Private Library Collections in Poland, 1945 – 1948', *Library & Information History*, 28 (2012), pp. 272 – 88.

Thompson, Dennis, 'The Private Wars of Chicago's Big Bill Thompson', *Journal of Library History*, 15 (1980), pp. 261 – 80.

Vladimirov, L. I., 'The Accomplishments of University Libraries in the Soviet Union', *Library Trends*, 4 (1964), pp. 558 – 82.

Wagner, Ralph D., 'Not Recommended: A List for Catholic High School Libraries, 1942', *Libraries & Culture*, 30 (1995), pp. 170 – 98.

Wani, Zahid Ashraf, 'Development of Public Libraries in India', *Library Philosophy and Practice* (ejournal, 2008).

Wiegand, Shirley, and Wayne Wiegand, *The Desegregation of Public Libraries in the Jim Crow South: Civil Rights and Local Activism* (Baton Rouge, LA: LSU Press, 2018).

Wiegand, Wayne, '"Any Ideas?": The American Library Association and the Desegregation of Public Libraries in the American South', *Libraries: Culture, History, and Society*, 1 (2017), pp. 1 – 22.

後記

Ari, Amro, 'Power, Rebirth and Scandal: A Decade of the Bibliotheca Alexandria', *Jadaliyya*, October 2012, https://www.jadaliyya.com/Details/27221.

Basbanes, Nicholas, *Patience and Fortitude* (New York, NY: Harper Collins, 2001).

Bhaskar, Michael, *The Content Machine: Towards a Theory of Publishing from the Printing Press to the Digital Network* (London: Anthem, 2013).

Bhaskar, Michael, *Curation: The Power of Selection in a World of Excess* (London: Piatkus, 2016).

Blummer, Barbara, 'E-Books Revisited: The Adoption of Electronic Books by Special, Academic and Public Libraries', *Internet Reference Services Quarterly*, 11 (2006), pp. 1−13.

Bracken, Simon, 'Beyond the Book: A Whole New Chapter in the Role of Public Libraries', *Irish Times*, 6 June 2016, https://www.irishtimes.com/business/beyond-the-book-a-whole-new-chapter-in-the-role-of-public-libraries-1.2671826

Buschman, John, 'On Libraries and the Public Sphere', *Library Philosophy and Practice*, 11 (2005), pp. 1−8.

Butler, Beverley, *Return to Alexandria: An Ethnography of Cultural Heritage, Revivalism and Museum History* (London: Routledge, 2007).

Chepesiuk, Ron, 'Dream in the Desert: Alexandria's Library Rises Again', *American Libraries*, 31 (2000), pp. 70−73.

Darnton, Robert, 'The Library in the New Age', *New York Review of Books*, 12 June 2008.

Darnton, Robert, *The Case for Books: Past, Present and Future* (New York, NY: Public Affairs, 2009).

Dumaine, Brian, *Bezonomics: How Amazon Is Changing Our Lives and What the World's Best Companies Are Learning from It* (London: Simon and Schuster, 2020).

Eisenstein, Elizabeth L., *Divine Art, Infernal Machine: The Reception of Printing in the West from First Impressions to the Sense of an Ending* (Philadelphia: University of Pennsylvania Press, 2011).

English, Charlie, *The Book Smugglers of Timbuktu* (London: William Collins, 2017).

EU Libraries factsheet, https://publiclibraries2030.eu/resources/eu-library-factsheets/.

Foroohar, Rana, *Don't Be Evil: The Case Against Big Tech* (London: Allen Lane, 2019).

Higginbotham, Barbra Buckner, 'The"Brittle Books Problem": A Turn-of-the-century Perspective', *Libraries & Culture*, 25 (1990), pp. 496−512.

Kiernan, Anna, 'The Growth of Reading Groups as a Female Leisure Pursuit: Cultural Democracy or Dumbing Down', in DeNel Rehberg Sedo (ed.), *Reading Communities from Salons to Cyberspace* (London: Palgrave Macmillan, 2011), pp. 123−39.

Kiernan, Anna, 'Futurebook Critics and Cultural Curators in a Socially Networked Age', in Robert Barry, Houman Barekat and David Winter (eds.), *The Digital Critic: Literary Culture Online* (New York: OR Books, 2017)

Linehan, Hugh, 'Culture Shock: Shh ... something strange is going on in the Library', *Irish Times*, 27 May 2016, https://www.irishtimes.com/culture/culture-shock-shh-something-strange-is-going-on-in-the-library-1.2663260.

Marcum, Deanna, 'Archives, Libraries, Museums: Coming Back Together?', *Information & Culture*, 49 (2014), pp. 74−89.

Nunberg, Geoffrey (ed.), *The Future of the Book* (Berkeley, CA: University of California Press, 1996).

Orlean, Susan, *The Library Book* (London: Atlantic Books, 2018).

Rabina, Debbie, and Lisa Peet, 'Meeting a Composite of User Needs amidst Change and Controversy: The Case of the New York Public Library', *Reference and User Services Quarterly*, 54 (2014), pp. 52−9.

Schnapp, Jeffrey, and Matthew Battles, *The Library Beyond the Book* (Cambridge, MA: Harvard University Press, 2014).

Schwartz, 'Rebirth of a Notion', *Wilson Quarterly*, 26 (2002), pp. 20−29.

Seed, Robert S., 'Impact of Remote Library Storage on Information Consumers: "Sophie's Choice?"', *Collection Building*, 19 (2000), pp. 105−109.

Sherman, Scott, *Patience and Fortitude: Power, Real Estate, and the Fight to Save a Public Library* (Brooklyn and London: Melville House, 2015).

Somers, James, 'Torching the Modern-Day Library of Alexandria', *The Atlantic*, April 2017, https://www.theatlantic.com/technology/archive/2017/04/the-tragedy-of-google-books/523320/.

'The State of America's Libraries, 2011', *American Libraries, Digital Supplement* (2011), pp. i−vi, 1−61.

Stone, Brad, *The Everything Store: Jeff Bezos and the Age of Amazon* (New York, NY: Little, Brown, 2013).

Striphas, Ted, *The Late Age of Print: Everyday Book Culture from Consumerism to Control* (New York, NY: Columbia University Press, 2009).

Watson, Richard, *Future Files: A History of the Next 50 Years* (London: Nicholas Brealey, 2009).

Watson, Richard, *Extinction Timeline*, https://www.rossdawsonblog.com/extinction_timeline.pdf.

Weiss, Laura, *Buildings, Books and Bytes: Libraries and Communities in the Digital Age* (Washington, DC: Benton Foundation, 1996).

Wenzel, Sarah G., 'From Revolution to Evolution: The Transformation of the Bibliothèque Nationale into the Bibliothèque Nationale de France, through the Lens of Popular and Professional Reports', *Library Quarterly*, 69 (1999), pp. 324−38.

Wilkin, John P., 'Meanings of the Library Today', in Alice Crawford (ed.), *The Meaning of the Library: A Cultural History* (Princeton: Princeton University Press, 2015), pp. 236−53.

Wisner, William H., *Whither the Postmodern Library? Libraries, Technology, and Education in the Information Age* (Jefferson, NC: McFarland, 2000).

Wolf, Maryanne, *Reader, Come Home: The Reading Brain in a Digital World* (New York, NY: Harper, 2018).

知識叢書 1142

圖書館生滅史

作　　　者——安德魯‧佩蒂格里（Andrew Pettegree）、亞瑟‧德韋杜文（Arthur der Weduwen）
譯　　　者——陳錦慧
主　　　編——何秉修
校　　　對——朗慧、Vincent Tsai
企　　　劃——林欣梅
封面設計——賴柏燁

總 編 輯——胡金倫
董 事 長——趙政岷
出 版 者——時報文化出版企業股份有限公司
　　　　　　108019 台北市和平西路三段 240 號 7 樓
　　　　　　發行專線｜ 02-2306-6842
　　　　　　讀者服務專線｜ 0800-231-705
　　　　　　　　　　　　　02-2304-7103
　　　　　　讀者服務傳真｜ 02-2304-6858
　　　　　　郵撥｜ 1934-4724 時報文化出版公司
　　　　　　信箱｜ 10899 臺北華江橋郵局第 99 信箱
時報悅讀網—— http://www.readingtimes.com.tw
時報文化臉書—— https://www.facebook.com/readingtimes.fans
法律顧問——理律法律事務所 陳長文律師、李念祖律師
印　　　刷——家佑印刷有限公司
初版一刷—— 2023 年 11 月 24 日
定　　　價——新臺幣 680 元
版權所有　翻印必究（缺頁或破損的書，請寄回更換）

THE LIBRARY by Andrew Pettegree and Arthur der Weduwen
Copyright © 2021 by Andrew Pettegree and Arthur der Weduwen
Published by arrangement with Profile Books Limited through Andrew Nurnberg
Associates International Limited.
Complex Chinese edition copyright © 2023 by China Times Publishing Company
All rights reserved.

ISBN 978-626-374-526-1
Printed in Taiwan

時報文化出版公司成立於一九七五年，
並於一九九九年股票上櫃公開發行，二〇〇八年脫離中時集團非屬旺中，
以「尊重智慧與創意的文化事業」為信念。

圖書館生滅史/安德魯.佩蒂格里(Andrew Pettegree), 亞瑟.德韋杜文
(Arthur der Weduwen)著.; 陳錦慧譯. -- 初版. -- 臺北市：時報文化
出版企業股份有限公司, 2023.11
　　面；　公分. -- (知識叢書；1142)
譯自：The library : a fragile history.
ISBN 978-626-374-526-1(平裝)

1.CST: 圖書館史

020.9　　　　　　　　　　　　　　　　　　112017720